아동과 청소년을 위한
마음챙김 워크북

Mindfulness Skills for Kids & Teens:
A Workbook for Clinicians & Clients with 154 Tools, Techniques, Activities & Worksheets
by Debra Burdick, LCSWR, BCN

아동과 청소년을 위한
마음챙김 워크북

마음챙김 기술 지도를 위한 154가지 도구

Debra Burdick 저 | 곽영숙 · 권용실 · 김완두 · 김윤희 · 문덕수 · 박용한 · 박준성 · 원승희 · 이강욱 · 이화영 · 정동선 공역

MINDFULNESS SKILLS FOR KIDS & TEENS
A WORKBOOK FOR CLINICIANS & CLIENTS WITH 154 TOOLS, TECHNIQUES, ACTIVITIES & WORKSHEETS

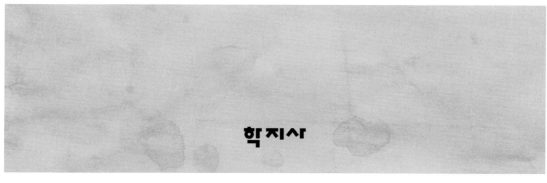

학지사

역자 서문

『아동과 청소년을 위한 마음챙김 워크북: 마음챙김 기술 지도를 위한 154가지 도구』를 드디어 출간하게 되었다. 필자를 포함한 11명의 역자는 6명의 정신과 전문의, 5명의 소아정신과 전문의, 2명의 명상 전문가로 이루어졌으며, 수년 전 아동과 청소년을 위한 학교 마음챙김 프로그램을 개발하기 위해 구성되었다. 역자들은 프로그램 개발을 위해 많은 문헌을 고찰하였고, MBCT, MSC 등의 근거 기반 프로그램들을 포함하여 다양한 명상 기반 프로그램을 훈련받기도 하였다.

역자들이 고찰한 대부분의 문헌은 일반인이나 일반 아동과 청소년을 대상으로 한 프로그램 관련 문헌들이었으며, 프로그램 역시 지도자도 특별한 제한 없이 누구나 일정한 수련을 받은 후 진행할 수 있는 것이 대부분이었고, 임상가를 위한 특정 프로그램은 드물었다. 그러던 와중에 이 워크북을 발견하게 되었다. 이 책은 실제 임상에서 적용할 수 있는 마음챙김 도구, 활동, 기술을 매우 실용적이고 구체적으로 소개하고 있으며, 특히 정신건강 문제와 질환별 적용 활동 및 안내를 수록하고 있는 점이 눈에 띄었다.

이 책에서는 아동과 청소년을 이해할 때 중요한 기본적 지식과 관점, 실제적 접근 방식에 대해 먼저 기술하고, 마음챙김 훈련에 부모가 참여하는 것의 중요성과 함께 아동과 청소년의 나이, 발달 및 인지 수준에 따른 특징을 기술하고, 이를 고려한 접근법의 차이와 기법을 소개하고 있다. 또한 성인에게 적용된 마음챙김 기술을 아동과 청소년에게 적용할 때의 알아야 할 사항과 주의 사항을 세세하게 제시하고 있다. 이러한 점이 바로 이 책의 강점이라고 생각한다.

무엇보다 통증, 수면 등 신체적 문제뿐만 아니라 아동 및 청소년의 다양한 질환에 맞는 마음챙김 접근법과 도구를 제공하고 있다. 이는 마치 마음챙김 처방전 같으며, 임상가들에게 매우 실용적인 가이드가 될 것이라고 생각한다.

Debra Burdick은 이 책을 집필 시 이미 자신의 만성 질환을 다루기 위한 25년간의 마음챙김 수련 경험과 아동 및 청소년의 임상 경험을 통해 마음챙김의 효과를 경험하였고 그런 경험을 나누기 위한 많은 워크숍을 개최했었음을 밝히고 있다. 특히 처음 마음챙김 공부를 시작할 때 3살이었던 딸을 통해 아동에게 마음챙김 기술을 가르치는 방법을 연구할 수 있었고, 이에 대해 감사를 표하고 있다.

이런 점들을 볼 때 저자는 오랜 기간의 충분한 임상 경험을 쌓은 것은 물론 딸에게도 적용할 정도로 마음챙김의 효과를 신뢰하고 있으며, 여러 번의 워크숍 개최를 통해 아동과 청소년을 위한 마음챙김 경험들을 나누고자 노력해 온 것을 알 수 있다.

임상에서 치료자들은 내담자가 호전되는 데 도움이 되는 모든 방법을 동원하게 된다. 그 방법은 많을수록 좋다. 그러나 근거 기반이 필수적이다. MBSR, MBCT, MSC 등 마음챙김 프로그램의 스트레스 완화, 불안, 우울에 대한 효과가 많은 연구를 통해 증명되었고, ADHD에 특화된 일부 프로그램 등이 효과를 보이고 있으나 현재로서는 단독 치료보다는 병합 치료 시에 도움이 되는 정도의 증거를 보여 주고 있다. 특정 질환에 특정 프로그램이 효과가 있다는 근거는 아직은 보다 많은 잘 짜인 연구를 통해 확인된 과학적 근거를 필요로 하고 있다.

이러한 현실 속에서 임상 현장에서 내담자를 도울 수 있는 또 하나의 선택으로 마음챙김은 우리 선택의 폭을 넓혀 준다. 충분히 수련받은 치료자가 제대로 신중하게 적용하는 것이 지켜진다면 우리의 임상 경험은 근거를 쌓는 데 기초가 될 것이다.

대표 역자 곽영숙

차례

제4부 특정 정신건강 문제에 마음챙김을 사용하기 위한 도구

CONTENTS

제**1**부

도입

제1장

서론

이 책이 필요한 이유

마음챙김(mindfulness)은 아동과 청소년의 삶을 의미 있는 방식으로 개선시킬 수 있습니다. 마음챙김에 관한 최근의 연구들은 마음챙김이 가져다주는 이점을 다음과 같이 제시하였습니다.

- 감정 조절 증진
- 사회기술 증진
- 주의력 증진
- 작업기억과 계획 및 조직력 증진
- 자존감 증진
- 안정, 이완 및 자기수용 증진
- 수면의 질 증진
- 시험 불안 감소
- 주의력결핍과잉행동장애(ADHD) 행동 감소(산만함과 충동성 감소)
- 부정적인 정서/감정 감소
- 불안, 우울 감소
- 행동 문제 및 분노 조절 문제 감소(Burke, 2009)

『아동과 청소년을 위한 마음챙김 워크북』은 정신건강 전문가, 교사, 그 외에 돌봄 전문가, 부모가 아동과 청소년 자녀에게 마음챙김 기술이 포함된 활동을 할 때 필요한 내용들로 구성되어 있습니다. 이 책은 내담자와 학생들이 마음챙김을 체험하고, 체험한 내용을 일상생활에 적용하여 입증된 효과를 얻을 수 있도록 150개 이상의 도구, 기술, 활동 및 유인물을 제공합니다.

이 책에서 제공하는 도구들은 다음과 같은 점에서 특별합니다.

- 내담자들에게 그들의 언어로 마음챙김이 무엇인지를 설명합니다.
- 가정에서 내담자의 마음챙김 사용이 증가합니다.
- 아동과 청소년에게 마음챙김의 기초를 가르칩니다.
- 아동과 청소년에게 친숙하고 다양한 마음챙김 기술을 가르칩니다.
- 특정 아동기 정신질환에 유용한 마음챙김 기술을 사용합니다.
- 진행 상황을 추적합니다.

이 책은 각 도구의 배경을 설명하고, 단계적으로 기술 쌓기 과정을 도와주며, 훈련과 성찰을 가르치는 것에 대한 전문적인 지침을 제공합니다. 마음챙김의 신경생물학적 배경을 설명하는 도구들은 아동과 청소년이 쉽게 이해할 수 있는 방법으로 구성되어 있습니다. 또한 특정한 마음챙김 기술과 명상, 게임, 놀이 활동 및 마음챙김 움직임 기술 내용이 포함된 유인물 세트는 아동과 청소년의 마음챙김과 자기알아차림(self-aware)을 더 증진시키기 위해 활용할 수 있습니다. 또한 아동과 청소년이 배운 것을 통합하는 데 도움이 되는 일지 쓰기 프롬프트를 제공합니다. 이 책은 여러분이 아동과 청소년과의 활동에 마음챙김을 통합하여 진행하려고 할 때 필요한 모든 것을 매우 효과적으로 입증된 구체적인 방법으로 제시하고 있습니다.

이 책은 무엇이 다른가

오늘날 마음챙김에 관한 뛰어난 책들은 많이 출판되어 있습니다(그렇지만 전체의 95%가 성인을 위한 것임). 그러나 대부분은 이론, 연구 및 마음챙김 기술의 몇 가지 예시들을 제시하고 있습니다. 『아동과 청소년을 위한 마음챙김 워크북』은 특별히 아동과 청소년을 위하여 만들어졌고 다른 책들이 종결하는 지점에서 시작한다는 점이 다른 책들과의 차별점이라고 할 수 있습니다. 이 책에는 아동과 청소년이 자기 알아차림, 자기 조절 기술, 정신건강 및 사회적 연결성 증진에 효과가 입증된 연구 및 임상 경험들을 기반으로 아동과 청소년에 맞게 개발된 마음챙김 기술, 기법, 놀이, 활동들이 종합적으로 포함되어 있습니다. 이 책은 단계별로 적용하기 쉬운 기술, 기법, 놀이와 활동으로 구성되어 있어 임상 및 교육 환경에서 아동과 청소년에게 마음챙김을 가르치고 치유 효과를 높이는 데 사용할 수 있습니다. 또한 부모도 자녀와 함께 이러한 기술들을 즐겁게 활용할 수 있습니다.

이 책을 사용하는 방법

이 책은 각 도구의 배경, 마음챙김 기술 지도를 위한 지침, 내담자와 함께 결과를 성찰하는 데 유용한 지침으로 구성되어 있습니다. 단계별 지침은 아동과 청소년에게 도구들을 적용하는 데 도움이 될 것입니다. 제2장은 아동과 청소년에게 마음챙김을 가르치기 위한 기본 구조와 부모 참여에 대한 지침뿐만 아니라 내담자의 나이, 발달, 인지와 발달 단계에 따라 어느 지점부터 시작할 것인지 안내해 줍니다.

도구들은 논리적인 순서로 진행하도록 구성되어 있으나, 이와 무관하게 아동과 청소년의 개별 상황에 따라 어떤 순서로도 진행이 가능하도록 되어 있습니다. 제5장에 소개된 도구들은 여러분이 내담자의 현재 단계에서 시작하여 다음 단계로 진행하는 데 도움을 줄 것입니다. 도구들은 개인뿐만 아니라 집단에서도 사용할 수 있습니다.

도구들의 많은 부분에서 내담자가 자신의 일지에 응답 글을 쓰도록 구성되어 있습니다. 연령이 높은 아동과 청소년에게는 공책 또는 컴퓨터나 태블릿에 자신이 활동한 모든 항목을 꾸준히 정리하기를 적극 권장합니다. 연령이 낮은 아동은 간단한 종이 묶음이나 드로잉 태블릿을 사용해도 좋습니다.

　편의상 이 책의 도구들에서 '내담자(클라이언트)'라는 용어를 사용하였습니다. '내담자'를 '환자' '학생' 또는 '여러분의 아동기 자녀나 청소년기 자녀' 등으로 적용하는 대상에 맞게 바꾸어 주십시오.
　마음챙김 기술이 우리의 삶을 얼마나 풍요롭게 하는지 지속적으로 알게 해 주는 모든 아동과 청소년에게 감사를 드립니다. 여러분이 이 책을 어떻게 활용하는지 그리고 내담자들에게 얼마나 도움이 되는지 알려 주기를 부탁드립니다.

CONTENTS

제2부
훈련에서 마음챙김을 통합하기 위한 도구

제2장

마음챙김 맞춤 도구

도구 2-1 부모를 훈련에 참여시키기

● 배경

　아동을 위한 마음챙김 가르침의 핵심 방법이 성인을 위한 마음챙김과 다른 하나는 아동은 그들과 그들의 일정 및 활동을 포함해 그들을 책임지고 있는 부모나 보호자가 있다는 것입니다. 아동은 가정환경에 굳건히 통합되어 있고 치료에서 가정의 참여는 성과를 올릴 수 있습니다(Kaslow & Racusin, 1994).

　아동을 대상으로 한 마음챙김에 대한 연구들(Semple, Lee, Rosa, & Miller, 2010)은 일반적으로 부모에게 마음챙김이 무엇인지에 대한 교육을 시키고, 집에서 그들이 마음챙김을 훈련하도록 격려하고, 아동의 훈련을 지지하도록 요청하기 위해 부모를 참여시키는 것을 포함합니다. 부모 참여의 수준은 상황에 따라 다르나, 어떤 방식이든 부모를 참여시키는 것은 아동을 지지하고 아동의 훈련이 더 성공적이도록 도울 것입니다.

● 기술 쌓기

　가능할 때마다 부모를 관여시켜서 마음챙김이 무엇인지에 대해 가르치고, 마음챙김을 훈련하고, 그들의 자녀도 그렇게 하도록 지지하도록 격려해 줍니다. 부모와의 정기적 접촉 또한 치료 목표를 명확히 하고 진전을 추적하는 데 도움이 됩니다. 부모가 관여할 수 있는 다양한 방법을 안내하는 데 〈유인물 2-1〉을 사용하세요. 마음챙김 기술을 배우는 많은 아동과 청소년이 그들의 부모가 훈련받기를 바라며 일부는 그들이 부모에게 기술을 가르치기조차 합니다.

　어떤 가정은 너무나 혼돈스럽고 역기능적이어서 바람직한 지지를 제공하기 어렵습니다. 그래도 괜찮습니다. 그저 아동과 함께 작업하면 됩니다. 많은 내담자가 특정한 마음챙김 기술을 배우고, 부모의 어떤 관여도 없이 곧장 학교와 집에서 그 기술을 사용하였습니다. 다른 아동과 청소년은 훈련 시간 중에만 기술을 사용할 것이나 점점 많은 아동과 청소년이 점차적으로 그 기술을 사용하기 시작할 것입니다.

　연령이 낮은 아동의 부모 참여가 적절하지 않았던 만큼 청소년 사례에서는 그들이 무엇을 배우고 있는지 부모와 공유하도록 격려해 줍니다.

　그들의 자녀에게 마음챙김을 가르치는 것이 부모의 종교적 또는 기타 신념 체계와 갈등을 일으키지 않는다는 것을 명확히 하는 특정 동의를 부모로부터 받음으로써 적절한 윤리적인 훈련을 따릅니다.

● 성찰

　환경이 부모를 관여시키는 데 도움이 되었나요? 여러분이 부모의 참여를 요청했을 때 부모가 얼마나 반응적이었나요? 내담자가 부모의 참여를 원했나요? 자녀가 마음챙김을 배우는 것에 대해 부모가 지지적이었나요? 부모가 자녀의 훈련에 방해가 되지는 않았나요? 부모가 관여를 안 했을지라도 자녀는 마음챙김으로부터 어떤 효과를 얻을 수 있었나요? 이 사례에는 부모의 관여가 적절치 않은가요?

아동과 청소년을 위한 마음챙김에 부모를 참여시키기

집단 또는 일대일 환경

- 치료사가 이끄는 마음챙김 시간에 부모를 초대합니다.

- 〈유인물 3-1〉을 부모에게 보여 주고 마음챙김이 무엇인지 설명합니다.

- 훈련을 통해 얻을 것으로 기대되는 효과를 검토하기 위해 〈도구 3-22〉와 〈도구 5-15〉를 사용합니다.

- 부모에게 치료 목표를 규정하도록 요청하기 위해 〈도구 27-1〉을 사용합니다.

- 정기적으로 부모와 연락하고, 아동 또는 청소년의 진전을 평가하기 위해 〈도구 27-2〉를 사용합니다.

- 부모와 그들의 자녀를 위해 장애물과 저항을 의논하고 극복하기 위해 〈도구 5-6〉과 〈도구 5-7〉을 사용합니다.

- 가정에서의 훈련을 위해 부모를 격려합니다.

- 새로운 기술을 가르쳤을 때 이를 갱신합니다.

- 프로그램 종결 시 검토 및 대화 시간에 부모를 초대합니다.

나이, 발달 및 인지 수준 고려하기

🔹 배경

　아동과 청소년에게 어떤 마음챙김 기술을 가르칠지 선택할 때 나이, 발달 및 인지 수준을 고려하는 것이 중요합니다. 아동과 청소년을 대상으로 하는 마음챙김 가르침은 발달에 적합할 필요가 있습니다(Jha, 2005; Ott, 2002).

　마음챙김 훈련을 시작하기 전에 정확히 어느 단계에 도달해야 하는지는 명확하지 않습니다. 피아제의 틀(Wagner, Rathus, & Miller, 2006; Wall, 2005; Piaget, 1962)에 따르면, 아동이 추상과 가정 추론이 가능한 '형식적 조작기' 단계에 도달해야 할 필요가 있다고 제안합니다(즉, 12세 전후부터). 인지행동치료 관점(Verduyn, 2000)에서는 임상적으로 유용한 작업은 '구체적 조작기' 단계(대략 7~12세)에서 가능하다고 시사합니다.

　이미 출판된 연구에서 대상자의 나이를 보면, 7~8세(Semple et al., 2006), 9~12세(Semple et al., 2006), 7~9세(Linden, 1973), 9세(Ott, 2002), 11~13세(Wall, 2005), 그리고 14~19세(Miller et al., 2000)입니다. Burke에 의해 재검토된 15개의 연구에서는 4~18세까지의 연령이 포함되어 있습니다(Burke, 2009). Kaiser Greenland(2011)는 그녀의 블로그에 "아동에게 마음챙김을 가르치는 것은 임신 기간 동안에 시작할 수 있고, 우리가 아동을 위해 어떤 마음챙김 활동을 어떤 방식으로 만드는가에 따라 그들이 나아간다"라고 말했습니다. 그녀는 학령 전기가 마음챙김 기술을 가르치기에 좋은 시기라고 생각하고 학령 전기 아동을 성공적으로 가르칩니다. 나는 3세의 유아들에게 그들의 연령 단계에 적절한 기술을 가르칠 때 그들이 마음챙김 기술을 배우는 것을 매우 좋아하는 것을 발견했습니다. 걸음마 시기의 유아와 까꿍 놀이를 하는 것조차도 실제로는 마음챙김 훈련입니다. 연령 집단에 따라 다른 기술 수준을 소개하기 위해, 흔히 유아부터 2학년, 3학년에서 5학년, 6학년에서 8학년(Hawn Foundation, 2011), 그리고 고등학생으로 집단을 묶습니다. 이 도구는 내담자의 나이, 발달 및 인지 수준을 적절한 마음챙김 기술과 조합을 이루는 데 지침을 제공합니다.

🔹 기술 쌓기

　적절한 마음챙김을 선택하는 데에는 아동의 성장 수준, 인지, 언어의 기술 수준과 아동이 얼마나 오래 집중할 수 있는지, 가만히 앉아 있는 것이 얼마나 힘든지에 대한 평가와 고려를 해야 합니다. 나의 경험은 이 책의 대부분의 기술이 단지 약간의 수정만으로 2세부터 그 이상의 어떤 아동에게도 적절하다는 것을 보여 줍니다. 〈유인물 2-2〉에는 아동과 청소년의 나이와 발달 수준에 따라 수행 가능한 기술들을 간결하게 요약해 두었습니다. 가장 어린 나이에 사용할 수 있는 목록의 기술들은 그 나이부터 그 이상의 나이까지 사용할 수 있습니다. 이것을 일반적인 지침으로 사용하세요. 다양한 연령대에 많은 기술을 시도해 보세요. 연령이 어린 아동이 마음챙김 기술을 능숙하게 익힐 수 있다는 점은 계속해서 놀라움을 줄 것입니다.

　　내담자의 나이, 발달 및 인지 수준을 생각해 보세요. 평가를 진행하면서 그들이 소유하고 있거나 배울 수 있다고 여러분이 생각한 기술이 무엇인지를 명심하세요. 다양한 연령대와 함께 마음챙김 기술을 훈련하면서 다른 내담자들에 따라 작동하는 것과 작동하지 않는 것에 대해 무엇을 발견하고 있나요? 각 내담자에게 맞추기 위해 다양한 기술을 어떻게 수정할 것인지 생각해 보세요.

나이, 발달 및 인지 수준에 적절한 마음챙김 기술

이 유인물을 일반적인 지침으로 사용하되, 여러분이 평가한 아동의 기술 수준에 맞춰 수정합니다. 가장 어린 나이에 사용할 수 있는 목록의 기술들은 그 나이에 시도할 수 있고, 그 이상까지 사용할 수 있습니다. 가장 어린 내담자를 포함하여 각 연령 집단에 다양한 기술을 시도하는 것을 두려워하지 마세요.

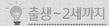 **출생~2세까지**

- 피아제의 인지발달이론의 감각운동기
- 감각을 이용한 행동 수정
- 얼굴 표정, 목소리 톤
- 눈맞춤, 미소

 2세

- 대상 영속성, 마술적 사고
- 까꿍 놀이, 대상 찾기
- 책을 읽어 주는 것을 좋아하나 그림을 가장 좋아함
- 보기 마음챙김

 3세

- 이야기에 귀를 기울임
- '뭐하고 있지?' '이게 뭐지?' '여기가 어디지?'에 대답함
- 가장하고 시각화하는 데 상상력을 사용함
- 이완 호흡
- 듣기·접촉·움직임·후각 마음챙김 기술
- 비눗방울 불기, 꽃향기 맡기

 4세

- 그림, 퍼즐, 대상의 사라진 부분을 알아냄
- 집단 활동에 참여함
- 역할놀이를 하고 믿음이 생김
- 복식호흡
- 먹기 마음챙김
- 마음챙김 인사

5세

- 배우고자 열망함
- 협조적으로 놀이하고, 교대로 놀이하며, 이야기를 나눌 수 있음
- 집단 놀이와 공유 활동에 참여함
- 상상의 친구
- 그림 그리기
- 느릿느릿 흐르는 강

 6세

- 집중력 증가
- 시간 개념 증진
- 퍼즐을 좋아함
- 아직 다른 사람의 관점에서 세상을 보지는 못함
- 어둠, 동물, 소음에 대한 두려움 증가
- 신체 마음챙김

 1학년~초기 청소년까지

- 구체적 사고가 추상적이 됨
- 효능감, 근면 대 열등감
- 집중력 증가
- 애정 어린 친절 또는 우정 어린 소원
- 접근 수단을 바꿈
- '나는 …을 느껴요' 게임
- 생각 마음챙김
- 의도 마음챙김
- 일 마음챙김

12~20세

- 정체성 대 역할 혼란 → 형식적 조작기
- 나는 누구인가?
- 어떻게 어울릴까?
- 삶의 어느 지점을 가고 있는가?
- 마술적 사고가 사라짐
- 감정 마음챙김
- 직관 마음챙김
- 집중력 증가

도구 2-3 아동에게 성인 마음챙김 기술 적용하기

🔷 배경

　아동에게 마음챙김을 가르치는 것은 성인에게 가르치는 것과 극적으로 다르지는 않습니다. 성인과 함께 사용되는 마음챙김 훈련은 아동의 다양한 나이와 능력에 맞게 조정할 수 있습니다. 이런 경우에는 아동의 사고가 더 구체적이라는 사실을 염두에 두어야 합니다. 따라서 활동이 명확하고, 구체적이어야 하고, 설명은 서술적이어야 합니다. 또한 아동은 상상력이 풍부하며, 종종 창조력과 상상력을 성인보다 훨씬 많이 활용할 수 있습니다. 아동의 작업은 놀이이기 때문에 게임이나 놀이 활동의 형태로 마음챙김의 기본 기술을 소개하는 것이 중요합니다, 특히 연령이 낮은 아동에게서 그렇습니다. 아동은 그들의 가족에게 통합되어 있기 때문에 가능한 한 부모가 자주 관여하는 것을 권장합니다. 더 자세한 내용은 〈도구 2-1〉과 〈도구 5-14〉를 참조하세요.

🔷 기술 쌓기

　공통된 마음챙김 기술을 아동에게 적용하는 방법에 대한 안내는 〈유인물 2-3〉을 참조하세요. 일반적으로 아동에게는 각 기술에 대해 훨씬 짧은 시간으로 시작하여 점차적으로 시간을 늘려 가세요. 가만히 앉아 있는 것이나 집중하는 것이 힘든 ADHD 아동이나 불안을 느끼는 아동에게는 특히 그렇습니다. 내담자가 여러분의 말을 이해하는지 확인하고, 여러분이 사용할 단어들을 가르쳐 주세요. 예를 들면, '날숨'과 '들숨'이 무엇을 의미하는지를 '꽃의 향기를 맡기 위해 호흡하는' 또는 '비눗방울을 불 때 호흡하는'과 같은 표현을 사용하고 시범을 보여 가르쳐 주세요.

　마음챙김 훈련을 게임으로 바꾸어 재미있게 만들어 보세요. 아이들은 놀이를 좋아하고 새로운 것을 시도하는 것을 좋아합니다. 호흡과 주변을 알아차림, 듣기, 보기, 먹기, 접촉, 그리고 움직임 마음챙김 같은 기술로 아이들의 주의를 외부 환경과 주변 환경으로 끌어오는 것부터 시작하세요. 그리고 나서 신체와 일에 대한 마음챙김 기술을 소개하세요. 그리고 의도, 관계, 직관, 자애에 대한 마음챙김을 추가하세요. 내담자의 나이와 발달 및 인지 수준에 따라 이를 다양하게 조정해 보세요.

🔷 성찰

　내담자에게 어떻게 그들의 언어로 놀이, 유머, 그리고 재미와 함께 마음챙김을 소개할 수 있을지에 대해 성찰해 보세요. 다양한 마음챙김 훈련과 활동에서 내담자가 어떻게 반응하는지를 가까이에서 주의를 기울이고, 그들의 활동에 맞춰 필요로 하는 만큼 시간을 조정하세요. 훈련을 통해 내담자가 시간을 점차적으로 늘려 가는 것을 견뎌낼 수 있을 것이라고 기대하고, 내담자가 얼마나 빨리 배우고 기술을 증진시키는지 주목해 보세요.

아동을 위한 성인 마음챙김 기술의 적용 안내

- 시간을 줄입니다. 30초부터 시작하여 점차 시간을 늘립니다.

- 단순하게 합니다.

- 아동이 이해할 수 있는 언어를 사용합니다.

- 각 기술의 시범을 보이고, 같이하고, 그들의 훈련에 섬세하게 주파수를 맞춥니다.

- 반복합니다.

- 놀이, 활동, 그리고 움직임 기술을 사용합니다.

- 즐깁니다.

- 유머를 사용합니다.

- 적합하다고 생각하면 즉흥적으로 합니다.

- 점진적 과정을 사용합니다.

- 내적 알아차림, 외적 알아차림, 자기성찰, 그리고 자애를 가르칩니다.

- 3단계 진행 방법을 사용합니다.

> ① 외부 환경에 대해 보다 구체적인 주의를 기울이는 것으로 시작합니다.
> ② 그러고 나서 몸의 경험으로 이동합니다.
> ③ 끝으로, 마음에 주의 기울이기와 명상 훈련을 소개합니다.

- 마음챙김 기술의 진행

> ① 주변을 알아차림
> ② 호흡을 알아차림
> ③ 감각을 알아차림
> ④ 마음을 알아차림
> ⑤ 타인을 알아차림
> ⑥ 모든 것을 알아차림

도구 2-4 청소년에게 적합한 마음챙김 기술 만들기

◆ 배경

청소년기로의 이행은 신체적, 사회적, 지적, 그리고 심리적 영역에서 발달적 도전을 가져오므로 청소년에게 마음챙김은 특히 도움이 됩니다. 청소년기의 뇌는 아직도 만들어지는 중이고, 성인의 형태를 갖출 수 있는 정서 조절과 관련된 신경회로를 설정하고 있습니다. 청소년은 전형적으로 강렬한 감정을 경험하며 사실상 일부 정신질환은 청소년기에 시작됩니다(Kessler et al., 2007). 마음챙김 연구에 따르면, 마음챙김 훈련은 뇌를 긍정적인 방법으로 변화시키고, 기분을 호전시켜서 안정화시키는 것을 돕고, 정서 조절을 강화시키며, 청소년기에 그토록 취약한 자존감을 지지합니다. 관련 연구는 〈도구 3-21〉을 참조하세요.

일반적으로 청소년에게는 성인보다 마음챙김 훈련이 자신의 삶에 어떤 관련이 있는지에 대한 더 많은 설명이 필요합니다. 눈을 감고 가만히 앉아 있는 것과 일상생활 사이의 연결점을 찾기 어려울 수도 있습니다.

◆ 기술 쌓기

청소년이 마음챙김 훈련을 포용하도록 하기 위해 여러분은 마음챙김이 가져올 혜택을 그들이 이해하고 경험하도록 도움으로써 그들이 마음챙김을 받아들이도록 도울 필요가 있습니다. 마음챙김이 그들을 어떻게 도울지 보여 주기 위해 그들의 삶에 대해 가능한 한 많은 정보를 모아 보세요. 청소년 내담자에게 마음챙김 기술을 보다 더 적합하게 만들기 위해 〈유인물 2-4〉의 지침을 활용하세요. 대부분의 청소년은 마음챙김 기술이 더 좋은 성적을 얻게 하고 좋은 대학에 들어가도록 돕는다(호전된 집중력)거나 그들이 눈독을 들이고 있는 누군가와 좋은 관계를 맺도록 도울 수도 있다는 것을 알게 되면 빠르게 참여할 것입니다.

몇몇 청소년은 눈을 굴리거나 방을 둘러보고 특정한 마음챙김 훈련에 들어가는 데 어려움을 겪습니다. 이게 바로 청소년이라는 것을 알고 준비하세요. 그 경험이 그들에게 무엇과 같았는지 성찰하고 처리하도록 돕고, 그들의 저항을 부드럽게 다루어 주세요(〈도구 5-7〉 참조). 그러나 어떤 청소년 내담자가 바로 몰입하는 것에 놀라지 마세요. 마음챙김을 청소년 집단에 가르치는 것은 심한 저항을 보이는 청소년을 그대로 두고 그들이 또래가 그 과정을 즐기는 것을 관찰하면서 그 과정에 참여하도록 돕는 데 매우 강력할 수 있습니다.

여러 연구에 따르면 청소년은 자신에게 주의를 기울이는 것이 불편할 수 있습니다. 그들은 내면의 자신에 초점을 두면서 마음챙김 훈련을 하는 동안에 불안이 올라가는 것을 경험할지도 모릅니다. 그들이 관찰하는 사고와 감각이 근심과 두려움과 관련되면 그것을 인식하면서 불안이 증가하는 것을 느낄 수 있습니다(Kabat-Zinn, 1990). 그들은 그것이 지나가도록 마냥 두기가 어렵고 그렇게 하면 불안이 증가할까 봐 두려워합니다. 이러한 경험을 하는 청소년이 자신의 감정을 처리하고 자기위안을 배우고 불안을 진정시키는 방법을 배우도록 도와줄 준비를 하세요.

여러분의 청소년 내담자가 최근에 그 또는 그녀의 삶에서 무엇을 경험하고 있는지에 대해 파악하고 생각해 보세요. 내담자가 현재 어떤 청소년기 과제를 마주하고 있는지 고려하세요. 여러분이 각 특정 내담자에게 더 적합한 마음챙김 기술을 적용하는 데 이 정보를 사용하세요.

청소년에게 적합한 마음챙김 기술 만들기

- 그들의 삶에서 언제 마음챙김이 필요한지 예를 듭니다.

  - 그들이 지쳐서 목욕하고 싶은 것을 깨달을 때
  - 선생님이 방금 말한 것에 대해 아무 생각이 안 날 때
  - 방금 먹은 것을 간신히 기억할 때
  - 학교 공부나 숙제에 집중할 수 있을 때
  - 만남에 온전히 있을 때
  - 마음챙김하며 문자메시지를 보낼 때
  - 안전하게 운전할 때
  - 우정을 쌓을 때
  - 대학을 선택할 때
  - 연인관계를 선택할 때
  - 경력을 선택할 때

- 스포츠, 춤, 음악의 훈련과 마음챙김 훈련을 비교합니다.

- 듣기 마음챙김 기술에서 적합한(청소년 친화적인) 음악을 사용합니다.

- 그들의 삶(걸으며, 먹으며, 이를 닦으며, 음악을 들으며, 공부하며, 데이트하며, 문자하며)에 마음챙김 훈련을 통합하도록 돕습니다.

- 지루함을 피하기 위해 훈련을 다양화합니다.

- 걷기, 춤추기와 움직임 마음챙김 기술을 사용합니다.

- 마음챙김 훈련을 10분 이내로 짧게 유지하다가 점차 늘려 갑니다.

몸, 마음, 가슴을 포함한 아동 전체를 알아차리기

🔵 배경

마음챙김은 아동의 몸, 마음, 가슴을 포함하여 아동 전체를 관여시킬 수 있는 최고의 기회입니다. Greenland는 마음챙김은 '새로운 ABC'라고 제안했습니다. 집중(Attention), 균형(Balance), 그리고 연민(Compassion)이 그것입니다. "마음챙김을 훈련함으로써 아이들은 자신을 위로하고 진정시키며 내면과 외면의 경험을 알아차리게 되고, 그들의 행동과 관계를 성찰하도록 돕는 삶의 기술을 배우게 됩니다"(Kaiser-Greenland, 2010, p. 12). 이 도구는 이 책 전반에 걸쳐 다양한 도구를 사용하여 아동과 청소년 내담자와 함께 그렇게 할 수 있는 틀을 만듭니다.

🔵 기술 쌓기

아동을 위한 마음챙김의 사용은 집중, 균형 그리고 연민을 증진시키고, 모든 사람이 필요로 하는 삶의 기술을 발전시키도록 돕는 위대한 길입니다. 이 책에서 소개하는 다양한 유형의 기술을 내담자에게 가르침으로써 내담자가 이를 달성할 수 있도록 도와줍니다. 이것은 그들의 몸, 마음, 가슴에 대한 내적 알아차림을 증가시키는 마음챙김 기술을 가르치는 것을 포함합니다.

몸에 대한 알아차림을 가르치기 위해 제6장의 호흡에 대한 마음챙김, 제16장의 신체 마음챙김 도구들을 사용하세요.

마음에 대한 알아차림은 내담자의 지성과 감정을 포함합니다. 이 기술들은 제14장 생각 마음챙김, 제15장 감정 마음챙김, 제21장 직관 마음챙김에서 볼 수 있습니다.

가슴에 대한 알아차림은 자신과 타인을 위한 연민을 증가시키고 표현합니다. 이 기술들은 제17장 관계 마음챙김, 제19장 자애 마음챙김에서 볼 수 있습니다.

🔵 성찰

여러분이 내담자에게 일련의 기술을 소개하고 훈련하면서 이 특정한 기술 모음이 그 사람 전체를 어떻게 다루는지에 대해 성찰하세요. 마음챙김이 내담자의 주의력을 높이고, 정서적 균형과 자기 조절 속에서 살아갈 수 있는 능력을 어떻게 향상시키는지, 그리고 자신과 타인을 향한 연민을 경험하고 표현하는 능력을 어떻게 향상시키는지에 관해 무엇을 알아차렸나요? 내담자의 모든 측면을 위한 기술들을 통합하는 것이 마음챙김 훈련에 얼마나 중요하다고 생각하나요?

도구 2-6 마음챙김 회기 구성하기

🔵 배경

　마음챙김 기술을 소개하고 훈련하는 데 사용되는 구성은 아동과 청소년의 성공에 매우 결정적입니다. 그들은 놀이를 좋아하고 창조적인 놀이에 상상력을 발휘하는 것을 좋아합니다. 자신의 기술들을 시험해 보는 것을 좋아합니다. 지루하게 있기보다는 오히려 무언가를 하고 있을 가능성이 훨씬 많습니다. 우리가 가장 마지막에 할 것이 아동과 청소년에게 마음챙김 훈련을 강요하거나 지루하거나 참을 수 없게 만드는 것입니다. 우리가 그렇게 한다면 마음챙김이 처벌의 형태, 거의 타임아웃 같이 느끼는 것으로 끝날지 모릅니다. 이 도구는 내면의 아이(Greenland, 2010)와 마인드업(Hawn Foundation, 2011)을 포함하여 몇몇 아동을 대상으로 하는 마음챙김 프로그램에서 성공적으로 사용되어 온 구성을 설명합니다.

🔵 기술 쌓기

　〈유인물 2-6〉은 아동을 위한 마음챙김 회기의 기본 구조를 제공합니다. 형태는 내담자의 욕구와 발달과 인지 수준을 고려해야 합니다. 아동기의 작업은 놀이이기 때문에 마음챙김 훈련 회기에서 놀이 요소를 포함합니다. 어느 정도 즐기세요. 웃으세요. 내담자가 즐기도록 도우세요. 이것은 보다 조용한 명상이 자리 잡기 전에 행해져야 합니다. 또는 마음챙김 기술 자체가 접촉 마음챙김(제12장), 후각 마음챙김(제11장), 듣기 마음챙김(제8장), 보기 마음챙김(제9장), 사이먼 가라사대 등과 같은 게임의 형태일 수 있습니다.

　마음챙김 기술이 가만히 앉아 있는 동안에 조용히 행해진다면 마음챙김 유형의 게임 중 하나를 사전에 할 수 있습니다. 그러고 나서 내담자를 호흡에 초점을 맞춤으로써 안정시키고 조용한 기술 중 하나를 시작합니다. 안전하다고 느껴 눈을 감을 수 있을 때까지 계속 눈을 뜨고 있을 수 있다고 말하세요.

　마음챙김 기술을 완수한 다음에 그 기술을 하는 것이 그들에게 무엇과 같았는지 이야기 나누기를 요청하세요. 이것은 좀 더 알아차리기 위한 능력을 증진시키는 과정의 필수 부분입니다. 무엇이 떠올랐는지 성찰하기를 요청하세요. 그들의 경험에 대한 피드백을 여러분에게 공유하도록 요청하세요. 말로, 글로, 또는 그림으로 공유할 수 있습니다. 판단하지 말고 자유롭게 이야기를 나누도록 격려하세요. 여기에는 옳고 그름이 없습니다.

　일부 아동과 청소년은 내면에 집중하는 어떤 유형의 마음챙김 기술을 하는 동안에 어느 정도 가슴이 아프거나 무서운 생각을 경험할 것임을 알고 있어야 합니다. 여러분이 치료자라면 이 느낌을 그들과 처리할 수 있도록 준비가 되어 있어야 하며, 만약 그들에게 떠오른 것들을 처리하도록 도울 준비가 되어 있지 않다면 그들을 다른 치료자에게 의뢰하세요.

　마음챙김 프로그램의 마지막 구성 요소는 활동, 프로젝트 또는 지역사회 봉사의 형태로 배운 내용을 적용하는 것입니다. 그 기술이 뇌의 신경생리에 대해 가르치는 것이면 뇌를 그릴 수도 있습니다. 마음챙김 기술을 수행하는 동안 떠오른 것을 그릴 수도 있습니다. 그들의 경험에 대해 시를 쓰거나 잡지 기사를 쓸 수도 있습니다. 후각 마음챙김 기술을 시행 중이면 팝콘의 맛있는 향기를 마음챙김하면서 팝콘을 튀겨 볼 수도 있습니다. 애정 어린 친절, 연민 그리고 우정 어린 소원을 위해 일주일 동안 친절한 행동을 실천하고 그에 대한 느낌을 나눌 수도 있습니다. 또는 지역사회 봉사를 계획하고 참여하거나 가치 있는 이유로 기금을 조성할 수도 있습니다.

🌀 성찰

진행 상황을 평가하기 위해 나눔 동안에 들은 것을 사용하고, 강화하며, 격려하고, 기술을 증가시킬 팁을 줌으로써 마음챙김 훈련을 형성하기 위한 피드백을 주세요. 그들의 훈련에 대해 판단하는 것을 피하도록 마음챙김을 하세요. 내담자들이 그들의 삶에서 마음챙김이 증가하는 것과 훈련을 연관 짓도록 도와야 합니다. "나는 산만해졌다."에서 "나는 산만해진 것을 알아차렸다."로 옮겨 가도록 도우세요. 그것이 '알아차림의 알아차림' 과정이며, 마음챙김의 핵심입니다.

아동을 위한 마음챙김 회기

 놀이

- 재미있게 합니다.
- 마음챙김 관련 활동 또는 게임을 합니다.
  - 밖으로 나가 꽃의 향기를 맡습니다.
  - 비눗방울을 붑니다.
  - 사이먼 가라사대 놀이를 합니다.
- 마음챙김 게임을 합니다.

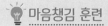 **마음챙김 훈련**

- 마음챙김 기술
- 마음챙김 게임
- 명상

 나눔

- 마음챙김 기술을 배우는 동안에 떠오른 것에 대한 성찰을 합니다.
- 그 경험에 대해 말합니다.
- 감정을 표현합니다.

 활동

- 배운 것을 적용합니다.
- 기술의 주제와 관련된 활동을 합니다.
  - 그림 그리기(예: 화났을 때의 뇌 그림)
  - 만들기(예: 물병에 반짝이를 붙여서 마음챙김 도구를 사용하기)
  - 요리하기(예: 팝콘, 사이다 또는 과자를 만들어 후각 마음챙김 훈련하기)
- 그림을 그리거나 일기를 씁니다.
- 애정 어린 친절을 베풀거나 우정 어린 소원을 비는 훈련을 합니다.
- 친절한 행동을 실천합니다.
- 지역사회 봉사 프로젝트를 계획하고 참여합니다.

제3장

마음챙김이 무엇인지
설명하는 도구

도구 3-1 | 마음챙김의 정의

● 배경

대부분의 아동과 청소년은 마음챙김의 개념이 무엇인지 혹은 어떻게 자신에게 도움이 되는지 모릅니다. 그들의 부모 또한 마찬가지일 수 있습니다. 따라서 마음챙김 개념을 소개할 수 있는 간단하고 기본적인 정의를 활용하여 이해를 돕는 것이 중요합니다. 내담자들이 이 책에서 더 많은 도구를 이용할수록 마음챙김이 자신에게 무엇을 의미하는지에 대해 더 잘 이해하고 다른 사람들에게 설명할 수 있을 것입니다.

> **주의** 어떤 청소년은 전적으로 '명상'이라는 것, 즉 20~30분 동안 아무 생각 없이 조용히 앉은 자세로 수행하는 것에 대해 거부감을 가집니다. 이것은 많은 사람에게, 특히 ADHD나 불안을 경험하는 사람에게는 거부감이 들고 받아들이기 힘든 개념입니다. 여기서 소개되는 대부분의 마음챙김 도구는 점차적으로 산만한 생각을 줄여 주고 명상 능력을 습득하는 과정을 가르쳐 주고 있습니다. 하지만 아동과 청소년이 현재 있는 곳에서 출발을 가볍게 시작하여 중간에 포기하지 않게끔 해야 합니다. 이 책에 있는 대부분의 마음챙김 도구는 장시간 동안 앉아 있는 자세를 요구하지도 않습니다.

이 도구는 여러 가지의 마음챙김에 대한 정의를 제공하고 있는데, 저자가 아동과 청소년에게 사용했던 단순한 개념을 비롯해서 Kabat-Zinn(2003), Kaiser-Greenland(2006), Saltzman(2011) 등에 의한 정의가 실려 있습니다.

● 기술 쌓기

내담자들에게 마음챙김을 어떻게 생각하고 있냐는 질문에서부터 시작합니다. 〈유인물 3-1〉에 있는 세 가지 정의를 고찰해 보고, 내담자에게 이 중 어울릴 만한 한 가지를 선택합니다. 그다음에 선택한 한 가지 방식을 이용하여 마음챙김을 설명합니다. 여러분이 선택한 한 가지 개념에서 과감히 벗어나 다른 정의들이 의미하는 각각의 요소를 되새겨 봅니다. Kabat-Zinn의 정의를, 예를 들어 '어떤 것에 집중하는 것'에서부터 시작합니다. 여러분은 집중을 하기 위해 어떤 것이든 선택할 수 있습니다. 흔하게는 호흡에 집중하는 것에서부터 시작할 수 있지만 주변에 있는 것, 예를 들어 운전, 먹기, 설거지, 생각 혹은 감정, 샤워하기, 신체, 심지어는 부모님, 선생님이나 친구에게도 집중할 수 있습니다. 그다음에 특정 방식(in a particular way)으로 넘어가서 그것들이 의미하는 것을 토론해 봅니다. 예를 들면, 관심에 집중하기, 눈을 감고 들어가기, 사물을 쳐다보기, 듣기, 맛보기, 냄새 맡기, 웃기 혹은 만지기가 있습니다. 그다음으로 목표(on purpose)에 대해 토론하는데, 이것은 여러분이 의도를 설정한 다음에 특정 목표(specific something)에 집중하기로 결정하는 것입니다. 지금 현재의 순간에서(in this present moment)라는 것은 지금 당장(right now)을 의미하는 것으로 현재 순간에 떠오르는 과거나 미래에 대한 생각을 떨쳐버리는 것입니다. 판단하지 않고(non-judgementally)라는 것은 비교, 판단, 그리고 자기 자신이나 집중하고 있는 동안에 떠오르는 것을 비난하지 않는 것입니다.

성찰

    이 정의를 듣고 나서 반응하는 것에 대해 내담자들과 토론하는 것에서부터 시작합니다. 내담자들에게 각각의 정의에 대해 어떻게 적용시켜서 설명할지 예를 들어 생각해 볼 것을 요구합니다. 예를 들면, 집중하는 방식에는 어떤 것이 있는지 선택할 것을 요구할 수 있습니다(시각, 청각, 촉각 등등). 일단 집중하려는 의도를 어떻게 설정하고, 그다음에 의식적으로 목적을 가지고 집중할 수 있을지 토론합니다. 내담자들이 어떻게 현재 순간(present moment)에 머무를 수 있었는지 질문합니다. 우리가 일반적으로 판단을 하는 것, 그리고 판단을 하지 않는 것을 얼마나 자주 하는지 토론합니다. 판단적이라는 것(being judgemental)의 예를 들어 줍니다. 내담자들에게 마음속에 느껴지는 자신만의 마음챙김 정의에 대해 적어 볼 것을 요구합니다.

마음챙김의 정의

"어떤 사물에 집중하는 것으로,

특정 방식으로,

목적을 가지고,

현재 순간에,

판단하지 않는 방식으로"

(Kabat-Zinn, 2003)

....

"실제 발생하는 상황에 대해 어떤 일이 발생되는지 인지하는 것"

(Kaiser-Greenland, 2006)

....

"현재의 삶에 집중하는 것, 친절함과 호기심으로"

(Saltzman, 2011)

....

"현재 여기,

지금 우리 몸 안에서

혹은 몸 밖에서

어떤 일이 진행되는지

집중하는 것"

(Burdick, 2013)

도구 3-2　바쁜 마음 대 차분한 마음

◆ 배경

우리의 마음속은 하루에도 6만 개 이상의 생각으로 가득 차기에 우리의 마음이 얼마나 어수선하고, 방황하고, 집중하기가 어려운지 쉽게 이해할 수 있습니다. 차분하면서 명료한 마음은 지속적으로 복잡한 생각, 느낌, 감각으로 인해 쉽게 압도될 수 있습니다. 이 훈련을 통해 마음챙김의 개념을 마음의 명료화, 진정, 차분함, 고요, 안정으로 설명할 수 있습니다. 틱낫한 스님은 이 과정을 혼탁한 사과주스 잔을 가지고 설명하였습니다(Thich Nhat Hanh, 2011). 이를 통해 마음챙김 과정을 잘 알 수 있습니다. 이 도구는 강한 분노감, 불안, 공포, 슬픔, 스트레스와 당황스러운 느낌을 경험하는 아동과 청소년에게 아주 유용합니다. 마음챙김은 그들에게 자신의 분노, 걱정, 스트레스의 양을 줄일 수 있는 방법을 제공합니다.

◆ 기술 쌓기

이 훈련이 내담자들에게 자신의 마음을 안정시키는 과정을 상상하고 눈으로 확인하는 방법을 제공할 것이라고 설명합니다. 〈유인물 3-2〉에 기술된 바쁜(busy) 마음(calm) 대 차분한 마음 훈련을 시행합니다. 이 훈련을 실행해 봅니다. 아동에게 베이킹소다나 반짝이 가루를 물에 넣고 휘젓거나 물병 주위에 장난감을 놓아 두도록 합니다.

◆ 성찰

내담자들에게 베이킹소다가 물에서 소용돌이치면서 혼탁해지는 것을 관찰할 때 어떤 느낌인지 질문합니다. 물이 다시 깨끗해지는 것을 관찰하는 동안에 무엇을 인지했는지 질문합니다. 물이 깨끗해지는 것처럼 우리의 마음도 안정시킬 수 있을까요? 그들의 몸이 조금 더 안정적으로 되는 것을 느낄 수 있을까요? 혼탁한 물과 맑은 물을 비교하는 것과 맑은 마음과 혼탁한 마음을 비교하는 과정에서 연관성을 이해할 수 있을까요? 내담자들에게 자신의 뇌가 혼란스러워지는 상황을 설명하도록 요구합니다. 그때는 화가 났나요? 무서웠나요? 혼란스럽거나 스트레스를 받았나요? 그들은 행복하고 평화로운 뇌란 어떤 것이라고 생각할까요? 언제 그들의 뇌는 맑아질 수 있을까요?

바쁜 마음 대 차분한 마음

깨끗한 유리 그릇에 물을 적당히 채웁니다.

내담자에게 유리 그릇을 통해 방 안의 다른 쪽 벽면이 보이는지 물어봅니다. 유리 그릇 주위에 작은 장난감을 놓고 보이는지 물어봅니다.

그다음에 약간의 베이킹소다나 반짝이 가루를 물에 넣고 저은 다음에 물이 혼탁해지는 것을 관찰하고, 그릇 주위에 놓아 둔 장난감이 보이는지 확인합니다.

자, 이제 그릇을 통해 볼 수 있는지 물어봅니다. 장난감이 보이나요?

그들이 걱정을 하고, 화가 나고, 산만해지고, 스트레스를 받거나 흥분해 있을 때, 또는 그들의 생각이나 느낌이 소용돌이칠 때 마음속에서 어떤 변화가 생기는지 설명합니다.

휘 젓는 행동을 멈춥니다. 베이킹소다나 반짝이 가루가 바닥으로 가라앉을 때 어떤 일이 생기는지 보기 위해 그릇 속의 물을 계속 관찰하도록 합니다.

그들에게 마음챙김 호흡이 그들의 마음을 위해 작용한다고 설명합니다. 마음챙김 호흡을 통해 마음을 맑게 진정시키고, 생각과 느낌을 가라앉히며, 그들이 더욱 이완되고 집중할 수 있도록 돕습니다.

그다음으로 물 안을 다시 휘 젓거나 베이킹 소다나 반짝이 가루를 추가로 넣는 동안에 마음을 다시 흥분시키기 위해 신체를 움직여 볼 것을 요구합니다.

물속이 다시 얼마나 혼탁해졌는지 보여 줍니다. 마치 마음이 분주해지면 일어나는 변화처럼. 그리고 다시 차분히 앉아 마음챙김 호흡을 하면서 물속의 혼탁한 것들이 가라앉는 것을 지켜봅니다. 물을 통해서 반대편을 다시 볼 수 있을 때 손을 들 것을 요구합니다.

물속이 깨끗해지는 것을 관찰하는 동안에 천천히 호흡을 하도록 유도합니다. 천천히 마음챙김 호흡을 통해 그들의 생각과 느낌을 안정시키고, 마음이 차분해지고 명료해질 수 있다고 설명합니다.

출처: 사과주스 이야기에서 영감을 받음(Thich Nhat Hanh, 2011)

도구 3-3 　마음챙김 반짝이 물병 만들기

🔷 배경

　　마음챙김을 설명할 수 있는 또 다른 방법은 스노우볼이나 반짝이 볼을 사용하는 것입니다. 스노우볼을 흔들어 보고, 〈도구 3-2〉에서 기술된 것과 같은 과정으로 진행해 봅니다. 7세의 아동에게 티스푼 정도의 반짝이를 탄 물병을 보여 주며 이런 현상을 설명해 줍니다. 〈도구 3-2〉의 개념을 확장시켜 활발한 아동은 자신만의 마음챙김 반짝이 물병(mindfulness glitter bottle)을 만들 수 있습니다.

🔷 기술 쌓기

　　〈유인물 3-3〉의 내용을 내담자들과 같이 수행해 봅니다.

🔷 성찰

　　내담자들이 물병을 흔든 다음에 차분히 지켜보면서 어떤 일이 발생할지 생각해 볼 수 있도록 도와줍니다. 다음과 같이 질문합니다. 물병을 통해 반대편을 볼 수 있나요? 물병을 흔들면 어떤 일이 생길까요? 물병을 통해 반대편이 보이지 않을 때 여러분은 어떤 느낌일까요? 여러분은 집에서 마음챙김 반짝이 물병을 언제 사용합니까? 여러분의 마음을 안정시키고 기분을 좋게 하는 데 도움이 되었나요?

마음챙김 반짝이 물병 만들기

💡 재료

- 상표를 제거하였고 뚜껑이 있는 물이 가득 찬 투명한 물병(바깥 면이 거칠지 않을수록 투명하므로 물병을 통해 잘 볼 수 있음)
- 다양한 색깔의 분말가루
- 티스푼

💡 과정

- 내담자들에게 물병을 지급합니다. 물병을 통해 반대편을 들여다볼 것을 요청합니다. 그들은 무엇을 볼 수 있을까요? 그들은 물병을 쥐고 있는 자신의 손을 볼 수 있을까요? 물병을 통해 반대편을 들여다볼 수 있을까요?

- 티스푼과 물병 안에 첨가할 수 있는 약간의 분말가루를 지급합니다. 그들에게 물병의 뚜껑을 열어서 약간의 분말가루를 넣고, 병뚜껑을 다시 단단히 잠그도록 합니다. 한 스푼 정도의 분말가루를 넣어 봅니다.

- 내담자들에게 물병을 흔들고, 물병 안에서 분말가루가 퍼지는 동안에 어떤 변화가 일어나는지 관찰하게끔 합니다. 그들에게 물병을 들여다볼 것을 요청합니다. 그들은 무엇을 볼 수 있을까요?

- 내담자들에게 물병을 흔들면서 자신의 마음이 흥분되고, 초조하고, 화가 나고, 걱정하고, 서두르는 상황을 상상해 보라고 합니다. 그다음에 그들에게 물병을 바닥에 놓아두면 어떤 변화가 일어나는지 지켜보게끔 합니다.

- 물병 안에 있는 분말가루들이 차분하게 가라앉는 것과 같이 자신의 서두르거나, 화가 나거나, 걱정스런 생각이 차분하고 명료해질 수 있다고 설명합니다.

- 자, 이제 물병을 쥐고 위아래로 흔들면서 물병 안에 어떤 변화가 생기는지 관찰하게 합니다. 그다음에 흔드는 것을 멈추고, 물병을 다시 바닥에 세워 놓고 어떤 변화가 생기는지 관찰하게 합니다.

- 물병 안의 분말가루처럼 내담자들의 몸은 차분해지고, 마음은 안정되며, 생각은 정리될 수 있다고 설명합니다. 그들은 평화롭고 명료함을 느낄 수 있습니다.

- 내담자들에게 반짝이 물병을 이용하여 화가 나거나 걱정스런 마음을 안정시킬 수 있다고 독려합니다.

- 자, 이제 물병의 물이 다시 깨끗해질 때까지 물병을 지켜보게 합니다. 물병을 관찰하는 동안에 아동과 청소년에게 천천히 그리고 차분히 호흡을 하게끔 안내합니다.

- 반짝이 물병을 집으로 가져가게끔 해서 자신의 마음이 흥분되고, 화가 나고, 불안할 때 물병을 쥐고 흔든 다음에 차분히 가라앉히면서 관찰하게끔 합니다.

> **주의** 추가로 이 활동을 위해 반짝이 분말가루 대신에 베이킹소다를 사용할 수 있습니다. 아동이 분말가루를 탄 물을 마시지 않게끔 주의합니다. 안전을 위해 물병을 강력 접착제로 봉합할 수 있습니다.

배경

마음챙김은 음악 속에 존재하는 고요함으로 간주될 수 있습니다. 음악 속의 고요함이란 전반적으로 노래 리듬이 진행되는 동안에 아주 짧은 순간에 음악이 멈추는 공간을 말합니다. 고요의 순간입니다. 고요함이란 소리라는 개념의 노래에서 중요합니다. 마음챙김이 인생에 영향을 끼치듯이, 고요함은 음악에 영향을 미칩니다. 마음챙김은 마음속의 분주한 활동으로부터 편안한 휴식이라고 생각할 수 있습니다. 시끄러운 소음 속에서 짧은 적막을 가져다줍니다. 정신적 명료함을 강화시킵니다. 이 도구는 아동과 청소년이 자신의 신체를 이용해서 이 개념을 이해하는 기회를 제공할 것입니다.

기술 쌓기

음악 속의 고요함은 음악이나 노래가 멈추고 아주 잠깐의 침묵이 존재하는 공간이라고 설명합니다. 마음챙김이란 바쁜 활동과 어수선한 생각으로부터 짧은 휴식을 취할 때 음악 속의 고요함과 같습니다.

- 내담자들에게 동일한 리듬으로 연속으로 네 번의 박수를 치되, 박수를 칠 때마다 하나, 둘, 셋, 넷 숫자를 셀 것을 요구합니다. 그들과 같이 박수를 칩니다. '박수, 박수, 박수, 박수' 네 번의 박수를 반복합니다.
- 자, 이제 내담자들에게 두 번의 박수를 치고, 한 번은 쉬고, 다음으로 네 번째에 박수를 칠 것을 요구합니다. '박수, 박수, 쉬고, 박수'를 반복합니다.
- 그대로 시행해 보다가 방식을 바꾸어 봅니다. '박수, 쉬고, 박수, 박수'를 반복합니다.
- 한 번이 아니라 두 번의 리듬을 쉬어 봅니다. '박수, 쉬고, 쉬고, 박수'
- 리듬을 하나, 둘, 셋으로 바꾸어 봅니다. '박수, 박수, 박수'
- 그다음에는 다음과 같이 방식을 바꾸어 봅니다. '박수, 쉬고, 박수'를 반복합니다.
- 내담자들이 좋아하는 노래를 이용해 수행해 봅니다.

성찰

내담자들을 도와 이와 같은 훈련이 그들에게 어떤 느낌을 주는지 생각해 보도록 합니다. 휴식이 없을 때와 비교하여 느낌이 어떻게 달랐나요? 멈춤 없이 지속적으로 박수를 쳐야 한다면 어떨까요? 내담자들은 지칠까요? 손바닥이 아플까요? 자신의 위치를 잃을까요? 우리가 마음챙김 시간을 가지지 못한다면 우리 인생에서 이런 현상이 생길 것입니다. 이런 훈련을 통해 리듬에 맞춰 박수를 치는 것이 쉬워질까요? 마음챙김도 앞의 훈련을 통해 훨씬 쉬워질 수 있다고 설명합니다.

53

도구 3-5 목표 설정

◆ 배경

목표를 정하는 것은 어떤 훈련에서나 기본 과정입니다. 목표란 우리가 훈련을 통해 궁극적으로 얻고자 하는 결과입니다. 여러분의 방향성을 지닌 주의입니다. 마음챙김에서 목표는 주의를 기울이려고 여러분이 선택한 대상을 일컫습니다. 여러분의 목표는 호흡에 주의를 기울이는 것이 될 수 있습니다. 지금은 여러분의 과제나 주변 환경에 주의를 기울이는 것일 수 있습니다. 마음챙김을 한다는 것은 여러분의 관심을 반복적으로 여러분이 설정한 목표로 다시 되돌리는 과정을 포함합니다. 이 도구는 아동과 청소년이 마음챙김 훈련 초반에 목표 설정을 하는 과정을 돕습니다.

◆ 기술 쌓기

아동과 청소년은 흔히 집중하고 과제를 지속하는 데 어려움을 겪습니다. 각각의 마음챙김 훈련 초반에는 내담자들이 특정 기술을 습득하는 데 있어 자신의 목표 설정을 돕는 것으로 합니다. 목표 설정은 그들이 훈련을 하는 동안에 자신의 관심을 반복적으로 목표로 되돌리는 것을 확인할 수 있게 도울 것입니다. 목표는 호흡, 과제, 주위 환경, 소리, 맛, 감정 등에 집중하는 것일 수 있습니다.

- 내담자들에게 목표의 정의와 함께 자신이 설정하려는 목표에 대해 설명합니다.
- 집중하려고 하는 것을 선택하고 반복적으로 집중으로 되돌아가는 것을 통해 그들이 인생 전반에 걸쳐 도움이 되는 특정한 방식으로 자신들의 뇌를 훈련시키는 것이라고 설명합니다.
- 공식적이든 그렇지 않든, 내담자들을 도와 마음챙김 훈련을 매번 시작할 때 자신의 목표를 확인하는 기회를 가질 수 있도록 합니다. 예를 들어, 내담자들에게 핵심 훈련 과정(〈도구 6-8〉 참조)을 지도할 때 그들을 도와 자신의 호흡에 모든 관심을 집중하도록 목표를 설정할 수 있게 합니다.
- 내담자들에게 다시 주지시킵니다.
  - 현재의 마음에서 그들의 목표를 지속적으로 인지합니다.
  - 그들의 생각, 느낌, 목표가 호흡에 집중하는 경우에 산만해지는 순간을 인지했을 때 가능한 한 빨리 다시 자신의 의도를 호흡으로 돌아가게끔 합니다.
  - 주기적으로 그들의 생각, 단어, 행동이 목표와 일치하는지 확인하도록 합니다.
  - 핵심 마음챙김 훈련을 하는 동안에 상기 과정을 여러 번 반복합니다.
- 이 과정을 모든 마음챙김 훈련을 하는 과정에 적용합니다.

내담자들이 자신에게 목표 설정이 어떤 것인지 생각할 수 있게 돕습니다. 그들에게 다음과 같이 요구합니다. 목표 설정이 얼마나 어렵습니까? 목표로부터 여러분의 마음이 배회한 적이 있습니까? 핵심 마음챙김 훈련에 귀를 기울이는 동안에 무엇을 인지했습니까? 여러분의 일상생활에서 이런 목표 설정의 과정을 어떻게 적용할 수 있습니까?

도구 3-6 　마음챙김 종소리 사용하기

◆ 배경

　　마음챙김 종소리는 흔히 마음챙김 훈련을 시작하거나 마치는 데 사용됩니다. 다양한 형태의 마음챙김 종소리가 존재하는데, 기본 형태는 종이 울리면 소리가 10초 이상 지속되는 것입니다. 이 도구에서는 마음챙김/명상 종소리 훈련을 아동과 청소년을 위한 훈련에 접목시키는 여러 가지 방법을 설명합니다.

◆ 기술 쌓기

　　마음챙김 종소리는 아동과 청소년에게 다양한 형태로 사용될 수 있습니다. 전통적인 방식은 마음챙김 훈련이나 명상을 시작하거나 끝마칠 때 사용하는 것입니다. 종소리는 듣는 이의 관심을 이끌어 내고, 빠르게 마음의 고요함과 안정감을 가질 수 있게 합니다. 그다음으로 종소리는 훈련의 마지막 과정으로서 고요한 상태에서 일상으로 전환시키는 시간으로 중요한 의미를 가집니다.

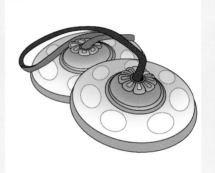

　　또 다른 사용법은 듣기 마음챙김 기술입니다. 이 방법은 〈도구 8-1〉을 참조하세요.

　　마음챙김 종소리를 울리는 것은 모든 구성원의 관심을 집중할 수 있게끔 하는 확실한 방법입니다. 그러므로 아동과 청소년에게 여러분이 이야기하는 것에 집중하게 하거나 아동과 청소년에게 다음에 무엇을 해야 할지 혹은 방에서 차분히 앉아 있게 하는 데 사용할 수 있습니다.

　　마음챙김 종소리는 또한 아동과 청소년이 당황스러워 하거나 스트레스로부터 안정을 필요로 할 때 사용할 수 있습니다. 집단의 구성원을 안정시킬 필요가 있거나 방 안이 너무 시끄럽다면 마음챙김 종소리를 사용할 수 있다고 설명하세요. 여러분이 마음챙김 종소리에 의해 어떻게 영향을 받는지 인식하게 될 때 환경에 대한 조절감을 가지게 될 것입니다.

　　연령이 낮은 아동에게는 종을 치는 방법을 설명해 주고, 매 회기마다 한 번씩만 종을 울릴 수 있다고 지도합니다. 몇몇의 연령이 낮은 아동은 종을 치는 것을 너무 좋아한 나머지 반복적으로 종을 쳐서 다른 사람들을 불편하게 하기도 합니다.

◆ 성찰

　　내담자들이 종이 멈출 때까지 종소리에 집중할 수 있었습니까? 종소리를 통해서 어떻게 방 안에 있는 에너지를 바꿀 수 있을까요? 내담자들에게 종소리를 들었을 때 어떻게 느꼈는지 질문해 봅니다. 종소리가 내담자들의 마음을 안정시키는 데 도움이 되었나요? 내담자들은 종소리가 자신의 마음을 평온하게 해 주는 것으로 느끼나요, 아니면 불편하다고 느끼나요?

🔷 배경

'알아차림'을 한다는 것은 아동과 청소년에게는 새로운 개념입니다. 이 개념은 어떤 것이 마음속에서 떠오를 때 그 떠오르는 것을 인지한다는 것입니다. 이런 알아차림에는 생각, 느낌, 신체 감각, 물리적 환경에 대한 알아차림을 포함합니다. 여기에는 현재 순간에 발생하는 것, 인지하는 것, 산만함에서 벗어나는 것에 집중하는 것을 포함합니다. 알아차림의 목적은 어떤 것을 바꾸려고 노력하지 않고 알아차림을 유지하는 것에 있습니다. 여러분이 관찰하는 것을 그대로 보고 받아들이세요. 결국에 알아차림이라는 것은 원하지 않는 방식을 바꾸는 데 있어서 첫 번째 과정이 될 것입니다. 훈련을 하다 보면, 아동과 청소년은 더욱더 알아차림을 잘 할 수 있게 됩니다. 그들은 "나는 배가 고프다"에서 "내가 배가 고프다는 것을 인지했다"로 바뀔 것입니다. 이 도구에서는 알아차림 기술을 발전시킬 수 있는 간단한 과정을 소개합니다.

🔷 기술 쌓기

내담자들에게 다음의 과정을 안내합니다.

> • 현재의 순간에 멈추어 보세요.
>
> • 어떤 것이 떠오를 때, 그 떠오르는 것을 인지하세요.
>
> • 생각, 느낌, 신체 감각, 주변 환경에 집중해 보세요.
>
> • 어떤 것을 바꾸려고 하지 말고 단지 알아차려 보세요.
>
> • 주의가 분산될 때는 여러분의 목표를 기억해서 여러분의 주의를 현재 떠오르는 것으로 다시 옮겨 옵니다.
>
> • 10초 정도 해 보다가 점차적으로 여러분의 나이와 능력에 따라 5분 정도까지 늘려 갈 것입니다.

🔷 성찰

마음챙김 훈련을 하는 동안에 내담자들이 경험하는 것에 대해 생각할 수 있도록 돕습니다. 내담자들에게 다음과 같이 질문해 봅니다. 여러분은 어떤 것을 인지했나요? 어떤 소리나 냄새를 느꼈나요? 여러분의 특정 신체 부위에서 어떤 감각을 인지했나요? 어떤 생각들이 떠올랐나요? 여러분은 어떤 느낌을 인지했나요? 아동과 청소년은 그들 스스로 생각이 떠오를 때까지 처음 몇 번은 여러분의 마음속에서 떠올랐던 생각을 전달하거나 공유할 수 있습니다. 놀랍게도 몇몇의 연령이 낮은 아동조차도 이 훈련을 잘 할 것입니다.

도구 3-8 주의력 조절하기(집중하기)

◆ 배경

오늘날 아동과 청소년은 아주 산만한 세상에서 살고 있습니다. 그들은 쉽게 흥분하고, 집중을 방해하는 너무나 많은 일로 과부하 상태입니다. 주의를 조절할 수 있다는 것은 집중력, 기억력, 전반적인 정신명료화 능력을 향상시킬 것입니다. 이 도구에서는 주의력을 조절하고 목표에 집중하는 능력을 향상시킬 수 있는 기본 과정을 제공합니다.

◆ 기술 쌓기

내담자들에게 자신의 목표를 결정하게끔 한 후에 다음과 같은 일련의 명상을 지도합니다. 어떤 내담자에게는 음악, 밝은 색감의 미술 작품 혹은 손에 잡을 수 있는 물건 등과 같이 집중할 수 있는 특정 물건을 지정해 주는 것이 도움이 될 수 있습니다. 독창적으로 해 보세요.

- 집중하기 위한 목표를 설정합니다.
- 집중할 수 있는 것을 선택합니다. 여기에는 아마도 여러분의 호흡 혹은 여러분이 손으로 만지는 물건에 대한 느낌, 혹은 여러분 주변에 있는 다른 물건 혹은 나뭇잎과 같은 자연에 존재하는 것들이 해당될 수 있습니다.
- 자, 이제 여러분이 집중하려고 했던 대상에 대해 모든 것을 인지해 봅니다.
- 어떤 생각, 느낌, 신체 감각 혹은 주변에 있는 어떤 것들로 인해 주의가 산만해진다면 그 산만해진 것을 인지합니다.
- 산만해진 것을 인정하고 판단하지 않으면서 무시합니다.
- 그냥 자연스럽게 지나가게끔 놔두세요.
- 다시 여러분이 원래 목적했던 대상으로 주의를 돌려 집중합니다.
- 여러분이 집중하려고 했던 대상과 관련된 모든 것에 대해 자세히 인지해 봅니다.
- 그것들이 어떻게 보이는지, 어떻게 느껴지는지, 어떤 냄새가 나는지 인지해 봅니다.
- 이런 과정을 1분(연령이 낮은 아동은 약 30초) 동안 지속해 봅니다.

이 훈련을 하면서, 5분 정도 할 수 있을 때까지 매번 1분씩 늘립니다. 연령이 높은 아동과 청소년은 15분 정도 할 수 있을 때까지 시간을 단계적으로 늘려 봅니다. 시간을 맞추기 위해 휴대폰 알람 기능을 설정합니다.

◆ 성찰

내담자들이 스스로 자신의 경험을 성찰, 탐색, 공유할 수 있도록 돕습니다. 내담자들에게 다음과 같이 질문해 봅니다. 이 훈련을 하면서 여러분의 마음이 오락가락했습니까? 여러분의 마음이 산만해진다는 느낌을 받을 때 어떻게 했습니까? 여러분이 집중하는 대상이 무엇이든지 간에 어떤 것을 인지했습니까? 집중하는 대상에 대해 새로운 것을 인지했습니까? 훈련하는 과정에서 마음속에서 발생하는 내적 생각이나 언급하는 대화 내용을 인지할 수 있습니까? 내담자들이 마음속에서 지속적으로 참견하는 대화 내용이 떠오를 수 있다는 것을 이해할 수 있도록 돕습니다(예: "난 빨리 이게 끝났으면 좋겠어. 난 더 이상 차분히 앉아 있기 힘들어.")

도구 3-9　자기조절능력 강화하기(몸-마음의 신호로 단어와 색깔 이용)

● 배경

마음챙김 훈련은 뇌를 조절할 수 있는 뇌 능력을 향상시킵니다. 마음을 안정시키고, 목적 대상에 집중하는 반복적인 훈련을 통해 신경회로가 만들어지고 강화됩니다. 마음챙김은 알아차리기 힘든 수준의 감정 폭발을 줄여 줄 수 있습니다. 아동과 청소년의 뇌는 불필요한 신경회로는 제거하면서 정기적으로 사용하는 신경회로는 강화시키는 과정을 통해 지속적으로 발달합니다. 이 도구에서는 아동과 청소년이 자신이 집중하기로 선택한 것에 집중하는 능력을 향상시키는 데 사용할 수 있는 기술을 설명합니다.

● 기술 쌓기

내담자들이 집중을 유지하는 데 도움이 되는 단어를 반복하여 설명합니다. 내담자들에게 자신이 집중하는 데 도움이 되는 단어를 선택할 것을 요청합니다. 다음과 같이 내담자들에게 언급합니다. 예를 들어, 여러분이 숙제를 하는 동안에 숙제에만 집중하고 스스로 자신에게 마음챙김을 주지시킬 수 있게끔 '숙제, 숙제'란 단어를 반복할 수 있습니다. 아니면 호흡 명상을 하거나 짧은 휴식을 필요로 하는 동안에 '호흡, 호흡'이라는 단어를 조용히 반복할 수 있습니다. 여러분 스스로가 현재의 상태에 집중하거나 현재 진행 중인 과제나 훈련을 인식하고 있다는 것을 주지시키기 위해 '마음챙김, 마음챙김'이라는 단어를 사용할 수 있습니다. 여러분은 화가 나기 시작할 때 '안정, 안정'이라는 단어나, 여러분을 귀찮게 하는 동급생에게 친절하기 위해 '친절, 친절'이라는 단어를 반복할 수 있습니다.

어떤 내담자들은 단어를 사용하는 것보다는 자신이 선택한 색으로 그림을 그리는 것이 집중력을 유지하는 데 도움이 된다고 생각합니다. 내담자들에게 좋아하는 색깔이 무엇인지 질문합니다. 예를 들어, 여러분은 스트레스를 받을 때 스스로를 호흡에 집중시키기 위해 파란색을 이용하여 그림을 그리게 되고, 이를 통해 마음의 안정을 유지하고 스트레스 반응을 낮출 수 있습니다. 혹은 읽기나 기타 과제와 같은 작업을 하는 과정에서 스스로 마음챙김을 주지시키기 위해 노란색으로 그림을 그릴 수 있습니다. 아동과 청소년이 스스로 잘할 수 있을 때까지 서로 다른 색깔을 이용하여 실험해 볼 수 있도록 돕습니다. 아동과 청소년이 선택한 색깔을 이용하여 예쁜 디자인을 도안하는 미술 과제를 해 봅니다. 아동과 청소년에게 마음챙김을 주지시키기 위해 특정한 주제에 집중할 수 있게끔 격려해 봅니다.

● 성찰

내담자들에게 다음과 같은 질문을 통해 가장 잘할 수 있는 방법을 탐색해 봅니다. 이번 주에 시도해 본 단어는 무엇입니까? 여러분은 단어를 사용하는 게 나은가요? 색깔을 사용하는 게 나은가요? 여러분이 이번 주에 시도한 색깔은 무엇입니까? 지난 한 주 동안에 어떤 상황에서 어떻게 이 기술을 사용했습니까? 그동안 사용해 본 느낌은 어떻습니까? 안정을 유지하거나 집중을 하기 위한 여러분의 능력이 향상된 것을 느낄 수 있습니까?

도구 3-10 마음챙김에 대한 깨달음 기록하기

🔷 배경

　　일지 쓰기는 아동과 청소년이 마음챙김을 습득하는 동안에 훈련을 하면서 자신의 경험을 통합하는 데 효과적인 방법이 될 수 있습니다. 어떤 아동과 청소년은 글쓰기를 좋아하지만, 다른 이들은 그렇지 않을 수 있습니다. 아동과 청소년에게 마음챙김에 대해 어떻게 생각하고 있는지 적어 보게 하거나 호흡 알아차리기와 같은 마음챙김 기본 훈련을 하면서 자신의 경험을 그림으로 그려 보게끔 권유해 봅니다. 일지 쓰기를 원치 않는다면 여전히 그들에게 머릿속에서 즉각적으로 떠오르는 주제나 일련의 언어적 반응 과정을 따라가게끔 권유할 수 있습니다.

🔷 기술 쌓기

　　마음챙김에 대한 소개를 받고 아동과 청소년이 반복적으로 마음챙김 훈련을 통해 경험한 후에 이번 일지 쓰기 기술을 이용합니다. 이 훈련을 통해 내담자들은 마음챙김에 대한 이해가 어떻게 변화되는지 알 수 있습니다. 숙제를 통해서도 할 수 있지만, 회기 동안에 훈련을 하면 훨씬 더 잘 될 것입니다.

　　내담자들이 초심자이거나 경험이 있는 수련생인지 여부와 관계없이 일지 쓰기는 내담자들에게 마음챙김을 통해 그들의 인생에 어떤 영향을 미치고 있는지를 처리하고 통합하는 데 도움을 줄 것입니다. 내담자들에게 〈유인물 3-10〉에 있는 일지 주제에 응답하도록 안내합니다. 내담자들이 너무 어려서 답을 쓰기가 어렵다면 그들이 답한 내용을 대신 작성해 주거나 그들이 생각하는 마음챙김에 대해 그려볼 것을 권해 봅니다. 잘만 된다면 부모가 대신 적어 주는 과정을 통해 부모를 참여시킬 수 있는 좋은 기회가 될 것입니다.

　　여러분이 컴퓨터 사용에 능숙하다면 페이스북을 통해 마음챙김 경험을 공유하고, 약간은 비공식적인 방식으로 댓글을 적을 수 있도록 회원 전용 체계를 구축할 수도 있습니다.

🔷 성찰

　　내담자들에게 자신이 글쓰기에서 작성한 일지나 그림을 다른 내담자들과 공유하는 것이 괜찮은지 질문합니다. 대답을 검토해 봅니다. 내담자들이 마음챙김 훈련에 대해 명확한 목표를 가지고 이해할 수 있도록 돕습니다. 내담자들이 마음챙김 훈련을 시작하는 상황에서부터 과정을 다루어 줍니다.

마음챙김에 대한 일지 쓰기

 일지 주제

- 마음챙김이란 무엇이라고 생각하나요?

- 과거에 알고 있었던 마음챙김과 새롭게 이해한 마음챙김은 어떻게 다른가요?

- 마음챙김을 배우려고 한 이유는 무엇인가요?

- 지금까지 마음챙김 훈련을 하면서 자신에 대해 어떠한 것들을 알게 되었습니까?

- 하루 일과 중 더욱 마음챙김 자세를 유지하기 위해 어떤 방식으로 시작했나요?

- 마음챙김을 통해 어떤 부분이 개선되거나 바뀌길 원하나요?

- 마음챙김 훈련을 하는 목적은 무엇인가요?

- 지금까지 학습한 마음챙김 기술은 어떠한 것들이 있나요?

- 현재까지 가장 좋아하는 마음챙김 기술은 어떠한 것인가요?

- 더욱 마음챙김을 한다는 것은 어떤 느낌인가요?

그림 주제

- 마음챙김을 하고 있는 상황에 대해 그려 보세요.

- 마음챙김을 하지 않는 상황에 대해 그려 보세요.

- 마음챙김을 색으로 표현해서 그려 보세요.

- 마음챙김을 하고 있는 일상생활에 대해서 그려 보세요.

도구 3-11　신경가소성이 무엇이고, 우리에게 왜 중요한지 알기

🌐 배경

　　신경가소성(neuroplasticity)이란 뇌 자체를 변화시키는 능력을 일컫는 말로서, MRI, SPECT, 뇌파 연구를 통해서 마음챙김 훈련이 뇌 구조뿐만 아니라 뇌 기능을 변화시킨다는 것이 밝혀졌습니다(연구를 위한 〈유인물 3-11〉 참조). Hebb의 공리(axiom)에 따르면, 신경세포(neuron)들은 다 같이 신경물질을 분비하고 연결되며, 수상돌기(dendrite)들은 상기 작업들이 반복되면 될수록 크기와 효율이 증대됩니다. 마치 풀숲이나 모래밭에 많은 발자국을 통해 길이 생기는 것처럼 뇌 신경회로(neuronal pathway)는 반복 학습을 통해 더욱 강화되는 경향이 있습니다. 결과적으로 마음챙김 훈련은 뇌에서 더욱 건강한 신경회로(healthy pathway)를 만들기 위한 효과적인 방법인 것입니다.

🌐 기술 쌓기

　　뇌 기능 자체를 변화시키는 것이 신경가소성이라고 설명합니다. 칠판이나 백지에 신경가소성이라고 쓰고 같이 이야기해 볼 것을 제안합니다. 자전거 타기나 노래 부르기를 배우는 것과 같은 변화에 대해 토론합니다. 이것과 관련하여 뇌의 변화가 어떻게 일어나고 어떤 훈련을 반복하면 할수록 더 잘할 수 있다는 것을 설명합니다.

　　〈유인물 3-11A〉와 〈유인물 3-11B〉에 있는 두 가지 종류의 훈련(풀밭이나 모래밭에 난 길과 종이접기)을 통해 어떻게 신경회로가 뇌에서 형성되는지 설명해 줍니다. 아동과 청소년에게 신발끈을 묶는 법과 이름 쓰는 법을 어떻게 익혔는지 물어봅니다. 이런 기술들이 어떻게 뇌에서 학습을 하고 훈련을 통해 잘하게 되는지 연결시켜서 설명합니다. 일기와 같이 새로운 것을 배울 때는 도움이 될 수 있지만, 불안이나 우울증과 같은 부정적인 패턴에 뇌가 갇힐 경우 해로울 수 있다는 점을 설명합니다. 유인물을 활용하여 무언가를 다른 방식으로 하면 뇌의 회로가 바뀌기 시작하고, 이는 부정적인 기분 상태나 불안 성향에서 벗어나는 데 도움이 될 수 있다는 점을 탐색해 봅니다.

🌐 성찰

　　내담자들을 도와 신경가소성의 과정이 어떻게 그들에게 도움이 되는지 혹은 계속 곤경에 빠지게끔 하는지 다음과 같은 질문을 통해 탐색해 보도록 합니다. 긍정적 혹은 부정적 사건이 반복될 때 여러분의 뇌에서 신경회로가 어떻게 형성되나요? 여러분은 어떤 사건에 생각을 멈춘다든지 반응을 선택하는 과정 없이 자동적으로 반응하는 것을 인지하나요? 여러분은 강화시키거나 제거하고 싶은 특정 신경회로가 존재하나요? 여러분의 삶에서 두려움이나 공포가 영향을 끼치나요? 여러분은 어떤 방식으로 스스로 곤경에 빠졌다고 느끼나요?

신경가소성(풀밭이나 모래밭에 길 만들기와 유사)

풀밭

- 내담자들을 풀밭 혹은 잔디밭 혹은 모래밭으로 데리고 갑니다.

- 풀밭이나 모래사장에 집중하도록 하고 어떻게 보이는지 물어봅니다.

- 풀밭이나 모래사장을 가로질러 직선으로 걸어 볼 것을 지시합니다. 내담자들과 같이 걸어 봅니다.

- 풀밭이나 모래사장에 길이 만들어진 것이 보일 때까지 반복적으로 여러 차례 걸어 봅니다.

- 내담자들에게 풀밭의 흙이 보일 정도로 길이 만들어진 것을 본 적이 있는지 물어보고 가능하면 직접 보여 줍니다.

- 내담자들에게 만약에 그 길을 사람들이 더 이상 걷지 않는다면 어떻게 될지 물어봅니다.

- 이런 과정이 뇌에서 신경가소성의 과정과 비슷하다고 설명해 줍니다. Hebb의 이론(Hebb, 2000)에 따르면, 뇌 신경세포들은 다 같이 분화하고 연결되며 이런 과정이 반복될수록 수상돌기의 크기와 효능이 커집니다. 그렇게 되면 풀밭이나 모래밭에서 길이 만들어지는 것처럼, 신경회로는 반복될수록 강해지며 사용하지 않을수록 약해지게 됩니다. 마음챙김 훈련은 뇌에서 신경망 재배치에 도움을 주고, 뇌에서 더욱 건강한 신경회로를 만드는 효과적인 방법입니다.

실내

다음의 과정을 내담자들에게 소개합니다.

- 눈을 감고 푸른 풀밭의 잔디를 떠올려 봅니다.

- 마음속으로 한쪽 구석에서 반대쪽 구석까지 대각선 방향으로 가로질러 걷는 것을 상상해 봅니다.

- 풀밭이 어떻게 변하는지 알려 줍니다. 아마도 사람들이 지나간 풀밭의 풀은 엉켜서 드러누워 있을 것입니다.

- 자, 이제 많은 사람이 같은 풀밭을 가로질러 걷는 것을 상상해 봅니다.

- 한참 시간이 지난 후에 많은 사람이 지나간 풀밭의 풀은 밟혀 누워 있는 것을 볼 수 있을 것입니다.

- 풀밭의 풀이 더 이상 살아 있지 않은 길이 만들어질 때까지 과정이 계속되는 것을 상상해 봅니다.

- 즉, 많은 발자국이 지나간 자리에 부드러운 흙길이 생기는 것입니다.

- 이런 과정은 뇌에서 신경가소성의 과정과 비슷하다고 설명해 줍니다. Hebb의 이론(Hebb, 2009)에 따르면, 뇌 신경세포들은 다 같이 분화하고 연결되며 이런 과정이 반복될수록 수상돌기의 크기와 효능이 커집니다. 그렇게 되면 풀밭이나 모래밭에서 길이 만들어지는 것처럼, 신경회로는 반복될수록 강해지며 사용하지 않을수록 약해지게 됩니다. 마음챙김 훈련은 뇌에서 더욱 건강한 신경회로를 만들기 위한 효과적인 방법입니다.

- 자, 이제 풀밭을 가로지르며 생성된 길을 상상해 봅니다. 아무도 더 이상 그 길을 걷지 않는다면 시간이 지날수록 어떤 일이 생기는지 생각해 봅니다. 풀은 더 이상 길로서 쓰이지 않기 때문에 천천히 자라나기 시작할 것입니다.

- 마음챙김 훈련은 뇌에서 신경망 재배치에 도움을 주고, 불안, 분노, 공포, 스트레스에 더 이상 반응하지 않게끔 뇌를 재정비하게 돕는 것입니다. 마음챙김은 뇌에서 부정적인 회로를 감소시키는 데 도움을 줍니다.

종이접기 훈련

내담자들에게 두꺼운 종이 한 장을 나누어 줍니다.

내담자들에게 종이를 반으로 접으라고 하고, 다음에 다시 반으로 접는 활동을 반복적으로 하게끔 합니다.

종이접기를 내담자들과 같이하면서 그들에게 접은 자국이 선명하게끔 접은 쪽을 강하게 누르라고 지시합니다.

내담자들에게 종이접기를 하는 것이 매번 얼마나 어려운지, 쉬운지 느껴볼 것을 권유합니다.

이미 접혀 있는 종이를 다시 펼쳐서 재차 접는 것을 반복해 봅니다.

내담자들에게 처음에 종이를 접는 것에 비해 다시 접는 것이 더 쉽고 빠르게 할 수 있는지 물어봅니다.

이런 작업을 잘 닦인 신경망을 따라 정보가 전달되는 과정과 비교해 봅니다.

여러분의 뇌가 새로운 생각을 하는 것이 쉬운지, 아니면 같은 생각을 하는 것이 더 쉬운지 토론해 봅니다.

내담자들에게 새로운 것을 학습하는 것이 쉬운지, 아니면 사전에 습득한 것이 더 쉬운지 질문해 봅니다.

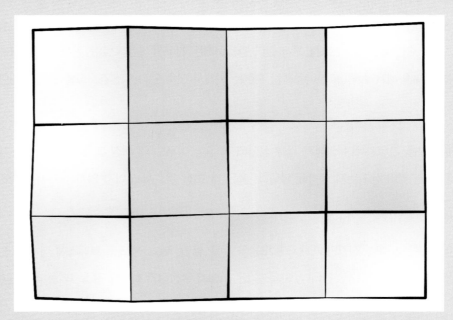

도구 **3-12** 전 전두엽 피질의 역할 알아보기

● 배경

전 전두엽 피질(Prefrontal Cortex: PFC)은 내적 목표에 따라 생각과 행동을 조절하는 뇌의 지휘자로 생각할 수 있습니다. 전 전두엽 피질은 피질, 변연계, 뇌간과 연결되어 집행 기능을 수행합니다. Holzel 등 (2007b)은 연구를 통해 마음챙김 호흡 훈련이 전 전두엽 피질의 기능을 강화시켜 혼란스런 사건과 감정을 심사숙고하여 독립적으로 처리한다고 하였습니다. 이 도구에서는 전 전두엽 피질이 어디에 위치하고, 어떤 역할을 하는지 설명합니다.

● 기술 쌓기

뇌의 전두엽에 전 전두엽 피질이 위치해 있다고 설명해 줍니다. 내담자들의 이마에 손을 올려놓음으로써 전 전두엽 피질이 어디에 위치하는지 보여 줍니다. 내담자들에게 자신의 전 전두엽 피질을 가리켜 보라고 합니다. 여러 차례에 걸쳐 전 전두엽 피질의 위치를 가리켜 보라고 요청한 후에 전 전두엽 피질이라고 부를 수 있게끔 합니다.

전 전두엽 피질은 지휘자의 역할을 하는 것으로, 뇌의 나머지 부위의 활동을 조절하는 역할을 합니다. 여기에는 집중, 계획, 조직화, 성격 표현, 의사결정, 사회적 행동의 조절 등이 해당됩니다. 집행 기능은 전 전두엽 피질에서 이루어집니다. 〈유인물 3-12-1〉을 이용하여 전 전두엽 피질의 기능을 설명하고, 〈유인물 3-12-2〉에 나와 있는 그림, 활동, 예시를 통해 교향악단의 지휘자 역할과 비교해 봅니다.

● 성찰

전 전두엽 피질의 위치와 기능을 고찰합니다. 예를 들어, ADHD, 우울증, 스트레스 반응, 극도로 당황하는 경우에 성격의 와해, 무계획, 우울감, 그리고 감정 조절의 어려움 등과 같이 전 전두엽 피질이 제대로 기능을 하지 못하는 상황과 같은 어려움을 알아봅니다. 이런 것들과 관련하여 내담자들이 경험할 수 있는 또 다른 경우에 대해 토론해 봅니다. 내담자들에게 전 전두엽 피질이 어떤 역할을 하고, 기능을 잘 하고 있는지의 여부를 알 수 있는 방법에 대해 질문해 봅니다.

전 전두엽 피질

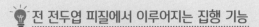
전 전두엽 피질에서 이루어지는 집행 기능

- 계획

- 시간, 활동, 공간에 대한 조직화

- 집중력 조절

- 의사결정

- 행동 조절

- 성격 표현

- 동기

- 감정 조절

전 전두엽 피질=지휘자

전 전두엽 피질을 만지고 있는 소녀   지휘자

전 전두엽 피질은 지휘자가 교향악단을 지휘하는 것처럼 뇌 활동을 총괄합니다.

 활동

우리가 교향악단을 지휘한다고 가정해 봅시다. 지휘봉을 이용하여 바이올린 연주자에게 연주 시작을 알리고, 플루트의 소리를 낮추고, 트럼펫 소리를 크게 하고, 드럼의 속도를 올린다고 상상해 봅시다.

자, 이제 우리가 뇌의 전 전두엽 피질이라고 가정해 봅시다. 상상의 지휘봉을 통해 뇌에게 어느 한쪽에 좀 더 집중하고, 조용히 시키고, 속도를 높이거나 낮추고, 걱정을 줄이고, 어떻게 하면 멋을 낼 수 있을지 체계적으로 계획을 세우고 행복지수를 높이게끔 지시해 봅시다.

예행 연습

- 교향악단에서 지휘자는 어떤 역할을 하나요?

- 전 전두엽 피질이 당신의 뇌의 지휘자라고 가정합시다. 뇌 활동을 지휘할 항목들을 적어 봅시다. 특히 집행 기능에는 집중, 계획, 조직화, 의사결정, 기분 조절, 동기와 시간에 대한 조직화 등이 있습니다.

- 자신의 전 전두엽 피질로부터 통제되기 힘든 상황들을 나열해 봅니다.

- 자신의 전 전두엽 피질에 의해 통제가 잘 되는 것들을 나열해 봅니다.

- 전 전두엽 피질의 역할을 수행하는 데 어려움이 있나요? 예를 들어, 집중하는 데 어려움이 있나요?

- 마음챙김 기술을 통해 전 전두엽 피질의 기능을 강화시키는 훈련을 해 봅니다.

- 전 전두엽 피질이 꺼져 있어 제대로 작동하지 않는다면 어떤 일이 생길까요?

도구 3-13 편도체의 역할 알아보기

🌑 배경

편도체(amygdala)는 두 개의 아몬드 모양으로 구성된 뇌 구조로, 해마(hippocampus)와 붙어 있는 변연계(limbic system)의 한 부분입니다. 편도체는 감정을 처리하는 데 아주 중요한 역할을 하는데, 생존(survival), 각성(arousal), 그리고 자동 반응(autonomic response)의 핵심 역할을 합니다. 또한 공포 반응(fearful response), 호르몬 분비(hormonal secretion), 감정기억(implicit memory)과 관련이 있으며, 일반적으로 공포센터(fear center)라고 불리기도 하고, 뇌에서 안전도우미(security guard)로서 필수 역할을 수행합니다. Hotzel 등(2010)은 스트레스 상황이 완화(마음챙김을 통해 가능)되면, 실제로 편도체의 회백질 밀도(gray matter)의 감소를 가져온다고 언급하였습니다.

🌑 기술 쌓기

내담자들에게 편도체가 안전도우미, 공황 버튼(panic button), 화재감지기(smoke detector), 경비견, 혹은 뇌에서 공포센터와 같은 역할을 한다고 설명합니다. 마음챙김은 편도체의 활동을 진정시키고, 안정감과 명료함을 강화시킵니다. 내담자들에게 안전도우미와 화재감지기가 하는 역할에 대해 질문해 봅니다. 〈유인물 3-13-1〉과 〈유인물 3-13-2〉를 이용하여 편도체가 내담자들을 안전하게 지켜 주는 방법과 지나치게 과잉 활성화된 편도체를 진정시키는 방법을 알아봅니다.

🌑 성찰

내담자들이 편도체가 무엇이고, 어디에 위치해 있고, 어떤 기능을 하는지 설명할 수 있도록 돕습니다. 내담자들에게 편도체가 뇌에서 어디에 위치하는지 그림을 통해 보여 줍니다. 내담자들이 자신의 편도체가 그동안 어떤 역할을 해 왔는지 이해할 수 있도록 돕습니다. 편도체를 안정화시키기 위해 호흡 인지(awareness of breath)와 이완 호흡(relaxation breathing) 같은 마음챙김 도구를 이용할 수 있는지 토론합니다.

편도체의 역할 알아보기

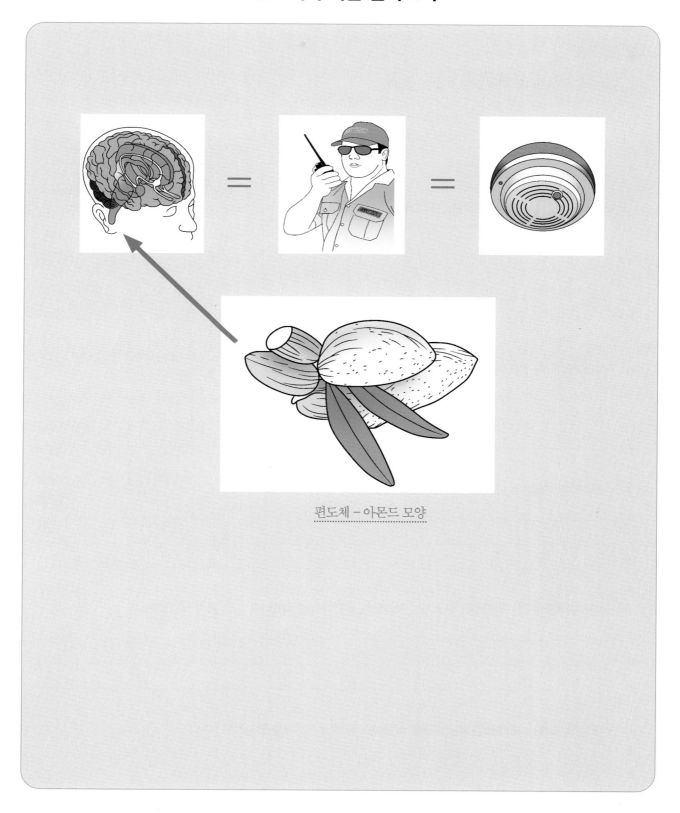

편도체 – 아몬드 모양

편도체의 역할 알아보기

💡 연습문제

- 편도체는 여러분을 위해 어떤 역할을 합니까?

_____
_____
_____

- 뇌에서 편도체가 어디에 위치하는지 그림을 그려 봅니다.

- 여러분의 뇌에 편도체가 존재하지 않는다면 어떤 일이 발생할까요?

_____
_____
_____

- 편도체가 여러분의 안전을 지켜 주었던 경험을 2~3개 정도 적어 봅니다.

_____
_____
_____

- 실제 여러분은 안전하였지만 편도체는 여러분이 위험에 노출되었다고 느낀 때가 있었을까요?

_____
_____
_____

- 제6장의 호흡에 대한 마음챙김 도구를 이용하여 당신의 편도체를 안정시켜 보세요.

도구 3-14　구슬 전달하기

🔷 배경

　편도체가 위험, 공포, 분노 반응을 통해 활성화되면, 편도체와 전 전두엽 피질 사이의 정보 회로에 문제가 생기게 됩니다. 전 전두엽 피질로 향하는 정보의 흐름이 막히고 전 전두엽 피질의 기능은 장해가 초래됩니다. 이 도구는 아동과 청소년이 두려움, 걱정, 분노에 휩싸였을 때 편도체가 활성화되면 뇌에서 어떤 현상이 생기는지 이해하는 데 도움을 줍니다. 이는 전 전두엽 피질이 전달받아야 할 정보를 받지 못하게 됨으로써 자신의 역할을 할 수 없게 되는 방식에 대해 설명합니다. 〈도구 25-2〉는 분노에 대한 이 개념을 설명하는 또 다른 방법을 제시합니다.

🔷 기술 쌓기

　내담자들에게 우리가 분노, 걱정, 두려움, 혹은 위험에 놓이게 되면 편도체는 우리의 안전을 보장하기 위해 노력한다고 설명합니다. 편도체가 활성화되면 전 전두엽 피질로 전달되어야 하는 메시지가 전달되지 못하는 경우가 생기게 됩니다. 이런 상황이 발생하면 전 전두엽 피질은 제대로 작동을 하지 않게 되어 전 전두엽 피질이 하던 역할들, 즉 집중, 계획, 조직화, 명확한 단순 사고 등을 제대로 수행하지 못할 수 있습니다. 〈유인물 3-14〉의 실행을 통해 내담자들이 그 개념을 이해하게끔 돕습니다.

🔷 성찰

　내담자들이 위험에 노출되거나, 두려움이나 걱정에 빠지거나, 분노 반응을 보일 때 어떤 일이 발생하는지 생각해 보게끔 돕습니다. 편도체가 활성화되었을 때 전 전두엽 피질로 전달되는 정보에 어떤 일이 생기는지 알아보도록 합니다. 내담자들에게 이런 상황이 살아오는 동안에 발생한 적이 있는지 질문해 봅니다.

구슬 전달하기

- 동전이나 구슬과 같은 작은 물건을 이용하여 내담자들에게 동전이 전 전두엽 피질로 향하는 메시지라고 가정할 것을 설명합니다. 내담자들을 한 줄로 서게 한 다음 동전을 다음 사람에게 전달하게끔 합니다(만약 그룹이 없으면 여러분에게).

- 구슬(메시지)이 향하는 줄의 마지막 부분에는 전 전두엽 피질을 상징하는 컵을 위치하게끔 합니다.

- 줄의 마지막에 있는 내담자에게 컵 안(전 전두엽 피질)에 동전을 넣을 것을 지시합니다.

- 메시지는 어떻게 되었는지에 관해 이야기해 봅니다. 전 전두엽 피질이 메시지를 잘 전달받았나요? 그래서 자신의 역할을 잘 수행할 수 있을까요?

- 다시 한 번 전달 게임을 하되, 이번에는 마지막에 위치한 내담자에게 자신이 매우 두렵거나 흥분되어 있다는 가정 하에 구슬을 컵 안으로 넣지 못하고 그냥 바닥에 던질 것을 지시합니다.

- 메시지는 어떻게 되었는지 이야기해 봅니다. 전 전두엽 피질이 자신의 역할을 할 수 있을까요?

도구 3-15　뇌섬엽의 역할 알아보기

배경

　우측 전 뇌섬엽(right anterior insula)은 내부감각수용(interoception)의 역할을 하는데, 즉 신체의 상태를 느끼게 하는 것으로, 여기에는 내장, 심장, 통증의 상태 등이 있습니다. 마음챙김은 뇌섬엽(insula), 특히 우측 전 뇌섬엽(Hotzel et al., 2007a)의 구조를 변화시키는 것으로 연구 결과를 통해 밝혀졌습니다. 대뇌 회질의 우측 전 뇌섬엽의 크기가 큰 것은 주관적인 신체 감각, 부정적인 감정 경험뿐만 아니라 지속 주의력(sustained attention)의 강화와 관련이 있습니다. 실제적으로 마음챙김이 뇌 구조를 긍정적인 방식으로 변화시킨다는 사실은 연령이 높은 아동과 청소년이 마음챙김을 통한 이득에 대해 이해하고 마음챙김 훈련을 지속할 기회를 가지게끔 도와줍니다.

기술 쌓기

　〈유인물 3-15〉를 이용하여 대뇌의 한 영역인 뇌섬엽의 역할을 소개합니다. 마음챙김 훈련이 실제로 뇌섬엽의 구조를 변화시켜서, 특히 우측 뇌섬엽의 역할을 잘 할 수 있게 한다고 설명해 줍니다. 〈도구 3-16〉을 이용하여 내담자들이 뇌섬엽의 감각 중 하나인 맥박을 느낄 수 있게 돕습니다.

성찰

　내담자들과 뇌섬엽이 하는 역할에 대해 같이 고찰해 봅니다. 그것은 화장실을 이용할 때나 운동을 통해 심장박동이 증가하고 혈압이 상승할 때 느껴지는 감각과 관련될 수 있는 특정 상황을 예를 들어 줍니다.

뇌섬엽의 역할 알아보기

💡 **뇌섬엽과 관련되는 영역**

- 신체 감각(내장, 심장, 통증 등과 같은 신체 상태를 감지하는 것)

- 화장실에 가고 싶을 때를 인지할 수 있게 도와 줌

- 피부의 따듯함과 차가움의 감각을 느끼게 함

- 신체 운동

- 자기 인식

- 발성과 음악

- 감정 인지

- 위험, 불확실성, 기대감

- 역겨운 느낌

- 움직임에 대한 시청각 인지

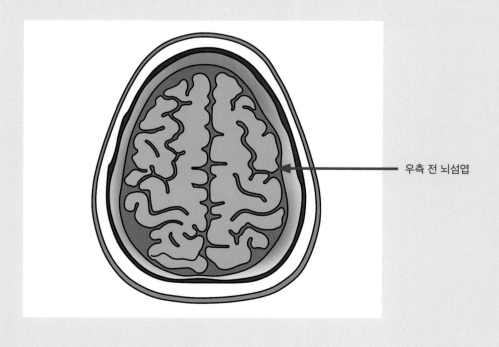

우측 전 뇌섬엽

도구 3-16　맥박 느끼기

◆ 배경

맥박을 확인하는 것은 심장박동 및 혈압과 같은 신체 감각을 인지하는 역할을 하는 뇌섬엽의 기능을 설명할 수 있는 가장 좋은 방법입니다. 이 도구를 통해 아동과 청소년이 뇌섬엽의 기능을 이해하고, 그들에게 걱정, 분노, 스트레스 반응을 진정시키는 데 이용할 수 있는 마음챙김의 핵심 기술을 가르칠 수 있습니다.

◆ 기술 쌓기

내담자들에게 뇌섬엽의 주요 역할 중 하나가 화장실에 가고 싶거나 심장이 박동칠 때 그 감각을 느낄 수 있게 해 주는 것이라고 설명합니다. 맥박에 대해 설명하고, 내담자들에게 〈유인물 3-16〉에 있는 설명을 이용하여 자신의 맥박을 어떻게 느낄 수 있는지 가르쳐 줍니다. 아동과 청소년은 맥박이 빨라질 경우에 쉽게 박동의 위치를 파악하고 느낄 수 있을 것입니다. 반면에 맥박이 빠르고 강해지지 않는다면 위치를 찾지 못하거나 느끼기 힘들 것입니다. 만약 차분히 앉아 있을 때 심장박동을 느끼지 못한다면 30초 정도 제자리 뛰기를 한 후에는 느낄 수 있을 것입니다. 심지어 3~4세의 유아도 보통 뛰기나 점프를 한 후에는 어렵지 않게 자신의 맥박을 느낄 수 있습니다.

우리의 심장박동은 운동을 하거나 화가 났을 때, 놀라거나 스트레스를 받을 때 빨라진다고 설명해 줍니다. 내담자들에게 하루 동안 맥박을 짚어 보고, 어떨 때 빨라지고 느려지는지 느껴 보라고 격려합니다. 만약 내담자가 화가 나거나 흥분했다면 자신의 맥박을 느낄 수 있을 것이고 제6장에 있는 호흡 기법을 통해 안정시키고, 그들 스스로 기분이 나아지게끔 도울 수 있을 것입니다.

◆ 성찰

내담자들에게 맥박을 느끼는 것이 어떤 것일지 생각해 보게끔 합니다. 그들에게 새로운 경험이 될까요? 맥박을 느끼는 데 어려움이 없지는 않을까요? 내담자들이 제자리뛰기를 하면 맥박이 빨라지고 강해질까요? 내담자들이 천천히 호흡을 내쉬면 다시 맥박을 가라앉힐 수 있을까요? 내담자들이 하루 중에 맥박을 제일 잘 느낄 수 있는 시간은 언제일까요? 내담자들이 흥분을 할 때 맥박을 느끼는 것을 통해 스스로 진정시키게끔 도울 수 있을까요?

맥박 느끼기

- 신체 감각 인지하기(interoception)는 뇌섬엽의 주요 기능 중 하나이고, 여기에는 맥박과 같은 신체 상태를 인지하는 것을 포함합니다. 이 기능을 이해하기 위한 간단한 방법으로 맥박 느끼기가 있습니다.

- 심장이 박동칠 때는 심장에서 혈액이 뿜어져 나오는 것을 느낄 수 있습니다. 심장이 혈액을 뿜어내는 방식과 속도가 바로 우리의 맥박입니다.

- 우리가 맥박을 느낄 수 있는 장소는 신체에서 두 군데가 있습니다. 첫 번째는 검지와 중지를 우리의 손목 안쪽 부위에 놓으면 맥박을 느낄 수 있습니다(실제 모습을 보여 줍니다). 누르지 않고 매우 부드럽게 손가락을 그 위치에 놓는다면 손가락을 통해 두드리는 느낌을 느낄 수 있을 것입니다. 여러분의 손가락을 가볍게 손목 위에 올려놓고, 맥박이 느껴질 때까지 조용히 앉아 있어 봅니다.

- 두 번째 부위는 우리의 목입니다. 손가락 두 개를 턱밑, 가슴 위쪽의 목 앞쪽 부위에 놓아 봅니다. 그 부위에 가볍게 놓고 맥박이 느껴질 때까지 주변 부위를 짚어 봅니다.

- 좀 더 쉽게 맥박을 느끼기 위해서는 일어나서 제자리뛰기를 해 봅니다.

- 그리고 다음에 목 부위에 손가락을 부드럽게 놓아 봅니다. 맥박을 느낄 수 있나요? 맥박을 세어 볼 수 있나요?

- 분노, 두려움, 흥분, 스트레스를 받았을 때 혹은 운동을 했을 때 당신의 맥박은 더욱 빨라지고 훨씬 잘 느낄 수 있을 것입니다.

- 자, 이제 다시 앉아 보세요. 코를 통해서 천천히 호흡을 들이마시고 커다란 비눗방울을 불듯이 천천히 부드럽게 호흡을 반복적으로 해 보세요.

- 자, 이제 다시 맥박을 느껴 보세요. 느낄 수 있나요? 느려지나요? 강해지는 것을 느낄 수 있나요?

- 자, 이제 여러분은 맥박을 느끼는 방법을 알았기 때문에 맥박 측정을 통해 안정시킬 필요성이 있는지 말할 수 있을 것입니다. 호흡에 집중하는 것과 천천히 깊게 복식호흡을 하고 천천히 내쉬는 호흡을 통해 맥박을 안정시키는 방법을 알 것입니다. 여러분의 마음이 안정되면 맥박은 느려진다는 것을 명심하세요.

도구 3-17   여러분의 안전도우미와 지휘자에 대한 일지 쓰기

◆ 배경

　일지 쓰기는 아동과 청소년이 자신이 학습한 내용을 처리하고 통합시키는 데 효과적인 방법입니다. 이 도구는 아동과 청소년에게 편도체와 전 전두엽 피질이 자신을 위해 어떤 역할을 하고 적절한 시기에 작동하지 않을 시에는 어떤 일이 발생하는지 생각해 볼 수 있는 주제를 제공합니다.

◆ 기술 쌓기

　내담자들과 편도체와 전 전두엽 피질이 하는 역할들에 대해 살펴봅니다. 〈유인물 3-17〉을 통해 뇌 구조들이 자신의 역할을 제대로 못할 시에 어떤 일이 생기는지 이해해 보도록 합니다. 글을 쓸 수 없는 유아는 유아가 말하는 내용을 여러분이 대신 받아쓰기를 할 수 있게끔 준비합니다. 내담자들에게 그들이 원하는 그림을 그려 보거나 단어를 사용하도록 권유합니다.

◆ 성찰

　내담자들과 함께 일지 내용을 살펴보고, 그들의 대답을 편도체와 전 전두엽 피질의 역할에 대해 토론하기 위한 도약판으로 이용해 봅니다.

여러분의 안전도우미와 지휘자에 대한 일지 쓰기

 일지 주제

- 전 전두엽 피질이 하는 역할을 무엇입니까?

- 우리가 전 전두엽 피질을 '지휘자'로 부르는 이유는 무엇입니까?

- 여러분의 지휘자인 전 전두엽 피질이 작동하고 있는 경우를 몇 가지 기술해 보세요.

- 여러분의 지휘자인 전 전두엽 피질이 제대로 작동하지 않는다면 어떤 일이 생길까요?

  - 집중할 수 없음

  - 좋은 의사결정을 할 수 없음

  - 충동성

  - 동기 없음

  - 선택의 어려움

  - 나쁜 기분

  - 물건 분실

- 여러분의 안전도우미가 경고를 한다면 지휘자인 전 전두엽 피질에서는 어떤 일이 생길까요?

- 여러분의 편도체에서 하는 역할은 무엇입니까?

- 여러분은 편도체를 '안전도우미'로 부르는 이유는 무엇입니까?

- 여러분의 편도체가 지속적으로 안정감을 느낄 경우를 몇 가지 기술해 봅니다.

- 여러분이 위험한 상황이지만, 편도체가 역할을 하지 않는다면 어떤 일이 생길까요?

그림 주제

- 전 전두엽 피질을 그려 봅니다.

- '지휘자'를 그려 봅니다.

- '지휘자'로 인해 집중을 하는 상황을 그려 봅니다.

- 편도체를 그려 봅니다.

- '안전도우미'를 그려 봅니다.

- 안전도우미가 지속적으로 여러분의 안전을 지켜주는 상황을 그려 봅니다.

도구 3-18   뇌의 손 모형

🔷 배경

　　뇌를 연상시키는 손 모형을 이용하여 아동과 청소년이 뇌의 구조와 기능을 쉽게 연상하고 이해할 수 있게 돕습니다. 뇌 구조를 묘사하는 손 모형에는 두 가지 방식이 있습니다. 양 주먹(two-fisted) 모형과 Dan Siegel 박사가 지은 『Mindsight』(2010)라는 책에서 기술한 모형이 있습니다.

🔷 기술 쌓기

　　뇌에 대한 이해를 높이기 위해 〈유인물 3-18-1〉과 〈유인물 3-18-2〉에 있는 손 모형을 이용하여 내담자들에게 뇌 영역에 대한 개념을 익히기 위한 '핸디(handy)' 방식을 제공합니다. 내담자들에게 여러분의 손 모형을 이용하여 뇌의 각각 다른 영역을 보여 줍니다.

🔷 성찰

　　내담자들에게 각각의 손 모형을 이용하여 뇌의 기본 구조에 대해 설명해 보도록 요구합니다. 여러분은 그들이 Siegel 박사의 뇌를 연상시키는 손 모형을 이용하여 자신이 흥분, 분노, 두려움 혹은 스트레스 상황에 노출되었을 때를 자극하게끔 자신의 손가락을 들어올리는 것을 통해 어떤 일이 발생하는지 설명해 보도록 제안할 수 있습니다. 그다음으로 자신의 변연계와 감정조절능력을 되찾게 하는 전 전두엽 피질을 자극하기 위해 손가락을 낮추도록 합니다.

Siegel 박사의 뇌의 손 모형

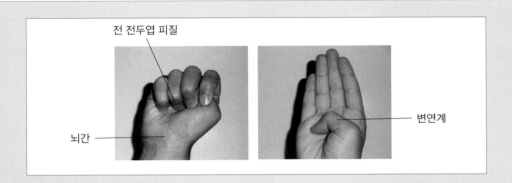

전 전두엽 피질

뇌간

변연계

- 먼저, 엄지손가락을 손바닥 쪽으로 구부리고, 나머지 손가락들을 엄지손가락을 감싸듯이 구부려 손을 들어 봅니다.

- 얼굴은 손가락의 앞면이고, 머리의 뒷면은 손의 뒤쪽을 의미합니다.

- 손목은 척수를 의미하고, 손의 아래쪽은 뇌간입니다.

- 엄지손가락은 편도체가 위치한 변연계의 부위를 나타냅니다.

- 손가락의 끝부분은 전 전두엽 피질을 의미합니다.

- 두 번째 손가락의 관절은 대뇌 피질을 가리킵니다.

- 세 번째 손가락의 관절은 감각 통합을 담당하는 두정엽을 의미합니다.

- 엄지손가락을 감싸고 있는 손가락들은 전 전두엽 피질이 어떻게 뇌의 대부분의 영역과 소통을 하는지 보여 주는 것이고, 특히 변연계를 어떻게 조절하도록 돕는지 설명해 줍니다. Siegel 박사는 우리가 화가 나거나 흥분했을 때, 특히 전 전두엽 피질이 변연계에 대한 통제력을 상실하는 것에 대해 이 상황을 손가락을 위로 펴서 올리는 것으로 설명했습니다. 그는 이런 상황을 "자제력을 잃은 경우(flipping your lid)"로 불렀습니다.

두 주먹 뇌 모형

이 뇌 모형은 두 엄지손가락이 당신을 보는 방향에서 두 개의 주먹이 마주보고 있는 모형을 의미합니다.

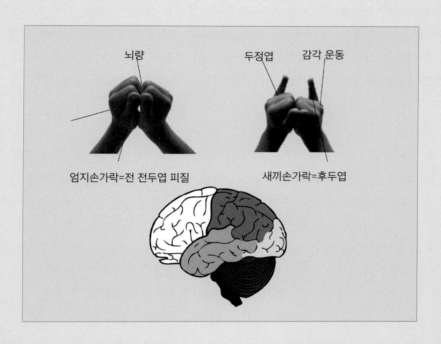

- 각각의 손을 주먹을 쥡니다. 각각의 손톱이 서로 마주 보게 한 상태에서 주먹을 쥐고, 엄지손가락이 여러분을 향하게 합니다. 엄지손가락은 뇌의 전두엽을 의미합니다. 이것은 여러분의 뇌에서 '지휘자' 역할을 하는 부위로 현명한 판단을 하게끔 합니다. 이것은 또한 집중, 계획, 감정, 문제 해결, 논리적 사고를 가능케 합니다.

- 새끼손가락을 들어 올립니다. 이 부분은 후두엽을 의미하는 것으로, 시지각을 처리하는 역할을 합니다.

- 손가락 관절끼리 마주보는 부분을 뇌량(corpus callosum)이라고 하는데, 좌뇌와 우뇌의 많은 신경회로가 연결되는 부위로, 각각의 인체 기관으로 정보가 소통하게끔 합니다.

- 약지의 끝부분은 두정엽을 의미하는데, 촉감, 소리와 같은 수용 감각을 처리하는 역할을 합니다.

- 약지와 중지 사이의 한쪽부터 다른 쪽까지는 감각 운동(sensory motor strip)을 담당하는데, 전 운동 피질(front motor cortex)과 후 감각 피질(back sensory cortex)로 나뉩니다.

- 손을 머리 옆으로 들어 올려서 귀에 대 봅니다. 손가락들은 뇌의 바깥쪽을 의미하는 것으로, 편도체와 해마가 위치하는 측두엽을 의미합니다. 측두엽(temporal lobe)은 청 지각 정보(auditory information), 기억(memory), 감정 반응(emotional response), 시지각 수용(visual perception) 등의 정보를 처리합니다.

도구 3-19 신경-손-팔꿈치 모형

◆ 배경

뇌의 정보는 전기화학 신호(electro-chemical signal)의 형태로 신경세포들을 거쳐서 전달되는데, 수상돌기로부터 신경세포(neuron)를 통해 축색돌기(axon)를 따라 신경말단(nerve ending)으로 전달되고, 시냅스(synapse)를 통해 다음 수상돌기로 전달됩니다. 이 도구는 아동과 청소년이 신경에서 다음 신경으로 신경세포를 거쳐 정보가 흐르는 방식을 이해하는 데 기본적이고 구체적인 이해를 돕습니다.

◆ 기술 쌓기

- 내담자들과 같이 〈유인물 3-19〉를 읽어 봅니다. 정보 전달 흐름 체계를, 즉 수상돌기(손)로부터 축색돌기(팔)를 따라 신경말단(팔꿈치)을 거쳐서 시냅스로 나가 다음 수상돌기(손)로 전달되는 과정을 설명합니다. 내담자들에게 자신의 손과 팔을 이용하여 신경의 각각 다른 부위를 설명해 보게끔 합니다.
- 유인물에서 묘사하였듯이, 내담자들에게 서로에게(또는 혼자일 경우 본인에게) 동전을 전달해 보게끔 합니다. 그들에게 반복적으로 전달하다 보면 어떤 일이 생기는지 질문해 봅니다.
- 어떤 일을 반복적으로 수행했을 때 변화되는(좋아지는) 것에 대해 질문해 봅니다.

◆ 성찰

이 도구에서는 뇌 신경 수준에서 정보 전달의 흐름을 내담자들이 이해할 수 있는 방식으로 잘 설명해 주고 있습니다. 훈련을 많이 하면 할수록 더 빠르고, 효과적으로 정보를 전달할 수 있다라는 사실을 토론해 봅니다. 아마 그들도 많은 훈련을 하다 보면 인지할 수 있을 것이지만 내담자들에게 훈련을 통해 자신이 학습한 것에 대한 예시를 들어보도록 제안해 봅니다.

손과 팔을 통한 신경세포 모델

정보가 신경세포를 통해 전달되는 방식

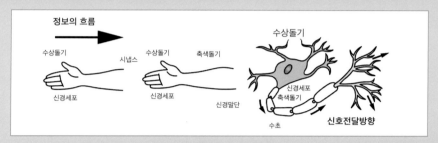

신경세포는 전기화학 신호나 자극을 통해 정보를 전달합니다. 신경세포가 분화할수록 수상돌기의 수와 크기가 증가합니다. 수상돌기는 다른 신경세포로부터 받은 전기화학 정보를 수상돌기를 통해 다른 신경세포의 체세포로 전달하는 가지(branch)입니다. 축색돌기는 체세포로부터 받은 전기 신호를 세포말단으로 전달하는 역할을 하며. 신경세포로부터 길게 뻗어 나갑니다. 신경말단은 시냅스를 통해 정보를 또 다른 신경으로 전달하게 됩니다. 시냅스는 신경세포의 전기나 화학 신호를 다른 세포로 전달하는 역할을 합니다.

💡 실습 과제: 신경세포를 통한 정보 전달

• 여러분의 왼쪽 팔을 정보 전달을 받는 수상돌기라고 가정해 봅니다.

• 여러분의 몸은 체세포입니다.

• 여러분의 오른팔은 축색돌기입니다.

• 여러분의 오른손은 시냅스라고 가정합니다.

• 동전(연필, 작은 돌, 지우개 등)이 정보라고 가정합니다.

• 여러분의 왼쪽 팔에 동전을 놓고 여러분의 오른팔로 전달해 보세요.

💡 실습 과제: 신경세포 사이의 정보 전달

• 집단이라면 줄을 세웁니다. 두 사람을 놓고 본다면 서로 앞뒤로 다음과 같이 전달해 봅니다.

• 앞에서 언급한 대로 여러분의 팔 사이를 시냅스라고 가정하고 다음 사람에게 전달해 봅니다.

• 실습을 하면 할수록 쉽고 빠르게 되나요?

• 뇌에서 이루어지는 것과 비교하면 어떤가요?

도구 3-20 뇌 구조 그리기

◆ 배경

내담자들이 전 전두엽 피질, 편도체, 뇌섬엽에 대해 학습하였으므로 뇌에서 이들이 어디에 위치하는지 다 같이 그려 볼 기회입니다.

◆ 기술 쌓기

〈유인물 3-20〉을 이용하여 내담자들에게 뇌 구조의 위치와 이름을 알려 줍니다. 그다음에 뇌 그림을 그리고, 각각의 뇌 구조물에 대해 이름을 붙여 볼 것을 요청합니다. 각각의 뇌 구조물의 이름을 열거해 보도록 합니다. 필요하다면 이전의 유인물을 참고하도록 합니다.

◆ 성찰

마음챙김과 연관지어 뇌 구조의 기능을 고찰해 봅니다. 내담자들이 그린 뇌 그림을 살펴봅니다. 내담자들의 질문에 대답해 주고, 뇌 구조의 위치와 기능을 명확하게 설명해 줍니다.

뇌 구조 그림 그리기

💡 일련의 뇌 구조물과 기능을 줄로 연결해 봅니다.

구조물	기능
전 전두엽 피질•	• 안전도우미
편도체•	• 감각 통합
뇌섬엽•	• 시감각 처리
두정엽•	• 지휘자
후두엽•	• 청감각 처리
측두엽•	• 신체감각 인지

💡 앞에 열거한 뇌 구조물의 이름과 위치를 줄을 그어 연결시켜 봅니다.

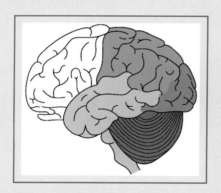

💡 뇌 구조를 앞에 있는 구조물을 포함시켜서 그려 봅니다.

도구 3-21 부모와 아동 및 청소년에게 마음챙김 연구에 대해 설명하기

◆ 배경

아동과 청소년이 마음챙김 수행을 함으로써 얻을 수 있는 혜택을 설명하는 연구들이 많지는 않지만, 적지 않게 의미 있는 연구들이 있습니다. 청소년은 어린 아동에 비해 "과연 그게 나한테 무슨 도움이 된다는 거죠?"라고 묻는 경향이 있을 수 있지만, 마음챙김이 학습과 훈련을 하는 데 있어 도움이 되는 이유를 이해시키는 것은 중요합니다. 이 도구에서는 연구 결과들을 간략히 소개할 텐데, 이것을 통해 마음챙김을 더욱 신뢰할 수 있고, 내담자와 부모가 일상생활에서 마음챙김을 받아들여야 하는 이유를 이해하는 데 도움이 될 것입니다.

◆ 기술 쌓기

〈유인물 3-21〉에 있는 논문 고찰을 통해 마음챙김이 내담자들에게 어떻게 도움이 되는지에 대한 명확한 기본 정보를 알 수 있습니다. 부모와 같이 연구 결과들을 고찰해 봅니다. 내담자들과 같이 나이와 발달 수준에 따라 마음챙김을 통해 얻을 수 있는 혜택에 대해 정보를 공유합니다. 연령이 높은 아동이나 청소년 내담자에게 마음챙김 연구를 통해 입증된 긍정적인 효과에 대해 열거해 보도록 하는 것은 도움이 될 것입니다.

◆ 성찰

이 시점에서 어떤 내담자와 부모는 여전히 마음챙김을 통한 이득에 대해 '과연 우리와 내 아이에게 어떤 도움이 된다는 거지?'라는 식의 의구심을 가질 수 있습니다. 이 도구는 마음챙김을 함으로써 얻을 수 있는 광범위한 긍정적인 효과를 보여줍니다. 내담자들과 그들의 부모가 마음챙김 훈련을 통해 얻은 혜택이 어떻게 아이들의 일상생활과 그들이 살면서 마주치는 문제에 적용되는지 이해하는 데 도움을 줄 것입니다. 내담자들에게 해결 방식을 찾고 있는 자신의 문제가 해결된다면 기분이 어떨지 질문해 봅니다.

아동과 청소년을 위한 마음챙김 연구 정리

💡 연구 결과로 입증된 효과

- 감정 조절 증진
- 사회기술 증진
- 주의력 증진
- 작업기억과 계획 및 조직력 증진
- 자존감 증진
- 안정, 이완 및 자기수용 증진
- 수면의 질 증진
- 시험 불안 감소
- ADHD 행동 감소(산만함과 충동성 감소)
- 부정적인 정서 / 감정 감소
- 불안, 우울 감소
- 행동 문제 및 분노 조절 문제 감소(Burke, 2009)

마음챙김 연구

- 『Journal of Attention Disorders』에 발표된 「성인 및 청소년 ADHD 환자의 마음챙김 명상 훈련」에서 명상이 자기보고에 의한 ADHD 증상과 주의력 및 인지 억제 과제를 측정하는 테스트 성과에서 개선을 가져왔다. 또한 ADHD 환자에게 흔히 나타나는 불안 및 우울 증상의 개선도 관찰되었다(Zylowska et al., 2008).

- 『Social Cognitive and Affective Neuroscience』에 발표된 「청소년 정신과 외래 환자 치료를 위한 마음챙김 기반 스트레스 감소」라는 제목의 무작위 임상 시험은 신체 스캔 명상, 좌식 명상, 하타 요가와 같은 공식적인 마음챙김 연습을 훈련하는 8주간의 주 2시간 수업으로 이루어졌다. 상태 및 특성 불안, 지각된 스트레스, 자존감, 신체적 불만, 강박 행동, 대인 민감성, 우울 증상에서 유의미한 개선이 나타났다(Hotzel et al., 2007).

- 『The Journal of Child and Family Studies』에 발표된 「어린이를 위한 마음챙김 기반 인지 치료의 무작위 시험: 사회성-정서적 회복탄력성을 향상시키기 위한 주의력 증진」 연구 결과, 주의력, 행동 및 불안이 개선되었다(Semple et al., 2010).

- 『Mindfulness』에 발표된 「청소년기 이전 및 초기 청소년의 행복과 사회적 그리고 정서적 자신감에 대한 마음챙김 기반 교육 프로그램의 효과」 연구에서는 자기보고에 의한 낙관성, 긍정적 감정 및 외현적 행동에서 개선이 나타났으며, 자기 개념에서도 개선이 있었다. 청소년기 이전 청소년들이 초기 청소년들보다 더 긍정적인 효과가 있었다(Schonert-Reich, 2010).

- 『The Journal of Child and Family Studies』에 발표된 「ADHD 아동을 위한 마음챙김 훈련과 ADHD 부모를 위한 마음챙김 부모교육 훈련의 효과」 연구에서는 부모가 평가한 자신과 자녀의 ADHD 행동이 의미 있게 감소하고 마음챙김 인식이 크게 증가했습니다(van de Oord et al., 2012).

- 『The Journal of Child and Family Studies』에 발표된 「아동 및 청소년을 대상으로 한 마음챙김 접근법: 새로운 연구 분야의 예비 검토」에서는 4~18세 아동과 청소년을 대상으로 한 15개의 연구를 검토했다(Burke, 2009).

- 『The Journal of Applied School Psychology』에 발표된 「초등학생을 위한 마음챙김 훈련: 주의력 아카데미」에서는 마음챙김 훈련에 참여한 학생과 참여하지 않은 학생 간의 세 가지 주의력 측정에서 유의미한 차이가 나타났다(Napoli, 2005).

- 『Journal of Applied School Psychology』에 발표된 「초등학교 아이들의 집행 기능에 대한 마음챙김 인식 실천의 효과」라는 제목의 학교 기반 Inner Kids 프로그램 연구에서는 행동 조절, 메타인지 및 전반적인 글로벌 집행 통제기능에서 개선이 나타났다(Flook et al., 2010).

🔷 배경

많은 마음챙김 수행가는 마음챙김으로 특정 혜택을 얻기 위한 목적을 설정하고 훈련하는 것에 대한 거부감이 있었지만, 내담자들이 훈련을 통해 이득을 얻게끔 하는 것은 이들에게 더욱 마음챙김을 일상생활에 통합시키게 한다는 것을 알게 되었습니다. 임상가들을 위한 최선의 훈련은 또한 우리가 치료 목적을 정의하고, 이 훈련을 통해 도움이 되는 과정을 추적 관찰할 수 있게끔 해 주는 것입니다.

아동은 수행을 하게끔 하는 데 있어서 "도대체 이건 나한테 무슨 소용이 있지?"라는 물음에 이해를 필요로 하는 것에 청소년에 비해 좀 더 쉽게 받아들이고 참여하는 경향이 있습니다. 〈도구 5-13〉을 보면 이 주제에 도움이 될 것입니다. 이 도구는 연령이 높은 아동, 청소년, 부모가 마음챙김 훈련이 자신들의 특정 상태에 도움이 될 수 있다고 제안하는 과학적 연구들을 이해하는 데 도움이 됩니다.

🔷 기술 쌓기

내담자 및 부모와 같이 〈유인물 3-21〉에 있는 마음챙김 연구 결과로 입증된 효과를 살펴보고 내담자들이 겪고 있는 문제를 찾아봅니다. 마음챙김 훈련이 그들에게 어떻게 도움이 되는지 이해할 수 있도록 돕습니다. 연구 결과에서 증상의 완화를 가져왔다고 하는 것처럼 마음챙김 훈련을 기꺼이 할 수 있는지에 대해 질문해 봅니다. 이런 과정을 통해 그들이 훈련을 해 보겠다고 약속할 수 있게 됩니다. 아동의 나이에 맞는 단어를 사용하여 설명합니다. 특히 연령이 낮은 아동에게는 단순히 "몸을 편안하게 해 준다" "복잡한 생각을 가라앉혀 줘" "더욱 웃게 만들어 주지" " 걱정을 덜어 주거나 덜 무섭게 해 줘" "더욱 행복하게 해 줘"라는 표현을 사용하여 설명합니다.

🔷 성찰

내담자와 부모가 마음챙김이 그들에게 어떻게 도움이 되는지에 대해 제대로 이해했는지 알아봅니다. 질문에 대답을 해 주고 연구 결과와 여러분의 경험을 통한 예시를 들어 줍니다. 연령이 높은 아동 및 부모와 같이 치료 목적에 대해 기록해 보는 시간을 가져 보는 것도 좋습니다. 마음챙김이 긍정적으로 작용했을 때 그들이 호전되길 원하는 증상들을 적어 봅니다. 〈유인물 27-1〉과 〈유인물 27-2〉에 나와 있듯이, 치료 목적을 정의하고 경과를 추적 관찰합니다. 이런 과정을 통해 수행 경과를 추적 관찰하고 훈련을 하는 동안에 책임감을 가질 수 있게 도와줄 것입니다.

마음챙김이 도움이 되는 이유에 대한 일지 쓰기

◉ 배경

　마음챙김의 도움을 받아 변화하길 원하는 것에 대해 일지를 쓰는 것은 마음챙김 경험을 통해 어떤 도움을 받을 수 있는지 확실히 이해할 수 있게 해 줍니다.

◉ 기술 쌓기

　내담자들에게 〈유인물 3-23〉의 일지 주제에 응답하도록 요청합니다. 연령이 낮은 아동에게는 그림을 그리게 하거나 그들이 불러 주는 대답에 대해 여러분이 대신 적어 봅니다. 아동을 도와주는 부모와 상기 작업을 함께 할 수도 있습니다.

◉ 성찰

　내담자들과 함께 일지 내용을 살펴봅니다. 그들이 나이에 맞는 단어를 사용하여 그들의 증상과 관련된 부분에 대해 마음챙김 연구와 신경생물학 분야를 연결지어 이해할 수 있도록 돕습니다. 마음챙김이 그들에게 어떻게 도움이 되는지 생각해 볼 것을 제안합니다. 여러분의 훈련 경험이나 책에서 읽었던 비슷한 증상을 지니고 있던 사람들이 마음챙김을 통해 도움을 받았던 내용을 예시로 들어 줍니다. 내담자들이 제시하는 저항이나 방해물들을 해결해 줍니다(〈도구 5-7〉 참조).

마음챙김이 도움이 되는 이유에 대한 일지 쓰기

💡 일지 주제

- 여러분들이 도움을 필요로 하는 상황을 열거해 봅니다. 예를 들어, 우울, 불안, 집중, 산만함, 분노, 행복, 수면, 스트레스, 자신감, 다른 아이들과 잘 지내기 등을 들 수 있습니다.

- 마음챙김이 여러분의 상태에 도움이 된다고 알려진 연구에는 어떤 것들이 있습니까?

- 여러분의 상태에 도움이 되는 마음챙김에 영향을 주는 뇌 구조를 열거해 보세요.

- 여러분이 알고 있는 사람 중 마음챙김 훈련을 하는 사람이 있나요? 그렇다면 마음챙김을 한다는 것은 그들에게 어떻게 도움이 됩니까?

- 여러분이 마음챙김을 하지 못하게 되는 요인에는 어떤 것들이 있습니까?

- 여러분은 마음챙김이 도움이 된다고 믿습니까?

- 만약에 마음챙김이 여러분의 안 좋은 증상을 개선시킨다면 어떤 느낌이겠습니까?

- 만약 학교에서 여러분이 더욱 집중을 잘할 수 있다면 어떤 느낌이겠습니까?

- 만약 여러분이 의자에서 벗어났다고 선생님으로부터 야단을 맞지 않는다면 어떤 느낌이겠습니까?

- 만약 여러분이 자신을 더욱 좋아하게 된다면 어떤 느낌이겠습니까?

- 만약 여러분이 걱정을 더 이상 하지 않게 된다면 어떤 느낌이겠습니까?

- 만약 여러분이 데이트 신청을 자신감 있게 할 수 있다면 어떤 느낌이겠습니까?

- 만약 여러분이 숙제를 훨씬 더 빠르게 마칠 수 있다면 어떤 느낌이겠습니까?

- 여러분이 빠르게 잠에 들 수 있다고 한다면 어떤 느낌이겠습니까?

- 내담자들이 치료를 필요로 하는 이유와 관련된 질문을 사용해 봅니다.

💡 그림 주제

- 여러분이 원하는 변화에 대해 그림을 그려 보세요.

- 여러분이 마음챙김 훈련을 하게 된다면 어떻게 달라질 수 있는지 그림을 그려 보세요.

제4장

집에서 마음챙김 사용을 늘리기 위한 도구

◆ 배경

앉기 마음챙김을 하게 되면 어디서든 수분에서 20분 정도 같은 자세를 유지하게 될 것입니다. 따라서 마음챙김을 하는 동안에 편하게 유지할 수 있는 자세를 찾는 것이 중요합니다. 자세가 불편하면 마음챙김을 하기 어려울 것입니다. 자세는 의자에 앉는 자세부터 완전한 연꽃 자세까지 다양합니다. 어떤 아동과 청소년은 잠시도 앉아 있지 못하는 경우가 있는데, 그렇다면 걷기 명상이나 움직임 명상이 적절할 것입니다. 이 도구는 아동과 청소년에게 잘 쓰일 만한 몇 가지 자세를 소개하고 자신에게 맞는 자세를 선택할 수 있도록 도울 것입니다. 손의 자세 또한 이 도구 안에 포함되어 있습니다. 이 책에 포함된 많은 기술이 꼭 꼼짝하지 않고 앉아 있어야 하는 것은 아니라는 점에 주목하세요.

◆ 기술 쌓기

〈유인물 4-1-1〉과 〈유인물 4-1-2〉를 참조해서 각 자세를 어떻게 하는 것인지 보여 주고, 직접 해 보면서 편한 자세가 되도록 조언해 주세요. 아동은 바닥에 책상다리를 하고 앉거나, 팔다리를 쭉 펴고 누운 자세를 가장 편안하게 느낍니다. 청소년은 책상다리를 할 때 쿠션이나 명상용 방석 위에 앉는 것을 좋아합니다. 활동적인 아동과 청소년은 걷거나 움직이는 쪽을 더 좋아합니다. 다양한 마음챙김을 하는 동안 각각의 자세를 취해 보라고 하세요. 자신에게 가장 잘 맞는 자세를 고르도록 도와주세요.

사례

> 매우 활동적인 4세 유아가 손바닥을 위로 한 채 허벅지 위에 놓고 중지를 엄지와 닿게 하는, 소위 '마음챙김 자세'라는 것을 배웠습니다. 유아가 날뛸 때마다 저는 '마음챙김 자세'를 하도록 신호를 주었고, 그러면 유아는 크게 웃으며 즉시 자세를 바로잡고 잠시나마 조용히 앉았습니다. 그 아이는 정말 재미있다고 생각했으며, 확실히 몸을 진정시켰습니다. 이 훈련을 반복할수록 같은 자세로 더 오래 앉아 있을 수 있게 되었습니다.

◆ 성찰

자신에게 맞는 자세를 찾을 수 있도록 도와주세요. 아동을 살펴보며 어떤 자세가 가장 안정적인지 찾아보세요. 각각의 자세를 해 본 다음에 몸에서 무엇을 느꼈는지 물어보세요. 그 자세가 편했나요? 몸을 이완할 수 있었나요? 그 자세로 있기 힘들었나요? 같은 자세를 유지하는 데 문제가 있었나요? 자세를 바꾸고 싶은 충동이 생겼나요? 각각의 자세에서 마음챙김에 대해 무엇을 알아차렸는지 물어보세요. 신체 감각 때문에 산만해졌나요? 의도했던 마음챙김 목표, 예를 들어 호흡에 계속 집중할 수 있었나요? 손의 자세로 인해 훈련하면서 무엇인가 달라졌나요? 걷기 명상은 마음챙김에 어떤 영향을 미쳤나요?

마음챙김 훈련을 위한 자세

 의자에 앉기

의자에 앉아 발은 바닥에 평평하게 대고, 허리를 펴고, 손바닥을 위로 하여 무릎 위에 가볍게 놓거나 배 위에 손을 얹습니다. 허리를 곧게 폈다면 의자에 등을 기대어도 됩니다.

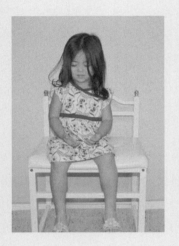

눕기

바닥에 등을 대고 누워 팔다리를 펴고, 팔은 몸 옆에 놓고 손바닥을 위로 하거나 배 위에 가볍게 올려놓습니다. 머리에 베개를 베어도 되며, 원하면 무릎 밑에 두어도 됩니다.

💡 책상다리 앉기

책상다리를 하고 앉아서 손바닥을 위로 한 채 무릎 위에 놓습니다. 필요하면 쿠션이나 명상용 방석에 앉아도 좋습니다.

💡 완전한 연꽃 자세

연꽃 자세는 최상의 명상 자세입니다. 엉덩이와 무릎의 유연성이 필요하기 때문에 이 자세에 이르는 데 수년이 걸릴 수도 있습니다. 양 무릎을 접어 각 발을 허벅지 위에 놓고 발바닥이 위를 향하게 합니다. 이 자세를 할 수 없다고 해서 걱정하지 마세요. 대신에 책상다리 앉기만 하세요. 하지만 만약 할 수 있다면 하세요. 아이들은 대개 유연해서 이 자세를 충분히 할 수 있습니다.

걷기

팔을 자연스럽게 흔들면서 몸은 곧게 세우고, 눈은 앞을 바라보고, 손은 편 채로 어깨에 힘을 빼고 걷습니다.

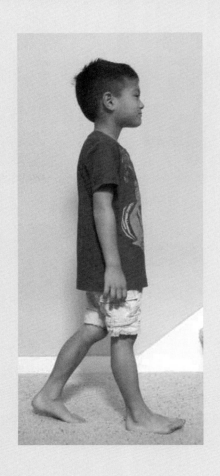

손 자세

💡 엄지와 검지로 원 만들기

친 무드라(Chin Mudra) 또는 **프란 무드라**(Pran Mudra): 기본적으로 양손의 엄지와 검지로 원을 만듭니다. 나머지 손가락은 펴고, 중지를 검지의 등에 닿게 합니다. 앉은 자세에서 양 손바닥이 하늘을 향하게 해서 허벅지 위에 놓습니다.

💡 엄지와 중지로 원 만들기

치유 무드라(Healing Mudra): 엄지와 중지로 원을 만듭니다. 나머지 손가락은 폅니다. 앉은 자세에서 양손바닥이 하늘을 향하게 해서 허벅지 위에 놓습니다.

도구 4-2 효과적인 시간 찾기

◆ 배경

　대부분의 사람이 마음챙김을 매일 일상적으로 하기 위한 가장 좋은 방법은 하루 중 언제할지 시간을 정하는 것이라고 합니다. 하지만 대개 '따로 시간을 내는 것'은 쉽지 않습니다. 이는 정식 앉기 마음챙김 명상이든 일상 속에 통합된 마음챙김 훈련이든 마찬가지입니다. 아동은 자신의 일정을 거의 신경 쓰지 않기 때문에 부모가 일정을 알려 주어 훈련하도록 할 필요가 있습니다. 청소년은 부모가 알려 줄 수도 있고, 스스로 일정표에 훈련 계획을 세우도록 도와줄 수도 있습니다. 마음챙김을 훈련하기에 아주 좋은 시간이 따로 있지는 않습니다. 어떤 사람은 하루를 준비하는 방법으로서 하루 일과를 시작하기 전 아침에 가장 먼저 하는 것을 좋아합니다. 다른 사람들은 하루의 '긴장을 푸는' 방법으로서 잠들기 전에 마지막으로 하는 것을 좋아합니다. 많은 마음챙김 기술을 일상생활 중에 포함시킬 수 있습니다. 이 도구의 목표는 아이들이 자유롭게 시간을 골라서 마음챙김이 자신에게 도움이 되도록 하는 것입니다.

◆ 기술 쌓기

① 일상생활 중에 마음챙김 훈련하기

　아동과 청소년에게 마음챙김 기술을 가르치는 목적 중 하나는 불안과 스트레스를 줄이고, 분노나 과잉행동을 진정시키거나, 더 잘 집중하도록 하기 위해 하루 중 필요할 때마다 기술을 사용할 수 있게 하려는 것입니다. 이 책에 있는 대부분의 마음챙김 도구는 일상생활 속에 포함되도록 만들어져 있다고 설명해 주세요. 예를 들어, 주변 알아차리기(〈도구 7-1〉, 〈도구 7-2〉 참조)는 언제든 사용할 수 있지만, 학교에 갈 때나 교실 간 이동이 있을 때처럼 새로운 장소에 도착했을 때나 변화가 생긴 후에 특히 도움이 됩니다. 이 기술은 내담자들에게 계속해서 가르칠 것입니다. 지금은 일단 아동과 청소년에게 하루 중 가끔씩 잠시 멈춰서 호흡을 하며 주변을 알아차려 보라고 말해 주세요. 〈유인물 4-2〉를 활용해서 이번 도구를 훈련할 때 무엇을 할지 고를 수 있게 도와주세요.

　일 마음챙김(제18장) 도구는 특히 아동과 청소년이 일을 하는 동안에 마음챙김을 훈련할 수 있게 하려는 것입니다. 아동과 청소년의 일로는 숙제, 먹기, 집안일, 목욕, 대소변, 이 닦기, 학교 과제, 친구에게 문자 보내기, 컴퓨터 사용 등 집이나 학교에서 흔히 하는 활동입니다. 아동과 청소년이 유인물을 보면서 두 가지 일을 골라서 그 일을 하는 동안에 일 마음챙김 도구를 사용해서 더욱 집중하도록 도와주세요. 이런 마음챙김은 하루 중 시간을 정해 놓고 할 수도 있습니다.

② 정식 앉기 마음챙김 명상

　아동이 정식 앉기 마음챙김을 할 시간을 확보하려면 대개 부모의 도움이 필요합니다. 10대 후반의 청소년이라면 훈련을 할 시간을 스스로 정할 수도 있습니다. 현재 하루 일정이 어떤지 내담자나 부모에게 물어보세요. 이렇게 시간을 정하는 것을 부모가 자녀와 함께하게 하세요. 플래너를 사용하여 시간을 정하도록 할 수도 있습니다. 매일 똑같은 시간에 10~15분 정도 시간을 낼 수 있는지 찾아보게 하세요. 어떤 사람에게는 매일 아침에 하게 되는 일들을 하기 전에 가장 먼저 하는 일이 될 수 있습니다. 어떤 사람에게는 하교후나 저녁 식전, 저녁 식후가 될 수도 있습니다. 청소년에게는 점심 시간이나 자습 시간 중에 잠시 시간을 내는 것이 효과적일 수도 있습니다. 또 사람들이 선호하는 시간은 저녁에 집안일을 다 마치고 나서 잠들기 직전입니다. 부모와 아동 및 청소년에게 시간을 고르도록 한 후에 〈유인물 4-2〉에 써 넣도록 합니다.

　아동과 청소년이 정식 마음챙김 기술을 훈련하는 시간이 상담 시간이나 집단 시간밖에 없을 수도 있습니다. 아동과 청소년에게 마음챙김 기술을 안내하는 내용이 담긴 CD나 MP3를 주는 방법도 마음챙김을 훈련할 가능성을 높여 줍니다. www.TheBrainLady.com에 방문하면 엄청난 정보가 있습니다.

● 성찰

　아동과 청소년이 마음챙김을 하루 중 언제 할지 천천히 생각해 보고 열심히 할 수 있도록 도와주세요. 이렇게 함으로써 실제로 마음챙김을 훈련할 가능성을 꽤 높여 줄 것입니다. 매 상담마다 집에서 마음챙김을 했는지 물어보고, 가장 좋은 시간을 찾을 수 있도록 도와주세요. 많은 아동과 청소년이 시간이 없다며 반박할 것입니다. 이 반대를 극복하기 위해 〈도구 5-7a〉를 활용하세요.

마음챙김 훈련 시간 정하기

 일상생활 중에 마음챙김 훈련하기

많은 마음챙김 도구가 하루 중 할 일을 해 나가면서 할 수 있도록 되어 있습니다. 예를 들어, 주변에 대한 마음챙김(〈도구 7-1〉, 〈도구 7-2〉 참조)은 언제나 할 수 있지만 특히 다음과 같은 경우에 도움이 됩니다.

- 새로운 환경에 왔을 때
- 학교에 갔거나, 일하러 갔을 때(연령이 높은 청소년)
- 교실이 바뀔 때
- 학교에서 집으로 왔을 때
- 차에 탔을 때
- 집에 걸어 들어갈 때
- 가게에 갈 때
- 하루 중 어디든 갈 때
- 스트레스를 받거나 당황했을 때
- 나는 다음의 두 장소에서 주변에 대한 마음챙김을 할 작정입니다.
  1)_____ 2)_____

일 마음챙김 기술(제18장)은 특히 일을 하는 동안 마음챙김을 훈련하도록 되어 있습니다. 일에는 다음과 같은 것들이 있습니다.

- 숙제하기
- 수업 시간 중에 학교 과제하기
- 먹기
- 집안일 하기
- 게임하기
- 컴퓨터로 작업하기
- 이닦기

- 목욕하거나 대소변 보기

- 운전하기(연령이 높은 청소년)

- 운동하기

- 흔히 하는 어떤 일

- 나는 매일 다음의 두 가지 일을 하는 동안에 마음챙김을 할 작정입니다.

  1) _____

  2) _____

💡 정식 앉기 마음챙김

현재 하루 일과에 대해 생각해 보세요. 부모도 참여하도록 하세요. 매일 똑같은 시간대에 5~15분 정도를 확보할 수 있는지 찾아보세요.

- 매일 아침에 해야 할 일들을 하기 전에 가장 먼저

- 점심 시간에

- 학원에서

- 학교나 집에서 휴식 시간에

- 하교 후

- 저녁 먹기 전이나 후에

- 숙제하기 전에

- 집에서 할 일을 다 끝내고 밤에 잠자기 직전에

- 나는 매일 ____시에 정식 앉기 마음챙김을 훈련할 작정입니다.

도구 4-3   핵심 마음챙김 훈련을 위한 장소 찾기

🔷 배경

규칙적으로 매일 훈련하는 핵심 마음챙김 훈련을 위해 장소를 따로 정해 놓으면 내담자들이 그 장소에만 가면 마음챙김이 떠올라 보다 빠르게 이완해서 명상에 들어갈 수 있게 할 수 있습니다. 장소를 신중하게 고름으로써 보다 편안하고 정신이 흩어지는 것을 줄여 주며 훈련을 더 쉽게 할 수 있습니다. 분명 어디서 하더라도 마음챙김이 잘 되는 사람도 있지만, 대부분의 내담자에게는 적절한 장소를 정하는 것이 아주 중요합니다. 자녀가 장소를 정할 수 있도록 부모가 도와주세요.

🔷 기술 쌓기

〈유인물 4-3〉을 활용해서 자녀와 부모가 마음챙김을 할 만한 장소 목록을 만들어 보도록 합니다. 전화, TV, 컴퓨터, 거리의 소음, 가족의 요구, 불편한 온도 등 집중을 방해하는 것들을 확인하고 없애도록 합니다. 조용하고 진정되며 마음에 드는 장소를 준비합니다.

🔷 성찰

이제 내담자는 부모의 도움을 받아 마음챙김할 공간을 고르고 준비했으므로, 내담자에게 그 장소가 괜찮은지 물어봅니다. 필요하다면 내담자가 조정할 수 있도록 돕습니다. 만약 내담자가 이 과정을 하지 않으려고 하고 마음챙김도 잘하지 못했다면, 장소를 다시 정한 후에 마음챙김 훈련을 해 보면 어떻게 달라질지 직접 해 보도록 권유합니다.

핵심 마음챙김 훈련을 위한 장소 찾기

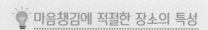 마음챙김에 적절한 장소의 특성

- 조용한
- 편안한 온도
- 잔잔한 조명
- 차분한 내부 장식
- 차분한 그림
- 전화, TV, 컴퓨터, 가족의 요구, 잡음 등 신경 쓰이는 것들이 없는

- 쉽게 갈 수 있는
- 편한
- 실내
- 실외라면 자연 속
- 연령이 높은 청소년이라면 양초나 향 (알레르기가 있으면 피할 것)
- 훈련하기에 적절한 장소 목록을 만드세요.

 예시

- 식탁 의자에 앉아서
- 양탄자에 누워서
- 바닥에 앉아서(쿠션을 사용할 수도 있음)
- 소파에 누워서
- 계단 맨 아랫쪽에 앉아서
- 책상에 앉아서
- 욕조에서
- 주차된 차에서

- 잠들기 직전 침대에서, 또는 아침에 일어나기 직전
- 버스나 기차에서 (잡음에 신경 쓰이지 않게 헤드폰을 쓰고)
- 야외에 있는 의자에 앉아서
- 베란다에서
- 풀밭이나 해변에서 담요를 깔고
- 국립공원에서
- 해변에서

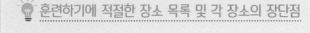 훈련하기에 적절한 장소 목록 및 각 장소의 장단점

- 장소: _____
- 장점: _____
- 단점: _____

도구 4-4 일상생활 중에 마음챙김 넣기

🔷 배경

　　마음챙김 훈련은 내담자들이 실제로 하지 않는다면 절대로 효과가 없을 것입니다. 내담자들이 마음챙김에 꽤 익숙해졌어도, 여전히 훈련하도록 알려 줄 필요가 있습니다. 아동의 나이, 성숙 수준, 인지 수준에 따라 부모가 함께하는 것이 필요할 수도 있습니다. 많은 아동은 마음챙김을 혼자서 훈련하는 것을 아주 좋아합니다. 제게 온 내담자 중 많은 경우에서 자신이 배운 기술을 자발적으로 친구나 부모에게 가르쳐 주었습니다.

　　이 책은 아동과 청소년의 일상생활에 직접 통합할 수 있는 다양한 마음챙김 도구를 제공합니다. 이 중에는 정식 앉기 마음챙김도 있고, 다른 것으로는 하루 종일 해야 할 일을 하면서 사용할 수 있는 명상 도구들도 있습니다. 마음챙김의 중요한 목적 중 하나는 하루 종일 순간순간 '인식하고 있다는 것을 알아차리는 것'을 늘리는 것입니다. 정식 앉기 마음챙김 기술은 바로 이 '인식하고 있다는 것을 알아차리기' 기술을 훈련시킵니다. 이 도구는 아동과 청소년이 호흡에 대한 마음챙김(제6장), 주변 환경에 대한 마음챙김(<도구 7-1>, <도구 7-2>), 일 마음챙김(<도구 18-1>, <도구 18-2>), 움직임 마음챙김(제13장), 의도 마음챙김(<도구 20-1>, <도구 20-2>)을 사용하면서 이 기술을 하루 종일 열심히 사용할 수 있게 도와줍니다.

🔷 기술 쌓기

　　일부 비협조적이거나 혼란스러운 가정의 경우에는 내담자가 치료자와 하는 마음챙김이 유일한 마음챙김 훈련일 수 있습니다. 훈련을 자주 하지 못할지라도 마음챙김은 도움이 될 것입니다. 그러면서 차차 마음챙김을 자신의 일상생활 속으로 저절로 넣게 될 것입니다.

　　내담자가 마음챙김을 자신이 매일 하는 활동 중 하나가 되도록 격려해 주세요.

> • 매일 앉기 훈련을 규칙적으로 할 시간과 장소를 정하도록 도와주세요.
> • 특정 마음챙김 도구를 가르쳐 줄 때 내담자들이 자신에게 가장 잘 맞는 스타일을 고르도록 도와주세요.
> • 앉기 마음챙김 명상 말고도 다른 마음챙김을 어떻게 훈련할지 보여 주세요.
>   - 호흡에 대한 마음챙김(제6장)
>   - 현재 지금 이 순간 알아차리기(제7장)
>   - 일 마음챙김(제18장)
>   - 의도 마음챙김(제20장)
>   - 움직임 마음챙김(제13장)
> • 작게 시작해서 조금씩 늘려 가세요.

- 열심히 훈련하도록 도와주세요.

- 마음챙김 훈련을 하는 방법과 이유를 먼저 설명해 주세요.

- 내담자와 부모에게 경과 추적을 관찰하는 방법(제27장)에 대해 가르쳐 주세요.

◆ 성찰

　마음챙김을 일상생활 중에 포함시키는 것이 중요하다는 점에 대해 토론합니다. 내담자들에게 언제 앉기 마음챙김과 활동적인 마음챙김을 동시에 했는지 물어보세요. 언제 할 수 있었는데, 하지 않았는지 물어보세요. 마음챙김을 열심히 하려는 마음이 어느 정도인지 물어봅니다. 마음챙김을 열심히 하는 것을 무엇이 방해할 것 같은지 얘기해 봅니다. 마음챙김을 먼저 하는 것의 중요성에 대해 함께 탐색해 봅니다. 내담자가 자신이 하고 있는 것을 다른 누군가에게 가르쳐 줬나요?

도구 4-5 부모를 참여시키기

◆ 배경

　　나이, 성숙 수준, 인지 수준에 따라 다르지만, 대부분의 아동과 청소년은 일상생활 속에 마음챙김을 포함시키려면 부모의 지원과 격려를 필요로 합니다. 따라서 가능하다면 부모를 참여시키기 위해 최선의 노력을 기울이는 것이 중요합니다. 부모를 참여시키기 위한 일반적인 안내 사항은 <도구 2-1>을 참조하세요.

◆ 기술 쌓기

　　내담자들이 스스로 동기를 유발해서 마음챙김을 훈련할 능력이 어느 정도인지 평가합니다. 이 능력은 아이들마다 천차만별입니다. 확실히 인지, 정서, 행동적으로 문제가 있는 아동과 청소년의 경우에는 부모의 참여가 훨씬 더 필요합니다. 부모가 부모 안내 회기에 참여해서 기본적인 마음챙김 기술을 배울 수 있도록 격려합니다. 마음챙김이 자녀에게 어떻게 도움을 줄 수 있으며, 집에서 훈련하는 것이 얼마나 도움이 되는지 검토합니다. 어떻게 하면 아동이 집에서 훈련을 더 잘할 수 있을지 방법을 찾아봅니다. 부모가 자녀와 함께 훈련하도록 격려합니다.

　　그렇게 함으로써 가족에게 미치는 긍정적인 영향이 2~3배 커질 수 있습니다. 어떤 경우에는 부모가 참여할 수 없는 경우도 있습니다. 그럴 경우에는 그 가족과 관련된 다른 선생님, 코치, 기타 전문 인력 중에 마음챙김 훈련을 지원해 주고 격려해 줄 다른 사람이 없는지 찾아봅니다. 만약 이런 사람이 아무도 없다면, 치료사와 하는 마음챙김만으로도 아동과 청소년에게 큰 도움이 되기를 믿어 봅니다.

◆ 성찰

　　이 아동과 청소년은 부모의 지원이 필요한가요? 부모는 참여할 의지가 있으며 참여할 수 있나요? 그렇지 않다면 아동이나 청소년 및 가족을 위해 도움이 될 다른 자원이 있을까요? 부모가 참여할 수 없다면 아동과 청소년에게 필요한 지도를 어떻게 할 수 있을까요?

도구 4-6   마음챙김 사용 계획에 대한 일지 쓰기

◆ 배경

　무엇을 새로 배우든 자신의 기대와 결심을 명확히 하고 이해하는 것이 중요합니다. 이 도구는 아동과 청소년이 명상을 하겠다는 동기와 결심을 탐색하는 데 도움이 될 것입니다.

◆ 기술 쌓기

　내담자들에게 〈유인물 4-6〉의 일지 주제를 검토해 보고 가능한 한 많이 답해 보도록 합니다. 새로운 훈련을 시작하려면 결심, 시간, 에너지가 필요하며, 일지 쓰기를 통해 자신의 결심과 의지를 다지는 데 도움이 될 것이라고 설명합니다. 연령이 낮은 아동의 경우에는 그들이 말한 대로 답을 대신 써 주거나 그림으로 그리도록 합니다.

◆ 성찰

　내담자와 함께 일지 내용을 검토합니다. 마음챙김을 배우고 훈련하는 것에 대한 아동과 청소년의 답과 결심에 대해 토의합니다. 〈도구 5-7〉을 활용해서 장애물이나 저항에 대해 다룹니다. 아동과 청소년을 격려하고 노력한 부분에 대해 칭찬합니다.

마음챙김 사용 계획에 대한 일지 쓰기

 일지 주제

- 왜 마음챙김 기술을 배워서 사용하고 싶은가요?

- 마음챙김 훈련이 어떤 부분을 도와주기를 바라나요?

- 이번 주 언제 마음챙김이 되었나요?

- 언제, 어디에서 앉기 마음챙김을 훈련했나요?

- 마음챙김 훈련을 하는 것에 대해서 질문이 있나요?

- 마음챙김을 배우면서 걱정되는 것이 있나요?

- 어떤 자세에서 마음챙김이 가장 잘 되나요?

- 마음챙김 훈련을 얼마 동안 하기로 결심했나요?

- 이 훈련이 얼마나 중요한가요?

- 마음챙김을 할 시간을 내기 위해 무엇을 포기할 것인가요?

- 차라리 무엇을 하고 싶나요?

- 앉기 외에도 다양한 마음챙김이 있어서 놀랐나요?

- 마음챙김 훈련과 관련해서 가장 기대하는 것은 무엇인가요?

그림 주제

- 자신이 마음챙김하는 그림을 그려 봅니다.

- 자신이 마음챙김할 장소를 그려 봅니다.

제5장

마음챙김 기초를 가르치기 위한 도구

도구 5-1 알아차림, 수용, 무시, 되돌리기

🔵 배경

마음챙김의 기본 과정은 주의를 기울여야 할 것에 대하여 의도를 설정하고(〈도구 3-5〉 참조) 마음이 방황하고 있음을 알아차렸을 때 이것으로 주의를 되돌리는 것입니다. 이 도구는 이러한 과정을 설명하는 두 가지 방법을 제공합니다.

🔵 기술 쌓기

내담자에게 생각이 떠돌아다니는 것은 정상임을 설명합니다. 무엇이 그들을 산만하게 하고, 그들이 주의를 기울여야 하는 것에 주의를 기울이지 않음을 언제 알아차렸는지 토론해 봅니다. 학교에서나, 숙제를 하는 동안에 지루하거나 불안할 때, 사람들과 이야기하는 동안에 주변에서 주의를 방해하는 요소가 있을 때 이런 일이 어떻게 일어나는지 토론해 봅니다. 어떻게 하면 하던 일로 돌아갈 수 있는지 물어봅니다. 이 것은 ADHD를 겪는 아동과 청소년이 매일 고군분투하는 기본 과정입니다. 따라서 이 도구는 주의력을 향상시키기 위한 훈련을 하는 데 좋은 도구입니다.

마음챙김은 생각이 없는 상태에 관한 것이 아닙니다. 오히려 내담자가 주의를 기울이기로 선택한 것에 주의를 기울이지 않고 있는 때를 알아차리고, 그들의 마음이 방황했다는 것을 판단 없이 받아들이고, 어떠한 생각, 느낌, 신체 감각 또는 외부 사건이 산만하게 하더라도 무시하고 주의를 기울여야 하는 것으로 주의를 되돌리는 것입니다. 이 과정을 배우는 두 가지 쉬운 방법에 대해 내담자와 함께 〈유인물 5-1〉을 검토합니다.

🔵 성찰

내담자가 이 과정을 어떻게 수행하고 있는지 함께 탐구합니다. 마음챙김은 마음이 텅 비는 것이 아니라는 것을 알게 된다면 어떤 느낌일까요? 생각이 떠오르는 것을 알아차릴 수 있습니까? 훈련하는 동안에 어떤 감정이나 신체 감각을 알아차렸나요? 무엇이 내담자들을 산만하게 합니까? 언제 주의가 산만해졌습니까? 내담자들은 어떻게 목표 대상으로 주의를 되돌릴 수 있었나요? 언제 이 과정을 사용했습니까? 훈련을 하면 더 쉬워질까요?

마음챙김의 기본 과정

 마음챙김의 기본 과정을 설명합니다.

1. 무엇에 주의를 기울일지 결정합니다.

2. 주의를 기울이지 않는 때를 알아차립니다.

3. 자신이 산만하다는 것을 판단 없이 받아들입니다.

4. 주의를 산만하게 하는 무엇이든 무시합니다.

5. 자신이 주의를 기울여야 하는 것에 주의를 되돌립니다.

이 과정을 기억하는 또 다른 쉬운 방법은 약어 'SOLAR'을 사용하는 것입니다. 멈추고, 판단하지 않고, 생각을 관찰하십시오. 그것에 관여하지 않고 생각을 놔두십시오. 그리고 선택한 대상에 주의를 되돌립니다. 내담자에게 이 과정을 다른 리듬들로 반복하도록 하고, 박자를 유지하기 위해 박수를 치도록 요청합니다.

유아의 경우에는 여기에 동작을 추가합니다.

정지(Stop) - 정지 동작으로 손을 들어 올립니다.

관찰(Observe)-눈 위에 손을 올려놓고 주위를 둘러보세요.

놔두기(Let it go) - 마치 나비를 손 안에 넣고 있다가 손을 벌려 놓아 주는 동작처럼 합니다.

그리고(And) - 손가락으로 더하기 기호를 만드십시오.

되돌리기(Return)-두 걸음 앞으로 간 후에 되돌아옵니다.

1. 정지(**S**top)

2. 관찰(**O**bserve)

3. 놔두기(**L**et it go)

4. 그리고(**A**nd)

5. 되돌리기(**R**eturn)

도구 5-2   회기에서 개념 소개를 위한 기회 찾기

🔷 배경

　마음챙김 훈련은 대부분의 아동과 청소년에게 완전히 새로운 개념입니다. 회기에서 내담자들이 마음챙김 기술을 받아들일 수 있도록 언제, 어떻게 소개해야 하는지를 아는 것은 어려운 것일 수 있습니다. 이 도구는 마음챙김 개념을 편안하고 적절하게 소개하는 방법에 대한 지침을 제공합니다.

🔷 기술 쌓기

　마음챙김을 내담자에게 가르치기 전에 무엇보다도 먼저 여러분 스스로 마음챙김을 훈련해야 합니다. 여러분 스스로 훈련을 할 뿐만 아니라 마음챙김 연구에 친숙해지면 마음챙김 훈련으로 도움을 받을 수 있는 문제가 회기 중에 나타나는 때를 알아차릴 수 있습니다. 여러분이나 다른 내담자들이 유사한 문제에 있을 때 마음챙김 훈련이 어떻게 도움이 되었는지 내담자에게 알려 줍니다.

　개별 내담자와 진행할 때는 마음챙김 기술을 간단하게 내담자와의 작업에 통합하면 됩니다. 마음챙김 기술이 특정 상태에 있는 내담자에게 도움이 될 것이라고 제안할 수 있는 상황이 회기 중에서 나타나는 지점을 찾으십시오. 아동과 회기를 할 때에 여러분이 가르치는 것이 마음챙김 기술이라고 설명할 필요조차 없을 수 있으나, 종종 그렇게 하면 아동이 더 잘 이해하는 데 도움이 됩니다. 예를 들어, 내담자가 불안을 겪고 있다면, 여러분이 불안을 줄이고 통제하는 데 도움이 되는 방법을 보여 주고 싶다고 말하고, 기본 이완 호흡 방법(<도구 6-4> 참조), 복식호흡을 하는 방법(<도구 6-5> 참조) 또는 채널 바꾸기(<도구 14-4> 참조)를 가르칩니다. 또는 점진적 이완 명상으로 인도하거나 명상 CD를 듣도록 권장합니다. 집중하는 데 문제가 있으면 SOLAR 개념을 알려 주어 그들이 과제에 집중하기 위하여 스스로 훈련할 수 있도록 합니다 (<도구 5-1> 참조). 과잉행동이 있다면 제23장의 ADHD를 돕는 기술을 사용합니다. 마음챙김은 내담자의 대부분의 문제에 도움이 될 것이므로 여러분은 그것을 소개할 기회를 많이 갖게 될 것입니다. 특정 질환을 치료하기 위해 마음챙김을 어떻게 사용할 것인가에 대한 아이디어를 얻으려면 제4부를 검토합니다.

　내담자에 따라 마음챙김 기술을 배우면 도움이 될 것이라는 말을 할 수도 있고, 또는 굳이 마음챙김이나 명상이라는 이름을 붙이지 않고 개별 기술을 가르칠 수도 있습니다. '명상'이라는 단어는 오랫동안 가만히 앉아 있는 것을 떠오르게 하여 결코 할 수 없다는 느낌을 주기 때문에 종종 사람들에게 거리를 두게 합니다. 사람들은 걷거나, 공부를 하거나, 집안일을 할 때 마음챙김을 일상생활에 접목할 수 있다는 것을 알지 못할 수 있습니다.

　여러분이 '마음챙김 또는 명상' 집단의 촉진자일 때 내담자들은 이미 집단의 초점을 알고 있기 때문에 마음챙김을 소개하는 것이 분명히 더 수월합니다. 다른 유형의 집단들도 마음챙김이 도움이 됩니다. 집단 회기에 마음챙김 기술을 통합하는 것에 대해 집단의 내담자들과 이야기하십시오. 집단 치료 및 사회 기술 그룹은 마음챙김을 가르치는 데 탁월한 조건에 해당됩니다.

마음챙김을 소개하였을 때 내담자들은 어떤 반응을 보였습니까? 그들이 거절했습니까? 그렇다면 장애물과 저항을 극복하는 방법에 대한 회기를 검토하십시오(〈도구 5-6〉, 〈도구 5-7〉, 〈도구 5-8〉 참조). 그들은 어떤 점을 좋아했습니까? 도움이 되었나요? 그들은 더 많은 기술을 배울 의향이 있습니까? 그들은 집에서 또는 회기에서만 훈련하는 데 동의할까요? 장점을 설명할 수 있었나요?

도구 5-3 　마음챙김 도구 훈련해 보기

◆ 배경

마음챙김의 장점을 최대한 활용하려면 기술을 훈련하고 일상생활에 통합해야 합니다. 이 도구는 내담자가 집에서 훈련하도록 권장하는 과정을 검토합니다.

◆ 기술 쌓기

마음챙김의 이점을 최대한 얻으려면 기술들을 훈련하고 내담자의 일상생활에 통합되어야 한다고 설명합니다. 회기에서 특정 기술을 가르친 후에 내담자가 가정, 학교 또는 직장(연령이 높은 청소년에 해당)에서 훈련하도록 격려합니다. 언제 할 수 있는지를 물어보고 모르겠다고 하면 시간을 정하도록 도와주세요. 방해가 될 수 있는 것과 장애물을 극복하기 위한 방안들에 대해 논의하세요(<도구 5-7> 참조). 언제 어디서 기술을 훈련할 수 있는지 브레인스토밍을 할 수 있도록 도와주세요. 예를 들어, 주변 환경에 대한 마음챙김 및 자연에서의 마음챙김(<도구 7-1>, <7-2> 참조)을 가르칠 때, 학교에 도착하거나 수업 시간이 바뀌거나 또는 집에 돌아올 때 매일같이 멈추고, 호흡을 하고, 주변 환경을 알아차릴 수 있다는 것을 제안해 주세요. 일상생활 중 마음챙김 및 일 마음챙김(<도구 18-1>, <18-2> 참조)을 가르치고 있다면 마음챙김을 훈련할 특정 과제를 선택하세요. 이것은 양치질을 하거나, 잠자리를 정리하거나, 숙제를 하는 동안처럼 간단할 수 있습니다. 그들이 매일 하는 일을 선택하세요.

아동과 일부 청소년에게는 과제로 주어진 기술을 부모에게 설명할 필요가 있습니다. 이렇게 하면 부모가 자녀에게 상기시켜 주고 격려를 함으로써 기술을 연마하는 데 도움을 줄 수 있습니다.

9세 내담자 중 한 명은 이완과 복식 호흡을 배우는 데 어려움을 겪었습니다. 그의 어머니는 자녀가 기분이 나빠지기 전에 훈련을 하고, 필요할 때 그 기술을 사용하도록 상기시키는 데 중요한 역할을 했습니다. 그녀는 자녀가 스스로를 진정시키기 위해 자발적으로 사용하게 될 때까지 회기 외 시간에 기술을 배우고 훈련하는 데 많은 도움을 주었습니다. 그 결과 자녀는 급우가 어려움을 겪고 있다는 것을 알아차리고 호흡법을 가르쳐 주기까지 했습니다.

◆ 성찰

내담자가 기술을 수행하는 방법을 이해했습니까? 그들은 집에서 훈련할 의향이 있습니까? 그들이 훈련할 시간과 장소를 찾도록 도울 수 있었나요? 그들에게 '숙제'를 주었을 때 여러분은 어떤 기분이 들었나요? 내담자들이 지시를 따르지 않으면 어떻게 느끼게 될지 생각해 보세요. 내담자들은 자신이 훈련을 하지 않았을 때 어떤 기분이 들까요? 내담자들의 부모는 지지적이었나요? 회기 중에 충분한 훈련 시간을 제공할 수 있습니까?

도구 5-4 훈련 중이나 훈련 후에 생긴 일 알아보기

◆ 배경

가정에서 훈련할 특정 기술을 정한 후에 내담자가 과제를 했을 때 어떤 일이 일어났는지 탐색하는 것이 중요합니다. 이를 통해 방해 요인을 극복하고 자신에게 가장 적합한 기술을 찾을 수 있습니다. 내담자들이 기술을 세밀하게 조정하는 것을 도와줄 때 그들의 훈련은 더 효과적일 것입니다. 그것은 또한 내담자들이 자신의 감정을 탐색하는 데 도움을 주고 치료적으로 도움을 줄 기회를 제공합니다. 이 도구는 내담자가 경험을 처리하는 데 도움을 주는 방법에 대한 지침을 제공합니다.

◆ 기술 쌓기

과제로 내준 기술을 검토합니다. 내담자에게 "그래서 기술을 훈련할 수 있었습니까?"라고 물어보십시오. 훈련했다고 대답하면 다음과 같이 질문하십시오. "언제 했나요? 했을 때 어떻게 되었나요? 어떻게 진행되었나요? 우리가 논의한 것처럼 할 수 있다고 느꼈나요, 아니면 다르게 했나요? 어떤 느낌이 들었나요? 하면서 편안했나요? 부정적인 것이 발생했나요? 방해가 된 것은 무엇이었나요? 도움이 되었나요? 그것에 대해 어떤 질문이 있나요? 더 잘 작동하도록 어떻게 조정할 수 있었나요?"

아쉽게도 많은 아동은 "아니오, 하는 것을 잊어버렸어요." "시간이 없었어요." 또는 그 외에 여러 변명을 할 것입니다. 괜찮습니다. 이 상황을 다루기 위하여 〈도구 5-7〉을 사용하십시오. 대부분의 연령이 낮은 아동은 이러한 질문들에 대답하기 어렵습니다. 자녀가 훈련을 할 때 상황이 어떠했는지 부모에게 물어보십시오. 부모가 지지적이었는지 파악해 봅니다.

◆ 성찰

내담자가 훈련을 하는 동안에 경험하는 전반적인 부분을 검토할 수 있도록 도와줍니다. 질문을 받으며 답해 줍니다. 내담자들이 효과적으로 훈련을 했나요? 진행 상황에 따라 훈련을 세밀하게 조정할 수 있도록 도와줍니다. 그들에게 더 잘 맞는 다른 기술들을 제안합니다.

도구 5-5 　내담자가 훈련을 하지 않는 상황 다루기

◆ 배경

아쉽게도 많은 내담자가 훈련을 끝까지 따르려고 하지 않을 것입니다. 그들은 "그것을 하는 것을 잊어버렸어요." "시간이 없었어요." 또는 그 외 여러 변명을 이야기할 것입니다. 그들의 부모가 돕지 않았을 수도 있습니다. 괜찮습니다. 이 도구는 내담자가 훈련을 하지 않는 상황을 처리하는 데 대한 지침을 제공합니다.

◆ 기술 쌓기

내담자가 과제로 내준 기술을 훈련하지 않은 경우, "괜찮아요. 언제 기술을 훈련할 수 있었을 것 같나요?"라고 물어봅니다. 그런 다음에 그들이 그것을 했을지도 모르는 시간을 식별하도록 도와줍니다. 그들이 왜 훈련을 하지 않았고, 무엇이 방해가 되었는지 알아보세요. 잊었다면 이번 주에 기억하기 위해 무엇을 할 수 있는지 물어보세요. 그들이 다른 이의를 제기한 경우, 일반적인 이의를 처리하는 방법인 〈도구 5-7〉을 참조하세요. 회기 중에 내담자와 함께 지정된 기술을 수행해야 합니다. 부모가 격려하고 훈련하도록 상기시켜 주는지 알아보십시오.

많은 아동과 청소년이 훈련을 하지 않을 것이므로 여러분은 비판적이거나 판단하지 말고 이를 받아들여야 함을 명심해야 합니다. 이 경우에는 만날 때마다 간단하게 기술을 강화하고, 회기 중에 특정 기술을 사용했어야 하는 문제가 드러나면 이전에 배운 기술로 되돌아 가세요. 예를 들어, 아동이 불안을 느낄 때 '채널 바꾸기'를 하도록 가르쳤지만 몇 주 후에 아동이 심한 불안을 경험하고 있다면 회기 중에 그 기술을 훈련하여 불안을 느낄 때마다 그것을 사용하도록 부드럽게 상기시켜 줍니다. 여러분은 기술을 가르치고 있고, 학습 이론에 따르면 새로운 기술을 배우려면 최소 4번은 검토해야 함을 명심합니다.

◆ 성찰

내담자에게 무엇이 훈련을 방해했는지 물어보세요. 기술을 시도하는 것을 어떻게 느끼는지 알아봅니다. 내담자들의 거부를 탐구합니다. 그들의 두려움이나 우려를 다루어 줍니다. 기술의 이점들을 상기시킵니다. 그들이 언제 훈련을 했는지, 그리고 자신도 모르게 마음챙김을 하고 있었음을 확인하도록 도와주세요. 부모의 참여를 파악합니다.

도구 5-6　　흔한 장애물 인식하기

◆ 배경

새로운 기술을 배울 때와 마찬가지로 내담자들은 저항을 경험하고 훈련을 방해하는 장애물을 만날 수 있으나 괜찮습니다. 이 도구는 이러한 일이 발생할 때를 대비하고 인식할 수 있도록 도와줍니다.

◆ 기술 쌓기

흔한 장애물 중 일부는 다음과 같습니다.

- "잊어버렸어요."
- "시간이 없었어요."
- "너무 힘들어요."
- "집중을 할 수 없고, 왜 불편해질까요?"
- "제대로 하는 방법을 모르겠어요."
- "이 방법은 나에게 효과가 없어요."
- "잠들어 버렸어요."

- "마음챙김은 경건한 사람들을 위한 것입니다."
- "이것을 하는 것이 어리석게 느껴져요."
- "지루해요."
- "나에게 어떻게 도움이 될지 모르겠어요."
- "부모님이 내가 이것을 하는 것을 원하지 않으세요."
- "부모님은 너무 바빠서 나를 도와줄 수 없어요."

◆ 성찰

내담자들의 훈련을 방해하는 많은 장애물에 관하여 들을 준비가 되어 있어야 합니다. 예를 들어, "강아지가 내 과제물을 먹었어요."라는 변명 같은 것입니다. 다음 단계는 내담자 및/또는 부모와 이러한 이유들을 처리하여 해결하는 데 도움을 주는 것입니다. 각각의 이유를 어떻게 해결할 것인지에 대한 방법은 〈도구 5-7〉을 참조하십시오. 내담자들이 수행했던 활동에 대해 격려하고 비판하거나 판단하지 않습니다.

내담자의 거부 해결하기

🔵 배경

많은 내담자가 마음챙김 훈련을 수행하는 데 어려움을 겪을 것입니다. 특히 청소년과 부모의 참여가 없는 아동에게서 그렇습니다. 괜찮습니다. 이 도구는 몇 가지 흔한 어려운 문제를 해결하는 방법에 대한 지침을 제공합니다.

🔵 기술 쌓기

① "시간이 없어요. 일정이 꽉 짜여 있어요." 일정이 너무 꽉 차 있을 때 성찰 훈련을 하는 것은 매우 어려울 수 있습니다. 하지만 바삐 움직이면서 발생하게 되는 스트레스는 마음챙김 기술을 사용하여 줄일 수 있습니다. 요즘 아동과 청소년은 지나치게 바쁩니다. 내담자들이 방과 후 활동, 교회 활동, 가족 약속 및 스포츠에 참여하는 것은 드문 일이 아닙니다. 처음에 청소년은 마음챙김이 시간 낭비이고, 그 시간을 숙제하는 데 사용해야 한다고 느낄 것입니다. 그러므로 양치질을 하거나, 샤워를 하거나, 운전을 하는 동안 마음챙김을 훈련하면 전혀 시간이 걸리지 않는다는 점을 상기시킵니다. 마음챙김을 하기 위한 약간의 전념과 그것을 하도록 상기시켜 주는 어떤 것이 필요합니다. 그렇습니다. 앉아서 하는 명상은 몇 분에서 15분 또는 20분 정도의 시간이 걸립니다. 내담자가 기꺼이 시간을 낼 수 있도록 내담자 또는 그들의 부모에게 어떤 이점이 있는지 잘 이해하도록 돕습니다. 이 단계에 부모를 참여시키면 부모가 훈련에 우선순위를 부여하여 자녀가 마음챙김할 시간을 정하는 데 도움을 줄 수 있습니다.

② "잊어버렸어요." 많은 아동과 청소년이 그들의 일상에 마음챙김 기술을 빠르게 통합하겠지만 바쁜 생활이 지속되면 마음챙김 훈련을 잊어버리는 것은 드문 일이 아닙니다. 마음챙김의 이점을 검토하고 내담자들(및 부모)이 훈련에 전념하도록 돕습니다. 그들 스스로 마음챙김을 상기시키는 방법을 찾도록 도와주세요. 아마도 욕실 거울이나, 배낭이나, 연령이 높은 청소년이라면 운전대에 메모를 붙일 수 있습니다. 정기적으로 시간을 정해 스마트폰에 입력해 두어 알람이 울리도록 도와줍니다.

③ "집중을 할 수 없고, 왜 지루해질까요?" 생각이 방황하는 것은 지극히 정상적인 것이라고 설명합니다. 목표는 그러한 생각을 알아차리고, 흘려보내고, 마음챙김 훈련에 다시 주의를 기울이도록 하는 것입니다. 여러 번 반복합니다. ADHD를 겪고 있거나 불안이 있는 내담자에게 이 훈련이 특히 어려울 수 있습니다. 훈련을 하면 수월해지지만 숙련된 마음챙김 전문가일지라도 여전히 이 훈련을 해야 한다고 안심시키세요.

④ "제대로 하는 방법을 몰라서 도움이 되지 않아요." 내담자들이 어떻게 훈련하고 있는지 그리고 왜 제대로 하고 있지 않다고 생각하는지 이야기를 나누어 봅니다. 마음챙김을 수행하는 '올바른' 방법은 없다고 설명합니다. 그들이 가장 잘할 수 있고 수행하는 데 자신감을 느낄 수 있는 방법을 찾도록 돕습니다.

⑤ "이것은 나에게 도움이 되지 않아요." 연령이 높은 아동과 청소년은 종종 "이전에 이것을 해 봤는데 저에게는 효과가 없었어요."라고 말합니다. 이 경우에 그들이 전에 무엇을 시도했고, 그때 무슨 일이 일어났는지 물어볼 수 있는 기회가 됩니다. 마음챙김을 실천하는 방법은 매우 다양하기 때문에 어떤 방법들은 각 내담자에게 맞지 않을 가능성이 매우 높습니다. 많은 내담자가 들어 봤던 유일한 마음챙김 기법은 정식 좌식 명상입니다. 20분 동안 아무 생각도 하지 않고 가만히 앉아 있으려고 시도했지만 그것이 참기 어렵다는 것을 알게 되었을 수 있습니다. 특히 지나치게 활동적이거나 집중하는 데 문제가 있는 내담자들의 경우에 그렇습니다. 괜찮습니다. 다른 방법에 대해 설명하고 내담자에게 적합한 방법을 찾으세요. 쉬운 것부터 시작하는 것으로 진행하세요. 훈련을 하면 방황하는 생각들은 다시 집중됩니다.

⑥ "잠이 들었어요." 일부 아동과 청소년은 명상을 하다가 잠에 빠져 들곤 합니다. 많은 사람이 지쳐 있고, 잠이 부족하고, 공허한 질주를 하고 있으므로 몇 분 동안 조용히 앉아 긴장을 풀기 시작하면 잠이 드는 것은 놀라운 일이 아닙니다. 여러 가지 방법을 적용해 볼 수 있습니다.

첫째, 왜 그렇게 피곤한지를 찾아보고 피로를 줄이는 방법을 발견하도록 도와주세요. 수면 방식을 개선하는 것부터 낮잠을 자도록 권하는 것까지 모든 것이 포함될 수 있습니다. 청소년들은 과제를 하기 위해 너무 늦게까지 깨어 있는 경향이 있습니다. 연구에 따르면, 9시간 15분의 수면 시간이 필요합니다. 하지만 청소년이 그렇게 잠을 자는 경우는 드뭅니다. 수면은 ADHD, 수면, 우울증 및 불안에 의해 부정적인 영향을 받을 수 있으며, 그 반대의 경우도 마찬가지입니다. 특정 내담자가 어떤 상황에 있는지 살펴보십시오.

둘째, 잠들어도 괜찮다고 말해 줍니다. 그들이 많이 피곤하다면 아마도 잠이 가장 우선적으로 필요할 것입니다. 일부 내담자들에게 이 방법이 부담을 줄여 주고, 수면 부족이 해결되면서 점차 깨어 있을 수 있게 됩니다.

셋째, 명상하는 동안에 깨어 있기로 결심하도록 도와주세요. 그들이 이것을 우선순위로 삼도록 돕습니다. 잠들지 않도록 좌선 명상 대신에 걷기나 움직임 명상을 할 수 있습니다. 무릎을 꿇거나 등받이가 없는 의자에 앉는 것과 같이 잠들기 어려운 자세를 취할 수도 있습니다. 너무 피곤하지 않을 때를 명상할 시간으로 선택할 수도 있습니다.

⑦ "경건한 사람이나 성인군자를 위한 것이잖아요." 마음챙김 명상이 동양의 전통과 불교에 뿌리를 두고 있는 것은 사실입니다. 그러나 Jon Kabat-Zinn은 20년 넘게 마음챙김 기술과 훈련을 주류로 가져왔습니다. 여기서 가르치는 마음챙김 기술은 종교에 기반을 두지 않으며, 다른 종교가 있거나 종교가 없는 사람들이 참여합니다. 마음챙김 기술들이 종교적 맥락에서 사용될 수 있지만 우리가 내담자에게 접근하는 방식은 비종교적입니다. 이 시점에서 왜 경건한 사람들과 성인군자들이 마음챙김을 했는지, 그리고 그들이 얻었던 이점들을 내담자도 어떻게 얻을 수 있는지를 탐구하기에 좋은 시간이 될 것입니다.

⑧ "이 훈련을 하는 것이 당혹스러워요." 많은 아동과 청소년은 앉아서 눈을 감고 마음챙김 훈련을 하는 것에 남의 시선을 의식합니다. 어떤 면에서 창피하다고 느끼는지 파악해 보고 내담자들이 더 편안하게 할 수 있는 방법을 찾아보세요. 한 가지 방법은 회기 중에 내담자들과 함께 훈련하는 것입니다. 또 다른 방법은 내담자들이 당혹감이나 판단을 피하도록 개인 훈련 장소를 찾도록 돕는 것입니다. 때때로 여러분이 내

담자들을 쳐다보지 않을 것이라고 알려 주는 것도 도움이 됩니다.

⑨ "지루해요." 많은 내담자가 처음 명상을 할 때 지루함을 느낀다고 보고합니다. 괜찮습니다. 훈련을 덜 지루하게 할 수 있는 방법들을 탐색합니다. 다른 마음챙김 기술을 시도하거나 관심을 끌 만한 흥미로운 초점을 찾는 것이 포함됩니다. 훈련 시간을 줄입니다. 내담자들이 더 재미있다고 생각하는 마음챙김 기술들을 가르치세요. 또 시간을 줄이고 인내심이 늘어나는 것에 맞춰 시간을 점진적으로 늘려 나가면서 지루함을 참도록 돕는 것도 포함될 수 있습니다. 움직임이나 걷기 명상은 ADHD를 겪고 있거나 환자나 가만히 앉아 있는 것만으로도 지루하거나 불안해 하는 내담자에게 견디기 좋은 방법입니다.

⑩ "나에게 어떤 도움이 되는지 모르겠어요." 내담자의 연령에 맞는 언어를 사용하고, 이 내담자에게 적용되는 연구에서 입증된 이점들을 검토합니다. 마음챙김이 어떻게 작동하고, 그들의 상태에 어떻게 도움이 되는지 설명합니다. 이 과정을 신뢰하지 못하여 거절하기 전에 시도해 보도록 요청하세요. 그래도 하지 못한다면 마음챙김을 내담자의 삶에 통합할 시기가 아닐 수 있습니다. 모두가 각자의 삶의 여정을 가고 있습니다. 돕는 사람으로서 우리는 사람들에게 선택권만 줄 수 있습니다. 그들이 무엇을 할 것인지 결정하는 것은 그들에게 달려 있습니다. 대부분의 아동은 그것들을 할 때 기분이 좋기 때문에 이러한 훈련을 기꺼이 하려는 경향이 있습니다.

⑪ "이것을 하기를 좋아하지 않아요." 아동이 마음챙김 훈련을 좋아하지 않아도 괜찮습니다. 그들이 하고 있는 것을 변경하거나 다른 마음챙김 기술들을 가르칠 수 있는 방법을 탐색하기 위해 아동이 어떤 부분을 좋아하지 않는지 물어보세요. 연구에 따르면 연령이 낮은 청소년은 자신이 관찰한 생각과 감각이 걱정과 두려움과 관련이 있는 경우 그것들을 알아차림으로써 불안이 증가한다고 느낄 수 있기 때문에 자신의 인식을 내면으로 돌리는 것에 매우 불안할 수 있다는 것을 염두에 둡니다(Kabat-Zinn, 1990). 과거력이 있거나 외상 또는 외상후 스트레스장애(PTSD)가 있는 내담자들은 처음에는 훈련이 불편할 수 있습니다. 좀 더 외부로 초점을 맞추는 기술이 그들에게 도움이 될 수 있습니다. 적절한 환경에 있다면 그들의 두려움과 걱정을 탐색하기에 좋은 시간이 될 수 있습니다.

⑫ "멋지지 않아요." 청소년과 활동을 한다면 그들이 이상하다고 생각하거나 또래들이 비판할 일들을 시도하는 것을 꺼린다는 점을 확실히 경험했을 것입니다. 여러분은 그들이 여러분이 가르치는 기술에 참여하지 않고 눈동자를 굴리며 교실을 둘러보고 있음을 알 수 있습니다. 괜찮습니다. 환경이 적절하면 이러한 기술을 수행하는 것이 어떤지, 왜 어려워 보이는지 물어볼 수 있습니다. 집단에서 일부 청소년은 기꺼이 참여할 것이고 이것이 좀 더 주저하는 청소년들이 참여할 수 있도록 여지를 주는 것 같습니다.

⑬ "배고파요(하지만 모를 수도 있어요)." 아동과 청소년은 뱃속에서 꼬르륵 소리가 날 때 집중하고 마음을 가라앉히기가 어렵습니다. 마지막으로 음식을 먹은 시간과 무엇을 먹었는지 물어보세요. 많은 아동과 청소년이 건강에 좋은 음식을 먹지 않거나 규칙적으로 충분히 먹지 않습니다. 청소년이 훈련을 하기 전에 간식을 먹도록 격려합니다. 자녀가 간식을 먹었는지 부모가 확인하도록 격려합니다. 필요한 경우, 회기의

일부로서 훈련하기 전에 또는 먹기 마음챙김 훈련으로 소량의 건강한 간식을 제공할 계획을 세웁니다.

⑭ "부모의 지원이 부족합니다." 많은 내담자가 부모의 지원 없이 마음챙김 기술을 배웠습니다. 그러나 부모가 마음챙김을 상기시키고 훈련하도록 격려하는 내담자들은 훈련을 할 가능성이 더 높습니다. 〈도구 2-1〉 및 〈도구 5-14〉를 참조하세요.

● 성찰

겉으로 드러나거나 내담자가 표현한 거부들을 살펴보고 내담자들이 그것들을 극복할 수 있도록 도와줍니다. 이것을 파악하기 위해 많은 질문을 할 준비가 되어 있어야 합니다. 훈련에 전념하기 위하여 선택할 수 있는 것에 대해 토론합니다. 새로운 기술을 하도록 할 때 이의 제기를 어떻게 극복하고 기술을 훈련할 것인지 탐색합니다.

도구 5-8　거부에 대한 일지 쓰기 및 이를 극복하기

◆ 배경

새로운 마음챙김 기술을 학습한 경험에 대한 일지 쓰기는 내담자들의 거부를 해결하고 과정(그 자체가 마음챙김 훈련임)에 대한 인식을 높이는 데 도움이 됩니다. 이 도구는 이러한 자기인식 과정을 통해 내담자를 안내하는 질문을 제공합니다.

◆ 기술 쌓기

아동과 청소년이 마음챙김을 훈련하는 데 방해가 되는 것들에 대해 글을 쓰거나 그림을 그리는 것을 안내하는 데 〈유인물 5-8〉을 사용하십시오. 주제에 대하여 글을 쓰거나, 그림을 그리거나, 구두로 대답하도록 요청하세요. 거부의 정의를 설명하고 몇 가지 흔한 예시를 제시하세요. 이 도구는 아동과 청소년에게 마음챙김 기술을 가르치기 시작할 때와 새로운 기술을 안내한 후에 사용할 수 있습니다.

◆ 성찰

내담자와 함께 일지 내용을 검토합니다. 질문에 답을 하면서 내담자들은 스스로에 대해 무엇을 배웠나요? 마음챙김에 무엇이 방해가 되었나요? 여전히 어떤 거부들이 있나요? 그들은 이러한 거부를 어떻게 극복하고 있습니까?

거부에 대한 일지 쓰기 및 이를 극복하기

 일지 주제

- 이 마음챙김 훈련을 하는 데 어떤 거부를 가지고 있습니까(또는 있었습니까)?
- 이러한 거부가 ADHD, 불안, 우울증, 외상 또는 이전의 훈련 경험 같은 어떤 것과 관련이 있습니까?
- 거부를 다루고 극복하기 위해 무엇을 하고 있습니까?
- 그것을 극복할 수 있다고 생각하나요?
- 자신의 거부에도 불구하고 마음챙김을 수행할 수 있습니까?
- 마음챙김 훈련을 방해하는 것 중에 '눈에 띄는 것' 거부가 있습니까?
- 일상생활에서 이러한 거부를 알아차린 적이 있나요?
- 마음챙김 훈련을 통해서 기대하는 세 가지 이점을 나열해 보세요.

그림 주제

- 마음챙김을 하는 데 어려움이 있는 내담자 자신을 그려 봅니다.
- 쉽게 마음챙김을 하는 내담자 자신을 그려 봅니다.
- 마음챙김을 하는 데 방해가 되는 것들을 그려 봅니다.

도구 5-9 내담자가 생각하는 마음챙김 알아보기

◆ 배경

어느 내담자에게나 마음챙김을 소개할 때 그들이 마음챙김을 어떻게 생각하고 있는지, 그리고 그것에 대해 이미 알고 있는 것이 어떤 것인지 이해하는 것이 중요합니다. 이 과정은 여러분이 내담자에게 마음챙김 기술을 어디서부터 가르쳐야 하는지 알도록 도와줍니다. 이 도구는 과정과 알아야 할 어려움에 대해 설명을 제공합니다.

◆ 기술 쌓기

내담자들에게 마음챙김을 소개할 때 먼저 마음챙김이 무엇이라고 알고 있는지 물어보세요. 그들이 전에 마음챙김을 실천한 적이 있는지, 있다면 정확히 무엇을 했는지 물어보세요. 그들이 전에 했던 것들과 여러분이 그들에게 가르치려는 마음챙김 기술과 어떻게 비교할지 살펴봅니다. 그들이 이전에 그것을 해 봤는데 그들에게 효과가 없었다고 하거나 이미 그것에 대해 알고 있다고 말할 때 조심하세요. 그들이 했던 것들과 그것이 왜 효과가 있었는지 또는 효과가 없었는지 더 자세히 알아봅니다. 이것을 통하여 그들이 시도했던 것이 여러분이 가르치고 있는 기술과 얼마나 차이가 있는지 파악하는 데 도움이 될 것입니다. 또한 특정 내담자에게 가장 적합한 것이 무엇인지, 내담자의 거부가 어떤 것인지, 어디서부터 시작해야 하는지에 대한 자세한 정보를 알려 줄 것입니다.

8세 소년은 화를 진정시키는 호흡법을 알고 있었지만 한 번도 효과가 없다고 말했습니다. 그에게 어떻게 했는지 보여 달라고 했을 때, 소년은 진정시키는 대신에 사실상 활성화되는 크고 빠른 호흡을 들이쉬었습니다. 그가 알고 있는 것을 보여 달라고 요청함으로써 소년의 호흡법을 개선하도록 돕는 것부터 시작해야 할 필요가 있다는 것을 알았습니다.

◆ 성찰

내담자들에게 이전에 어떤 마음챙김 기술을 훈련했고, 그것에 대해 어떻게 느꼈는지 물어봅니다. 이러한 기술이 도움이 되었나요? 이 도구에서 얻은 정보를 사용하여 내담자가 시작해야 하는 지점과 내담자가 가지고 있을 수 있는 거부들은 무엇인지 알 수 있습니다.

도구 5-10 　내담자가 이미 하고 있는 마음챙김 알려 주기

◆ 배경

　　대부분의 아동과 청소년은 깨닫든 깨닫지 못하든 하루 중 어느 정도는 이미 마음챙김을 하고 있습니다. 그들이 마음챙김을 하는 시간을 알아차리고 식별하도록 돕는 것은 그들이 이 과정을 받아들이고 자기알아차림을 높이는 데 도움이 됩니다. 또한 마음챙김을 통합하는 과정에서 자신이 어디에 있는지에 대한 더 많은 정보를 제공합니다. 이 도구는 내담자들이 언제 주의를 기울이고 있는지 식별하는 데 도움이 되는 방법을 제공합니다.

◆ 기술 쌓기

　　제3장의 도구를 사용하여 아동과 청소년에게 마음챙김이 무엇인지 설명합니다. 마음챙김은 그들이 하고 있는 것이나 또는 특히 어떤 것에 주의를 기울이면서 온전히 그 상태에 있는 것(현존)이라고 알려 주세요.

　　내담자들에게 그들의 하루에 대해 생각하고 언제 마음챙김을 하였는지 확인하도록 요청합니다. 그들은 무엇에 주의를 기울였습니까? 그들이 마음챙김을 했던 것 같은 시간에 대해 몇 가지 안내를 합니다. 친구와 이야기할 때 그들의 마음이 온전히 그 상황에 있으면서 주의를 기울였습니까? 넘어지거나 무언가를 흘렸을 때 마음챙김이 늘어났습니까? 그들이 음식을 맛볼 때 마음챙김이 있었나요? 오늘 옷을 고를 때 어떤 생각을 했나요? 그들이 샤워를 할 때, 자전거나 자동차를 타고 학교나 직장에 갈 때, 갓 깎은 풀 냄새를 맡을 때, 라디오에서 좋아하는 노래를 들을 때, 전화를 받을 때, 문자 메시지를 볼 때, 좋아하는 비디오 게임을 할 때, TV를 볼 때 또는 애완동물과 함께 놀 때 마음챙김을 하였나요? 마음챙김을 했던 특정한 시간이 생각나지 않는다면 그들에게 오늘 무엇을 했는지 물어보고 함께 검토해 보세요. 그들이 마음챙김 하였다고 생각하는 시간을 최소 한 번은 찾도록 도와주세요. 이 훈련을 하는 지금 이 순간도 마음챙김을 하고 있는 것이라고 알려 주세요.

◆ 성찰

　　모든 사람은 때때로 마음챙김을 합니다. 마음챙김이 어떤 상태인지 설명하고, 내담자가 마음챙김을 하고 있었던 시간을 발견하도록 도와주세요. 그들이 마음챙김을 이해하도록 돕고, 어떤 이유로 마음챙김을 하였는지 이야기를 나누어 보세요. 마음챙김이 왜 도움이 되고 중요한지 논의합니다.

🔹 배경

항상 그렇듯이 타인을 돕는 직업은 내담자가 있는 곳에서 시작해야 합니다. 〈도구 5-9〉를 사용하여 내담자가 어떤 상태에 있는지 확인합니다. 이 도구는 어떤 마음챙김 기술을 소개할지 결정하기 위하여 〈도구 5-9〉에서 얻은 정보를 사용합니다. 아동과 청소년에게 너무 어려운 마음챙김 기술을 소개함으로써 그들이 그것에 압도당하지 않도록 조심하세요.

🔹 기술 쌓기

아동과 청소년을 위한 마음챙김 기술을 선택할 때는 연령, 발달 및 인지 수준을 고려해야 합니다. 내담자에게 가장 도움이 될 수 있는 특정 기술을 선택할 때 내담자가 겪고 있는 문제, 예를 들면 ADHD, 불안, 우울증 등을 고려합니다(〈도구 5-12〉 참조). 내담자가 마음챙김에 대해 이미 알고 있다고 확인한 것이 무엇이든 간에 그들이 알고 있는 것을 검토하고, 정확한지 확인하는 것이 도움이 됩니다(〈도구 5-9〉 참조). 그 후에 처음으로 가르칠 마음챙김 기술을 정합니다. 호흡과 호흡에 대한 자각은 마음챙김의 필수 요소이므로 보통은 이 기술로 시작하는 것이 좋습니다. 연령이 낮은 아동이나 마음챙김 초보자가 15분 또는 20분간의 좌선 명상을 바로 시작할 것이라고 기대하지 마세요. 특히 ADHD나 불안이 있는 사람들처럼 가만히 앉아 있는 데 문제가 있는 경우에는 더욱 그렇습니다. 어떤 사람에게는 30초부터 시작하는 것이 좋습니다.

그들에게 마음챙김 경험이 어떤 내용들로 구성되어 있든지 간에 모든 아동과 청소년은 호흡 마음챙김(제6장 참조)을 배움으로써 도움을 받을 수 있습니다. 이 기술들은 난이도가 점차 높아지는 순서로 소개되므로 처음부터 시작하여 전체 모두를 진행합니다. 호흡 알아차리기(인식) 기술은 아동과 청소년에게 위협적이지 않으므로 쉽게 배울 수 있습니다. 기본 이완 호흡 방법(〈도구 6-4〉 참조)은 마음챙김 기술 전반에 걸쳐 포함되어 있습니다. 기본 호흡 마음챙김을 충분히 익히면, 핵심 훈련(〈도구 6-8〉 참조)은 짧은 침묵 시간으로 마무리하고 내담자가 훈련을 통해 더 많은 기술을 습득함에 따라 점차 침묵 시간을 늘리는 데 사용될 수 있습니다. 그들의 이전 경험과 여러분이 그들에 대해 알고 있는 그 외의 사항들에 따라 주변 환경과 함께하는 마음챙김(〈도구 7-1〉~〈도구 7-4〉 참조)으로 시작할 수 있습니다. 이것은 하기 쉽고, 몇 분밖에 걸리지 않으며, 어디서나 할 수 있고, 매우 편안하게 마음챙김을 설명하며, 대부분의 내담자에게 위협적이지 않습니다. 기술 선택에 대한 자세한 지침은 〈도구 5-12〉를 참조하세요.

마음챙김 학습은 재미있어야 한다는 것을 기억하세요. 아동들의 할 일은 놀이입니다. 이 책에는 아동과 청소년 모두에게 재미있는 수십 가지의 마음챙김 기술이 소개되어 있습니다. 그것들을 조합하여 몇 가지 게임과 활동을 합니다. 모두 마음챙김을 가르치는 것입니다.

핵심 훈련(〈도구 6-8〉 참조)을 소개하고 그것을 대부분의 회기에서 반복 훈련의 기본으로 사용합니다. 아주 짧은 훈련으로 시작하여 내담자가 더 잘하게 되면 훈련 시간을 늘립니다.

청소년에게는 심화 좌식 명상(advanced sitting meditation)을 포함하여 이 책의 모든 기술을 활용할 수 있습니다. 경험이 더 많은 청소년인 경우에는 기본 기술을 검토해 보고 생각이나 감정에 대한 마음챙김(제14장 및 제15장 참조)으로 시작할 수 있습니다. 연령이 낮은 청소년은 생각과 감정에 집중할 때 자주 불안이 증가하는 느낌을 받는다는 것을 기억하세요.

🔵 성찰

내담자가 도움을 필요로 하는 것, 연령, 발달 및 인지 수준, 마음챙김에 대한 경험 수준 등 가능한 한 많은 정보를 수집합니다. 파악한 정보들을 사용하여 어떤 마음챙김 기술부터 시작할지 결정합니다. 호흡에 대한 마음챙김(제6장), 현재 지금 이 순간 알아차리기(제7장), 듣기 마음챙김(제8장) 등에 포함된 다양한 기술을 순서대로 진행하는 것이 좋습니다. 진행은 내담자의 필요와 경험에 따라 달라질 것입니다. 이 책에서 제공되는 재미있는 활동과 게임들을 조합해 보세요.

| 도구 5-12 | **내담자에게 가장 좋은 마음챙김 도구 선택하기** |

🔵 배경

내담자는 자신에게 가장 적합한 마음챙김 기술을 잘 받아들입니다. 어떤 사람들은 안내 명상을 선호할 것이고, 다른 사람들은 스스로 좌식 명상을 하는 데 성공할 것입니다. 어떤 사람들은 하루 내내 마음챙김을 결합할 것이고, 다른 사람들은 좀 더 공식적인 좌식 훈련을 선호할 수 있습니다. 어떤 사람들은 가만히 앉아 있는 것을 좋아할 것이고, 다른 사람들은 걷기나 움직임 명상을 선호할 것입니다. 이 도구는 내담자들이 자신이 즐기고 가장 많은 혜택을 받는 마음챙김 기술을 선택하도록 돕는 방법을 제공합니다.

🔵 기술 쌓기

이 도구의 첫 번째 단계는 내담자를 파악하는 것입니다. 마음챙김에 대한 이전의 경험, 훈련을 통해 얻을 수 있는 이점 및 현재 겪고 있는 문제에 대해 알아봅니다. 예를 들어, 내담자가 ADHD와 관련된 집중력 저하 및 과잉행동 증상을 보인다면 더 짧은 명상과 움직임을 포함하는 명상으로 시작하세요. 1~2분 이상 가만히 앉아 있으라고 요구하는 활동으로 시작하면 가만히 앉아 있는 것이 어려운 일인 ADHD를 겪고 있는 내담자들은 안 하려고 할 것입니다. 그렇게 되면 마음챙김 훈련 전체를 거부할 수 있습니다. 30초의 침묵 시간으로 시작하여 숙달이 되면 5분 또는 10분 동안 앉아 있을 수 있는 시점까지 점차적으로 시간을 30초씩 늘립니다. 기본 이완 호흡 방법(<도구 6-4> 참조)과 움직임 마음챙김(제13장), 접촉 마음챙김(제12장), 보기 마음챙김(제9장), 듣기 마음챙김(제8장) 또는 일 마음챙김(제18장) 훈련이 대부분의 연령이 낮은 아동이나 ADHD를 겪고 있는 아동과 청소년에게 가장 적합합니다.

내담자가 매우 불안해 한다면, 내적 성찰의 시간이 긴 명상은 초반에는 불안을 유발할 수 있습니다. 현재 지금 이 순간 알아차리기(제7장) 및 일 마음챙김(제18장)과 같은 보다 활동적인 마음챙김 기술뿐만 아니라 신체를 진정시키는 방법을 배우는 데 도움이 되는 호흡 기술을 가르치세요. 그들이 편안해지면 간단한 신체 마음챙김(제16장)과 점차적으로 생각 마음챙김(제14장)과 감정 마음챙김(제15장) 기술을 추가합니다. 좀 더 활동적인 기술과 게임에서 필요로 하는 것은 제8~14장에서 제공합니다.

기술을 훈련하는 내담자를 관찰해 봅니다. 이에 더하여 각 마음챙김 기술을 수행할 때 내담자의 경험이 어떤 것인지에 관하여 개방적인 대화를 유지함으로써 기술 선택에 수정이 필요하거나 현재 선택한 기술을 미세하게 조정하는 데 필요한 정보를 얻을 수 있습니다. 어떤 이유에서든 내담자가 특정한 마음챙김 기술을 좋아하지 않는다고 포기하지 마세요. 왜 그들이 그것을 좋아하지 않는지 물어보고, 그들에게 도움이 되는 방식으로 그것을 하고 있는지, 변경하였는지, 다른 기술을 선택하였는지 확인합니다. 아동은 놀이를 좋아하므로 재미있게 해야 함을 기억하세요.

성찰

내담자와 그들의 필요에 대해 가능한 한 많이 배우세요. 도움이 될 것으로 생각되는 마음챙김 기술을 선택하고 검토합니다. 그들에게 다양한 마음챙김 기술을 가르치고, 기술들이 내담자에게 어떤 영향을 주는지 관찰합니다. 유연하게 선택한 내용들을 수정하고, 필요에 따라 적절한 기술을 추가할 준비를 합니다.

🔵 배경

　청소년과 함께 해 보면 그들의 참여가 매우 선택적임을 알게 됩니다. 청소년은 일반적으로 왜 마음챙김을 자신의 일상생활에서 결합해야 하는지에 관한 더 많은 설명을 필요로 합니다. 이 도구를 사용하면 모든 청소년이 알고 싶어 하는 "저에게 도움이 되는 내용이 무엇인가요?"에 대한 답을 얻을 수 있습니다.

🔵 기술 쌓기

　청소년은 자신의 삶과 관련된 것에 대해 더 많은 설명을 필요로 합니다. 그들에게는 눈을 감고 가만히 앉아 있는 것과 일상생활 사이의 연관성을 알아차리는 것이 어려울 것입니다. 따라서 그들의 삶과 관련된 구체적인 방법을 보여 줌으로써 그들이 마음챙김 기술을 배우는 것을 '구매'하도록 도와야 할 수도 있습니다. 마음챙김의 이점을 도움이 필요한 것과 연관시키세요. 그들의 생활에서 얻는 예시를 사용합니다. 매일 일상에서 마음챙김이 늘어나면 그들이 언제 지쳐서 쉬어야 하는지 깨닫는 데 도움이 될 것이라고 설명합니다. 주의를 기울이면 화장실에 가야 한다는 사실을 깨닫는 데 도움이 될 수도 있습니다. 교사가 방금 말한 내용, 방금 먹은 것 또는 숙제가 무엇인지 전혀 모른다는 사실을 깨달은 적이 있는지 질문합니다.

　그들에게 집중하는 데 문제가 있었는지 물어보고, 있다면 마음챙김이 어떻게 집중력을 높이는 것으로 나타났는지, 그리고 그것이 어떻게 더 나은 성적을 얻어 좋은 대학에 들어가는 데 도움이 될 수 있는지에 대해 토론하세요. 관계 마음챙김이 청소년에게 여자친구 또는 남자친구와 더 나은 관계를 만드는 데 어떻게 도움이 될 수 있는지 알아보세요. 마음챙김이 어떻게 그들이 행복하고, 더 자신감 있고, 덜 불안하게 느끼는 데 도움이 되는지 토론하세요. 그들의 스트레스 요인과 스트레스 수준을 탐색하고 마음챙김이 스트레스 반응을 낮추는 것도 설명합니다. 마음챙김을 훈련해야 하는 이유를 알아보기 위해 좋아하는 가수나 스포츠 팀을 물어볼 수 있습니다. 그런 다음에 그 가수 또는 팀이 위대해진 것에 대하여 어떻게 생각하는지 알아보세요. 그들이 참여하는 스포츠와 활동에 대해 토론합니다. 그들이 무용이나 음악 수업을 듣는다면 어떻게 배우고 더 기술을 습득할 수 있는지 살펴봅니다. 마음챙김은 훈련을 통해 더 쉬워지고 자동적으로 될 것이라고 설명합니다.

🔵 성찰

　청소년에게 마음챙김이 구체적으로 어떻게 도움이 될 것이라고 생각하는지 물어봅니다. 그들이 마음챙김을 어떻게 일상생활에 결합할 수 있는지 찾아보고 이해할 수 있도록 도와주세요. 방을 둘러보며 그들이 참여하고 있는지 또는 무관심하게 있는지를 확인하기 위해 기술을 수행하는 동안의 신체 언어를 관찰해 봅니다. 그들이 참여하지 않고 있다면 마음챙김 훈련을 하기 위해 어떤 도움이 필요할 것인지 물어보세요. 수용하되 판단하지 마십시오. 청소년은 종종 비판받는다고 느낍니다. 그들이 훈련을 하도록 격려하고 마음챙김을 하고 있을 때 반드시 칭찬해 주세요.

도구 5-14 부모의 지원 받기

◆ 배경

〈도구 2-1〉에 설명되어 있듯이, 부모의 지원은 아동이나 청소년이 좀 더 성공적으로 마음챙김 훈련을 하는 데 도움이 됩니다. 따라서 이 도구는 부모가 그 생각에 '동의'하는 데 도움이 되는 선택지(옵션)들을 탐색합니다.

◆ 기술 쌓기

부모가 기꺼이 참여할 수 있도록 돕기 위해 여러분이 아동과 청소년 자녀에게 왜 마음챙김을 가르치기를 원하는지 이해하도록 도와주세요. 부모와 함께 자녀의 문제와 관련이 있는 마음챙김 연구를 검토합니다. 부모의 참여로 아동과 청소년 자녀가 마음챙김을 더 성공적으로 배우고 훈련하게 될 것이라고 설명하고, 기꺼이 지원해 줄 의향이 있는지 물어봅니다. 아동과 청소년 자녀가 훈련하도록 격려하기 위해 부모가 할 수 있는 일을 탐색해 봅니다. 〈도구 5-7〉을 사용하여 아동과 청소년 자녀의 훈련을 지원하는 데 나타나는 장애물과 저항을 극복하도록 돕습니다. 마음챙김에 대해 가질 수 있는 부정적인 선입견을 다루어 줍니다. 마음챙김이 그들의 종교적 신념에 어긋날 수 있는 우려가 있는지를 탐색하고 해결해 줍니다. 자녀에게 마음챙김을 가르치는 것이 부모의 종교적 또는 기타 신념 체계와 충돌하지 않는다는 것을 분명히 하기 위해 부모의 구체적인 동의를 얻는 적절한 윤리적 관행을 준수합니다.

부모의 참여를 돕는 더 많은 방법은 〈도구 2-1〉을 참조하세요.

◆ 성찰

부모가 참여할 수 있고, 참여할 의향이 있습니까? 그들이 참여하기로 동의했나요? 그들이 기꺼이 하려는 것은 어떤 것인가요? 부모의 행동이 아동과 청소년 자녀의 훈련을 지지하고 있음을 입증하고 있나요? 부모는 자녀의 마음챙김 훈련이 이점이 있다는 것을 이해하고 있나요? 아동과 청소년 자녀의 훈련을 약화시키고 있나요? 부모 스스로 훈련을 하고 있나요?

도구 5-15   내담자의 상태와 이점을 연결하기

◆ 배경

연령이 낮은 아동은 재미있는 활동, 게임 및 짧은 명상을 제시할 때 대개는 기꺼이 마음챙김 기술을 해 보려고 합니다. 아동에게 마음챙김의 이점에 관한 많은 설명이 필요하지 않을 수 있지만 마음챙김에 대해 좋아하는 점이나 그것이 어떤 느낌을 주는지 이야기 나눌 수 있습니다. 연령이 높은 아동과 청소년은 보통 마음챙김을 배우고 훈련을 해야 하는 이유에 대해 더욱 궁금해 합니다. 그리고 부모는 종종 마음챙김 기술과 아동과 청소년 자녀의 증상을 연결시키는 데 도움이 필요합니다.

◆ 기술 쌓기

내담자와 내담자가 제시하는 문제/상황에 대해 가능한 한 많이 파악합니다. 연령이 낮은 아동은 탐구를 이해하지 못할 것입니다. 따라서 연령이 낮은 아동에게는 몇 가지 기본 기술을 가르치고, 기술 훈련 전후에 어떻게 느끼는지 알 수 있도록 도와주세요. 연령이 높은 아동과 청소년은 마음챙김을 훈련해야 하는 이유를 알 필요가 있습니다. 성숙도와 인지 수준에 맞게 마음챙김 훈련이 어떻게 그들의 상태를 개선할 수 있는지 설명하고, 그들과 같은 상태에서 효과가 있었던 특정 연구에 대해 알려 줍니다. 연구에 대한 자세한 내용은 〈도구 3-21〉 및 〈도구 3-22〉를 참조하세요. 일반적으로 아동을 대상으로 하는 마음챙김 연구는 다음과 같은 증상에서 개선을 보여 줍니다.

- 정서 조절 증진
- 사회기술 증진
- 주의력 증진
- 작업기억과 계획 및 조직력 증진
- 자존감 증진
- 안정, 이완 및 자기수용 증진
- 수면의 질 증진
- 시험 불안 감소
- ADHD 행동 감소(과잉행동과 충동성 감소)
- 부정적인 정서 및 감정 감소
- 불안, 우울 감소
- 행동 문제 및 분노 조절 문제 감소

여러분이 아동과 청소년과 훈련을 하면서 많은 사례가 축적되어 있다면 그것들을 지금의 내담자와 공유할 수 있습니다(물론 개인정보 보호를 유지하도록 함). 내담자에게 적절하다면 마음챙김이 어떻게 도움이 되었는지 여러분의 개인적인 이야기를 나눌 수도 있습니다. 여러분 자신도 훈련을 하고 있지요?

◆ 성찰

내담자에게 이점들을 설명하고, 왜 마음챙김 훈련이 도움이 되는지를 이해하였는지 확인합니다. 그들이 기대하는 이점들이 무엇인지 자신의 언어로 설명하도록 합니다. 그들이 궁금해 하는 질문에 대답해 주세요. 그들이 마음챙김 기술을 배울 때 마음챙김을 통해 얻는 이점이 무엇인지 지속적으로 질문해 주세요.

마음챙김이 내담자를 도울 수 있는 것에 대한 일지 쓰기

🔵 배경

내담자들은 마음챙김의 잠재적인 이점들이 자신의 개인적인 문제나 상황에 연결될 수 있다면 마음챙김 훈련을 시작하는 데 더 많이 참여하게 될 것입니다. 이 도구는 마음챙김이 내담자들에게 도움이 될 수 있는 것과 기대하는 이점에 대해 숙고하는 데 도움이 되는 일지 주제를 제공합니다.

🔵 기술 쌓기

내담자에게 〈유인물 5-16〉에 있는 일지 주제에 응답하도록 요청합니다. 그렇게 하면 마음챙김 훈련이 문제/상황들에 어떻게 도움이 되는지에 대해 배운 것을 명확하게 하는 데 도움이 될 것이라고 설명합니다. 또한 훈련하면서 내담자들이 얻고 싶어 하는 이점들을 특정화하는 데 도움을 줄 것입니다.

🔵 성찰

내담자와 함께 일지 내용을 검토합니다. 이 과정을 마음챙김의 이점에 대하여 토론을 하는 발판으로 활용하세요. 내담자의 특정 문제/상황과 이점들을 연관시켜 보세요. 연령이 높은 아동과 청소년에게 특정 상황에 도움이 되었는지 또는 단순히 웰빙을 증진하기 위해 마음챙김 훈련에 전념하는 것이 편안한 느낌이 드는지 물어보세요.

자신이 기대하는 마음챙김의 이점에 대한 일지 쓰기

일지 주제

- 연구에 따르면 마음챙김 훈련을 통해 어떤 이점을 얻을 수 있다고 알려 주었나요?
- '무엇이 여러분에게 도움이 되었는지' 목록을 적어 보세요.
- 이러한 이점들이 여러분이 겪고 있는 문제 또는 상황과 관련이 있나요?
- 연구에서 가장 놀라웠던 점은 무엇인가요?
- 개선하고 싶은 여러분의 개인적인 문제 또는 상황은 무엇인가요?
- 여러분에게 마음챙김 훈련이 어떻게 도움이 된다고 생각하나요?
- 이점에 대해 회의적인가요?
- 마음챙김 훈련이 도움이 될 것이라고 생각하나요?
- 여러분의 생활에 꾸준하게 마음챙김 훈련을 적용하고 기꺼이 그렇게 할 수 있나요?
- 마음챙김 훈련을 하는 데 어떠한 제한이 있나요?
- 마음챙김 훈련이 단 한 가지에 도움이 된다면 어떤 것을 원하나요?
- 마음챙김이 단순히 여러분의 웰빙을 증진한다면 마음챙김을 기꺼이 훈련하겠습니까?
- 마음챙김 훈련이 여러분에게 어떤 도움이 될 수 있는지 생각할 때 어떤 감정이 생기나요?

그림 주제

- 마음챙김을 하기 전과 한 후의 여러분 자신을 그려 보세요.
- 여러분이 _____라면 여러분의 삶에 관하여 그림을 그려 보세요(예: 더 행복한, 덜 걱정되는, 더 오래 앉아 있을 수 있는, 소리를 지르지 않는, 집중할 수 있는 등 특정 문제에 대하여 빈칸을 채움).
- 여러분이 원하는 것을 그려 보세요.

(* 목록에서 주제를 선택하고, 내담자의 연령과 인지 수준에 맞게 주제를 추가합니다.)

CONTENTS

제3부

특정한 마음챙김 기술을
가르치는 도구

제6장

호흡에 대한
마음챙김

도구 6-1 호흡을 하는 방법

🔷 배경

마음챙김을 통해서 주의집중을 하는 데 오랫동안 전승되어 온 기본 방법은 호흡 관찰입니다. 호흡에 대한 마음챙김은 기본이며, 마음챙김을 수련하는 데 이미 검증된 기법입니다. 왜 그럴까요? 누구나 호흡을 하고 살며, 마음만 먹으면 언제 어디서나 호흡에 집중할 수 있습니다. 물론 의식의 깊은 곳에서 호흡은 의식하지 않아도 자동으로 하게 되지만, 우리가 원한다면 의도적으로 호흡을 멈출 수도, 느리게 혹은 빠르게할 수도 있습니다. 이와 같은 도구들을 사용하면 호흡에 집중하는 것에 대한 개념을 아동과 청소년에게 흥미로운 방법으로 소개할 수 있습니다.

🔷 기술 쌓기

호흡과 관련된 정보와 내담자들과 함께 호흡에 대한 토론을 하기 위한 안내는 〈유인물 6-1〉을 활용하세요. 자료에 있는 질문을 하고 내담자들이 응답을 하면 그 답변을 중심으로 토론을 진행합니다. 즐겁고 재미있게 진행하면서 내담자들이 호흡에 대해서 생각해 보도록 돕습니다. 놀이처럼 즐겁고 다양하게 호흡할 수 있음을 알게 해 줍니다. 다양하게 호흡할 수 있음을 보여 주고, 내담자들이 각자 해 보도록 하고 난후에 함께 다시 해 봅니다.

🔷 성찰

내담자들의 생각이 어떠한지 알아보고 다양한 방법으로 호흡을 하는 것에 대한 안내는 〈유인물 6-1〉을 활용하세요. 호흡에 주의를 두었을 때 호흡에 어떤 변화가 있었는지 토론하도록 합니다. 배 속에 풍선을 부는 것처럼 했을 때 어떤 느낌이었는지 탐색하도록 합니다. 호흡에 주의를 두었을 때 호흡에 대해서 무엇을 알아차렸는지 질문합니다.

호흡을 하는 방법

여러분 가운데 어떻게 호흡을 하는지 아는 사람이 몇 명이나 될까요?

어떻게 배웠나요? 그것은 걷기를 배우는 것과 같을까요?

호흡에 대해서 생각해야만 하나요?

호흡을 멈출 수 있을까요?

호흡을 빨리 할 수 있을까요?

호흡을 느리게 할 수 있을까요?

세게 할 수 있을까요? 부드럽게 할 수 있을까요?

숨을 빨리 들이쉴 수 있을까요? 숨을 천천히 내쉴 수 있을까요?

코를 통해서 숨을 들이쉴 수 있을까요?

입을 통해서 숨을 들이쉴 수 있을까요?

입을 통해서 숨을 내쉴 수 있을까요?

풍선을 어떻게 불지요? 너무 세게 불면 어떤 일이 생기나요?

어떻게 하면 커다란 비눗방울을 만들 수 있나요?

어떻게 촛불을 끌 수 있나요?

꽃향기를 맡을 때 어떻게 하나요? 호흡을 빠르게 하나요, 혹은 느리게 하나요?

코를 사용하나요, 입을 사용하나요?

팝콘의 냄새를 어떻게 맡나요?

손을 배 위에 올려놓고 배 속에 풍선이 있다고 상상합니다.

1~4까지 세면서 숨을 코로 들이쉬면서 배에 있는 풍선에 공기를 가득 채웁니다.

1~8까지 세면서 부드럽게 입으로 공기를 불어내어 커다란 비눗방울을 만들어

배 속을 텅 비게 합니다.

다시 한번 해 보세요.

무엇을 느꼈나요?

배 안에 있는 풍선이 커지는 것을 느꼈나요?

호흡이 모두 나갔나요, 아니면 조금 남아 있었나요?

호흡을 할 때 무엇을 알아차렸나요?

도구 6-2 숨을 들이쉬는 방법(꽃향기 맡기)

🔷 배경

아동과 청소년이 호흡에 대한 마음챙김을 훈련할 수 있게 하기 위해서는 무엇보다도 먼저 호흡을 천천히 하면서 호흡의 감각에 주의를 두고 의식적으로 호흡을 들이쉴 수 있어야 합니다. 청소년은 의식적으로 호흡을 하는 것을 쉽게 할 수 있습니다. 하지만 연령이 낮은 아동은 어떻게 의식적으로 숨을 들이쉬는지를 배워야 할 필요가 있습니다. 이 도구는 연령이 낮은 아동이 코로 숨을 들이쉬는 것을 배우는 데 필요한 다양한 활동을 할 수 있게 해 줍니다. 3세의 유아도 이 활동을 할 수 있습니다.

🔷 기술 쌓기

아동이 어떻게 코와 입으로 숨을 들이쉬는지를 이해할 수 있도록 도움을 주기 위해 〈유인물 6-2〉에 설명된 두 가지 방법을 활용합니다. 즐겁고 유쾌하게 놀이로 만들어 진행합니다. 아동이 코로 숨을 들이쉰다고 할 때 실제로 그렇게 하고 있는지를 살펴서 반드시 코로 숨을 들이쉬도록 안내해 줍니다. 코로 숨을 들이쉬는 것과 입으로 들이쉬는 것의 차이를 알아차릴 수 있도록 도와줍니다.

🔷 성찰

아동이 지시에 따라 숨을 들이쉬고 있나요? 아동이 숨을 천천히 들이쉴 수 있는지 물어봅니다. 꽃향기를 코를 통해서 맡았을 때와 입을 통해서 맡았을 때의 차이점에 대해서 이야기를 나누도록 합니다. 그리고 숨을 들이쉴 때 어려움이 있었는지 알아봅니다. 코가 막혀서 숨을 들이쉬는 것이 쉽지 않았는지 알아봅니다. 6세 혹은 7세 이상인 아동에게 숨을 들이쉴 때 어떠했는지, 그리고 숨을 들이쉬는 것을 느꼈을 때 무엇을 알아차렸는지 물어봅니다.

숨을 들이쉬는 방법-꽃향기 맡기

이 도구는 연령이 낮은 아동이 어떻게 호흡을 의식적으로 코로 들이쉴 수 있는지를 가르치기 위한 것입니다.

1. 향기가 나는 꽃다발을 준비합니다. (혹은 꽃밭을 걸으면서 해도 좋습니다.) 내담자들에게 꽃향기를 맡도록 합니다.

- 꽃향기를 어떻게 맡는지 보여 달라고 합니다.
- 꽃향기가 어떤지를 물어봅니다.
- 그런 꽃향기를 좋아하는지 물어봅니다.
- 이것과 다른 꽃향기를 아는지도 물어봅니다.
- 다른 꽃향기를 살펴보고, 실제 그 향기를 코로 맡는 것처럼 혹은 입으로 숨을 들이쉬는 것처럼 해 보도록 합니다.
- 코로 숨을 들이쉬면서 향기를 어떻게 맡는지 보여 줍니다. 몇 번 코로 숨을 들이쉬고 내쉬면서 함께해 보라고 합니다.
- 입으로 숨을 들이쉴 수 없도록 손으로 입을 막고 숨을 코로 들이쉽니다. 내담자들에게 따라서 해 보도록 합니다.
- 입을 막은 채로 꽃향기를 맡아보도록 합니다.
- 즐겁게 내담자들과 함께합니다.
- 숨을 입으로 빨리 들이쉬었다, 천천히, 그러고 나서 코로도 호흡을 해 보도록 합니다.
- 내담자들이 하는 것을 살펴봅니다.
- 코로 혹은 입으로 숨을 들이쉴 때 어떤 소리가 나는지 들어보도록 합니다.
- 코가 아닌 입으로 숨을 들이쉴 때 꽃향기를 맡을 수 있는지 알아보도록 합니다.

2. 종이컵에 향기가 나는 것을 넣어 두고 내담자들에게 향기를 맡아 보도록 합니다. 어떤 향이 나는지 물어봅니다. 이 과정을 앞의 1번과 같이 해 봅니다. 좋은 향기가 나는 것으로는 다음과 같은 것들이 있습니다.

> - 민트향의 캔디   - 오렌지   - 홍차 티백   - 분쇄된 커피 가루

도구 6-3   숨을 내쉬는 방법(비눗방울, 화장지, 바람개비, 풍선, 촛불 불기)

◆ 배경

　의도적으로 숨을 들이쉬고 내쉬는 것은 마음챙김 호흡의 기본입니다. 청소년은 이러한 능력이 있지만, 아동은 지시에 따라 호흡하는 법을 배워야 할 수도 있습니다. 이 도구는 아동이 숨을 내쉬는 데 집중할 수 있도록 돕는 다양한 활동을 제공합니다.

◆ 기술 쌓기

　〈유인물 6-3〉의 게임과 활동을 사용하여 아동들에게 입으로 숨을 내쉬는 방법을 가르칩니다.

◆ 성찰

　내담자가 입으로 숨을 내쉬는 것을 잘할 수 있게 되었는지 확인합니다. 내담자가 숨을 천천히 쉬고, 입술을 오므리고, 호흡을 조절할 수 있었나요? 비눗방울을 부는 활동을 즐겼나요? 천천히 불어 더 큰 비눗방울을 만들 수 있었나요? 비눗방울 만들기와 풍선 불기 중 어느 것이 더 쉬운지 내담자에게 물어보세요.

숨을 내쉬는 방법-비눗방울, 화장지 등

💡 비눗방울 만들기(3세 이상)

연령이 낮은 아동에게 비눗물이 담긴 그릇과 빨대를 사용하여 비눗방울을 만들도록 합니다. 이러한 작업은 내담자들이 입으로 빨대를 불면 방울이 만들어진다는 것을 즉시 발견하도록 도와줄 것입니다. 그들에게 세게 불 때 어떤 일이 일어날지 물어봅니다. 부드럽게 불어서 정말 큰 거품을 만들 수 있는지 확인해 봅니다. 그들에게 빠르게, 혹은 느리게 불면 어떻게 되는지 보여 달라고 합니다. "큰 거품 하나가 만들어지나요? 아니면 작은 거품들이 많이 만들어지나요?"

💡 화장지 불기(2세 이상)

내담자들에게 화장지를 주고, 화장지를 입에 대고 불어서 펄럭이게 해 보도록 합니다. 아주 세게 불 때와 부드럽게 불 때 어떤 일이 일어나는지 물어봅니다. "오랫동안 불어서 계속 올라가도록 할 수 있나요? 불기를 멈추면 어떻게 되나요?" 세 번 세거나 손뼉을 칠 때마다 화장지를 불어 달라고 부탁합니다.

💡 바람개비에 불기(3세 이상)

바람개비 장난감을 내담자들에게 주고 입으로 불어 돌아가게 해 보도록 합니다. 세게 또는 부드럽게 불면 어떻게 되는지 물어봅니다. "불기를 멈춘 후 얼마나 오래도록 돌았나요?" 손뼉을 칠 때마다 불어 달라고 합니다.

💡 풍선 날리기(8세 이상)

내담자들에게 풍선을 불어 보도록 합니다. 풍선을 불면서 부드러운 호흡과 강한 호흡의 차이를 알 수 있도록 합니다. 풍선이 부풀도록 하기 위해서 얼마나 세게 불어야 하는지, 적당히 불었을 때 얼마나 단단한지도 알아보고 그것을 가지고 놀게 하다가, 풍선에서 공기가 빠져나가면서 방 안을 날아다니도록 합니다. 풍선을 불 때 풍선에 주의를 집중하는 것처럼 호흡을 할 때 배에 주의를 집중해 보라고 합니다.

💡 촛불을 불어서 끄기(11세 이상)

대부분의 아동은 생일 케이크에 꽂힌 촛불을 끄는 법을 배웁니다. 하지만 안전상의 이유로 연령이 많은 내담자로 제한합니다. 촛불을 켜고 불을 꺼 보도록 합니다. 다시 불을 붙이고 부드럽게 불어 불꽃이 춤추게 해 봅니다. "촛불이 꺼지기 전까지 얼마나 세게 불어야 하나요?" 내담자와 함께 이 활동을 재미있게 합니다.

🔷 배경

호흡 패턴을 변화함으로써 생리적 반응을 간접적으로 변화시킵니다. 숨을 들이마시거나 내쉴 때 교감 신경계가 항진되어 생리 반응과 스트레스 반응이 활성화됩니다. 이를 투쟁 반응, 도피 반응이라고 합니다. 교감신경계를 활성화하면 심박수가 증가하고, 동공이 확장되며, 혈관이 수축되고, 땀이 증가하며, 소화 시스템이 느려집니다. 이때 예민해지고 더욱 더 긴장감이 증가합니다.

숨을 내쉴 때 부교감신경계가 활성화됩니다. 부교감신경계는 신체가 휴식을 취할 때 휴식 및 소화 활동에 관여합니다. 따라서 숨을 내쉴 때 심장박동이 느려지고 장과 침액의 활동이 증가하며, 일반적으로 더 편안하게 느낍니다.

호흡에 집중하는 훈련은 반사적인 반응(react)이라기보다는 응답(respond)으로 이어집니다. 아동과 청소년이 자신의 반응을 조율할 수 있도록 함으로써 반응이 아닌 응답을 할 수 있도록 합니다.

🔷 기술 쌓기

들이마시는 호흡은 몸과 마음의 상태가 들뜨게 하지만 내쉬는 호흡을 차분하게 가라앉힙니다. 〈유인물 6-4〉를 활용하여 이완 호흡 기술을 알려 줍니다. 이완 호흡하는 방법을 알려 주고 함께해 봅니다. 내담자들이 이미 이완 호흡하는 방법을 알고 있다고 하면 어떻게 호흡하는지 보여 달라고 합니다. 몸과 마음을 차분하게 하기 위해 그들이 심호흡하는 것을 배웠다고 하지만 종종 숨을 너무 크게 들이쉬거나 빠르게 호흡하여 반대로 스트레스 반응을 활성화하는 경우가 있습니다. 그러기에 차분하게 호흡할 수 있는지 살펴보는 것이 중요합니다. 호흡을 차분하게 하는 방법을 잘 알고 있다고 장담하는 대부분의 아동과 청소년은 이것과는 반대로 호흡을 하고 있었습니다. 아동과 청소년이 이 방법을 습득하여 체화하기까지는 몇 주가 걸릴 수 있습니다. 아동과 청소년이 어떻게 하고 있는지 주기적으로 살펴봅니다. 부모에게 이완 호흡하는 방법을 가르쳐 주면 부모 자신이 본인의 스트레스를 해소하는 데 도움이 될 뿐만 아니라 아동이나 청소년이 이완 호흡 방법을 잘 습득하여 효과적으로 사용할 수 있도록 상기시켜 줄 수도 있습니다.

🔷 성찰

이 호흡 기법은 뇌와 신체의 생리를 매우 빠르게 진행시킵니다. 아동과 청소년이 호흡 기법을 제대로 익히면 대부분의 경우에 2~3번의 호흡을 통해 차분하고 덜 불안해집니다. 마음챙김 훈련을 시작하기에 최적화된 상태를 만드는 것이며, 핵심 훈련의 토대가 됩니다. 이 호흡 기법을 훈련함으로써 내담자들이 스트레스 반응과 불안을 효과적으로 낮추고 정서 및 인지 기능의 향상과 건강한 신체를 유지하게 될 것입니다. 그들이 1~4까지 빨리 세기 위해 호흡을 빠르게 쉬지 않도록 합니다. 스트레스 반응을 증가시킬 수 있습니다. 천천히 호흡을 하도록 지도합니다.

기본 이완 호흡법

기본 이완 호흡법은 스트레스 반응을 줄이는 데 탁월한 효과가 있습니다. 아동과 청소년이 분노와 불안을 진정시키는 데 큰 도움이 됩니다. 1~4까지 셀 동안에 코를 통해 호흡을 들이마시고, 1~8까지 셀 동안에 입으로 숨을 내쉽니다. 이와 같이 날숨을 들숨의 2배로 길게 하면 부교감신경계를 교감신경계보다 훨씬 더 활성화시켜서 생리적 상태와 스트레스 반응이 차분히 가라앉게 됩니다.

아동과 청소년이 이 단순한 기법을 배워서 매일매일 실천하도록 합니다. 특히 화나고, 스트레스 받고, 걱정되고, 짜증날 때 이완 호흡법을 활용하도록 합니다. 자신의 감정을 조율하는 능력을 키우는 데 탁월한 방법입니다.

> "1~4까지 세면서 코로 숨을 들이쉬었다가, 1~8까지 세면서 입으로 숨을 내쉽니다.
>
> 숨을 내쉴 때는 입술을 오므린 채 천천히 비눗방울을 불듯이 합니다.
>
> 이렇게 하면 날숨을 천천히 내쉬는 데 도움이 될 것입니다.
>
> 1~4까지 세는 동안에 코로 숨을 들이쉽니다.
>
> 코를 통해서 1~8까지 세는 동안에 입술을 오므린 채 입으로 숨을 내쉽니다."

이것을 3~4번 반복합니다.

아동과 청소년이 이것을 배우면서 들숨을 천천히 코로 쉬고, 날숨을 2배 정도로 더 천천히 쉬는지 살펴봅니다. 어떤 내담자들은 종종 들숨을 너무 빠르고 강하게 들이쉬기도 합니다. 이럴 경우 차분히 안정되는 것이 아니라 스트레스 반응이 활성화되어 반대 효과가 나타날 수도 있습니다.

도구 6-5 복식호흡을 하는 방법

◆ 배경

깊은 호흡 혹은 횡격막 호흡을 '복식호흡'이라고 부릅니다. 복식호흡은 호흡을 들이쉴 때, 가슴이 부풀어 올라오는 대신 허파에 공기가 차면서 위장이 아래로 확장됩니다. 폐호흡은 흥분을 더 활성하시키는 경향이 있는 반면에 복식호흡은 이완을 촉진시켜 주는 이완 호흡입니다. 몸에 충분한 산소를 공급해 주고 스트레스 반응을 줄이는 데 도움을 줍니다.

◆ 기술 쌓기

내담자에게 복식호흡을 가르치기 위해 〈유인물 6-5〉를 활용합니다. 설명하고 같이 해 봅니다. 복식호흡을 하고 있는지 확인하기 위해서 〈도구 6-6〉을 참조합니다. 내담자가 복식호흡을 하고 있다는 것을 더 잘 느끼게 하기 위해서 등을 바닥에 대고 누워서 하도록 합니다(〈도구 6-9〉 참조). 매일 여러 번 반복해서 훈련하도록 합니다. 〈도구 6-4〉에 있는 기본 이완 호흡법과 연결하여 함께할 수 있습니다. 모든 연령대의 사람들은 풍선을 불 때를 상상하면서 숨을 들이쉴 때 배가 부풀어 오르고, 숨을 내쉴 때 공기가 빠지면서 배가 꺼지는 것을 이해할 수 있습니다.

◆ 성찰

복식호흡은 내담자들에게 아주 낯설게 느껴질 수도 있습니다. 그들에게 요가나 노래 부르는 수업을 받을 때 복식호흡을 배운 적이 있는지 물어봅니다. 아마도 대부분 안 배웠을 것입니다. 그들에게 배 안에 있는 풍선을 불 수 있겠냐고 물어봅니다. 배에 공기가 차 있을 때 어떤 느낌이 드나요? 배가 움직이고 있음을 느낄 수 있나요? 가슴이 움직였나요? 숨이 들어가고 나갈 때 공기가 무엇으로 느껴졌나요?

복식호흡을 하는 방법

1. 배꼽의 약간 위쪽에 한 손을 올리고, 다른 한 손은 윗 가슴에 올려놓습니다.

2. 배를 이완합니다.

3. 코로 숨을 들이쉬면서 허파를 채웁니다.

4. 허파가 숨으로 채워지면서 밑으로 내려가면 아래에 있는 손이 움직이도록 합니다.

5. 마치 배 속에 풍선이 들어 있어 들숨으로 풍선을 불어 부풀도록 한다고 상상합니다.

6. 가슴으로 얕게 호흡을 하되, 어깨를 올리는 것을 피합니다.

7. 마치 비눗방울을 부는 것처럼, 풍선에서 공기가 빠지는 것처럼 숨을 천천히 내쉽니다.

도구 6-6 복식호흡의 세 가지 요령

◆ 배경

복식호흡은 스트레스 반응을 줄이는 데 중요한 역할을 한다는 것을 알 수 있었습니다. 더 많은 산소를 받아들이면 일반적으로 호흡에 대한 자각력이 늘어납니다. 이것이 바로 마음챙김의 핵심 개념입니다.

◆ 기술 쌓기

내담자가 자신이 복식호흡을 하고 있다는 것을 어떻게 알 수 있는지 가르쳐 주기 위해서 〈유인물 6-6〉을 활용합니다. 먼저 설명을 하고 세 가지 기법들을 보여 주면서 직접 해 보도록 합니다. 이들 스스로 잘할 수 있도록 보살펴 줍니다. 하루에 여러 번 훈련할 수 있도록 수업 사이사이에 격려해 줍니다. 그래서 그들이 복식호흡을 익숙해질 수 있도록 합니다.

◆ 성찰

대부분의 내담자는 복식호흡을 익힐 때 훈련 시간을 필요로 합니다. 이들이 복식호흡을 신속히 습득할 수 있도록 돕는 세 가지 쉬운 기법을 알려 줍니다. 세 가지 기법을 먼저 알려 주고 실제 내담자들과 함께해 봅니다. 다음 수업에서도 계속하며 그들에게 자신이 어떻게 하고 있는지를 보여 달라고 합니다.

복식호흡의 세 가지 요령

💡 복식호흡인지 혹은 흉식호흡인지 알 수 있는 세 가지 방법

1. 배꼽의 약간 위쪽에 한 손을 올리고, 다른 한 손은 윗 가슴에 올려놓습니다. 평소에 호흡하듯이 호흡을 자연스럽게 하면서 어느 손이 더 많이 움직이는지 살펴봅니다. 만약에 아래의 손이 더 많이 움직이면 아주 잘하고 있는 것입니다. 이것이 바로 복식호흡입니다. 만약에 위의 손이 더 많이 움직이면 그것은 흉식호흡입니다. 흥분을 증가시키는 호흡과 같습니다. 의도적으로 갈비뼈 아래, 배꼽 조금 위쪽이 들어갔다 나왔다 하게 하면서 복식호흡의 느낌을 느껴 봅니다. 아래쪽에 놓은 손이 움직이는지 알아차립니다.

자, 이제 평소에 호흡하듯이 호흡을 하면서 어느 쪽 손이 더 많이 움직이는지 알아차려 봅니다.

· 아래 손이 더 많이 움직이면 복식호흡 → 아주 잘하고 있음
· 위의 손이 더 많이 움직이면 흉식호흡 → 흥분 증가 호흡과 같음

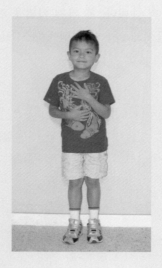

2. 의도적으로 흉식호흡을 하면서 손바닥에 호흡을 내쉽니다. 손가락 사이에 흐르는 공기의 온도를 알아차려 봅니다. 이제 의도적으로 복식호흡을 하면서 손바닥에 호흡을 내쉬어 봅니다. 다시 손가락 사이에 흐르는 공기의 온도를 알아차려 봅니다. 복식호흡을 했을 때 공기가 더 따뜻하게 느껴질 것입니다.

   · 흉식호흡 → 더 차가운 공기
   · 복식호흡 → 더 따뜻한 공기

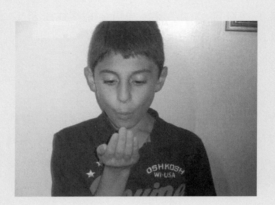

3. 바닥에 등을 대고 눕습니다. 배 위에 물건을 올려놓습니다. 아동이라면 동물 인형, 청소년인 경우에는 책 혹은 스마트폰 등을 올려놓습니다. 배 위에 있는 동물 인형이나 스마트폰을 흔들어 봅니다.

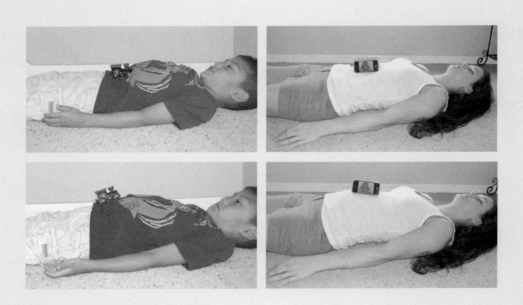

도구 6-7　호흡을 빠르게 했다가 느리게 해 보기

◆ 배경

　　호흡은 마음챙김에 있어서 주의 집중을 하는 데 토대가 됩니다. 이 도구는 아동과 청소년이 즐겁게 자신의 호흡과 함께하도록 도움을 줍니다. 이 도구의 목적은 아동과 청소년이 호흡에 초점을 맞추고 호흡을 할때 몸이 어떻게 반응하는지를 느껴서 주의 집중하는 방법을 배우도록 하는 것입니다. 이것은 고전적 호흡알아차림 기법을 기초로 하여 아동을 위해서 만든 것입니다.

◆ 기술 쌓기

　　〈유인물 6-7〉을 활용하여 내담자들이 자신의 호흡과 친해지도록 합니다. 재미있게 호흡에 주의를 모을 것이라고 내담자들에게 말해 줍니다. 각각의 단계를 설명해 주고 같이해 보도록 합니다. 손을 배 위에올려놓고 내담자들에게도 같이해 보도록 합니다. 그들이 호흡을 할 때 배가 움직이는 것을 알아차리기 시작할 것입니다.

◆ 성찰

　　내담자들에게 호흡을 빠르게 했다가 느리게 할 수 있는지 물어봅니다. 호흡을 느리게 할 때와 빠르게 할때 어떻게 다른지 느껴 보도록 합니다. 호흡을 빠르게 할 때와 느리게 할 때를 비교하면 어느 것이 더 이완되었나요? 호흡을 빠르게 할 때와 느리게 할 때 심박수에 어떤 변화가 있었나요? 호흡에 주의를 집중하는데 어려움이 있었나요? 집중이 흩어졌을 때, 어떻게 다시 호흡에 주의를 가져올 수 있었나요? 호흡을 잘 할수 없다고 느끼기도 했나요? 호흡을 빨리 할 때 혹은 느리게 할 때, 언제 더 호흡을 많이 할 수 있었나요? 그들에게 다음과 같이 물어봅니다. "호흡을 빠르게 할 때 혹은 느리게 할 때 뇌는 어떤 반응을 할까요? 한번 생각해 보세요."

호흡을 빠르게 했다가 느리게 해 보기

1. 우리가 어떻게 호흡하는지 즐겁게 놀면서 살펴봅니다.

먼저, 시간을 가지고 천천히 호흡을 들이쉬었다가 길게 내쉽니다. 얼마나 길게 호흡을 할 수 있나요? 들어오는 긴 호흡에 주의를 둡니다. 나가는 긴 호흡에 주의를 둡니다. 다시 해 봅니다. 어떻게 느껴지나요? 몸의 어떤 곳에서 호흡을 느낄 수 있나요? 호흡이 따뜻한가요, 차가운가요, 부드러운가요, 말랑말랑한가요? 마음속에서, 목에서, 머릿속에서, 가슴에서, 혹은 배에서 호흡을 느낄 수 있나요?

2. 얼마나 빨리 호흡을 할 수 있는지 살펴봅니다.

숨을 빨리 들이쉬었다가 빨리 내쉽니다. 반복해서 해 봅니다. 호흡을 할 때 소음이 있나요? 몸을 살펴보면서 어떻게 느껴지는지 알아봅니다. 몸의 어느 부분이 움직이나요? 심박수가 얼마나 빠른가요?

3. 자, 이제 호흡을 평상시대로 합니다.

몸이 어떻게 느껴지는지 점검해 봅니다. 숨을 빨리 쉬었을 때로부터 달라진 것이 있나요? 같게 혹은 다르게 느껴지나요? 어디에서 같게 느껴지나요? 어디에서 다르게 느껴지나요? 마음속에서 느껴지나요, 몸에서 느껴지나요? 몸이라면 몸의 어느 부분에서 느껴지나요. 심장, 머리, 위장, 목, 아니면 어깨인가요?

4. 자, 이제 차분히 숨을 길게 들이쉬었다가 내쉽니다.

잠시 시간을 내어 숨의 각 부분에 주의를 보내며 숨이 들어가고 나가는 것을 알아차립니다. 이제 다르게 느껴지나요? 숨을 천천히 쉬었더니 몸에서 달라진 것을 느낄 수 있나요? 마음이 좀 더 차분해졌나요? 심박수는 얼마나 빨라졌나요?

5. 이제 평상시대로 호흡을 합니다.

호흡이 언제 시작되고, 언제 끝나고, 그리고 그 사이에 공간은 어떻게 느껴지는지 주의를 기울여 봅니다. 잠시 동안 호흡과 호흡의 사이의 공간에 가만히 앉아 머물러 봅니다. 그다음 호흡을 할 때 어떻게 느껴지는지 알아차려 봅니다. 호흡이 자연스럽게 흘러 들어가고 흘러나가게 합니다.

도구 6-8   핵심 훈련

🔵 배경

마음챙김의 중요한 사항은 핵심 훈련에 포함되어 있습니다. 핵심 훈련이란 마음에 다음의 세 가지 사항을 명확히 하는 것입니다. 이완, 집중, 원숭이처럼 분주한 마음의 고요함이 그것입니다. 하루에도 몇 번씩 앞의 세 가지를 실천해 봅니다. 마치 리셋 단추를 누르는 것처럼 아동과 청소년이 스스로 마음챙김을 체화하는 데 아주 좋은 방법입니다. 그들이 이것들을 잠시만이라도 사용하면 분노 혹은 공포, 행동하기 전에 잠시 멈추고 생각해 보는 것, 더 나은 선택을 하는 것에 도움이 될 것입니다.

🔵 기술 쌓기

핵심 훈련의 기본을 내담자에게 가르치기 위해 〈유인물 6-8〉을 활용하십시오. 이 도구의 구조는 멈추고, 듣고, 호흡을 하면서 살펴보는 것입니다. 마음이 심란하거나, 화가 나거나, 겁에 질려 있거나, 혹은 충동이 일어날 때 자칫 잘못된 선택을 할 수 있지만, 이러한 훈련을 하면 아동과 청소년이 더 나은 선택을 할 수 있도록 시간적 공간을 만들어 줍니다. 이 훈련을 하는 시간은 초심자, 혹은 과민한 상태 혹은 불안감이 많은 내담자일 경우에 10초 정도 간단히 하는 것이 좋습니다. 꾸준히 실천해서 익숙해진 심화자의 경우 15분 정도까지 진행할 수 있습니다.

마음이 산란하고 방황하는 경험은 누구나 하는 것으로 정상임을 강조합니다. 이 훈련을 하루에도 여러 번 실천하도록 독려합니다. 처음에는 짧은 시간(5초 혹은 10초)을 사용하여 내담자가 화가 나 있거나 심란한 상태, 혹은 짜증이 나 있다면 가장 먼저 안정시키고, 감정을 조율할 수 있는 여유를 갖게 하여 좋은 선택을 할 수 있도록 합니다. 그들이 이러한 방법을 하루 생활 속에서 중간 중간 적용하거나 어떤 활동을 시작하기 전에 안정된 상태를 유지하기 위해 활용하여 마음에 중심을 잡거나 그라운딩할 수 있도록 합니다.

자신이 어떤 일을 하느냐에 상관없이 핵심 훈련이 어떻게 도움이 될 것인지에 대하여 논의합니다. 삶 속에서 창의적인 선택을 할 때와 관련지어서 이야기를 나누어 봅니다. 예를 들어, 그림을 그리거나, 시를 쓸 때, 주방의 생동감 있는 모습을 사진에 담을 때, 혹은 성가시게 하는 사람에게 어떻게 응답하는지에 대해 이야기해 봅니다.

🔵 성찰

핵심 훈련의 과정을 살펴보도록 합니다. 내담자에게 다음과 같이 질문합니다. 이 훈련이 어떤 의미가 있었나요? 호흡 훈련을 하는 동안에 어떻게 느꼈나요? 호흡하고 있을 때 무엇을 느꼈나요? 어떻게 호흡에 집중했나요? 마음이 호흡에서 벗어나 방황할 때 무엇을 했나요? 이 호흡 수행을 마쳤을 때 어떤 변화를 느꼈나요? 이 수행을 하고 있을 때, 뇌 속에서는 어떤 일이 벌어지고 있었다고 생각하나요? 하루 중에 언제 이 수행을 활용할 수 있나요? 이를 통해 무슨 도움을 받을 수 있나요? 더 나은 선택을 하기 위해서 이 수행을 어떻게 활용할 수 있나요?

핵심 훈련

멈추기 ➡ 듣기 ➡ 호흡하기

무엇을 하고 있었든지 멈춥니다.

눈을 감습니다.

조용히 듣습니다.

내면에서 어떻게 느끼는지 알아차립니다.

호흡에 주의를 보냅니다.

코로 숨을 천천히 들이쉬었다가 입으로 내쉽니다.

폐와 배 속 가득히 공기가 채워지고 나서 다시 천천히 흘러나가는 것을 상상합니다.

다른 생각을 하고 있는 것을 알아차리면 '괜찮아!' 하며 받아들입니다.

주의에 부드럽게 호흡을 가져옵니다.

천천히 복식호흡을 할 때 배의 움직임을 알아차립니다.

'나는 지금 무엇을 느끼고 있지?'라고 자신에게 질문합니다.

계속해서 호흡에 주의를 둡니다.

침묵 속에서 1분 정도 지속합니다(필요에 따라 줄일 수도 늘릴 수도 있습니다).

눈을 뜨고 방 안을 바라보며 일상으로 돌아옵니다.

동물 인형 혹은 스마트폰을 배 위에 올려놓고 하는 복식호흡 핵심 훈련

◈ 배경

〈도구 6-8〉에서 말했듯이 마음챙김의 중요한 사항은 핵심 훈련에 포함되어 있습니다. 이 도구는 아동과 청소년이 핵심 훈련을 복식호흡과 연결하여 재미있게 실천함으로써 효과를 볼 수 있는 또 다른 아주 좋은 방법임을 설명합니다.

◈ 기술 쌓기

〈유인물 6-9〉를 활용하여 내담자들에게 핵심 훈련의 다른 방법을 가르쳐 줍니다. 아동과 청소년이 복식호흡의 느낌을 갖도록 흥미를 유발하는 방법이 있습니다. 바닥에 누워서 팔과 다리를 편안히 내려놓고 이 기법 혹은 다른 기법들을 실행해 봅니다. 아동에게는 누워서 동물 인형을 배 위에 올려놓고 배를 태워 준다고 합니다. 청소년에게는 동물 인형이 적절치 않으니, 스마트폰 혹은 태블릿을 배 위에 올려놓고 들숨과 날숨에 따라 올라갔다 내려오도록 합니다.

침묵하는 시간의 길이는 마칠 때쯤에 내담자의 상태를 살펴보며 요구에 맞게 조정할 수 있습니다. 훈련이 익숙해져서 능숙하게 할 수 있으면 시간을 늘립니다. 이 훈련을 하는 시간은 초심자, 혹은 과민한 상태 혹은 불안감이 많은 내담자일 경우에는 10초 정도로 짧게 해야 하지만, 심화 경험자의 경우에는 15분 정도까지 진행할 수 있습니다.

◈ 성찰

호흡의 과정을 살펴보도록 가르칩니다. 들숨과 날숨을 쉴 때 어떤 느낌이었나요? 공기가 들어가고 나가는 것을 느꼈나요? 따뜻하고 차가운 것을 알아차렸나요? 동물 인형 혹은 스마트폰을 흔들 수 있었나요? 호흡에 주의를 집중할 때 무엇을 느끼나요? 마음이 여기저기 방황하고 있나요? 어떻게 호흡에 주의를 머물게 하나요?

동물 인형 혹은 스마트폰과 함께하는 핵심 훈련, 호흡 명상

편안한 자세로 팔과 다리를 쭉 펴고 바닥에 눕습니다. 동물 인형을 배 위에 올려놓습니다
(청소년들에게는 동물 인형이 적절치 않으니, 전원을 끈 스마트폰, 태블릿, 혹은 책을 사용해도 됩니다.)

눈은 감아도 좋고 혹은 자연스레 천장을 바라보아도 괜찮습니다.

몸과 마음이 어떻게 느껴지는지 살펴보며 시작합니다.

이제 호흡에 주의를 둡니다.

코로 깊이 숨을 들이쉬어 공기가 배에 가득 차올라 동물 인형(혹은 스마트폰)이 위로 올라가게 합니다.

이제 입으로 부드럽게 숨을 내쉬어 동물 인형(혹은 스마트폰)이 내려가게 합니다.

이제 숨을 들이쉬었다가 내쉬며 동물 인형(혹은 스마트폰)이 올라갔다 내려갔다 하게 합니다.

1~4까지 셀 동안 코로 숨을 깊이 들이쉬었다가, 입으로 숨을 불어내며 1~8까지 셉니다.

이제 호흡을 평소대로 하며, 있는 그대로의 호흡을 알아차립니다.

어떻게 배 위에서 동물 인형(또는 스마트폰)이 움직이는지 알아차립니다.

어깨를 이완합니다. 공기에 몸 안에 들어오고 밖으로 나가는 것을 그림을 보듯이 바라봅니다.

어떻게 공기가 코로 들어와서 폐로 내려가는지를 느끼며 이 과정을 알아차립니다.

그다음 공기가 입으로 돌아와서 입술을 지나 밖으로 나갈 때 어떻게 느껴지는지를 알아차립니다.

다른 것을 생각하고 있더라도, "괜찮아!" 하며 주의 바로 호흡으로 가져옵니다.

배가 오르락내리락 하는 것을 느낍니다.

배 위에 있는 동물 인형(스마트폰)을 느낄 수 있습니까?

숨을 쉴 때마다 어떻게 느껴지는지 계속해서 주의를 유지합니다.

이제 몸과 마음이 어떻게 느끼는지 살펴봅니다.

몇 분 동안 계속 호흡에 주의를 둡니다.

침묵(길이는 적당히 조절)

준비가 되었으면 눈을 뜹니다.

주의를 일깨워 방 안을 둘러봅니다.

마지막으로 눈을 뜬 채 천천히 깊게 배로 숨을 들이쉽니다.

도구 6-10   1~4까지 세는 것을 한 단위로 해서 호흡을 세어 보기

◆ 배경

1~4까지 세는 것을 한 단위로 해서 호흡을 세는 것은 아동과 청소년이 좋아하는 간단한 마음챙김 훈련입니다. 연령이 낮은 아동도 1~4까지 세는 것을 즐깁니다. 자신들이 1~4까지 세는 것을 몇 번이나 반복할 수 있는지를 보면서 재미있어 합니다. 이 도구는 마음챙김, 집중, 현재에 대한 알아차림, 그리고 산만한 것을 흘려보내는 방법을 가르쳐 줍니다. 이 훈련은 고요하고 평온하게 해 줄 뿐만 아니라 흥미로움을 줍니다.

◆ 기술 쌓기

〈유인물 6-10〉을 활용하여 내담자들에게 어떻게 마음챙김을 하는지 기법을 가르쳐 줍니다. 그들이 익숙하게 할 때까지 함께 훈련해 봅니다. 이 기법을 훈련하는 것의 이로운 점에 대해서 이야기 나눕니다. 호흡을 세는 기법은 재미있고, 흥미로우며, 호흡을 세는 것을 놓친 것을 알아차리기 전까지 자신이 얼마나 오랫동안 호흡을 세며 집중할 수 있는지를 알 수 있게 해 줍니다. 훈련을 계속하다 보면 더 오래 집중된 상태로 머물 수 있고 더 많이 1~4까지 세는 것을 반복할 수 있게 됩니다. 내담자들과 게임을 만들어서 누가 더 많이 1~4까지 세는 것을 반복하며 집중 상태에 있을 수 있는지 알아봅니다.

아동은 호흡을 세는 것을 재미있어 하고, 이것으로 게임을 하고 싶어 합니다. 호흡을 세는 것을 놓친 것을 알아차리기 전까지 몇 번이나 세었는지 친구들 혹은 치료자와 시합을 해도 좋습니다. 걸으면서 해도 좋고, 버스를 기다리는 시간에, 혹은 밤에 머릿속이 복잡하여 잠이 오지 않을 때 편안히 잠들게 하는 데에도 좋습니다.

◆ 성찰

내담자들이 이렇게 호흡을 살펴보는 동안에 무슨 일이 일어나는지 살펴보도록 합니다. 주의를 유지할 수 있었나요? 1~4까지 세는 것을 얼마만큼 반복할 수 있었습니까? 지난 번보다 얼마나 더 많이 셀 수 있었나요? 주중 언제 이 훈련을 하나요? 이 훈련을 할 때 뇌는 무엇을 하고 있었는지 질문해 봅니다.

1~4까지 세는 것을 한 단위로 해서 호흡을 세어 보기

눈을 감고 1~4까지 셀 동안에 코를 통해 숨을 깊게 들이마시고, 1~8까지 셀 동안에 마치 비눗방울을 부는 것처럼 입으로 숨을 내쉽니다(이것을 내담자와 두 번 정도 합니다).

그러고 나서 호흡의 느낌에 주의를 두면서 평소대로 호흡을 합니다.

이제부터 숨을 내쉴 때마다 수를 셉니다. 이것이 날숨 세기 방법입니다. 매 날숨마다 수를 세며 오른손의 손가락을 폅니다.

날숨을 네 번까지 세면 왼손의 손가락 하나를 펴서 네 번의 날숨 한 세트를 했음을 표시합니다. 그다음 네 번 날숨 한 세트를 오른손의 손가락으로 세고, 왼손의 2번째 손가락을 폅니다. 이렇게 네 번 날숨의 두 번째 세트를 셉니다.

이것을 몇 분 동안 지속합니다.

주의가 호흡을 세는 것에서 벗어나 방황하고 있다면 매번 이런 상황을 있는 그대로 알아차립니다. 잡다한 생각, 느낌 혹은 산만한 상태에 주의가 머물러 있다면 받아들이고 흘려보내며 날숨을 세는 것으로 주의를 다시 돌립니다.

숫자 세는 것을 잊어버린 것을 알아차릴 때까지 네 번 날숨 세트를 얼마나 많이 손가락으로 셀 수 있었는지 알아봅니다. 앞에서처럼 손가락을 사용해서 수를 세었다면 왼손의 손가락이 펴진 것을 통해서 얼마나 많은 호흡 세트를 했는지 알 수 있을 것입니다. 수 세는 것을 잊어버렸어도 손가락의 위치를 그대로 유지하고 있는 것이 일반적입니다.

초심자들에게는 열 세트도 많은 편입니다.

도구 6-11 | 호흡 마음챙김 일지 쓰기

🔷 배경

경험 기록하기는 마음챙김을 배워서 익숙하게 하여 자신의 것으로 통합하는 데 효과적인 방법일 수 있습니다. 하지만 그렇지 않은 경우도 고려해야 합니다. 만약 어떤 아동이 글을 쓰는 것을 꺼려한다면 그 아동이 무엇을 기록하고 싶어 하는지를 물어 보고 그것을 함께해 봅니다. 많은 경우에 내담자들이 그림을 그려 넣고 싶다고 합니다. 그렇다면 마음챙김 호흡에 관한 경험을 어떤 것이든 좋으니 그림으로 표현해 보도록 합니다. 자신의 경험을 원치 않는 아동에게조차도 관련 자료를 보여 주고 구두로 대답하도록 요청할 수도 있습니다.

🔷 기술 쌓기

이 장에서 논의했던 호흡 훈련들이 내담자의 삶에 얼마나 영향을 주었는지를 〈유인물 6-11〉의 일지 주제를 보여 주며 물어 봅니다. 이것을 연령이 낮은 아동과 해 봅니다. 아동이 글을 쓸 수 없다면 쓸 수 있도록 도와주거나 그림을 그리도록 해 봅니다. 경험 기록 주제들을 큰소리로 읽고, 받아쓰도록 하거나, 그림으로 그리거나, 혹은 말로 대답하도록 합니다.

🔷 성찰

내담자들이 쓴 경험 기록 주제들을 진행자가 혹은 그룹으로 진행하고 있다면 친구들과 나눌 수 있는지 물어봅니다. 그런 다음 내담자들이 적은 것에 대해서 얘기를 나눕니다. 주의를 모으는 데 어려움을 겪고 있거나 혹은 마음챙김을 배우면서 자기비난을 하고 있다면 누구나 마찬가지로 비슷한 경험을 하고 있다고 일반화해 줍니다. 앞과 같은 느낌을 표현하는 내담자가 있으면 과정을 충분히 경험할 수 있도록 도와줍니다.

호흡 마음챙김 일지 쓰기

 일지 주제

- 호흡 명상을 훈련할 때 어떤 일이 있었나요?
- 그것에 대하여 무엇을 생각했나요?
- 어떻게 느꼈나요?
- 호흡에 주의를 기울이는 것이 어려웠나요, 쉬웠나요?
- 호흡하는 것을 다른 사람에게 가르쳐 보았나요?
- 호흡에 주의를 집중할 때 어떻게 느껴졌나요?
- 호흡에 대하여 무엇을 알아차렸나요?
- 마음이 이리저리 방황하는 것을 알아차렸나요?
- 어떻게 주의를 다시 호흡으로 가져왔나요?
- 어느 호흡 명상 기술이 자신에 가장 잘 맞는다고 생각하나요, 그 이유는요?
- 언제 마음챙김 호흡 기술을 사용하였나요?
- 언제 그 기술들을 사용할 수 있었나요?
- 호흡 훈련이 어떻게 매일 매일의 일상을 변화시켰나요?
- 호흡 훈련을 하면서 가장 좋았던 점은 무엇이었나요?
- 호흡 훈련을 하면서 가장 싫었던 점은 무엇이었나요?
- 스트레스 수준에 어느 정도 변화가 있음을 알아차렸나요?
- 집중하는 능력에 어느 정도 변화가 있음을 알아차렸나요?
- 그 밖에 다른 변화가 있나요?

그림 주제

- 호흡 명상을 하고 있는 여러분의 모습을 그려 보세요.
- 호흡 명상을 하기 전과 후의 여러분의 뇌가 어떻게 달라졌는지 그림으로 그려 보세요.

제7장

현재 지금 이 순간 알아차리기

도구 7-1 주변 환경에 대한 마음챙김(실내)

🔷 배경

마음챙김의 기본 개념 중 하나는 현재 지금 이 순간을 알아차리는 능력을 향상시키는 것입니다. 지금 여기에는 신체, 호흡, 생각, 감정, 소리, 냄새 및 촉각에 대한 자기알아차림이 포함됩니다. 아동과 청소년이 자기 내면의 알아차림이 아닌 주변 환경을 알아차림하도록 도와줍니다. 아동과 청소년에게 이 과정을 가르치기가 더 쉽고, 덜 위협적이게 느끼게 합니다. 이 도구의 의도는 아동과 청소년이 실내에서 주변에 있는 것에 주의를 기울이고 현재 지금 이 순간에 주의를 기울일 수 있는 방법을 안내하는 것입니다.

🔷 기술 쌓기

연령이 높은 아동과 청소년에게는 이 짧은 마음챙김 명상이 현재 지금 이 순간에 온전히 함께하는 능력을 가르친다고 안내합니다. 현재 지금 이 순간이 무엇인지에 관한 토론을 할 수도 있습니다. 현재 지금 이 순간을 설명하도록 질문합니다. 연령이 낮은 아동과 함께, 이 기술을 훈련한 다음에 그들이 무엇을 알아차렸고 경험했는지를 표현할 수 있도록 도와줍니다(다음 참조). 내담자들에게 질문에 대해 소리 내어 말하지 않아도 된다고 설명합니다. 내담자들은 주변을 탐색하면서 질문에 귀를 기울이고, 머릿속으로 알아차리고 대답하도록 설명합니다. 주의가 산만해지고 생각이 떠돌아다니는 것이 정상이며, 이런 일이 발생했음을 알아차리자마자 생각이나 산만함에서 빠져나와 다시 주변 환경을 알아차리도록 주의를 환기할 수 있다고 말합니다.

〈유인물 7-1〉을 큰 소리로 읽으며 주변 환경에 대한 마음챙김 명상으로 내담자들을 안내합니다. 모든 방에서 동일한 절차를 사용하되, 실제로 방에 있는 내용을 성찰하도록 설명을 약간 변경할 수 있습니다. "앞에 보이는 벽에 주의를 기울이십시오. 이제 벽에 있는 창문(또는 그림 등)에 주의를 기울이십시오."

학교에 가거나 아르바이트(청소년)를 가거나, 상점, 친구의 일과 같은 새로운 환경에 처음 노출되었을 때, 아동과 청소년이 이 기술의 간단한 버전을 훈련하도록 권장합니다. 집, 영화, 수업을 바꿀 때마다 또는 숙제를 하기 위해 앉아서 현재 환경에 초점을 맞출 때에도 훈련할 수 있습니다.

🔷 성찰

명상 중에 무슨 일이 있었는지 질문합니다. 무엇을 알아차렸습니까? 이전에 알아차리지 못했던 새로운 것을 방에서 발견했습니까? 몸의 반응은 어땠나요? 마음 속에서 무슨 일이 일어나고 있는지 알아차릴 수 있었습니까? 방에 집중하기가 어려웠습니까? 산만했습니까? 그렇다면 무엇이 자신을 산만하게 했습니까? 주변 환경으로 어떻게 다시 주의를 가져올 수 있었습니까?

주변 환경에 대한 마음챙김(실내)

발은 바닥에 편안하게 내려놓습니다. 허리를 곧게 펴고 편안히 앉습니다. 양 손바닥은 위로 향하게 하여 무릎 또는 허벅지 위에 올려놓습니다. 눈은 살며시 뜨고 방 주변에 무엇이 보이는지 호기심을 가지고 살펴봅니다.

주위를 둘러봅니다. 여러분이 보고 있는 것에 부드럽고 따뜻한 호기심을 가지고 주의를 기울여 봅니다. 밝거나 어두운가요? 혼자입니까, 아니면 다른 사람과 함께 있습니까? 방에 창문이 있습니까? 밖이 보이나요? 하늘이 보이나요? 창문에 빛이나 햇빛이 비치나요? 바닥이나 벽의 어떤 부분을 햇빛이 비치고 있나요? 아니면 밖이 어두운가요? 빛이나 달이 보이나요?

여러분 앞에 무엇이 있는지 살펴봅니다. 벽, 문, 창문, 커튼, 예술품, 전등 스위치, 가구, 책장이 있습니까? 여러분 옆에 무엇이 있습니까? 뒤를 볼 수 있습니까? 주위를 둘러보며 관찰하십시오. 여러분의 마음이 방황하고 있습니까? 괜찮습니다. 방황하는 것은 지극히 자연스러운 일이라는 것을 알아차리고, 다시 방으로 돌아와 주변 환경을 살펴보도록 주의를 기울여 봅니다.

주변 온도를 확인합니다. 따뜻한가요? 차가운가요? 적당한가요? 공기가 움직이고 있습니까, 아니면 정지해 있습니까? 냄새가 나요? 편안함을 주는 냄새인가요, 아니면 불쾌한 냄새인가요? 새로운 냄새인가요, 아니면 익숙한 냄새인가요?

어떤 소리를 들을 수 있습니까? 조용한가요? 소음이 있으면 어떤 소리가 들리나요? 그 소리는 어디에서 왔습니까? 그 소리는 시끄러운가요? 부드러운가요? 날카로운가요? 차분하게 하나요? 신경이 쓰이게 하나요? 소리를 계속 듣고 싶습니까, 아니면 소리 듣기를 멈추고 싶습니까?

방에 움직이는 것이 있습니까? 무엇이 움직이고 있습니까? 가만히 있는 것은 무엇입니까? 사물이 방을 통과해서 오고 가면서 움직이고 있습니까?

의자에 앉은 몸에 주의를 기울여 봅니다. 몸이 의자의 바닥에 닿는 위치를 느껴 봅니다. 의자가 단단한가요? 부드러운가요? 쿠션이 있나요? 딱딱한가요? 등이 의자에 닿아 있나요? 의자가 너무 큰가요? 발이 바닥에 닿아 있나요, 아니면 발이 허공에서 왔다 갔다 할 수 있나요? 의자에 앉을 때 무릎이 구부러지나요? 몸이 의자에 꽉 채워져 있나요?

주변을 둘러보고 특히 관심을 끄는 무엇이 있는지 찾아봅니다. 모양, 위치, 색상, 질감, 사물에 주의를 기울여 봅니다. 그것이 여러분의 관심을 끄는 이유를 관찰합니다. 다른 것이 생각날 수도 있습니다. 무엇이 생각나나요? 그것은 무엇인가요? 흔하거나 특이한가요? 주변의 방과 현재 순간에 대해 생각하고 있지 않다는 것을 알았을 때 이러한 생각을 알아차리고 있는 그대로 받아들이고 내려놓습니다. 다른 생각에 "지금은 안 돼"라고 말하십시오. 주변 환경에 대한 알아차림으로 다시 돌아옵니다.

이 공간에서 자신을 있는 그대로 알아차려 봅니다. 기분은 어떤가요? 안전하다고 느끼나요? 여기 계속 머무르고 싶나요? 이 공간이 익숙하다고 느끼거나 모든 것이 새롭게 느껴지나요? 이 공간을 생각나게 하는 다른 곳이 있습니까? 이 공간은 기분이 좋거나 나쁘거나 중립적인가요?

현재 지금 이 순간에 온전히 집중하는 데 시간을 보냈습니다. 이 경험을 하면서 얻은 알아차림을 가지고 다시 일상생활로 돌아옵니다. 현재 지금 이 순간에 존재하기를 원할 때 이 훈련을 합니다. 더 잘 집중하고, 더 빨리, 더 많은 일을 처리하며 차분함을 느낄 수 있습니다.

도구 7-2 자연에서의 마음챙김(실외)

🔷 배경

현재 지금 이 순간을 알아차리는 기술은 마음챙김의 핵심 중 하나입니다. 이 마음챙김 기술은 아동과 청소년에게 자연환경의 모든 세부 요소에 집중하면서 지금 이 순간에 온전히 함께하는 기술을 가르칩니다. 온전한 알아차림을 위해 가능한 한 많은 감각을 사용합니다. 이 기술은 자연 속에 있을 때 얻을 수 있는 치유 및 진정 효과와 함께 주변 환경에 대한 알아차림을 통합합니다. 또한 움직일 때 마음챙김할 수 있는 방법을 제공합니다.

🔷 기술 쌓기

가능하다면 이 기술의 훈련을 위해서 아동과 청소년을 실외로 데리고 나갑니다. 공원, 놀이터, 해변, 잔디 또는 기타 안전한 장소를 찾습니다. 이 기술은 가만히 앉아 있는 데 어려움을 겪고 있는 아동과 청소년에게 적용하기 좋고, 산책을 하면서도 할 수 있습니다. 어딘가를 걷지 않는다면 아동과 청소년이 정해진 공간을 돌아다니며 주변에서 볼 수 있는 모든 것을 찾아보도록 격려합니다. 이 기술은 아동과 청소년에게 눈을 감고 그들이 있었던 실외 어딘가를 상상해 보도록 요청한 후에 실내에서도 수행할 수 있습니다.

〈유인물 7-2〉의 과정을 이 기술의 기초로 사용할 수 있습니다. 필요하다면 특정 환경에 맞게 수정합니다.

어디를 보고 무엇을 주목해야 하는지 안내함으로써 아이들이 집중할 수 있도록 도와줍니다. 아동과 청소년이 실외에 있을 때 몇 분 동안이라도 이 기술을 훈련하도록 권장합니다. 매일 아침 버스를 기다리거나 학교에 걸어갈 때 하면 좋은 시간이 될 수 있습니다.

🔷 성찰

이 방법을 알려 준 후, 아동과 청소년에게 주변에 있는 자연에 그렇게 세심한 주의를 기울이는 경험은 어땠는지 질문해 봅니다. 실외에 있다면 처음으로 무엇을 알아차렸습니까? 실내에 있다면 상상력을 발휘하여 실외에 있다고 상상할 수 있었습니까? 집중하기가 어려웠습니까? 무엇이 산만하게 했습니까? 산만해졌을 때 어떻게 관심을 다시 현재 순간으로 되돌렸습니까? 밖에 있을 때 스스로 훈련할 수 있었습니까? 훈련할 때 무엇을 알아차렸습니까? 훈련 전, 훈련 중, 훈련 후에 무엇을 알아차리고 경험하였습니까?

자연에서의 마음챙김(실외)

밖에 있을 때마다 주변 환경을 파악하여 현재 순간에 머무르는 것을 훈련합니다. 아동과 청소년에게 눈을 감고 자신이 과거에 밖에 있었던 장소를 상상해 보도록 요청합니다. 또는 눈을 뜨고 이 기술을 훈련하기 위해 아동과 청소년을 데리고 나갈 수 있습니다.

하늘을 보면서 시작합니다. 지금 하늘은 무슨 색인가요? 맑은가요? 구름이 있습니까? 구름은 어떻게 생겼습니까?

태양이 빛나고 있습니까? 태양이 구름 뒤에 있습니까? 낮입니까, 아니면 어두워진 후입니까?

주위를 둘러보고 주변에 무엇이 있는지 확인합니다. 나무가 보이나요? 그렇다면 나무 중 하나를 자세히 살펴봅니다. 잎사귀로 나무가 덮여 있습니까, 아니면 가지가 드러나 있습니까? 잎이나 가지는 무슨 색입니까? 나뭇가지나 씨앗 꼬투리 또는 꽃에 새싹이 있습니까? 바늘잎과 솔방울이 있습니까? 나무가 완벽하게 멈추어 있습니까, 아니면 산들바람에 나무가 움직이고 있습니까?

숨을 천천히 들이마시고 냄새를 확인합니다. 향기나 냄새가 있습니까? 유쾌한가요, 아니면 불쾌한가요? 향기나 냄새가 자연스럽게 느껴지나요, 아니면 인공적입니까? 향기와 냄새는 여러분의 인생에서 경험했던 다른 무엇이나 시간을 생각나게 합니까?

풀이 보이나요? 무슨 색인가요? 무성한 녹색입니까, 아니면 건조하고 시들어 있습니까? 길거나 멋지게 정리되어 있습니까? 가능하면 손을 뻗어 풀을 만져 봅니다. 기분이 어떻습니까?

꽃이 피었나요? 색상과 모양을 확인해 봅니다. 가능하면 냄새를 맡아 봅니다.

주변에 돌이나 바위가 있습니까? 색상과 모양을 확인해 봅니다. 돌이나 바위를 만지고 질감을 확인합니다.

호수나 바다를 볼 수 있습니까? 물에 주의를 보냅니다. 차분하고 고요한가요, 아니면 움직이고 있나요? 파도가 치고 있나요? 물은 무슨 색입니까? 모래사장이 있습니까?

어떤 소리가 들리나요? 새들이 노래하고 있습니까? 자동차, 트럭, 비행기, 모터, 경적, 사이렌과 같은 문명의 소리가 들립니까? 나무에서 부는 바람 소리가 들리나요? 개울이나 폭포, 바다, 파도 소리가 들리나요?

온도는 어떤지 알아차려 봅니다. 덥거나, 춥거나, 따뜻하거나, 쌀쌀합니까? 바람이 있나요, 아니면 미풍이 있습니까, 아니면 강한 바람이 있습니까?

자연환경에 온전히 집중하는 시간을 가져 보았습니다. 이제 일상생활 속에서도 부드럽고 온화한 주의로 주변 환경을 알아차릴 수 있습니다.

주의 산책하러 가거나, 놀이터에 있거나, 버스를 기다리는 등 야외에 있을 때마다 아동과 청소년이 이 기술을 훈련하도록 권장하십시오.

도구 7-3   어떤 물건이든 초심자의 마음으로 살펴보기

● 배경

지금 이 순간의 풍요로움을 경험하기 위해서는 '초심자의 마음'을 기르는 것이 필요합니다. Kabat-Zinn 에 따르면, 초심자의 마음은 처음처럼 모든 것을 열린 마음과 호기심으로 보고자 하는 마음입니다. 이 도구는 알아차림 방법을 사용하여 현재 지금 이 순간을 알아차리는 기술입니다.

● 기술 쌓기

마음챙김의 기본 중 두 가지는 초심자의 마음과 현재 지금 이 순간을 알아차리는 것이라고 연령이 높은 아동과 청소년에게 설명합니다. 이 기술은 그들이 현재 지금 이 순간을 알아차리는 것을 훈련하면서 마치 처음 보는 것처럼 호기심을 가지고 모든 것을 보고 싶어 하는 열린 마음과 초심자의 마음을 사용하는 것이 도움이 된다고 설명합니다. 어떤 것에 초보자였을 때가 있었는지 질문합니다. 연령이 낮은 저학년 아동도 이 훈련을 할 수 있지만 설명이 필요하지 않을 수 있습니다.

손으로 잡을 수 있는 작은 물체에 대해 〈유인물 7-3〉의 설명을 참조하세요. 사용할 물건의 예로는 연필, 지우개, 종이, 컵, 포크, 공, 장난감, 스마트폰, 이어폰, 태블릿, 인형, 동전 등이 있습니다. 편리한 물건을 사용하세요. 같은 유형의 물건을 직접 잡고 훈련을 진행하면서 안내를 따릅니다. 집단의 구성원에게 동일하거나 유사한 물건을 제공할 수 있습니다. 아동의 나이와 인지 능력에 따라 훈련의 길이와 세부사항을 다양하게 하십시오. 같은 아동과 이 기술을 훈련할 때마다 훈련 시간을 조금씩 늘립니다.

이것은 또한 보기 마음챙김(제9장), 접촉 마음챙김(제12장), 듣기 마음챙김(제8장) 및 먹기 마음챙김(제10장), 그리고 후각 마음챙김(제11장)에도 기술되어 있습니다.

● 성찰

아동과 청소년에게 이 훈련을 하는 것이 어땠는지 질문합니다. 이전에 알아차리지 못했던 물건에 대해 새롭게 알아차린 것이 있습니까? 마음이 방황했습니까? 마음이 방황할 때 어떻게 주의를 다시 그 물건으로 되돌렸습니까? 지루했나요? 물건에 초점을 맞출 때 느낌에 변화가 있었나요? 몇 주 동안 같은 물건으로 이 과정을 여러 번 훈련하고 아동과 청소년이 이 훈련을 통해 주의를 더 잘 기울일 수 있었는지 확인합니다.

어떤 물건이든 초심자의 마음으로 살펴보기

쉽게 집어들 수 있고 손에 쥘 수 있을 만큼 작은 물건을 선택하세요. 한 손으로 잡고 다른 손으로 작업합니다. 얼마나 무겁거나 가벼운지 알아차려 봅니다. 얼마나 큽니까? 표면을 손가락으로 문질러 봅니다. 가장자리가 거칠거나 매끄럽습니까? 물건의 모양, 색상 및 질감을 관찰합니다. 표면에 요철이나 움푹 들어간 부분이 있는지 확인합니다. 매끄럽거나 거칠게 느껴집니까? 손가락이 시원하거나 따뜻합니까? 끈적거리거나, 미끄럽거나, 젖어 있거나, 건조합니까?

물건에 쓰인 것이 있는지 자세히 살펴봅니다. 단어가 적혀 있습니까? 물건에 그려지거나 인쇄된 것이 있습니까?

마음이 방황하거나 지루하다는 생각이 일어나기 시작한다면 그 물건으로 다시 주의를 가져옵니다. 손가락으로 그 대상을 꽉 쥐어 봅니다. 삐걱거리는 소리가 나거나 유연하게 모양이 변하거나 단단합니까?

손가락으로 두드리거나 손톱으로 긁으면 어떤 소리가 들립니까? 쿵, 찰칵, 쿵, 딸각? 손으로 회전해 봅니다. 빛이 어떻게 반사됩니까? 반짝거리거나 칙칙합니까? 거울처럼 빛을 반사합니까? 색상이 단색인가요? 불투명한가요? 투명한가요? 그것을 통해 볼 수 있습니까? 단단하거나 속이 비어 있습니까? 어떤 재료로 만들어졌습니까?

코에 대고 냄새를 맡아 봅니다. 냄새가 나요? 냄새가 향긋한가요? 중립적인가요? 냄새가 좋지 않은가요? 책상 위에 떨어뜨릴 수 있습니까? 가만히 있거나 구르거나 앞뒤로 흔들리나요? 책상 위에서 움직일 때 어떤 소리가 나나요? 쉽게 미끄러지거나 한곳에 멈춰 있나요? 자세히 살펴보고 이전에 알지 못했던 것을 찾아봅니다.

도구 7-4　물 한 컵 관찰 게임

◆ 배경

이 도구는 물 한 컵을 관찰 대상으로 사용하는 또 다른 현재 지금 이 순간을 알아차리는 기술입니다. 물을 사용하면 내담자가 오감(시각, 촉각, 후각, 미각 및 청각)을 모두 사용할 수 있습니다. 이 도구는 물 한 컵을 관찰하기 위해 '초심자의 마음'을 안내하는 훌륭한 예를 제공합니다. 아동과 청소년이 즐겁게 경험할 수 있는 매우 적극적인 기술입니다.

◆ 기술 쌓기

내담자들에게 물 한 컵을 관찰의 대상으로 사용하여 현재 지금 이 순간을 알아차리는 훈련을 할 것이라고 안내합니다. 〈유인물 7-4〉를 참조하세요. 도구를 직접 읽고 개념을 이해합니다. 손에 물 한 컵을 들고 명상을 이끄는 동안에 스스로 훈련합니다. 내담자들에게 마음을 열고 처음 보는 것처럼 물을 보도록 안내합니다. 안전을 위해 연령이 낮은 아동에게는 투명한 플라스틱 컵을 사용합니다. 이 기술은 종이컵으로 할 수도 있지만 투명한 플라스틱이나 유리컵을 통해 물을 볼 수 있도록 하는 것이 좋습니다. 아동이 물을 가지고 놀거나, 물을 뿌리거나, 마실 수 있도록 준비합니다. 아동은 마음챙김을 배우면서 재미있게 경험하고 있습니다. 지금 이 순간 온전합니다!

◆ 성찰

내담자들에게 무엇을 경험하고 있는지 질문합니다. 내담자들은 플라스틱 컵이나 유리컵에 있는 물을 보고 무엇을 알아차렸습니까? 플라스틱 컵이나 유리컵과 물에 주의를 기울이는 느낌이 어땠나요? 물이 어떻게 보이고 움직이는지에 대해 무엇을 알아차렸습니까? 내담자들은 맛이나 냄새에 대해 무엇을 알아차렸습니까? 물을 한 모금 마신 후에 목을 따라 내려가는 물을 따라 갈 수 있었습니까? 주의를 산만하게 하는 생각을 어떻게 처리했습니까? 훈련 전과 비교했을 때 다른 느낌이 있었습니까?

지금 이 순간 알아차리기: 물 한 컵 관찰 게임

유리컵(또는 연령이 낮은 아동을 위한 투명 플라스틱 컵 또는 종이컵)에 물을 반 정도 채웁니다. 다음의 안내 스크립트를 아동과 청소년에게 안내합니다. 아동과 청소년과 함께해 봅니다. 단계마다 시간을 충분히 할애합니다. 호기심을 가지고 재미있게 경험해 봅니다.

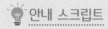 안내 스크립트

> 테이블 위에 놓인 플라스틱 컵이나 유리컵을 봅니다. 모양, 색상 및 크기를 확인합니다. 유리컵을 들고 다양한 방법으로 사방에서 관찰합니다. 측면이나 바닥에 글씨가 있습니까? 플라스틱 컵이나 유리컵의 각 표면을 손가락으로 문질러 봅니다. 매끄러운가요? 거친가요? 끈적거리나요? 미끄러운가요? 구부러지거나 정사각형입니까? 거친 모서리가 있습니까?
>
> 플라스틱 컵이나 유리컵을 통해 볼 수 있습니까? 플라스틱 컵이나 유리컵을 앞뒤로 움직여 봅니다. 앞뒤로 움직일 때 물에 어떤 일이 일어나는지 확인해 봅니다. 플라스틱 컵이나 유리잔을 원의 방향으로 움직이고 물이 가장자리를 따라 소용돌이치는 것을 지켜봅니다. 이제 가만히 멈추어 봅니다. 물은 어떻게 되나요?
>
> 물이 담겨 있는 플라스틱 컵이나 유리컵을 두드려 봅니다. 어떻게 들리나요? 이제 물이 담겨 있는 플라스틱 컵이나 유리컵을 두드려 봅니다. 소리가 바뀌나요? 물이 담겨 있는 선 아래의 플라스틱 컵이나 유리컵을 두드린 후 물의 선 위를 두드려 봅니다. 소리가 어떻게 다릅니까?
>
> 플라스틱 컵이나 유리컵을 코 쪽으로 가져와 냄새를 맡아 봅니다. 냄새가 있습니까? 기분이 좋아지나요? 불쾌하거나, 친숙하거나, 새로운 냄새인가요?
>
> 물을 조금 마십니다. 물이 입술에 닿을 때의 느낌은 어떻습니까? 뜨겁거나, 차갑거나, 부드럽거나, 거칩니까? 입을 움직일 때는 어떤 느낌이 듭니까?
>
> 물을 한 모금 더 마시고 물이 입 안으로 들어올 때 어떤 느낌인지 확인합니다. 물을 삼키고 여러분의 목과 뱃속으로 흘러 들어가는 느낌에 주의를 기울여 봅니다. 주의를 기울이며 알아차릴 수 있었나요? 만약 주의를 놓쳤다면 어디 부분에서 주의를 놓쳤습니까?
>
> 알아차림을 현재 있는 공간으로 가져옵니다.

도구 7-5 공간 사이를 느끼기

◆ 배경

열린 집중(Open Focus)은 Les Fehmi(2007, 2010, 2012)가 개발했습니다. 이 훈련은 마음챙김의 가장 기본적인 기술인 주의력을 개발하는 데 도움이 됩니다. 열린 집중 주의력 훈련은 다양한 감각 경험과 이러한 경험 사이의 공간에 어떻게 참여하는지에 대해 알아차림을 권장합니다. 아동과 청소년이 사물을 원근감 있게 보고 스트레스 해소, 육체적 통증 관리, 감정 조절, 집중력 향상 및 초월적인 순간(청소년이나 성인)을 이해하는 데 도움이 됩니다. 자세한 내용은 『뇌와 마음의 긴장을 풀어 새로운 삶을 창조하는 오픈포커스 브레인』(Fehmi, 2007)을 참조하세요.

◆ 기술 쌓기

열린 집중은 현재 지금 이 순간에 넓고 좁은 주의를 훈련함으로써 현재 지금 이 순간을 알아차리는 도구라고 설명합니다. 좁은 주의와 넓은 주의의 차이점에 관한 토론에 아동과 청소년을 참여시킵니다. 좁은 주의는 누군가의 눈을 보는 것이며, 넓은 주의는 머리나 몸 전체를 볼 수 있습니다. 이 기술은 내담자들이 사물을 관점과 함께 볼 수 있도록 설계되었습니다. 예를 들어, 특정한 날에 학교에 대해 걱정할 때 그것을 원근감 있게 생각하고 학교에 대해 더 잘 느꼈다는 것을 기억하고 곧 다시 경험할 것입니다. 하루는 모든 것이 아니며, 한 달 또는 1년 전체의 맥락에서는 덜 중요합니다.

내담자들에게 편안한 자세를 찾도록 안내합니다. 편안하다고 느끼면 눈을 감도록 안내합니다. 그런 다음 열린 집중 명상(〈유인물 7-5〉 참조)을 읽습니다. 연령이 높은 아동과 청소년을 위해 전체 명상을 사용하고, 연령이 낮은 아동을 위한 명상은 두 번째 부분부터 시작하여 더 짧고 쉽게 만듭니다. 크고 작은 공간을 번갈아 가며 아이디어를 얻고 내담자들의 요구에 맞게 수정합니다. 수업에 참여한 내담자들의 상당수는 이 훈련의 안내를 들으면서 눈에 띄게 진정되었고, 종종 "다음 공간은요, 선생님!"이라고 질문하기도 했습니다.

◆ 성찰

내담자들에게 무엇을 경험했는지 질문합니다. 그들은 공간 '사이'를 시각화할 수 있었습니까? 몸이나 마음에 변화가 있었습니까? 이제 내담자들은 더 편안하게 느낍니까? 훈련에 대해 어떤 점을 좋아하거나 싫어했나요? 집중할 수 있었습니까? 그들은 크고 작은 공간의 차이를 알아차렸습니까?

열린 집중: 공간 사이를 느끼기

연령이 높은 아동과 청소년을 위한 시작

눈 사이의 공간에 모든 알아차림을 가져옵니다.

공간을 느껴 봅니다.

공간을 보고 있다고 상상해 봅니다.

눈 사이의 고요함에 주의를 기울여 봅니다.

공간에 대해 생각합니다.

눈 사이의 새로움을 느껴 봅니다.

그것을 본 후에 공간을 느끼는 것을 상상해 봅니다.

양 엄지손가락을 모읍니다.

양 엄지손가락을 느껴 봅니다.

양 엄지손가락 사이의 공간을 느낍니다.

엄지손가락 주위에 무엇이 있는지 느껴 봅니다.

엄지손가락 밖에 있는 것을 느껴 봅니다.

엄지손가락이 없다고 느껴 봅니다.

엄지손가락 주위의 공간을 느낄 수 있습니까?

엄지와 검지 사이의 공간을 느낄 수 있습니까?

나머지 손가락과 엄지손가락 사이의 공간이 느껴집니까?

뇌의 피질은 신체의 다른 어떤 부위보다 몸의 이 부위에 대한 알아차림에 더 많이 관여합니다.

다른 손가락 사이의 공간도 느낄 수 있나요?

지금까지 공간을 느끼는 연습을 함께 했습니다.

앞으로 여러분이 이 연습을 활용해서 다른 공간도

이러한 방법으로 느낄 수 있기를 바랍니다.

상상력을 마음껏 발휘해 봅니다.

잡을 수 없는 공간을 의식적으로 잡으려고 노력해 봅니다.

여러분은 주의를 기울이는 방식에 더 집중하게 됩니다.

이것은 무의식적인 수준에서 일어납니다.

긴장이 많이 풀릴 것입니다.

여러분은 긴장을 풀고 하나의 대상에 마음을 모읍니다.

편안히 이완된 상태에서 마음을 모으면

스트레스와 긴장이 줄어듭니다.

마음이 닫히면 긴장이 쌓입니다.

불쾌한 느낌이 들더라도 그것은

큰 열린 마음의 일부분임을 알아차립니다.

이 연습은 일을 처리하는 데 도움이 되는 일종의 피난처를 만듭니다.

쓰러지거나 졸지 않도록 부드럽게 똑바로 앉습니다.

(www.openfocus.com의 허가를 받아 수정됨; Fehmi, 2007, 2010)

연령이 낮은 아동을 위한 시작

머릿속에 공간이 있다고 상상할 수 있습니까?

머리 꼭대기와 발바닥 사이의 공간을 상상할 수 있습니까?

왼쪽 귀와 오른쪽 귀 사이의 공간을 상상할 수 있습니까?

어깨와 발가락 사이의 공간을 상상할 수 있습니까?

입 안의 공간을 상상할 수 있습니까?

등과 의자 뒤 사이의 공간을 상상할 수 있습니까?

손가락 사이의 공간을 상상할 수 있습니까?

어깨와 엉덩이 사이의 공간을 상상할 수 있습니까?

입과 코 사이의 공간을 상상할 수 있습니까?

엉덩이와 발가락 사이의 공간을 상상할 수 있습니까?

발목과 발뒤꿈치 사이의 공간을 상상할 수 있습니까?

초점을 다시 지금 이곳으로 가져옵니다.

도구 7-6 **현재 지금 이 순간의 알아차림이
자신의 하루를 어떻게 변화시키는지에 대한 일지 쓰기**

◆ 배경

일지 쓰기는 아동과 청소년이 현재 지금 이 순간의 알아차림에 대해 배운 것을 통합하는 데 도움이 될 것입니다. 현재 지금 이 순간을 알아차리는 것뿐만 아니라 그들에게 더 많은 지도가 필요한 곳으로 안내하는 데 도움이 됩니다.

◆ 기술 쌓기

아동과 청소년에게 〈유인물 7-6〉의 일지 주제에 글로 쓰거나 말로 답하도록 요청합니다. 연령이 낮은 아동에게는 두 번째의 일지 주제를 사용합니다. 이것은 그들이 현재 지금 이 순간의 알아차림에 대해 배운 것을 이해하는 데 도움이 될 것이라고 설명합니다.

◆ 성찰

내담자와 함께 일지 내용을 검토합니다. 그들의 대답이나 그림에 관해 토론하고 그들이 배운 것을 명확히 하도록 도와줍니다. 이것을 그들의 질문에 답할 수 있는 기회로 사용하세요.

현재 지금 이 순간의 알아차림이 자신의 하루를 어떻게 변화시키는지에 대한 일지 쓰기

 연령이 높은 아동과 청소년을 위한 일지 주제

- 현재 지금 이 순간을 알아차린다는 것이 무엇인지 설명합니다.

- 이것을 실천했거나 실천할 수 있었던 때의 예를 몇 가지 들어 봅니다.

- 이러한 일지 주제에 답하면서 현재 지금 이 순간을 알아차리는 것을 어떻게 훈련할 수 있습니까?

- 현재를 알아차리는 능력이 어떻게 바뀌었습니까?

- 이 기술을 훈련할 때 자신의 몸에 대해서 무엇을 알아차렸습니까?

- 이 기술을 훈련할 때 자신의 감정 상태에 대해 어떤 점을 알아차렸습니까?

- 여러분이 전에 해 보지 않은 이 기술을 언제 훈련했습니까?

- 현재 지금 이 순간을 알아차리는 것을 훈련한 지금 여러분의 삶은 어떻게 바뀌었습니까?

- '초심자의 마음'을 사용하여 어떻게 훈련했습니까?

- 현재 지금 이 순간에 집중하려고 할 때 가장 주의를 산만하게 하는 것은 무엇입니까?

- 주의가 산만해졌을 때 다시 집중하는 데 무엇이 도움이 되었나요?

- 좁은 주의의 세 가지 예를 나열해 봅니다.

- 넓은 주의의 세 가지 예를 나열해 봅니다.

 연령이 낮은 아동을 위한 일지 주제

- 주변에 보이는 세 가지를 그려 봅니다.

- 현재 어떤 것에 주의를 기울이고 있는 여러분의 모습을 그려 봅니다.

- 물이 담긴 컵이나 컵의 그림을 그려 봅니다.

- 새로운 것을 배우는 어린 아이의 모습을 그려 봅니다.

제8장

듣기 마음챙김

도구 8-1 벨 소리에 귀를 기울이기

 배경

　듣기 마음챙김은 아동과 청소년을 위한 마음챙김 프로그램에 종종 포함되는 기술입니다(Schonert-Reichl & Lawlor, 2010; Kaiser, Greenland, 2010; Hawn Foundation, 2011). 듣기 마음챙김은 주의를 기울이고 집중을 유지할 수 있는 능력을 훈련하는 방법이기도 하지만, 마음을 평온하게 하는 방법으로 사용되기도 합니다. 이 도구는 명상 벨을 주의를 기울이는 초점으로 사용합니다. 명상 벨은 보통 소리가 사라지기 전에 꽤 오랫동안 계속 울립니다. 이 도구의 의도는 내담자가 평온한 상태가 되게 하고, 그들의 집중력을 높이려는 것입니다. 이것은 외부를 알아차리는 기술입니다.

기술 쌓기

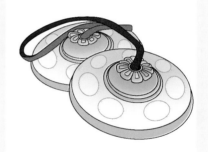

1. 명상 벨을 사용하여 내담자 집단의 주의를 모으세요. 벨을 울려 여러분이 주의를 모으고 있다는 신호를 보냅니다. 집단 환경에 압도당하고 있다고 느껴지거나 조용히 집중할 필요가 있을 때 내담자 스스로 벨을 울릴 수 있도록 지도합니다. 자세한 내용은 〈도구 3-6〉을 참조하세요.
2. 이 책 전체에 걸쳐 다양한 마음챙김 기술을 시작하고 끝낼 때 명상 벨을 사용합니다. 벨 소리는 마음을 고요하게 가라앉히고 주의를 기울이라는 신호가 될 것입니다.
3. 명상을 훈련하는 데 벨을 사용할 때는 다음과 같이 설명합니다. (벨은 아마존에서 쉽게 구입할 수 있습니다.) 곧 명상 벨을 울릴 것이며, 벨이 내는 소리를 잘 듣고 더 이상 소리가 들리지 않을 때 손을 들라고 설명합니다. 내담자들이 언제 손을 드는지 지켜봅니다. 이 과정을 여러 번 반복합니다. 그들이 집중할 수 있도록 효과적으로 벨을 사용할 수 있습니다.

성찰

　내담자들에게 벨 소리를 들을 수 있었는지 물어보세요. 산만해졌는지 혹은 소리가 멈출 때까지 주의를 기울이는 데 어떤 어려움이 있었는지 물어봅니다. 어떻게 벨 소리로 주의를 되돌릴 수 있었나요? 다른 소리가 산만하게 했나요? 다음번에 벨을 사용하여 주의를 모을 때 내담자들이 손을 드는지 살펴보세요.

도구 8-2 방 안의 소리에 귀를 기울이기

◆ 배경

〈도구 8-1〉에서 언급했듯이, 듣기 마음챙김은 아동과 청소년에게 마음을 진정시키고 집중하도록 가르치는 좋은 방법입니다. 이 도구는 방 안에서 들리는 소리를 주의 집중의 초점으로 사용합니다.

◆ 기술 쌓기

내담자들에게 잠시 동안 마음껏 시끄럽게 하라고 요청하세요. 그러고 나서 심호흡을 한 뒤 완전히 조용히 있으면서 방에서 나는 소리를 들어 보라고 요청합니다. 내담자들의 나이에 따라 약 30초 동안 침묵할 수 있습니다. 그다음, 침묵하는 동안 방 안이나 방 바깥에서 들었던 소리가 무엇이었는지 토론합니다. 만약 내담자들이 듣지 못한 소리를 여러분이 들었다면, 여러분이 들었던 소리를 그들에게 말해 주고 나서 다시 훈련하세요. 그들의 주의를 여러분이 들었던 소리로 돌린 후 그들도 이제는 그 소리를 들을 수 있는지 살펴봅니다. 이 훈련을 했던 어떤 아동 집단에서 들을 수 있었던 것은 바닥에 앉아 꿈틀거리면서 운동화를 삐걱대는 소리뿐이었습니다. 그다음에 침묵하면서 그들에게 운동화를 조용히 할 수 있는지 요청했습니다. 3세의 유아들도 해냈습니다!

◆ 성찰

조용히 있을 때 무슨 소리가 들렸는지 물어보세요. 전에도 이 소리를 알아차렸나요? 침묵을 지킬 때 그 소리가 더 크게 들렸나요, 아니면 더 약하게 들렸나요? 무엇이 소리를 내고 있는지 알아차렸나요? 두 번째 훈련을 할 때는 다른 소리를 들었나요? 내담자들 스스로 소리를 내었나요? 만약 그렇다면 그들이 소리를 멈출 수 있었나요?

도구 8-3 음악이 멈출 때까지 춤을 추기

◆ 배경

이 도구는 아동과 청소년이 음악을 듣고 춤을 추면서 마음챙김을 훈련하도록 도울 수 있는 또 다른 방법을 제공합니다. 이 도구는 마음챙김 기술을 훈련하는 동안에 일어나 움직이게 하는 간단한 방법입니다.

◆ 기술 쌓기

내담자의 나이와 취향에 맞게 신나는 음악을 선택합니다. 아동과 청소년이 춤을 즐기기 위해 스스로 선택한다는 점에 유의하세요. 내담자에게 댄스파티를 한다고 얘기해 줍니다. 노래를 여러 개 들려 주고 음악에 맞춰 춤을 추라고 격려하세요. 여러분도 그들과 함께 춤을 춥니다. 마음껏 즐기세요.

이제 내담자들에게 음악을 잘 듣다가 음악이 멈추는 것을 알아차리자마자 '얼음'이 된 것처럼 그 자리에 얼어붙어 있으라고 말합니다. 음악이 다시 시작되면 다시 움직입니다. 여러분도 함께 놀고, 춤추고, 재미 있게 즐깁니다. 처음에는 음악을 시작하고 얼마 지나지 않아 바로 멈춥니다. 그다음에는 어느 정도 시간이 지난 후에 멈춥니다. 얼어붙은 자세가 재미있게 보이게 해 달라고 요청하세요. 여러분에게 또 다른 아이디 어가 떠오를 것입니다.

이 기술 훈련에서 고전적인 의자 앉기 놀이도 사용될 수 있지만, 의자 앉기 놀이는 경쟁적이어서 단순히 춤을 추게 하는 자유롭고 판단하지 않는 분위기의 역동성을 바꿉니다. 필요하다면 가끔씩 지루하지 않게 중간에 끼워서 사용하세요.

◆ 성찰

내담자에게 춤추는 것이 어땠는지 물어보세요. 춤추는 것을 즐겼나요? 춤추는 자신을 의식했나요? 음악이 멈췄을 때 무슨 일이 일어났나요? 제자리에 얼어붙어 있었나요? '얼음'이 된 느낌이 어땠나요? 음악이 멈추는 것을 알아차리는 데 얼마나 걸렸나요?

도구 8-4 | 바다 소리를 들어 보기

◆ 배경

모든 연령대의 아동이 소라 껍데기를 귀에 갖다 대고 바다 소리를 들어 봤을 것입니다. 이 도구는 같은 방법을 사용하여 아동과 청소년에게 자신이 듣고 있는 것에 집중하여 주의를 기울이도록 도움을 줍니다.

◆ 기술 쌓기

내담자들에게 바다 소리를 들을 수 있는 게임을 할 것이라고 이야기해 주세요. 이상적으로는 이 기술에 사용할 실제 소라 껍데기가 있으면 좋습니다. 쉽게 구할 수 없다면, 금속 머그잔이나 딱딱한 플라스틱 컵, 혹은 덮개가 없는 유리잔을 사용하세요. 소라 껍데기, 플라스틱 컵, 유리잔을 귀에 대고 듣는 기술을 시연합니다. 내담자들에게 똑같이 해 보라고 요청하고 무슨 소리가 들리는지 물어 보세요. 바다 소리처럼 들리나요? 소라 껍데기를 사용할 수 없는 경우에는 앞에 나열된 다른 항목 중 하나를 사용하세요. 귀 위로 완전히 덮으면 아무 소리도 들리지 않을 것입니다. 귀를 완전히 덮지 않고 살짝 기울이면 바다 소리와 비슷한 '휘이' 하는 소리가 들립니다. 그것을 가지고 놀면서 소리가 어떻게 변하는지 살펴보세요.

이 훈련은 내담자들이 한 번이라도 바다에 가 본 적이 있는지, 만약 있다면 어떤 소리를 들을 수 있었는지 토론을 촉발할 수 있습니다. 이것은 소리에 채널을 맞추고 마음챙김을 추가로 하는 훈련입니다. 이 도구를 내담자들에게 익숙한 다른 소리를 탐색하는 기회로 활용하세요.

◆ 성찰

내담자들은 소라 껍데기나 다른 물체 안에서 소리를 들을 수 있었나요? 바다 소리처럼 들렸나요? 뭔가 다른 소리 같았나요? 실제로 바다 소리를 들어 본 적이 있나요? 그 소리가 어떻게 들렸나요? 무엇이 바다 소리를 만들까요? 바다 소리는 변하지 않을까요, 아니면 파도에 따라 변할까요? 내담자들이 알아차린 다른 소리는 무엇인가요?

도구 8-5　음악 소리에 귀를 기울이기

◆ 배경

　이 도구는 아동과 청소년이 듣기 마음챙김을 훈련할 수 있는 또 다른 방법을 제공합니다. 음악은 모든 문화, 인종, 민족에 걸친 보편적인 언어입니다. 음악 감상 수업과 마찬가지로, 이 도구는 내담자들에게 한 곡의 음악 소리에 집중하게 하고 특이점을 알아차리도록 지도합니다.

◆ 기술 쌓기

　내담자의 나이와 발달 단계에 맞춰 다양한 스타일의 음악을 사용합니다. 음악 한 곡을 연주하며 내담자들에게 음악을 들어 보라고 요청하세요. 적당한 수준에서 마음껏 즐깁니다. 누군가 노래하는 것을 듣게 되거나, 드럼 소리가 멈추거나, 플루트나 피아노 소리가 들릴 때 손을 들라고 요청할 수 있습니다. 또는 세 가지 다른 종류의 음악을 연주하면서 평온하게 해 주거나, 활기차게 해 주거나, 행복하게 해 주거나, 슬프게 하는 음악을 들을 때 손을 들라고 요청하세요. 내담자들에게 박자에 맞춰 손뼉을 치도록 격려하세요.

　청소년에게는 좋아하는 밴드나 가수가 있는지 물어보고 그것을 틀어 주세요. 또한 인기곡, 컨트리, 록앤롤, 고전음악, 재즈, 칼립소, 얼터너티브, 포크 음악을 포함한 다양한 장르의 음악을 연주할 수도 있습니다. 그들에게 노래를 듣고 스타일에 차이가 있는지, 자신이 좋아하는지 아닌지 혹은 음악이 친숙한지 아닌지 등의 차이를 파악해 달라고 요청합니다. 여러 가지 곡이 연주될 때 그들의 속마음을 알아차려 보라고 요청하세요.

◆ 성찰

　내담자들은 재생 중인 음악에 계속 집중할 수 있었나요? 무엇이 그들을 산만하게 만들었나요? 어떻게 다시 음악 듣기로 주의를 돌렸나요? 누군가 노래하고, 드럼이 멈추고, 플루트나 피아노가 연주되는지 언제 알 수 있었나요? 여러 음악을 들으면서 어떻게 느끼는지 스스로 알아차릴 수 있었나요?

도구 8-6 　함께 드럼 놀이하기

● 배경

드럼 소리에 주의를 기울이는 것은 꽤 쉬운 일입니다. 드럼은 기원전 5500년까지 거슬러 올라가는 오랜 역사를 가지고 있으며, 문화 의식, 의사소통, 동기 부여, 전쟁, 영성, 음악 등에 사용되어 왔습니다 (Wikipedia, 2013). 이 도구는 드럼 소리에 귀를 기울이면서 다양한 리듬으로 드럼이나 드럼 대체물을 두드리는 것을 포함합니다.

● 기술 쌓기

듣기 마음챙김 기술을 익히는 데에는 몇 가지 방법이 있습니다.

1. 강한 비트가 있는 드럼 음악을 틀어 주고 내담자들에게 드럼 소리에 맞춰 박수를 치도록 요청하세요.

2. 내담자들에게 드럼이나 드럼 대체물을 두드려 보라고 합니다. 다양한 휴대용 기구가 사용될 수 있습니다. 기본적으로 흔들 수 있거나 달그락거리는 모든 것이 사용될 수 있습니다. 그들에게 드럼(또는 대체물)으로 가능한 한 큰 소음을 내어 보라고 말합니다. 그리고 나서 여러분이 드럼 스틱을 공중에 들어 올릴 때 멈추고 조용히 해 달라고 요청하세요. 이때 주의를 침묵의 소리로 돌립니다. 그리고 나서 (집단으로) 다시 드럼을 칠 때 어떻게 들리는지 알아차려 보라고 요청하세요. 그리고 나서 다시 조용히 해 달라고 요청합니다. 이제 모두 같은 박자로 드럼을 치라고 요청하세요. 비트, 비트, 비트. 각자 다른 비트를 연주할 때와 어떻게 다른 소리가 나는지 알아차려 보라고 요청하세요.

3. 그리고 나서 간단한 리듬을 두드리고 따라해 달라고 하세요. 쉬운 박자를 익히고 나면 박자를 좀 더 어렵게 만들어 봅니다. 맘껏 즐기세요. 다음과 같이 리듬을 바꿉니다.

- 비트, 비트, 비트, 비트
- 비트, 쉬고, 쉬고, 비트
- 비트, 쉬고, 비트, 비트
- 비트, 비트, 비트, 쉬고
- 비트, 비트, 쉬고, 비트
- 쉬고, 비트, 비트, 비트

● 성찰

내담자들에게 묻습니다. 음악 속에서 드럼 소리를 들을 수 있었나요? 음악을 따라 연주할 때 무엇을 알아차렸나요? 모든 사람이 동시에 쳤을 때 무엇을 알아차렸나요? 모두 같은 비트로 쳤을 때 어떻게 달리 들렸나요? 조용히 침묵하는 느낌이 어땠나요? 주의를 기울이는 데 어려움이 있었나요? 새로운 비트로 연주하는 것을 배우기 전에 집중하는 것이 더 쉬웠나요, 혹은 새로운 비트를 배운 후에 집중하는 것이 더 쉬웠나요? 무엇이 집중력을 유지하는 데 도움이 되었나요?

도구 8-7 릴레이 게임에 귀를 기울이기

◆ 배경

이 도구는 사람과 사람 사이에 물건을 전달할 때 나는 소리에 집중하고 귀를 기울여 듣게 하는 것입니다. 이것은 듣기 마음챙김을 훈련하면서 재미있게 놀 수 있는 방법으로 듣기 마음챙김과 접촉 마음챙김을 결합한 것입니다. 아동과 청소년은 물건이 어디에 있는지 이야기하고, 또 그들에게 물건이 언제 전달되었는지 알기 위해 듣기 마음챙김 기술을 사용합니다. 그리고 그들에게 물건이 전달된 것을 느끼기 위해 접촉 마음챙김을 사용합니다.

◆ 기술 쌓기

이 활동을 단계적으로 시행하고 내담자들의 나이에 따라 난이도를 다르게 합니다. 벨, 징글벨, 마라카스, 구겨진 종이 뭉치와 같이 큰 소음을 내는 물건을 건네는 것부터 시작하세요. 그런 다음 너프볼이나 작은 동물 인형과 같이 소리를 덜 내는 물건을 사용하여 더 어렵게 만드세요. 청소년을 위해서는 음악을 연주하고 있는 스마트폰이나 아이팟을 건네줍니다. 그리고 나서 기기들이 꺼진 상태에서 건네주기를 계속합니다.

1. 내담자들에게 원의 형태로 둘러앉게 하고 원을 따라 돌면서 물건을 건네주라고 요청합니다. 이제 눈을 감고 물건을 건네주라고 요청하세요. 물건이 어디에 있는지, 그리고 언제 그들을 지나갔는지 알기 위해서 귀를 사용합니다. 만약 집단 대신에 개인별로 아동이나 청소년과 작업하고 있다면, 내담자의 한 손에서 다른 손으로 옮기고, 그다음 여러분에게 그 물건을 건네 달라고 요청하세요. 여러분은 그것을 여러분의 다른 손에 건네고 나서 다시 원을 그리며 내담자에게 돌려줍니다.

2. 두 번째 물건을 추가하여 다른 방향으로 돌리면 이제 내담자들은 두 개의 물건이 어디에 있는지, 또 각각의 물건이 언제 자신에게 전달되는지에 주의를 기울여야 합니다.

3. 물건이 원을 따라 돌 때 내담자들에게 그 물건이 어디에 있다고 생각하는지 가리키도록 주기적으로 요청함으로써 지루함과 집중력 상실이 일어나지 않도록 합니다.

4. 이 활동을 좀 더 흥미롭게 만들기 위해 물 풍선을 사용해 보세요. 이 활동은 따뜻한 날씨일 때 야외에서 하는 것이 가장 좋습니다.

　　물건이 원을 따라 돌 때 어디에 있는지를 알아차릴 수 있었는지 내담자들에게 물어봅니다. 어떤 소리를 들었나요? 그것이 언제 자신에게 전달되는지 어떻게 알았나요? 다른 사람에게 건네주려는 물건을 어떻게 발견했나요? 물건을 건네주던 내담자의 손을 어떻게 발견했나요? 만일 다음 사람이 준비가 되어 있지 않다면 그 사람에게 물건을 전달할 거라는 것을 어떻게 알게 해 주었나요? 청각이 아닌 다른 감각을 사용했나요?

제9장

보기 마음챙김

도구 9-1   물체를 알아차리기

배경

보기 마음챙김은 아동과 청소년이 지금 자신이 보고 있는 것에 주의를 기울이는 것을 포함하여 외부 세계를 알아차리는 기술입니다. 보기 마음챙김은 의도된 주의의 표적을 관찰하기 위해 시각 감각을 사용합니다. 이 도구는 우리가 실제로 주의를 기울이고 있을 때 우리가 보는 것을 얼마나 많이 알아차리는지 알수 있는 재미있는 방법입니다. 사물에 대한 알아차림 〈도구 7-3〉을 사용합니다. 〈도구 7-4〉의 물 한 컵관찰 게임도 또 다른 뛰어난 보기 마음챙김 훈련입니다.

기술 쌓기

1. 내담자들에게 물건을 주고 약 30초 동안 자세히 살펴보라고 한 후에 다시 건네받으세요. 물건을 보이지 않게 치웁니다. 기억할 수 있는 한 되도록 자세하게 그 물건을 묘사하거나 그리도록 요청하세요.

2. 그 물건을 내담자들에게 돌려주고 사물에 대한 알아차림 〈도구 7-3〉을 활용하여 그 물건을 자세히 볼 수 있도록 안내합니다.

3. 이제 그 물건을 묘사하거나 그리도록 요청하세요.

4. 사물에 대한 알아차림 훈련을 하기 전에 알아차리지 못했던 것을 훈련을 하고 난 다음에 알게 된 것이 있었는지 물어봅니다.

성찰

내담자들이 이 과정을 성찰하도록 돕습니다. 그 물건을 처음 봤을 때 알아차리지 못했던 것을 마음챙김 기술을 훈련한 후에 알아차리게 된 것이 있나요? 처음에는 무언가를 놓쳤다는 사실에 놀랐나요? 그 기술을 훈련하면서 어떤 느낌을 받았나요? 주의를 기울이는 데 어려움을 겪었나요? 마음이 방황할 때 어떻게 주의를 그 대상으로 다시 돌렸나요? 일상에서 이 기술을 훈련하기 위해 어떤 대상에 주의를 기울일 수 있었나요?

물체를 기억하기

🔷 **배경**

　보기 마음챙김은 특히 시각적으로 무언가에 주의를 기울이는 것입니다. 이 도구는 게임의 형태로 보기 마음챙김 기술을 제공합니다. 또한 주의를 기울이는 동안에 마음챙김을 하면 주의를 기울이고 있는 대상을 기억하는 능력이 어떻게 향상되는지 보여 줍니다. 이 훈련은 종종 기억 게임의 형태로 이루어집니다.

🔷 **기술 쌓기**

　〈유인물 9-2〉의 보기 마음챙김 훈련을 활용합니다. 실제 물건이나 제공된 사진 또는 다른 사진을 자유롭게 사용할 수 있습니다. 내담자들이 인식할 수 있는 물건인지 확인해야 합니다.

🔷 **성찰**

　처음에는 내담자들이 몇 개의 물건을 기억했나요? 훈련을 한 후 두 번째에는 더 많이 기억했나요? 집중력을 계속 유지할 수 있었나요? 그렇지 않다면 무엇이 그들을 산만하게 했나요? 과제에 어떻게 계속 머물 수 있었나요?

물체를 기억하기

💡 물건의 이름을 말하거나 그림을 그리세요.

- 여러 가지 작은 물건으로 가득 찬 트레이나 플레이트 위를 덮개로 덮습니다.

- 그것을 내담자 앞에 두고 덮개를 엽니다.

- 10초 동안 그것들을 자세히 살펴보라고 이야기합니다.

- 그런 다음 다시 덮개를 덮습니다.

- 보았던 물건의 목록을 기록하거나 그림을 그리라고 요청합니다.

- 몇 개나 기억했는지 살펴봅니다.

- 이제 물체로 하는 보기 마음챙김 훈련을 합니다(〈도구 7-3〉 참조).

- 다시 보았던 물건의 목록을 기록하거나 그림을 그리라고 요청합니다.

- 이번에는 더 많이 기억했나요?

※ 다음에 물건으로 가득 찬 플레이트의 예시가 있습니다. 실제 물건 대신에 이 그림을 사용하세요. 혹은 많은 물건이 놓여 있는 다른 그림을 사용해도 됩니다.

도구 9-3 설명하기 혹은 그림 그리기

◆ 배경

이 도구는 아동과 청소년에게 또 다른 보기 마음챙김 훈련을 제공합니다. 자신이 친숙한 방에서 주의를 기울이고자 하는 의도를 가질 때 얼마나 더 많은 것을 알아차릴 수 있는지 훈련합니다.

◆ 기술 쌓기

아동과 청소년에게 매우 친숙한 곳을 설명하거나 그림을 그리게 하는 안내서로 〈유인물 9-3〉을 활용하세요. 이 예시는 침실을 사용하였습니다. 이곳은 특히 지저분한 방에서 생활하는 청소년에게 좋은 선택일 수 있습니다. 내담자의 교실, 부엌, 욕실 또는 사무실과 같이 생활에서 친숙한 다른 장소로 얼마든지 자유롭게 대체할 수 있습니다. 그들이 실제로 방을 살펴보고 난 후 얼마나 더 많은 것을 알아차리는지 살펴보는 것은 흥미롭습니다. 이때 피해자에게 학대가 일어났던 방을 설명하라고 요구하지 않도록 주의하세요.

이 훈련을 수정할 수 있습니다. 슬쩍 훔쳐보지 않은 상태에서 여러분의 사무실을 묘사하거나 그리도록 내담자들에게 요청할 수 있습니다. 그리고 나서 주변을 잘 둘러본 후에 다시 사무실을 묘사하거나 그리도록 요청하세요. 여러분은 그들이 그 방을 더 자세하게 알아차리도록 도움으로써 자신의 주변을 마음챙김 하는 훈련으로 이끌 수 있습니다. 가정에서 훈련하기 힘들어하는 내담자는 여러분의 사무실에서 이 작업을 수행할 수 있습니다.

◆ 성찰

처음에 내담자가 얼마나 자세히 기억했나요? 여러분이 회기 사이에 권고했을 때, 그 권고를 따라 끝까지 방을 살펴보았나요? 특정 내담자는 자신의 방 대신에 여러분의 사무실을 사용하는 편이 더 효과가 있었나요? 마음챙김을 하고 나서 더 많은 것을 알아차렸나요? 무엇이 그들을 산만하게 했나요? 어떻게 주의를 다시 훈련으로 돌려 올 수 있었나요?

설명하기 혹은 그림 그리기

💡 여러분의 침실, 부엌, 교실을 그리세요.

- 아동과 청소년에게 침실, 부엌, 교실과 같이 자신에게 친숙한 방을 기억해서 설명하거나 그리도록 요청하세요.

- 다음에 그 방에 갈 때 그 방을 잘 살펴보라고 말합니다.

- 다음에 다시 설명하거나 그려 달라고 부탁합니다.

- 설명이나 사진이 어떻게 달라졌는지 알아차려 보세요.

- 두 번째는 더 자세한 내용을 포함했나요?

💡 여기에 그림을 그리세요.

| 도구 9-4 | **안녕, 나는 널 보고 있어!** |

◆ 배경

　　아동과 청소년이 보기 마음챙김을 훈련하는 또 다른 좋은 방법은 어떤 한 사람을 보고 그가 무엇을 입고 있는지, 머리카락이나 눈이 어떻게 생겼는지 등에 대해 알아차리는 것입니다. 이는 또한 사회 기술과 마음챙김 관계 형성을 훈련하는 좋은 방법이기도 합니다. 이 도구는 실제로 누군가를 보고 그 사람의 특징에 주의를 기울이는 간단한 훈련을 제공합니다.

◆ 기술 쌓기

　　〈유인물 9-4〉에 제공된 훈련을 활용합니다. 이것은 집단에서 적용이 가능하지만 개인 내담자에게도 수정해서 사용할 수 있습니다. 일부 아동과 청소년, 특히 수줍음이 많거나 자폐 증상이 있을 때 다른 아이를 자세히 보거나 눈을 마주치면 많이 의식해서 취약하다고 느낄 수 있습니다. 어떤 아이는 불편함을 완화하려고 눈을 감을 수도 있습니다. 그래도 괜찮습니다. 그들에게 "눈을 감았구나."라고 말하면서 격려하세요. 극도로 불편해하는 내담자를 위해서는 너무 스트레스를 받지 말고 대신 그 사람의 머리나 셔츠를 보고 무슨 색인지 말하도록 격려하세요. 이렇게 하면 불안감을 덜 자극할 수 있습니다. 점차 더 편안해지면 눈의 색깔을 보도록 격려합니다.

　　식별한 색깔이나 물건을 수정하지 않도록 판단하지 않는 과정으로 설정합니다. 예를 들어, 내담자가 무언가를 본 후에 특정 색으로 명명하면 그 색을 인정해 주면서 내담자를 격려합니다. 만약 질이 빌에게 "안녕, 네 셔츠가 주황색으로 보여."라고 말하면 빌의 셔츠가 파란색이더라도 그냥 받아들이세요. 빌이 "아니야. 내 셔츠는 파란색이야."라고 말하면 그냥 웃으면서 "오늘은 질에게 네 셔츠가 주황색으로 보이나 보다."라고 말합니다. 이 훈련은 종종 킬킬거리는 웃음을 자아내고 강력한 초점과 연결감을 유발합니다.

　　집단에서 이 훈련을 할 때, 모든 사람이 들을 수 있도록 크게 말하도록 격려합니다. 색이나 물건에 이름을 붙일 때 귀를 기울이고, 만약 잘 들을 수 없다면 손을 들도록 지시합니다. 이렇게 하면 모든 내담자가 주의 깊게 경청하고 자신의 차례를 기다리면서 계속 훈련에 참여할 수 있습니다.

　　이 훈련은 개인 내담자와 여러분 둘 사이에서도 할 수 있습니다.

◆ 성찰

　　내담자들에게 자신이 본 것에 이름을 댈 수 있을 만큼 다른 사람을 충분히 가까이에서 보았을 때 무슨 일이 일어났는지 물어보세요. 눈을 마주칠 수 있었나요? 편안함을 느꼈나요, 아니면 의식하는 자신을 느꼈나요? 본 것에 대해 자신이 이름을 붙일 때와 다른 사람이 이름을 붙일 때 느낌이 달랐나요? 그들의 몸짓 언어(body language)에서 무엇을 알아차렸나요? 주의를 기울이는 데 어려움을 겪었나요? 만약 그들이 산만했다면 어떻게 주의를 되돌릴 수 있었나요? 색의 이름을 정확하게 붙였나요?

안녕, 나는 널 보고 있어!

- 아동과 청소년에게 원의 형태로 둘러앉으라고 요청합니다. 혹은 개인 내담자와 함께 이 활동을 할 수도 있습니다.

- 첫 번째 아이에게 두 번째 아이를 보고 "안녕, 나는 너에게서 _____을 보고 있어."라고 말하라고 알려 줍니다. 빈칸에는 그 아동이 본 무언가를 채우면 됩니다. 예를 들어, 몸에 걸치고 있는 옷이나 물건, 머리카락의 색깔, 눈의 색깔이 무엇인지, 안경을 쓰고 있는지, 머리핀을 하고 있는지, 웃고 있는지 등을 이야기할 수 있습니다.

> **예시**
> - 안녕, 나는 네가 파란색 스웨터를 입고 있는 걸 보고 있어.
> - 안녕, 나는 네가 금발 머리인 걸 보고 있어.
> - 안녕, 나는 네 눈이 파란색인 걸 보고 있어.
> - 안녕, 나는 네가 신을 신고 있는 걸 보고 있어.

- 그런 다음, 두 번째 아이에게 같은 식으로 밑줄을 채워 첫 번째 아이에게 말하라고 합니다.

- 시계 방향으로 돌아가면서 순서대로 진행합니다.

- 만일 어떤 아이가 수줍음이 많아서 시선을 다른 곳으로 돌리면, 다른 아이는 "안녕, 나는 네가 눈길을 돌리는 걸 보고 있어."라고 말할 수 있습니다.

- 눈을 맞추는 것을 어려워하는 내담자의 경우에는 다른 물건을 보는 것으로 시작하고 점차 눈의 색깔을 보는 것을 시도할 수 있습니다.

- 둥글게 있는 모든 내담자에게 자신의 이름이 불리는지 들으라고 요청하고, 들리지 않는다면 손을 들라고 요청합니다. 이렇게 하면 지루해 하거나 산만해지지 않고 활동에 계속해서 참여할 수 있을 것입니다.

도구 9-5 | 시몬이 말하기를

● 배경

　아동를 위한 고전 게임인 '시몬이 말하기를'은 훌륭한 마음챙김 훈련입니다. 이것은 플레이어가 어떤 동작을 하는지 보기 마음챙김에 참여해야 하고, 또 움직이기 전에 '시몬이 말하기를'의 구절에 집중하여 들어야 하므로 여러 가지 마음챙김 기술을 결합합니다. 또한 움직임 마음챙김 훈련이기도 하고, 충동 조절을 다루기도 합니다. 이 도구는 게임을 마음챙김 훈련으로 사용할 수 있는 멋진 방법을 제공합니다.

● 기술 쌓기

　내담자에게 보기 마음챙김과 듣기 마음챙김 기술을 활용한 게임을 할 것이라고 설명합니다. 그들에게 고전 게임인 '시몬이 말하기를'을 가르쳐 주세요. '시몬' 역할을 여러분이, 또는 집단과 함께 작업하는 경우라면 아동과 청소년에게 할당합니다. '시몬'이 다른 내담자에게 지시(보통 '한쪽 다리로 깡충깡충 뛰거나' '바닥을 짚는' 것 같은 신체 활동)를 하라고 알려 줍니다. '시몬'이 말로 지시할 때 동작을 시연해야 하고, 그냥 단순히 '시몬이 말하기를 이렇게 하세요'라고 말합니다. '시몬이 말하기를'이라는 문구가 들릴 때만 '시몬'의 지시를 따르라고 말합니다. 예를 들어, '시몬이 말하기를 위로 점프하고 앉으세요' 혹은 '위로 점프하고 앉으세요'라고 합니다. 내담자가 '시몬이 말하기를' 지시와 다른 지침을 따르거나 '시몬이 말하기를' 문구가 있는데도 지시를 따르지 않을 경우에는 게임에서 탈락하게 됩니다.

　게임에서 중요한 것은 보통 신체 능력보다는 명령이 유효한지 그렇지 않은지를 알아차리는 능력입니다. 대부분 명령에 따른 행위는 시늉만 하면 됩니다. 이것은 보기 마음챙김과 듣기 마음챙김을 결합합니다.

　시몬 역할을 하는 플레이어의 목적은 다른 모든 내담자를 가능한 한 빨리 탈락시키는 것입니다. 일반적으로 게임의 승자는 주어진 모든 명령을 성공적으로 수행한 마지막 사람이 됩니다. 그러나 때때로 마지막으로 남은 두 명이 모두 '시몬이 말하기를'에 없는 명령을 따르면서 탈락하게 됩니다. 이때는 결과적으로 시몬이 게임에서 승리하게 됩니다.

　게임을 한 후, 내담자가 자신의 보기 마음챙김과 듣기 마음챙김 기술이 어땠는지 성찰하도록 돕습니다.

● 성찰

　내담자가 게임에서 빨리 탈락했나요? 내담자들에게 활동을 보면서 동시에 명령을 듣는 것이 어땠는지 물어보세요. 말을 듣는 것이 더 쉬웠나요, 아니면 활동을 보는 것이 더 쉬웠나요? 보는 행동 대신에 듣는 말에 주의를 기울이고 우선순위를 부여하는 데 어려움을 겪었나요? 주의가 산만해졌나요? 산만해진 주의를 어떻게 듣고 보는 것으로 되돌릴 수 있었나요?

제10장

먹기 마음챙김

도구 10-1　미각 마음챙김 테스터

◆ 배경

　　먹기 마음챙김은 단순히 여러분이 맛보는 것에 주의를 기울이는 것입니다. 그것은 내적 알아차림 능력에 대해 외부적이며 현재 지금 이 순간을 염두에 두고 훈련하는 훌륭한 방법입니다. Kabat-Zinn의 마음챙김에 근거한 스트레스 완화 프로그램은 건포도를 주의 깊게 맛보는 것으로 유명합니다(Stahl & Goldstein, 2010). 이 도구는 미각을 염두에 두고 훈련할 수 있는 재미있는 훈련을 제공합니다.

◆ 기술 쌓기

　　〈유인물 10-1〉을 활용하여 내담자들에게 미각 마음챙김 훈련을 안내합니다. 음식이나 와인의 맛을 시험하는 사람들처럼 내담자들도 맛을 음미해 보는 시간을 가질 것입니다. 눈을 감고 미각을 사용하여 각 음식이 무엇인지 추측해 봅니다. 질감과 맛이 다른 여러 가지 음식으로 이 훈련을 진행합니다.

　　내담자들이 음식을 먹을 때마다 미각 마음챙김을 활용하도록 격려하십시오.

　　일부 음식은 생명을 위협하는 식품 알레르기가 발생할 수 있으므로 내담자들에게 음식을 줄 때는 주의합니다. 항상 사전에 부모 또는 보호자에게 확인합니다. 이 훈련을 위해 안전한 음식을 제공하도록 합니다. 〈도구 10-2〉와 〈도구 10-3〉은 실제로 음식을 먹는 것이 아니라 상상만 하면 됩니다.

◆ 성찰

　　이 훈련이 내담자들에게 어떤 경험을 하게 했는지 생각해 보도록 안내합니다. 어떤 음식인지 짐작할 수 있었나요? 내담자들은 음식의 질감, 온도, 향, 풍미에 대해 무엇을 알아차렸습니까? 내담자들에게 익숙한가요? 내담자들은 맛을 좋아했습니까? 이전에 알아차리지 못했던 친숙한 음식에 대해 알아차린 것이 있습니까? 내담자들은 이 과정에 참을성 있게 참여하였습니까? 천천히 경험할 수 있었나요? 음식은 어떻게 달랐나요? 가장 좋아하는 음식과 가장 좋아하지 않는 음식은 무엇이었나요?

미각 테스터 게임

한입 크기의 음식(4~5가지 종류)을 준비하십시오(예: 포도, 체리 토마토, 사과 조각, 크래커, 레몬, M&M 캔디, 빵, 쿠키, 치즈, 팝콘, 사탕, 오렌지, 건포도, 프레즐, 올리브).

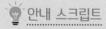 안내 스크립트

우리는 모두 미각 테스터인 척 할 것입니다. 알다시피 그들은 음식이나 와인의 맛을 시험하여 맛이 어떤지 확인하는 사람들입니다.

괜찮다면 눈을 감으세요. 나는 여러분의 손에 음식 조각을 놓을 것입니다. 시작하라고 할 때까지 잠시 기다립니다.

우리는 이 음식에 주의를 기울여 알아차리며 먹을 것입니다. 우리가 무엇을 먹고, 어떻게 먹는지에 주의를 기울이도록 우리의 뇌를 훈련할 것입니다.

일단 손가락으로 잡아 봅니다. 부드럽거나, 단단하거나, 질퍽질퍽하거나, 울퉁불퉁하거나, 젖어 있거나, 건조하거나, 따뜻하거나, 차가운지 확인합니다.

천천히 코에 대고 냄새를 맡아 봅니다. 어떤 냄새가 나는지 알아차려 봅니다. 혀로 살짝 핥아 맛을 보고, 혀에서 무슨 일이 일어나는지 알아차려 봅니다.

이제 입에 넣되 깨어 물지는 않습니다. 입 주위로 혀를 움직여 봅니다. 음식이 입 안에서 어떻게 느껴지는지 집중합니다. 음식의 맛이 변하고, 녹고, 부드러워지고 있습니까?

이제 조금만 먹어 봅니다. 음식이 어떤 맛인지 주의를 기울여 봅니다. 여러분은 미각 테스터이고, 음식의 맛이 어떤지 주의를 기울이는 것이 여러분의 일입니다. 바삭바삭한지, 부드러운지, 딱딱한지, 뜨거운지, 차가운지, 꺼끌거리는지, 젖어 있는지, 건조한지 확인합니다. 달콤하거나, 시큼하거나, 짜거나, 매운가요? 천천히 씹으면서 입에서 느껴지는 느낌에 주의를 기울여 봅니다. 치아, 혀, 입천장에서, 그것이 어떻게 느껴지는지 호기심을 가지고 알아차려 봅니다.

충분히 씹은 후에 삼키고, 목 아래로 내려가는 느낌과 뱃속으로 들어가는 것을 알아차려 봅니다. 음식이 내려가는 느낌을 어디까지 느낄 수 있었나요? 음식이 없어진 후 입 안이 어떻게 느껴지는지 알아차려 봅니다. 여러분의 위는 어떻습니까?

여러분이 음식을 다 먹고 난 후, 음식을 마음챙김하며 맛보았을 때, 여러분의 몸에서 무엇을 느끼고 알아차렸습니까? 음식의 맛을 보고 무슨 음식인지 알 수 있었나요? 음식은 무엇입니까?

질감, 풍미 등 다른 특성을 가진 최대 4개의 다른 음식으로 이 과정을 반복합니다.

주의 생명을 위협하는 식품 알레르기가 발생할 수 있으므로 아동과 청소년들에게 음식을 줄 때는 주의합니다. 사전에 부모 또는 보호자에게 식품 알레르기가 있는지 확인합니다. 부모는 사전에 안전한 식품을 제공할 수 있습니다.

도구 10-2 미각 마음챙김 연결 게임

◆ 배경

먹기 마음챙김은 아동과 청소년이 현재 지금 이 순간에 마음챙김을 하도록 돕는 훌륭한 방법입니다. 이 훈련은 외부에서 내부로의 알아차림 과정입니다. 이 도구는 내담자들의 취향에 대해 알아차림을 향상할 수 있도록 재미있는 미각 마음챙김 연결 게임을 제공합니다.

◆ 기술 쌓기

<유인물 10-2>를 활용하여 내담자들에게 다른 음식의 맛에 대해 생각하도록 돕습니다. 연령이 낮은 아동은 새콤달콤하고 바삭바삭한 음식의 이름을 정하거나 단어가 의미하는 바를 이해하도록 도와줍니다. 이 도구는 <도구 10-1>과 결합해야 쉽게 활용할 수 있습니다. 내담자들과 유인물을 완성한 후 그들이 좋아하거나 싫어하는 맛, 달콤하고 매운 음식, 바삭바삭하고 쫄깃한 음식 등에 대한 토론을 시작합니다.

◆ 성찰

내담자들이 다양한 맛의 단어를 이해했습니까? 유인물을 정확하게 완성할 수 있었습니까? 달콤하고 신 맛이 나는 음식, 바삭바삭한 음식, 박하 맛 음식, 짠 음식, 매운 음식, 차갑거나 뜨거운 음식을 구별할 수 있었습니까? 맛에 대해 무엇을 배웠습니까? <유인물 10-2>를 작성하는 동안 무엇이 그들을 산만하게 했습니까?

미각 마음챙김 연결 게임

💡 음식에 어울리는 맛을 찾아 선을 그려 봅니다.

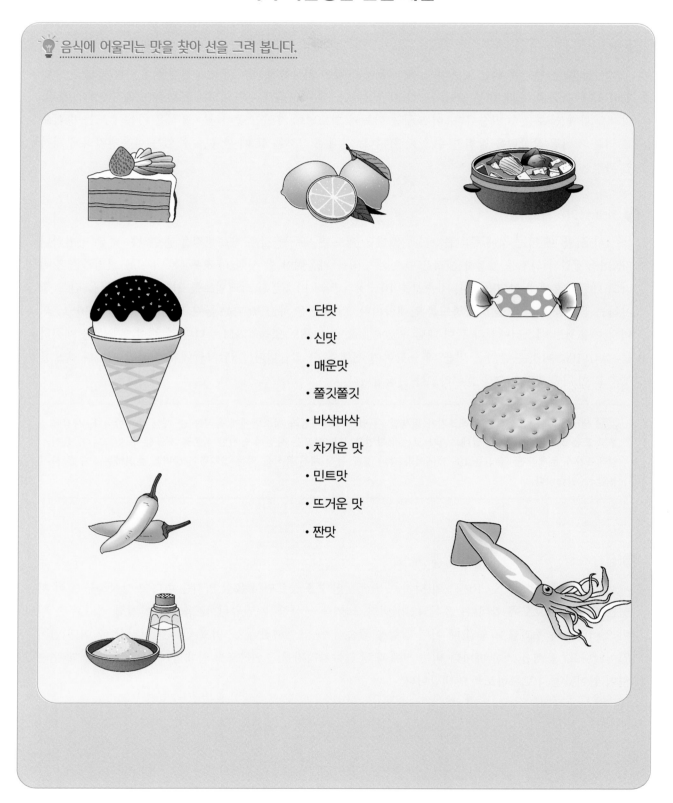

- 단맛
- 신맛
- 매운맛
- 쫄깃쫄깃
- 바삭바삭
- 차가운 맛
- 민트맛
- 뜨거운 맛
- 짠맛

도구 10-3　먹기 마음챙김

◆ 배경

식사를 하는 동안에 먹는 것에 주의를 기울이는 것은 일상생활 속에서 마음챙김을 훈련하는 좋은 방법입니다. 이것은 외부 대 내부 알아차리기 기술입니다. 식사 마음챙김은 의도를 포함하여 촉각, 시각, 후각, 미각을 함께 연습할 수 있습니다. 이 도구는 아동과 청소년이 자신이 좋아하는 음식을 마음에 드는 방식으로 먹는 것처럼 상상력을 발휘할 수 있게 합니다. 실제로 식사를 할 때 활용할 수 있는 마음챙김의 구체적인 과정을 가르쳐 줍니다.

◆ 기술 쌓기

식사를 할 때 먹는 것에 주의를 기울이겠다는 의도를 세우는 것은 마음챙김을 훈련하는 좋은 방법입니다. 마음챙김의 의도를 설정하는 것은 단순히 주의를 기울여야 할 사항(이 경우에는 식사)을 결정하는 것이라고 내담자들에게 설명합니다. 〈유인물 10-3〉의 먹기 마음챙김 스크립트를 읽는 동안에 눈을 감고 좋아하는 음식을 먹는 것을 상상하도록 안내합니다. 이 훈련을 하는 또 다른 좋은 방법은 〈유인물 10-1〉의 미각 마음챙김 테스터에서와 같이 내담자들에게 포도, 건포도 또는 M&M 캔디와 같은 실제 음식을 제공하는 것입니다. 이것은 간식을 먹을 때 통합하여 진행될 수 있습니다. 내담자들에게 식사할 때마다 속도를 늦추고 이 마음챙김 기술을 훈련하도록 권장합니다.

> **주의** 생명을 위협하는 식품 알레르기가 발생할 수 있으므로 아동과 청소년에게 음식을 줄 때는 주의합니다. 사전에 부모 또는 보호자에게 식품 알레르기가 있는지 확인합니다. 부모는 사전에 안전한 식품을 제공할 수 있습니다. 음식 알레르기가 문제라면 〈유인물 10-3〉에서와 같이 실제 음식 대신 음식을 먹는 것처럼 상상력을 훈련하는 도구를 사용할 수 있습니다.

◆ 성찰

내담자들에게 〈유인물 10-3〉의 먹기 마음챙김 안내를 들으면서 음식 먹기를 한다고 상상하는 것이 어땠는지 생각해 보도록 합니다. 음식의 맛, 냄새, 느낌을 상상할 수 있습니까? 음식을 천천히 먹고 무슨 일이 일어나는지 주의를 기울일 때 어떤 경험을 했습니까? 산만해졌나요? 먹고 있다고 상상할 때 어떤 일이 일어났나요? 음식을 먹을 때마다 먹는 것에 대해 알아차리기를 훈련하도록 안내합니다. 그렇게 할 때 무슨 일이 일어났는지 토론하도록 안내합니다.

먹기 마음챙김

눈을 감고 먹는 것을 음미합니다. 식사를 하는 전 과정에 주의를 기울이려는 의도를 설정합니다. 먹는 것에 관한 것이 아닌 다른 생각이 지나갈 때마다 생각이 지나가고 있음을 그저 알아차립니다. 그리고 다시 먹기에 주의를 기울이려는 의도를 상기합니다.

좋아하는 음식이 있다고 상상해 보십시오. 접시에 놓인 음식이 어떻게 보이는지 확인해 봅니다. 음식의 냄새, 색깔, 모양에 주의를 기울여 봅니다. 무슨 음식인가요?

식사를 시작하기 전에 앞의 느낌을 확인합니다. 뱃속이 텅 비어 있습니까? 편안한가요, 아니면 불편한가요? 그 느낌을 배고픔과 연결할 수 있습니까? 배가 어떻게 느껴지는지 확인하고, 식사하기 전에 배가 고픈지 다시 확인합니다.

포크에 음식을 올릴 때 음식이 얼마나 무거운지 알아차려 봅니다. 냄새를 맡아 봅니다.

음식을 입에 넣을 때 음식이 따뜻하거나 차갑거나 입 안에서 어떤 느낌인지 확인합니다. 음식을 씹었을 때의 느낌에 주의를 기울여 봅니다. 씹을 때의 맛과 바삭바삭한지, 쫄깃한지, 부드럽거나 딱딱한지, 부드러운지, 거친 느낌인지, 미끈거리는지, 짠맛이 나는지, 톡 쏘는 맛인지, 단맛인지, 신맛인지, 매운맛인지, 또는 평범한 맛인지 주의를 기울여 확인합니다. 음식이 치아에 달라붙는지 확인할 수 있습니다.

여러분의 마음이 방황한다면, 의도를 기억하고 음식에 주의를 가져옵니다.

입, 치아, 혀, 입술에서 느껴지는 음식의 맛에 다시 주의를 기울여 봅니다. 완전히 삼킬 준비가 될 때까지 씹어 봅니다. 음식을 삼킬 때 음식이 입에서 목 아래로 내려가는 느낌에 주의를 기울여 봅니다. 음식이 내려가는 느낌을 어디까지 느낄 수 있었나요? 입에 아직 음식이 있는지 또는 비어 있는지 확인합니다. 여러분의 위가 어떻게 느껴지는지 알아차려 봅니다. 약간의 음식을 먹은 후와 많은 음식을 먹은 후의 느낌이 어떻게 다른지 알아차려 봅니다. 음식이 없어지거나 포만감을 느낄 때까지 이 과정을 반복합니다.

제11장

후각 마음챙김

● 배경

'냄새 상상해 보기'는 마음챙김 기술을 익히기 위해 후각을 사용합니다. 즉, 이 기술은 외부의 자극을 내부로 알아차리는 기술입니다. 후각은 종종 기억 및 기타 정보와 밀접한 관련이 있습니다. 다른 마음챙김 기술과 마찬가지로 아동과 청소년이 후각 마음챙김 경험을 관찰하고, 즐기고, 참여하는 능력을 향상시킵니다. 그것은 그들의 자각과 자제력을 향상시킵니다. 이 도구는 상상력을 사용하여 익숙한 냄새를 기억하고 집중하게 합니다.

● 기술 쌓기

〈유인물 11-1〉을 활용하여 내담자들이 다양하고 익숙한 냄새를 맡고 있다고 상상하도록 안내합니다. 훈련을 하면서 냄새를 상상하고 기억할 시간을 갖도록 잠시 시간을 줍니다. 그들이 냄새 느끼기를 통해 어떤 경험을 했는지 생각해 봅니다.

● 성찰

이 훈련이 내담자들에게 어떻게 작동했는지 생각해 보도록 안내합니다. 다양한 냄새를 상상할 수 있었나요? 냄새를 상상하는 것이 내담자들에게 어려움이 있었나요? 냄새를 상상하면서 인생에서 경험했던 어떤 기억이 떠올랐나요? 기억이 긍정적이었나요, 아니면 부정적이었나요? 내담자들이 언제 다양한 냄새를 상상했는지에 관해 토론하도록 참여시킵니다.

냄새 상상해 보기

코로 숨을 깊게 들이쉬고 입으로 천천히 내쉽니다.

이제 자신의 상상력과 코를 사용하여 다양한 냄새를 기억하고 상상해 볼 것입니다.

가장 먼저 상상해 볼 냄새는 고소한 팝콘 냄새입니다. 팝콘 냄새가 나나요?

이제 누군가가 방금 잔디를 깎았다고 상상해 봅니다. 풀 냄새를 맡을 수 있습니까?

오렌지를 먹고 있다고 상상해 봅니다. 어떤 냄새가 납니까?

이제 여러분이 레몬을 입에 물고 있다고 상상해 봅니다. 어떤 냄새가 납니까?

난로나 캠프파이어 옆에 있다고 상상해 봅니다. 연기가 얼굴 쪽으로 불어 올 때 나는 연기의 냄새를 상상할 수 있습니까?

개나 고양이가 있습니까? 그들이 어떻게 냄새를 맡는지 상상해 봅니다.

집에 있는 누군가가 매니큐어를 사용하고 있다고 상상해 봅니다. 그 냄새를 상상할 수 있나요?

수영장에서 수영을 하고 있습니다. 수영장 물에서 나는 특유의 냄새를 상상할 수 있습니까?

바다에 가 본 적이 있다면 공기 중의 소금 또는 해초 냄새를 기억해 봅니다.

아는 사람이 향수를 뿌렸다고 상상해 봅니다. 그 향수 냄새를 맡을 수 있다고 상상해 봅니다.

아는 사람이 꽃다발을 들고 있다고 상상해 봅니다. 꽃 냄새를 맡을 수 있을까요? 어떤 향기가 납니까?

신선한 커피 냄새를 기억하나요?

페퍼민트 사탕은 어떤가요?

좋아하는 수프의 맛있는 냄새를 즐기고 있다고 상상해 봅니다.

이제 심호흡을 한 다음에 눈을 뜨고 주의를 다시 방으로 가져옵니다.

어떤 냄새를 상상할 수 있었습니까? 좋았나요, 좋지도 나쁘지도 않았나요, 나빴나요? 추억을 되찾았나요?

도구 11-2 냄새의 이름 맞혀 보기

🔷 배경

이 도구는 아동과 청소년이 후각을 사용하여 마음챙김 기술을 향상할 수 있는 또 다른 방법입니다. 성인뿐만 아니라 아동과 청소년이 즐길 수 있는 재미있는 활동입니다. 일부 연령이 낮은 아동은 코로 호흡을 들이마시면서 냄새를 맡는 방법을 배우기 위해 도움이 필요할 수 있습니다. 꽃을 활용하는 훈련은 〈도구 6-2〉를 참조합니다.

🔷 기술 쌓기

다른 냄새를 알아차릴 수 있는지 알아보기 위해 게임을 할 것이라고 내담자들에게 설명합니다. 종이컵에 음식이나 기타 향이 나는 물건을 놓습니다. 그런 다음 그 컵 안에 다른 종이컵을 올려놓습니다. 향기는 하단 컵에서 스며들어 나오므로 상단 컵을 통해 항목이 보이지 않게 잘 숨깁니다. 컵 자체에 향이 없는지 확인합니다.

3~4명의 아동 또는 청소년보다 큰 집단에서는 속도를 높이기 위해 각 향기의 재료를 여러 세트 만들어야 할 수도 있습니다. 예를 들어, 3~4개의 컵에 숫자 1을 표시합니다. 그런 다음 3~4개의 컵 각각에 민트향이 나는 캔디를 넣으십시오. 민트향 캔디가 담긴 컵 위에 빈 컵을 넣습니다. 이제 다른 3~4개의 컵 각각에 숫자 2를 표시합니다. 각 컵의 바닥에 차이 티백을 놓고 그 위에 빈 컵을 놓습니다. 그런 다음 다른 3~4개의 컵에 숫자 3을 표시합니다. 각 컵의 바닥에 커피 찌꺼기를 넣습니다. 그런 다음 커피 찌꺼기가 든 컵 위에 빈 컵을 넣습니다.

〈유인물 11-2〉를 사용하여 게임을 진행합니다. 1번 세트의 각 컵을 나누어 주고 아동과 청소년에게 상단 컵을 제거하거나 눈을 떠서 엿보지 않고 컵의 냄새를 맡도록 요청합니다. 그들에게 1번의 항목이 무엇이라고 생각하는지 적어 보도록 요청합니다. 1번의 컵 세트를 수거합니다. 그런 다음 2번 세트를 나누어 주고 2번 컵에 해당되는 향기를 적어 보라고 합니다. 준비한 여러 가지 향기에 대해 활동을 반복합니다.

🔷 성찰

내담자들에게 물어봅니다. 다양한 향기를 알아차릴 수 있었나요? 어떤 냄새는 다른 것보다 쉽게 알아차릴 수 있었습니까? 냄새가 어떤 것을 생각나게 했습니까? 예를 들어, 차이 티백의 매운 향기는 일부 내담자들에게 크리스마스를 연상시킵니다. 훈련을 계속하는 데 어려움이 있었습니까? 무엇이 그들을 산만하게 했습니까? 그들은 어떻게 다시 냄새 맡는 게임에 관심을 돌리게 되었나요?

냄새의 이름 맞혀 보기

독특한 냄새가 나는 음식이나 품목을 약 4~5개 모아 둡니다. 다음에 몇 가지 예가 나와 있습니다. 아동 또는 청소년 집단을 대상으로 훈련할 경우에는 이 게임을 구성하는 방법에 대한 기술 쌓기 부분의 내용을 참조합니다.

종이컵 바닥에 향이 나는 음식이나 물건을 놓습니다. 향기가 나는 대상 위에 빈 종이컵을 놓아 보이지 않게 숨깁니다.

"우리는 '냄새의 이름 맞춰 보기' 마음챙김 게임을 할 것입니다. 한 번에 하나씩 냄새가 나는 컵을 건네 드리겠습니다. 코로 천천히 호흡을 들이마시고 음식(물건)의 이름이 무엇인지 말해 주세요. 위의 컵을 제거하되 들여다 보지 않도록 주의하십시오. 모두 차례대로 마치면 어떤 냄새를 맡았는지 볼 수 있습니다."

향기가 나는 대상을 3~4개 더 반복합니다.

다음은 내담자가 잘 알아차릴 수 있는 몇 가지 항목입니다.

• 팝콘	• 사과주스
• 향수	• 바나나
• 오렌지	• 토마토
• 커피	• 빵
• 꽃	• 치즈
• 찰흙	• 레몬
• 피클	• 시나몬
• 딸기	

아동과 청소년이 알아차릴 수 있는 고유한 냄새가 나는 음식이나 물건을 사용하십시오.

도구 11-3 다양한 종류의 냄새를 느껴 보기

◆ 배경

　냄새는 기억과 연결되고, 아동과 청소년의 기분과 학업 성적에 영향을 미칠 수 있습니다. 후각을 담당하는 후각망울은 뇌의 변연계(편도체가 있는 곳)의 일부입니다(<도구 3-13> 참조). 이것은 기억, 느낌과 매우 밀접하게 관련된 영역으로, 때때로 '감정의 뇌'라고 불립니다. 따라서 냄새는 거의 즉각적으로 기억과 강력한 반응을 불러일으킵니다. 이번 도구는 상상력을 사용하여 냄새를 기억하고 그와 관련된 감정을 떠올리는 것입니다.

◆ 기술 쌓기

　<유인물 11-3>을 활용하여 아동과 청소년이 다른 냄새를 상상하고 냄새가 어떤 감정과 기억을 불러일으키는지 알아차리도록 안내합니다. 이 훈련을 냄새에 관한 토론의 발판으로 사용합니다. 어떤 냄새를 좋아하거나 싫어하나요? 어떤 냄새가 뇌에서 특정한 냄새와 연결된 기억을 상기시켜 주나요?

◆ 성찰

　내담자들에게 질문합니다. 다른 냄새를 상상할 수 있었습니까? 다른 냄새를 상상했을 때 어떤 느낌이 들었나요? 어떤 냄새가 나쁜 기억을 불러일으켰습니까? 그것들 중 어떤 것이 좋은 추억을 유발했습니까? 냄새를 상상하고 주의를 기울이는 데 어려움이 있었습니까? 주의를 잃고 방황했을 때 어떻게 다시 주의로 돌아올 수 있었습니까?

다양한 종류의 냄새를 느껴 보기

1. 아동과 청소년에게 한 번에 하나씩 서로 다른 냄새를 상상해 보도록 안내하십시오. 좋은 냄새가 나고 좋은 느낌의 냄새를 상상해 보십시오. 냄새가 좋지 않거나 기분 나쁜 냄새를 상상해 보십시오.

   "눈을 감고 상상력을 발휘하여 딸기 냄새가 난다고 상상해 봅니다. 딸기 냄새를 맡을 수 있나요? 무슨 냄새인가요? 냄새를 맡을 때 내면의 느낌은 어떻습니까? 기분이 좋은가요? 안전하다고 느끼나요? 냄새 맡기를 원하나요?"

2. 다른 냄새로 앞의 활동을 반복해 봅니다. 예를 들면, 다음과 같습니다.

• 딸기	• 피자
• 연기(모닥불, 산불, 집불)	• 커피
• 분뇨 또는 개똥	• 갓 구운 초콜릿 칩 쿠키
• 매니큐어	• 호박파이
• 샴푸	• 가스 연기
• 팝콘	• 페인트
• 갓 자른 풀	• 놀이 찰흙
• 꽃	• 그림 물감
• 더러운 기저귀	• 수프
• 쓰레기통	• 민트 사탕

3. 아동과 청소년이 좋아하거나 싫어하는 다양한 냄새와 떠오르는 기억 및 감정에 관해 대화해 봅니다.

제12장

접촉 마음챙김

◆ 배경

　　손으로 얼음 조각을 만지는 것은 종종 변증행동치료(Dialectic Behavior Therapy: DBT)에서 사용하는 효과적인 고통 감내 기술에 포함됩니다(Linehan, 1993). 따갑게 느껴지는 차가움(혹은 괴로운 사건이나 감정)에 충동적으로 반응하기보다는 그 불쾌감에 주의를 가져오고 그 감각을 인내하는 것이 목적입니다. 얼음 조각을 내려놓는 반응을 하지 않으면 시간이 지남에 따라 불쾌감이 무감각으로 변하는 것을 알아차리게 됩니다. 이 도구는 얼음 조각을 집중의 초점으로 이용하여 접촉 마음챙김 느끼기를 가르치고 고통 감내 능력을 향상시킵니다. 아동과 청소년이 손으로 얼음 조각을 쥐어 보고 얼음이 따끔하게 찌르는 느낌을 알아차립니다. 또 얼음이 녹는다는 것이 어떤 것인지 느끼고, 물방울이 떨어지기 시작하는 것을 알아차립니다. 이렇게 하면서 고통에 대한 내성뿐 아니라 접촉에 대한 마음챙김을 강화합니다.

◆ 기술 쌓기

　　〈유인물 12-1〉을 활용하여 얼음 조각 게임으로 내담자를 이끌 수 있습니다. 이 게임을 재미있게 즐기세요. 내담자들에게 가능한 한 오랫동안 얼음을 쥐고 있으라고 격려하세요. 하지만 얼음을 다시 컵에 넣는 사람도 수용하는 환경을 만들어야 합니다. 처음에 실패해도 반복해서 시도하도록 지도하세요. 얼음 조각에서 느껴지는 모든 종류의 감각에 주의를 기울입니다.

　　일단 한 번 시도한 후 다시 시작합니다. 그리고 두 번째는 얼음을 쥐고 있는 것이 어떻게 다르게 느껴지는지 물어봅니다. 내담자들에게 1~2분이 넘게 얼음을 잡고 있지 않도록 주의를 주어 부상을 입지 않게 하세요. 연령이 높은 아동과 청소년에게는 얼음과 소금을 이용한 위험한 실험에 관해 들어 봤는지 알아봅니다. 얼음을 너무 오래 쥐고 있으면 동상에 걸릴 수 있고, 소금과 얼음을 결합하면 화상을 입을 수도 있음을 교육합니다. 어떤 내담자에게 이 기술을 사용할지는 여러분의 판단이 필요합니다.

◆ 성찰

　　내담자들에게 얼음을 쥐고 있는 게 어떻게 느껴졌는지 물어보세요. 포기하고 얼음을 다시 컵에 넣었나요? 얼음을 손에 계속 쥐고 있으면서 너무 불편하게 느끼는 게 바보가 된 듯 느껴지거나 창피했나요? 계속해서 얼음을 쥐고 있으면서 성취감이나 자부심을 느꼈나요? 어떤 쪽이든 느낌에 변화가 있음을 알아차렸나요? 손이 무감각해졌나요? 잠시 후에 얼음을 쥐는 게 더 쉬워졌나요? 얼음이 녹으면서 손이 젖는 것을 어떻게 처리했나요?

얼음 조각 게임

아동과 청소년에게 얼음 조각이 든 컵과 냅킨을 나누어 줍니다.

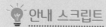 안내 스크립트

> 여러분의 손에 주의를 기울입니다. 단순히 어떻게 느껴지는지 알아차려 보세요. 얼음이 따뜻한가요, 뜨거운
> 가요, 끈적거리나요, 젖었나요, 말랐나요, 편안한가요, 아니면 불쾌한가요?
>
> 이제 컵 안의 얼음 조각을 살펴봅니다. 컵 안에 손을 넣어 얼음 조각을 바깥으로 빼 냅니다.
>
> 손에 얼음 조각을 쥐고 있으면서 어떻게 느껴지는지 알아차려 봅니다. 손바닥에 얼음을 올려놓고 다른 쪽
> 손으로 얼음을 덮습니다.
>
> 매우 심하게 불편하게 느껴져도 괜찮습니다. 얼음을 컵 안으로 떨어뜨립니다. 손이 어느 정도 따뜻해지면 바
> 로 다시 얼음을 꺼냅니다.
>
> 손에 얼음 조각을 쥐고 있으면서 어떤 일이 일어나는지 알아차립니다. 차갑게 느껴지나요? 따끔거리기 시작
> 했나요? 타는 듯이 느껴지나요? 얼음이 녹나요? 물이 뚝뚝 흘러내리나요?
>
> 다른 신체 부위에서는 어떤 느낌인지 알아차립니다. 여러분의 신체가 불쾌하게 느끼나요, 아니면 편안한가
> 요?
>
> 시간이 조금 지난 후에 어떤 일이 일어나는지 알아차립니다. 손이 얼얼하게 느껴지기 시작하나요? 더 이상
> 얼음을 느낄 수 없나요?
>
> 얼음을 컵에 집어넣고 잠시 손을 녹입니다.
>
> 얼음을 다시 집습니다. 이번 활동의 목표는 얼음 조각 때문에 오는 불편감에 대해 신체적 혹은 정신적으로
> 반응하지 않는 것입니다. 이번에는 더 오랫동안 쥐고 있을 수 있는지 살펴봅니다.
>
> 얼음을 쥐고 최대 1~2분 정도 지나면 얼음을 내려놓습니다.

> **주의** 내담자에게 1~2분이 넘게 얼음을 잡고 있지 않도록 주의를 주어 부상을 입지 않게 하세요. 연령이 높은 아
> 동과 청소년들에게는 얼음과 소금을 이용한 위험한 실험에 관해 들어 봤는지 알아봅니다. 얼음을 너무 오래 쥐고
> 있으면 동상에 걸릴 수 있고, 소금과 얼음을 결합하면 화상을 입을 수도 있음을 교육합니다. 어떤 내담자에게 이
> 기술을 사용할지 여러분의 판단이 필요합니다.

출처: Linehan(1993)과 Kaiser-Greenland(2010)로부터 각색함.

도구 12-2 　질감 느끼기 게임

◆ 배경

　아동과 청소년은 만지는 것을 좋아합니다. 아동은 유아기부터 그들의 세계를 탐험하고 배우기 위해 촉각을 사용합니다. 촉각에 모든 주의를 집중하는 것은 마음챙김을 훈련하고 자기조절 기술을 향상시키는 좋은 방법이 될 수 있습니다. 이 도구는 플레이어가 자신의 손에서 다양한 질감이 어떻게 느껴지는지 그 감촉에 집중하도록 격려하는 재미있는 게임을 제공합니다.

◆ 기술 쌓기

　아동과 청소년의 주의를 촉각에 집중시키는 게임에 〈유인물 12-2〉를 활용하세요. '질감'이라는 단어가 무엇을 의미하는지 토론하고, 다양한 질감을 가진 항목의 예시를 제공합니다.

◆ 성찰

　내담자들에게 이 게임이 어땠는지 성찰해 보도록 합니다. 내담자들은 손에 들고 있는 물건이 어떻게 느껴지는지 계속 집중했나요? 그 물건에 대한 느낌에서 무엇을 알아차렸나요? 질감을 식별하는 데 어려움이 있었나요? 다양한 질감에 집중하는 동안에 무엇이 떠올랐나요? 그 질감들 중 어떤 것이라도 이전에 만졌던 다른 것을 떠올리게 했나요? 그 물건을 식별할 수 있었나요? 어떤 질감이 다른 질감보다 더 좋게 느껴지는 게 있었나요? 그 물건들 중 만지기에 불쾌한 것이 있었나요? 주의가 산만해졌나요? 만약 그랬다면 어떻게 주의를 다시 그 물건에 대한 느낌으로 되돌릴 수 있었나요? 눈을 뜨고 나면 어떤 점이든 물건의 느낌에 변화가 있었나요?

질감 느끼기 게임

다양한 질감의 컬렉션을 수집합니다. 일부 예시로 사포, 새틴, 마대, 매끄러운 나무, 솔잎, 바위, 물, 스웨이드, 프레첼, 상추, 딸기, 화장지, 양털, 삶은 국수, 점토, 재미있는 모양의 작은 장난감 등이 있습니다.

"우리는 질감 느끼기라고 부르는 접촉 마음챙김 게임을 할 거예요. 질감이 무엇인지 아는 사람이 있나요?"

(그들과 함께 이 문제를 토론하고 다양한 질감의 예시를 제공합니다. 부드러운 느낌과 거친 느낌, 뜨거운 느낌과 차가운 느낌, 부드러운 느낌과 딱딱한 느낌의 차이가 무엇인지 물어보세요. 내담자의 나이에 맞게 조정하세요.)

"이 게임은 눈을 감고 하면 더 재미있어요. 괜찮다면 지금 눈을 감으세요. 여러분에게 작은 물건을 줄 거예요. 그것이 무엇인지 보려고 하지 말고 그냥 손에 들고 있으세요."

"엄지손가락과 다른 손가락 사이에서 그것을 갖고 놀아 보세요. 그게 어떤 느낌인지 주의를 기울입니다. 두들겨 보세요. 꽉 쥐어 보세요. 그 위로 미끄러지듯이 손가락을 움직여 보세요. 매끄러운가요, 거친가요, 까끌까끌한가요, 말랐나요, 축축한가요, 부드러운가요, 딱딱한가요, 끈적거리나요, 구부러지기 쉬운 느낌이 드나요?"

"손에 있는 물건의 질감과 접촉할 때 손가락이 어떻게 느껴지는지 알아차려 보세요. 느낌이 좋은가요, 나쁜가요? 이전에도 이런 질감을 느껴본 적이 있나요? 이전에 만졌던 것을 생각나게 하나요? 만지는 게 좋은가요, 아니면 그냥 내려놓고 싶나요?"

"그 물건이 무엇이라고 생각하나요?"

(짐작할 수 있게 시간을 줍니다.)

"좋아요. 이제 눈을 뜨고 자신이 들고 있는 것을 봅니다. 여러분이 생각했던 것인가요? 기대했던 것처럼 보이나요? 이제 그것을 눈으로 살펴보면서 느껴 보세요. 그걸 볼 수 있게 된 지금은 그 느낌에 대해 무엇을 알아차리게 되었나요?"

다양한 질감을 가진 물건으로 여러 번 반복하세요.

이 게임을 여러 번 하고 난 후, 어떤 물건이 가장 느낌이 좋았고, 어떤 것이 가장 나빴는지 물어보세요.

도구 12-3 　이게 뭐야 게임

◆ **배경**

　촉각은 후각이나 시각으로부터 오는 정보를 처리하는 뇌 영역과 다른 부위를 활성화합니다. 그래서 아동과 청소년이 그들의 알아차리는 능력을 향상시킬 수 있는 매우 실질적인 방법입니다. 이 도구는 손에 들고 있는 물건이 무엇인지 추측하기 위해 촉각에 주의를 기울이게 하는 게임을 제공합니다. 우리는 초등학교에서 수업을 마칠 때 이 게임을 하곤 했습니다.

◆ **기술 쌓기**

　〈유인물 12-3〉을 활용하여 손에 들고 있는 물건이 무엇인지 촉각을 이용하여 추측하도록 이끕니다. 이 작업은 개인 또는 집단으로 수행할 수 있습니다. 내담자들이 추측할 수 있을 정도로 충분히 친숙한 물건을 다양하게 사용하세요.

◆ **성찰**

　내담자들이 이 게임이 어땠는지 성찰할 수 있게 도와줍니다. 그 물건은 어떤 느낌이었나요? 친숙한 느낌이었나요? 그것이 무엇인지 추측할 수 있었나요? 촉각에 집중했을 때 알아차림에 어떤 일이 일어났나요? 주의가 산만해졌나요? 주의를 어떻게 손에 있는 물건으로 되돌려 놓았나요? 물건의 느낌에 집중하면서 무슨 생각을 하고 있었나요?

이게 뭐야 게임

아동과 청소년의 손에 쥘 수 있을 만한 작은 물건들을 수집합니다. 몇 가지 예시는 다음과 같습니다.

포도, 건포도, 지우개, 프레첼, 바위, 조개껍데기, 작은 장난감 동물, 점토 뭉치, 구슬, 솜뭉치, 피칸, 젖은 스펀지, 깃털 등이 있습니다.

그중 일부는 미끈거리고, 일부는 매끄럽고, 일부는 거칠고, 일부는 딱딱하고, 일부는 폭신하며, 모두 다른 모양으로 만들어져 있습니다.

> "우리는 접촉 마음챙김 훈련으로 '이게 뭐야 게임'을 할 거예요. 여러분이 괜찮다면 눈을 감고 손을 내밀어 주세요. 여러분의 손에 무언가를 놓아줄 거예요."

이제 각 내담자의 손에 물건을 놓습니다.

> "그 물건은 어떤 느낌인가요? 무슨 모양인가요? 어떻게 보일 거라고 생각하나요? 그것은 딱딱한가요 아니면 부드 러운가요, 매끄러운가요, 아니면 거친가요? 끈적거리나요, 아니면 미끄러운가요? 이게 뭔지 짐작할 수 있나요?"

개인 내담자에게 자신이 무엇을 갖고 있는지 설명하게 하고, 집단 내의 모든 내담자가 들을 수 있게 기회를 줍니다.

모든 내담자가 자신이 갖고 있는 것을 설명합니다. 다양한 물건으로 반복합니다.

🔵 배경

　아동과 청소년은 물건 맞히기 게임을 좋아합니다. 우리는 이 게임을 할로윈 때 했습니다. 파스타나 삶은 달걀과 같은 끈적끈적한 물건을 이용하여 눈알이나 뇌를 만지고 있다고 생각하게 만들었습니다. 이 도구는 촉각을 사용하여 마음챙김 능력을 향상시키는 변형된 방법을 제공합니다.

🔷 기술 쌓기

　〈유인물 12-4〉를 활용하여 내담자가 촉감을 사용하여 작은 가방이나 상자에 무엇이 들어 있는지 추측할 수 있게 안내합니다. 색이 진한 종이 가방을 사용해도 됩니다. 창의력을 발휘하세요. 재미를 위해서 연령이 낮은 아동과 함께할 때는 물건을 담고 감추기 위해 공예품 가게에서 볼 수 있는 동물 장식의 작은 펠트 백을 사용합니다. 청소년은 좋아하는 밴드, 스포츠 팀, 또는 연예인 등으로 장식된 가방을 좋아할지도 몰라요.

　가방 안으로 손을 뻗어서 여러 가지 물건을 더듬거린 후 한 가지 물건을 고르게 합니다. 그런 다음 그 물건을 보지 않고 손에 쥐고 있도록 합니다. 10개의 작은 물건을 가방에 넣고 내담자가 몇 개나 맞힐 수 있는지 봅니다. 집단의 경우, 내담자가 오래 기다리지 않도록 물건으로 가득 찬 가방을 여러 개 사용하세요. 그렇지 않으면 내담자는 쉽게 지루해하고 산만해집니다.

🔷 성찰

　내담자가 이 게임이 어땠는지 성찰할 수 있도록 도와줍니다. 얼마나 많은 항목을 맞혔나요? 특정 항목을 맞히는 데 어려움이 있었나요? 어떤 것을 쉽게 추측할 수 있었나요? 각각의 물건을 만지는 동안에 무슨 생각을 하고 있었나요? 주의가 산만해졌나요? 어떻게 다시 주의를 되돌릴 수 있었나요? 친숙하게, 낯설게, 기분 좋게, 만지기 싫다고 느껴지는 물건이 있었나요?

물건 맞히기 게임

작은 가방이나 상자 안에 다양한 작은 물건(5~10개)을 담습니다. 예를 들면, 연필, 지우개, 플라스틱 클립, 작은 장난 감 동물, 털로 덮인 천, 구슬, 풍선, 사포, 주사위, AA 배터리, 호루라기, 깃털, 작은 장난감, 열쇠, 포스트잇 더미 등입니다. 상상력을 발휘하세요.

"우리는 '물건 맞히기'라고 불리는 접촉 마음챙김 게임을 할 거예요. 가방(또는 상자)에 손을 넣고 눈으로 보지 않은 채 물건 하나를 집어서 설명하세요."

"그 물건은 어떤 느낌인가요? 어떤 모양인가요? 어떻게 생겼나요? 딱딱한가요, 아니면 부드러운가요? 매끄러운 가요, 아니면 거친가요? 끈적끈적한가요, 아니면 미끄러운가요? 그것이 무엇인지 짐작할 수 있겠나요?"

10개의 물건을 가방에 넣고 아동과 청소년에게 그중 몇 개를 정확하게 추측할 수 있는지 물어봅니다.

다른 방법으로는 흔히 접하는 음식을 별도 용기에 담아 사용할 수 있습니다. 포도, 삶은 달걀, 딸기, 익힌 면, 으깬 감 자, 얼음 조각, 까칠까칠한 과일 등을 사용하여 눈으로 보지 않고 물건을 만져 보고 그것이 무엇인지 추측하게 합니다.

연령이 낮은 아동은 질식 위험에 유의해야 합니다.

제13장

움직임 마음챙김

● 배경

걷기 명상은 활동적인 아동과 청소년에게는 앉아서 하는 명상의 훌륭한 대안이 될 수 있습니다. 걷기 명상은 걸으면서 신체 각 부분의 느낌에 세밀한 주의를 기울이는 마음챙김 훈련입니다. 이런 유형의 걷기 명상에서는 걷는 동안에 생각하거나 숙고하지 않습니다. (그런 종류의 걷기 명상은 따로 있습니다.) 이것은 근육, 발의 위치, 균형, 그리고 움직임에 마음챙김을 합니다. 걷기 명상은 어디서든 실천할 수 있습니다.

걷기 명상을 할 때 우리는 걸음을 뗄 때마다 움직임과 신체에 초점을 맞춥니다. 걷는 것이 우리 일상생활의 일부이므로 걷기 명상은 마음챙김 능력을 향상하고 실천하는 좋은 방법입니다. 그리고 가만히 앉아 있어야 하는 마음챙김 기술의 훌륭한 대안이 됩니다. 아동과 청소년은 걷는 동안에 언제 어디서나 걷기 명상을 할 수 있습니다. 이것은 그들이 지면과 연결되어 있고, 자신의 신체 안에 온전히 존재하고 있음을 느끼게 도와줍니다. 또 이것은 마음속에서 바쁘게 일어나는 재잘거림을 진정시키고, 더 또렷하게 존재하고 있음을 느끼게 도울 수 있습니다. 이것은 ADHD나 불안으로 인해 가만히 앉아 있는 데 어려움이 있거나 움직일 때 집중을 더 잘 할 수 있는 내담자를 위한 멋진 마음챙김 훈련입니다.

● 기술 쌓기

내담자가 약 20걸음 정도 걸을 수 있는 공간이 있는 장소를 찾으세요. 그런 공간이 없으면 제자리걸음으로 이 훈련을 합니다. 〈유인물 13-1〉을 활용하여 내담자를 걷기 명상으로 이끕니다. 일상을 보내면서 걸을 때마다 이것을 훈련하라고 격려합니다. 심지어는 부엌이나 화장실에 가는 길이라도 좋습니다. 놀면서 재미있게 즐깁니다. 목표는 걷기의 모든 구성 요소와 걸음에 참여하는 신체의 모든 부분에 주의를 기울이도록 돕는 것입니다.

더 재미있게 하려면 미로 위를 걷게 하세요. 미로는 주로 좀 더 숙고하는 형태의 걷기 명상에 사용되지만 여기서 설명하는 걷기 명상도 미로 패턴의 훈련에 쉽게 적용될 수 있습니다. 거대한 플라스틱 시트 위에 인쇄된 휴대용 미로가 있습니다. 야외나 실내를 막론하고 충분한 공간만 있으면 어디에서든 사용할 수 있습니다. 아주 멋있어요. 인터넷에서 '휴대용 미로'를 검색해 보세요.

● 성찰

내담자가 걷기 명상 중에 느낀 점을 성찰하도록 도와줍니다. 발, 다리, 엉덩이, 등, 어깨, 목을 느낄 수 있었나요? 발걸음을 늦추는 것은 어떤 느낌이었나요? 천천히 걸을 때 균형을 잃었나요? 빨리 걷는 편이 더 쉬웠나요, 아니면 천천히 걷는 편이 더 쉬웠나요? 마음이 방황했나요? 어떻게 걷기에 집중할 수 있었나요?

걷기 마음챙김

약 10~20걸음 정도를 왔다 갔다 할 수 있는 공간이 있는 장소를 찾으세요. 걸을 수 있는 공간이 없다면 제자리걸음을 해도 됩니다.

양 손을 등 뒤에, 혹은 몸통 옆이나 앞에 두세요.

호흡이 자연스럽게 들어오고 나가는 동안에 잠시 호흡을 알아차립니다. 이제 서 있는 것이 어떤 느낌인지 주의를 기울이세요. 발이 지면에 닿는 느낌에 주의를 기울이세요. 신체의 어떤 근육이 여러분을 지탱하고 있는지, 또 균형을 잃거나 넘어지는 것을 막기 위해 어떻게 작동하는지 알아차려 보세요. 아래로 늘어져 있는 손을 느껴 보세요. 어깨, 허리, 배는 여러분이 서 있는 자세를 똑바로 유지할 수 있게 각각 자신의 역할이 있습니다.

오른쪽으로 몸을 기울이고 다리의 느낌을 알아차립니다. 오른쪽 다리가 왼쪽 다리보다 더 가볍거나 혹은 더 무겁게 느껴지나요? 왼발에 비해 오른발의 느낌은 어떤가요? 이제 왼쪽으로 몸을 기울여서 다리의 느낌이 어떻게 달라지는지 알아차려 보세요. 이제 다시 똑바로 섭니다.

이제 양쪽 무릎을 구부려 봅니다. 발, 발목, 무릎에 주의를 기울이세요. 이제 다시 일어납니다. 그 차이를 느껴보세요. 판단하지 말고 그저 알아차리고 허용합니다.

이제 걸어 볼까요? 아주 천천히 왼발을 땅에서 들어 올리고, 앞으로 움직여 지면에 내려놓으세요. 왼발에 주의를 기울이고 그 발에 체중을 실으세요. 이제 오른발에 주의를 기울이세요. 오른발을 들어 올리고, 앞으로 내밀어 지면을 디딥니다. 허리부터 발목, 발에 이르기까지 다리가 어떻게 느껴지는지 알아차려 보세요. 천천히 걸음을 계속하세요.

여러분의 신체가 어떻게 느껴지는지 계속 알아차려 보세요. 경로의 끝에 이르면 멈추고 뒤로 돌아서세요. 심호흡을 하고 다시 시작되는 첫 번째 걸음을 알아차려 보세요. 이제 좀 더 빠르게 걷습니다. 하지만 계속해서 다리와 발의 느낌을 알아차립니다. 이제 다시 속도를 줄이세요. 이제 아무도 걷는 소리를 들을 수 없을 정도로 조용히 걷고 있다고 생각합니다. 움직임 마음챙김을 기억하세요. 여러분의 마음이 조용해지면, 천천히 움직일 때 더 많이 알아차릴 수 있음을 알게 될 것입니다. 마음이 더 맑아집니다. 마음과 몸 사이의 연결에 여러분의 관심을 집중합니다.

집중을 유지하는 데 도움이 된다면, "걷기, 걷기" 혹은 "걸음, 걸음" 혹은 "오른쪽, 왼쪽" 하고 혼잣말을 할 수 있습니다. 이 단어들은 걷는 감각에 대한 알아차림을 격려하기 위해 사용합니다.

속도를 조금 늦춥니다. 그리고 걸음을 걸으면서 발을 들 때, 발이 앞으로 나아갈 때, 이후에 발을 내려놓을 때 그 시기를 알아차립니다. 들어 올리고 흔들면서 "듦"이라고 말하고 그다음 "놓음"이라고 말합니다. 조금 천천히 가되 너무 느리게 가면 균형을 잃을 수 있습니다. 듦, 놓음, 누름. 발을 누르는 것을 느껴 보세요, 발을 드는 것을 느껴 보세요. 발을 들고 놓는 것은 매우 단순합니다. 여러분은 그냥 걷기만 하고 있습니다.

걷는 동작에 주의를 기울입니다. 마음이 방황할 때마다 그 생각을 허용하고 무시하세요. 그리고 걷기 마음챙김 훈련에 다시 집중합니다.

이것을 다하고 나면 신체를 빠르게 훑어봅니다. 신체가 어떻게 느껴지는지 알아차립니다. 마음이 얼마나 맑고 고요한지 알아차립니다. 그 평온함을 즐깁니다. 여러분의 일상으로 돌아가면서 그 느낌을 가져갑니다.

여러분이 하루 동안 여기서 저기 걸어 다닐 때 가능한 한 자주 걷기 마음챙김을 훈련하세요. 걷는 동안 생각하고, 생각하고, 또 생각하고 싶은 충동을 참아보세요. 걷는 것 자체에 주의를 기울이기로 선택하였으므로 일어나는 명료한 마음을 허용합니다.

도구 13-2 움직임 마음챙김

◆ 배경

신체 움직임을 마음챙김하는 것은 활동적인 아동과 청소년이 마음챙김에 참여하게 하는 좋은 방법입니다. 그들은 움직이는 것을 좋아합니다. 이 도구는 다양한 움직임을 반복하여 움직임의 느낌에 주의를 기울이도록 가르칩니다. 이것은 자기를 알아차리는 능력과 자기조절 능력을 향상시킵니다. Thich Nhat Hahn의 저서 『마음챙김 움직임(Mindful Movement)』은 이 개념을 더 자세하게 설명하는 훌륭한 자료입니다(Thich Nhat Hanh, 2008).

◆ 기술 쌓기

내담자들에게 〈유인물 13-2〉의 각 동작을 시연합니다. 각 동작을 천천히 실행하도록 이끌고 4회 반복하세요. 그러고 나서 다음 동작으로 가서 4회 반복하세요. 각 회기 동안에 적어도 4개의 다른 동작을 포함합니다. 아동과 청소년에게 그들이 사용하고 싶은 움직임이 무엇인지 물어보고, 그들의 아이디어를 통합하여 다양하고 재미있게 만듭니다. 천천히 숨을 들이쉬고 내쉬면서 동작 하나하나의 느낌에 주목하는 것이 목표입니다.

◆ 성찰

동작을 하면서 마음챙김하는 것이 어떤 것인지 성찰할 수 있게 도와줍니다. 천천히 움직이는 동안에 무엇을 알아차렸나요? 신체의 느낌은 어땠나요? 쉬웠나요, 혹은 어려웠나요? 움직이는 동안에 천천히 호흡하는 건 어떻게 느껴졌나요? 같은 동작을 계속 반복했을 때 무슨 일이 일어났나요? 이 동작을 하는 동안 무슨 생각이 들었나요? 이 훈련을 하기 전과 후의 마음에 어떤 변화가 있음을 알아차렸나요? 이렇게 하면 신체가 달리 느껴지나요?

움직임 마음챙김

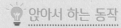 앉아서 하는 동작

내담자가 앉아서 여러 가지 움직임을 하도록 이끕니다.

- 양손을 몸통 옆으로 내려놓으세요. 숨을 들이마시고 양팔을 옆으로 뻗어 머리 위로 똑바로 올리세요. 이제 팔을 다시 몸통 옆으로 내리면서 풍선을 불듯이 부드럽게 숨을 내쉬세요. 4회 반복합니다.

- 한쪽 발을 바닥에 평평하게 놓으세요. 이제 숨을 들이마시고 발을 앞으로 쭉 뻗으세요. 천천히 숨을 내쉬면서 발을 바닥으로 내려놓습니다. 4회 반복합니다.

- 깊은 숨을 들이쉬고 마치 끈이 머리카락을 천장으로 당기는 것처럼 목을 곧게 펴세요. 이제 부드럽게 숨을 내쉬면서 턱을 가슴까지 내리세요. 4회 반복합니다.

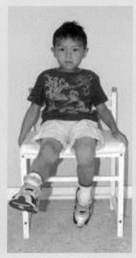

내담자가 일어나서 다음의 동작을 하도록 이끕니다.

- 양팔을 몸통 옆에 둡니다. 천천히 숨을 들이마시면서 왼쪽 팔을 어깨와 수평이 될 때까지 앞으로 들어 올리세요. 부드럽게 숨을 내쉬면서 왼쪽 팔을 다시 아래로 내리세요. 부드럽게 숨을 들이마시면서 오른팔을 어깨와 수평이 될 때까지 앞으로 들어 올리세요. 부드럽게 숨을 내쉬면서 오른쪽 팔을 다시 아래로 내리세요. 4회 반복합니다.

- 양손을 엉덩이에 대고 몸을 앞으로 숙입니다. 숨을 들이마시면서 몸통을 오른쪽으로 쭉 돌립니다. 이제 숨을 내쉬고 몸통을 왼쪽으로 쭉 돌립니다. 4회 반복합니다.

- 숨을 들이마시고 발가락으로 앞을 가리키면서 오른쪽 발을 앞으로 내밉니다. 숨을 부드럽게 내쉬고 발을 내리세요. 숨을 들이마시고 발가락으로 앞을 가리키면서 왼발을 앞으로 내밉니다. 숨을 부드럽게 내쉬고 발을 내리세요. 4회 반복합니다.

 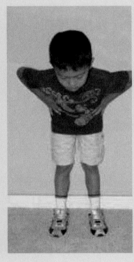 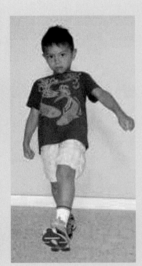

도구 13-3　춤추기

◆ 배경

　춤은 고대부터 인간의 삶의 일부였으며, 축하, 예배, 문화 의식, 또는 단순히 재미를 위해 사용되어 왔습니다. 아동은 춤추기를 좋아하고 대부분의 청소년도 마찬가지입니다. 특히 청소년은 자기를 의식하는 경향이 있으므로 여러분이 판단하는 것을 멈추면 춤추는 것을 매우 즐거워할 것입니다. 이 도구는 춤을 사용하여 자기를 알아차리는 능력과 자기표현 및 자기조절 능력을 향상시킵니다. 이것은 마음챙김을 위한 매우 능동적인 선택이 됩니다.

◆ 기술 쌓기

　〈유인물 13-3〉을 활용하여 아동과 청소년을 그냥 내버려 둠으로써 춤을 출 수 있게 격려하세요. 그들에게 이것은 어떠한 판단도 허용하지 않는 '자유로운' 춤이고, 춤을 추는 옳고 그른 방법이 없다는 점을 강조하세요. 신체 안에서 음악을 느끼고, 음악이 그들에게 지시하는 대로 움직여 보라고 지도하세요. 그들과 함께 춤을 춥니다. 즐거운 시간을 보내세요. 연령에 맞는 음악을 사용하고, 청소년에게는 인기 가수의 음악을 포함시켜 줍니다. 평화로운 클래식 음악과 헤비메탈 노래를 들려 주고 이 두 종류의 음악이 어떻게 다르게 느껴지는지 물어보세요.

◆ 성찰

　내담자에게 다양한 노래와 함께 신체가 어떻게 움직였는지 성찰해 볼 것을 요청합니다. 첫 번째, 두 번째, 세 번째 곡에 각각 어떻게 다르게 움직였는지 토론하세요. 음악마다 느낌이 어떻게 다른지 물어보세요. 춤을 추고 움직임에 주의를 기울이면서 자신의 신체가 어떻게 느끼고 움직였는지 알아차린 것을 탐색합니다. 자기를 의식하거나 당혹스러웠던 느낌에 관해 토론하고, 이것을 마음챙김의 중심 개념인 판단하지 않음(자기 판단을 포함)과 연결하세요.

춤추기

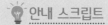 **안내 스크립트**

이제 곧 음악을 틀 거예요. 잠시 귀를 기울여 잘 들어 보세요.

> 이제 음악에 맞춰 춤을 추면서 몸을 움직여 볼게요. 춤추는 데 잘 추거나 못 추는 건 없어요.
>
> 그냥 음악을 느끼고, 여러분이 느끼는 대로 음악에 맞춰 춤을 추고 움직이도록 하세요.
>
> 움직이고 싶은 대로 움직여 보세요.
>
> 이제 여러분 자신이 음악이 어떻게 생겼는지 세상에 보여 주는 거울이라고 생각하세요.
>
> 음악이 신체 어디에서 느껴지는지 알아차려 보세요.
>
> 음악을 들으면서 몸을 움직이는 것이 어떻게 느껴지는지 주의를 기울여 보세요.

※ 비트와 스타일이 다른 여러 개의 음악을 틉니다. 드럼 연주만 있는 음악도 사용해 봅니다.
   청소년이라면 그들이 좋아하는 연주자의 곡도 몇 개 선택합니다.

도구 13-4 소리 지르기

🔵 배경

이 도구는 아동과 청소년에게 목소리를 사용하여 시끄럽게 떠들도록 요청합니다. 이것은 움직임 마음챙김(노래 부르기), 듣기 마음챙김, 신체 마음챙김을 결합한 것입니다. 아동과 청소년은 시끄럽게 떠드는 것을 좋아합니다. 이 훈련은 목소리와 듣기 기술을 사용하여 다른 사람에 의해 만들어진 소리를 알아차리는 능력뿐 아니라 자신을 알아차리는 능력을 향상하도록 돕습니다. 아시겠죠? 마음챙김이라고 해서 꼭 오랫동안 가만히 앉아 있을 필요는 없습니다.

🔵 기술 쌓기

<유인물 13-4>를 활용하여 내담자가 자신의 목소리를 사용하여 마음껏 소리를 지르게 합니다. 그런 다음에는 다른 목소리를 듣고 그 소리에 음을 맞춰 소리를 내도록 유도합니다. 이것은 자신이 만드는 소리뿐만 아니라 주변에 있는 소리에도 주의를 기울이도록 가르치는 재미있는 방법입니다. 이렇게 하면 음이 일치할 때와 일치하지 않을 때 무엇을 알아차릴 수 있는지 내면을 알아차리는 능력을 높이는 데 도움이 됩니다.

연령이 높은 아동과 청소년에게 이 도구는 걱정, 분노 또는 산만함으로 가득 찰 때 뇌에서 일어나는 일, 즉 불협화음에 관해 토론하는 발판으로 사용될 수 있습니다. 이것을 깨어 있고, 차분하고, 명료하고, 집중이 되어 있는, 즉 동기화된 소리와 비교해 보세요.

🔵 성찰

이 훈련을 하면서 어떤 것을 느꼈는지 이야기하는 토론에 내담자들을 참여시킵니다. 모든 사람이 시끄럽게 소음을 내면서 각자 좋아하는 노래를 부를 때 여러분은 무엇을 알아차렸나요? 모든 사람이 동시에 같은 노래를 불렀을 때 여러분은 무엇을 알아차렸나요? 여러분의 뇌에서 마치 모든 사람이 각자 다른 소리를 내는 것처럼 들리던 때를 생각할 수 있나요? 그때 기분이 어땠나요? 여러분의 뇌에서 마치 모든 사람이 같은 노래를 부르는 것처럼 들리던 때를 생각할 수 있나요? 그때 기분이 어땠나요? 여러분은 어떻게 하면 자신의 뇌를 진정시킬 수 있나요?

소리 지르기

이 훈련은 여러 가지 범주, 즉 움직임 마음챙김, 듣기 마음챙김, 신체 마음챙김을 포함합니다.

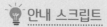 안내 스크립트

먼저, 목소리를 사용하여 가능한 한 가장 큰 소리로 소음을 내세요. 시작하세요. 소리를 지릅니다.

좋아요! 이제 잠시 쉬면서 조용히 호흡을 고릅니다.

이제 다시 큰 소음을 냅니다. 그리고 주변에서 나는 소리에 귀를 기울입니다.

훌륭해요!

이제 휴식하면서 잠시 호흡을 고릅니다.

이제 여러분이 좋아하는 노래를 동시에 부릅니다. 가능한 한 크게 부르며 자신이 내는 소리를 잘 들어 보세요.

이제 휴식하면서 잠시 호흡을 고릅니다.

다시 모두 함께 노래를 부릅니다. 이렇게요. "I am happy, I am happy, I am happy…."

(이것은 〈웨스트 사이드 스토리〉에서 나오는 "I am pretty"의 곡조에 잘 맞습니다. 아니면 자신만의 곡조에 맞춰도 괜찮습니다.)

처음 몇 번 부른 것과 어떻게 다른가요?

이제 〈Row, row, row your boat〉 노래를 부릅니다.

이건 어떤가요? 여러분 몸 속에서 다른 게 느껴지나요? 여러분 뇌 안은 어떻습니까?

이제 모두 나와 함께 '아!!!' 하고 노래를 불러봅니다.

필요하면 중간에 호흡을 해도 되지만 바로 노래로 돌아오세요. 계속 소리를 내세요.

훌륭해요!

잠시 쉬었다가 이 활동이 여러분에게 어떻게 느껴졌고, 여러분이 알아차린 것이 무엇인지 얘기해 볼 거예요.

도구 13-5 　움직임 마음챙김 일지 쓰기

◆ 배경

　　아동과 청소년은 움직이는 것을 좋아합니다. 이제까지 〈도구 13-1〉에서 〈도구 13-4〉까지 활용하여 움직임 마음챙김을 훈련했습니다. 이 도구는 움직임과 관련된 마음챙김을 향상하는 데 움직임의 경험에 관해 글을 쓰거나 그림을 그리는 등의 다른 방식을 제공할 것입니다.

◆ 기술 쌓기

　　내담자에게 〈유인물 13-5〉의 일지 주제에 응답하도록 요청합니다. 이상적으로는 답을 쓰거나 그리는 것이지만, 그럴 수 없는 경우에는 그저 답을 말해 달라고 요청하면 됩니다.

◆ 성찰

　　내담자와 함께 일지 내용을 검토합니다. 그들에게 자신의 대답에 관해 더 많은 것을 물음으로써 움직임을 알아차리는 능력을 탐색하고 확장하는 것에 도움을 줍니다.

움직임 마음챙김 일지 쓰기

일지 주제

- 움직임 마음챙김에서 가장 좋았던 것이 무엇이었나요?

- 우리가 했던 것 중 좋아하는 훈련 방법이 있나요?

- 몸 속에서 음악을 느낄 수 있었나요?

- 음악에 따라 움직이는 것은 어떤 느낌이었나요?

- 목소리를 사용할 때 무엇을 알아차렸나요?

- 일상생활을 하면서 걷기 마음챙김을 해 본 적이 있나요?

- 어떤 움직임이 가장 좋았나요?

- 이제 신체 움직임을 더 잘 조절할 수 있게 되었나요?

- 속도를 더 느리게 하여 걷기 마음챙김을 하는 것은 어땠나요?

그림 주제

- 걷기 마음챙김을 하는 여러분의 모습을 그려 보세요.

- 춤추는 여러분의 모습을 그려 보세요.

- 목소리를 사용하는 여러분의 모습을 그려 보세요.

- 움직임 마음챙김을 하는 여러분의 모습을 그려 보세요.

제14장

생각 마음챙김

🔷 배경

우리 모두는 생각과 감정의 지속적인 흐름을 가지고 있습니다. 마음챙김의 기본 기술 중 하나는 생각, 느낌 또는 감각을 알아차리고, 그것에 관여하지 않고 무시하고, 의도한 관심 대상으로 주의를 되돌리는 것입니다. 이 도구는 생각, 느낌, 감각을 무시하고 다음에 오는 것을 알아차리는 훈련을 하는 데 효과적인 방법을 제공합니다.

🔷 기술 쌓기

〈유인물 14-1〉과 같이 간단한 안내 이미지로 내담자를 안내하여 생각을 알아차리고 생각에 관여하지 않고 무시하는 방법을 습득하도록 돕습니다. 생각, 감정, 신체 감각이 유수풀 위의 뗏목이나 배를 타고 있다고 가정한다고 설명합니다. 목표는 그들을 알아차리되 보트나 뗏목에 타지 않고(그것들에 관여하지 않고) 그냥 떠 있게 하는 것입니다. 내담자들이 원한다면 배나 뗏목의 측면에 적힌 단어를 상상할 수 있습니다.

나의 내담자 중 한 명은 자신을 괴롭히는 못된 동급생에 대한 집착을 멈추기 위해 이 기술을 사용했습니다. 그녀는 뗏목 옆면에 적힌 동급생의 이름을 상상하고는 '뗏목에 타지' 않고 그것이 떠다니는 모습을 지켜만 보았습니다. 그녀는 자신이 겪었던 모든 분노 감정에 빠져들지 않고 동급생에 대한 생각이 지나가도록 할 수 있었습니다. 이 과정을 통해 내담자는 강박적인 생각을 매우 빨리 멈출 수 있었습니다.

내담자가 이 이미지를 훈련한 후에는 긍정적인 내용이 적힌 보트나 뗏목을 찾는 단계를 추가할 수 있습니다. 긍정적인 것이 오는 것을 볼 때 내담자들은 긍정적인 생각이나 감정이 수반된 배나 뗏목을 타고 떠다니는 것을 상상할 수 있습니다. 예를 들어, 자신을 속상하게 하는 무언가가 들어 있는 배나 뗏목은 그냥 지나치지만 좋은 기분과 관련된 배나 뗏목에는 탈 수 있습니다. 즉, '분노'의 배는 지나가게 하고 '행복한' 배를 타는 것입니다.

🔷 성찰

내담자들로 하여금 이 활동이 그들에게 어땠는지 성찰하도록 도우십시오. 그들이 유수풀을 상상할 수 있었습니까? 그들은 배나 뗏목 또는 둘 다를 상상했습니까? 그들은 뗏목이나 배를 타고 있는 어떤 생각이나 감정, 신체 감각을 알아차렸습니까? 이 훈련을 하는 동안에 그들에게 무슨 일이 일어났습니까? 뗏목이나 배의 옆면에 적힌 단어가 있었습니까? 있었다면 무엇이었습니까? 그들은 뗏목과 배를 떠 있게 할 수 있었습니까? 그들은 뗏목이나 배에 탔습니까? 어느 것을 탔습니까? 이 훈련은 내담자가 무엇을 붙잡고 있어야 하는지에 대해 논의하는 데 도움을 줍니다.

유수풀에서 떠내려 가기

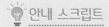 안내 스크립트

의자에 편안하게 앉으세요. 눈을 감고 마음을 비우십시오.

다양한 크기, 모양, 색상의 작은 배와 뗏목이 끊임없이 흐르는 강을 상상해 보십시오.

어떤 워터파크에서는 이것을 유수풀이라고 부릅니다.

이제 강 옆에 서서 모든 것이 여러분에게 다가오는 것을 바라보는 자신을 상상해 보십시오.

여러분이 보고 있는 것이 여러분의 생각, 소망, 감정 또는 신체 감각이라고 상상해 보십시오.

그것들이 강을 따라 내려오는 것을 지켜보십시오.

여러분의 생각이나 느낌을 나타내는 뗏목이나 배의 옆면에 쓰인 단어를 볼 수 있을지도 모릅니다.

그것들이 여러분에게 가까이 올 때, 여러분은 그것들이 오고 가는 것을 그저 지켜보고 다음에 강을 따라 무엇이 오는지 바라보십시오.

뗏목이나 배에 타지 마십시오. 그냥 지나가게 내버려 두십시오.

강에서 눈에 띄는 것을 붙이거나 밀어내지 마십시오. 모든 것이 왔다가 가도록 내버려 두십시오.

지워지는 화이트보드에 쓰기

◈ 배경

의도한 주의 대상이 아닌 산만한 생각을 알아차릴 수 있는 것은 마음챙김의 기본 개념입니다. 이 도구는 아동과 청소년에게 생각의 지속적인 흐름을 알아차리고, 그것들을 인정하고, 그것들에 관여하지 않고 무시하기 위한 효과적인 방법을 제공합니다.

◈ 기술 쌓기

〈유인물 14-2〉를 사용하여 내담자가 상상을 통해 자신의 생각을 알아차리고 빈 화이트보드에 쓴 다음 보드에서 사라지면 무시하는 훈련을 하도록 안내합니다. 이 기술은 주의를 산만하게 만드는 생각을 제거함으로써 그들이 주의를 기울여야 하는 것(예: 호흡 또는 작업)에 집중하는 데 도움이 될 것이라고 설명합니다. 내담자의 연령과 기술 수준에 따라 마지막에 침묵하는 시간을 달리합니다. 연령이 낮은 아동을 대상으로 할 때는 약 10초부터 시작하세요. 경험이 많고 숙련된 내담자들과는 최대 5분에서 10분까지 작업하세요.

◈ 성찰

내담자들이 활동을 통해 경험한 것을 숙고하도록 도와주세요. 생각이 화이트보드에 기록되었습니까? 생각들을 지울 수 있었습니까? 같은 생각이 계속 떠올랐습니까? 마음이 방황하지 않도록 하기 위해 어떻게 했습니까? 이 기술을 수행하는 과정에 대한 생각은 없었습니까?

지워지는 화이트보드에 쓰기

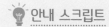 **안내 스크립트**

눈을 감고 코로 호흡을 깊게 들이마시고 입으로 내쉽니다. 다시 한번 해 보십시오. 평화와 편안함을 들이마시고 긴장과 스트레스를 내쉬십시오. 호흡을 하려고 노력하지 말고 호흡이 편안히 오고 가도록 허용해 주십시오. 호흡이 왔다 갔다 하는 것을 알아차리십시오.

호흡에 집중하는 동안에 어떤 생각이 드는 것은 정상입니다. 생각은 일정한 흐름으로 왔다가 갈 것입니다. 이러한 생각에 대한 마음챙김을 위해 명상을 통해 각각의 생각을 알아차리도록 합니다.

여러분이 빈 화이트보드를 보고 있다고 상상해 보십시오. 각 생각을 알아차릴 때마다 그 생각이 빨간색으로 화이트보드에 적힌다고 상상해 보십시오. 글자가 적히자마자 화이트보드에서 지워진다고 상상해 보십시오. 쓱. 보드는 흰색이고, 다시 비어 있습니다.

호흡에 주의를 기울이십시오.

또 다른 생각이 떠오를 때 그것에 주목하고, 그것이 화이트보드에 적히는 것을 지켜보고, 또 그것이 순식간에 지워지는 것을 지켜보십시오. 쓱. 지워졌습니다.

그대로 내버려 두세요. 생각에 주의를 기울이거나 판단할 필요가 없습니다. 단지 그것을 알아차리고, 그것이 화이트보드에 적히는 것을 지켜보고, 지워지는 것을 지켜보십시오.

호흡에 주의를 기울여 보십시오.

생각의 행렬이 계속되는 동안에 이것을 반복하십시오. 생각이 순간적으로 사라지는 과정을 즐기십시오. 생각과 생각 사이에 호흡을 통해 의식을 되돌립니다.

다음에 2분 동안 스스로 이 과정을 계속하십시오(주의: 시간은 연령과 기술 수준에 따라 다르며, 10~20초에서 시작하되 경험이 많은 내담자의 경우에는 최대 5~10분입니다).

침묵하세요.

생각 사이에 끼어들기

◆ 배경

생각 사이에 끼어들기는 Wayne Dyer의 '틈새 사이로 끼어들기(Getting in the Gap)' 명상에 기반한 도구입니다(Dyer, 2002). 이것은 두 단어를 시각화하고 단어 사이의 공백에 주의를 기울이는 훈련입니다. 이 활동은 아동과 청소년이 바쁘게 돌아가는 두뇌를 진정시키고, 생각과 반대되는 틈에 집중하고, 생각을 명료하게 하고, 마치 신적인 존재와 함께 있는 것처럼 내면을 알아차릴 수 있는 방법입니다. 이 도구는 이 활동에 긍정적인 확언을 결합한 것입니다.

◆ 기술 쌓기

〈유인물 14-3〉을 사용하여 내담자들에게 과정을 설명합니다. 내담자들에게 자신의 상황에 적용되는 긍정적인 확언을 쓰도록 선택하거나 요청한 다음에 유인물에 설명된 대로 명상을 하기 위해 그들의 확언을 사용합니다.

◆ 성찰

내담자들이 이 명상을 할 때 무엇을 알아차렸는지 물어보세요. 내담자들은 이 활동의 어떤 점을 좋아했습니까? 그들은 마치 두 단어 사이에 매달려 그네를 타는 것과 같이 할 수 있었습니까? 단어를 시각화하고, 단어 사이의 틈새에 집중할 수 있었습니까? '아하' 하고 외치는 기분은 어땠습니까? 그들은 그 확언에 대해 어떻게 느꼈습니까? 이 명상은 지금까지 수행한 다른 명상과 비교하여 어떻습니까?

생각 사이에 끼어들기

 Wayne Dyer의 '틈새 사이로 끼어들기'의 개념으로부터 제작

생각 사이에 끼어들기 명상은 짧은 시간 동안에 생각 사이의 틈새에 초점을 맞추는 방법을 배우는 것을 포함합니다. 비교하자면 음악과 함께 휴식을 취하는 것과 같습니다. 마음을 고요하게 하고 생각을 맑게 하여 집중력을 높일 수 있습니다. 명상에 활용할 긍정적인 확언의 예시는 다음과 같습니다.

1. 마음챙김 배우기

- "나는 마음챙김을 배우고 있다."
- "나의 마음챙김 기술이 향상되고 있다."
- "나는 마음챙김으로 좋아지고 있다."
- "마음챙김은 기분이 좋아지는 데 도움이 된다."

4. ADHD

- "마음챙김은 내가 집중하고 차분함을 유지하는 데 도움이 된다."
- "마음챙김이 점점 쉬워지고 있다."

2. 우울증

- "나는 기분이 좋아지는 생각을 찾을 수 있다."
- "나는 기분이 좋아지는 법을 배우고 있다."

5. 수면장애

- "마음챙김은 내가 더 잘 자도록 도와준다."
- "나는 이제 쉽게 잠들 수 있다."

3. 불안

- "나는 걱정을 차분한 생각으로 대체한다."
- "나는 덜 걱정하는 법을 배우고 있다."

내담자 각각에 맞춰 긍정적인 확언의 단어를 대체해 보십시오.

여러분의 마음의 눈으로 확언과 관련된 첫 번째 단어를 상상하십시오. 이제 그것을 볼 수 있으므로 상상 속 시야의 왼쪽으로 이동하십시오.

이제 마음의 눈으로 두 번째 단어를 그려 보십시오. 시야의 오른쪽으로 이동하십시오. 이제 여러분이 두 단어 사이에 있다고 상상하고 단어 사이의 공간에 집중하십시오. 호흡을 깊게 들이쉬고 내쉴 때 "아하!"라고 말합니다. 다시 심호흡을 하고 내쉬면서 "아하!"라고 말합니다.

이제 두 번째 단어를 왼쪽으로 이동하여 첫 번째 단어의 위치로 바꾸십시오. 이제 세 번째 단어를 상상해서 오른쪽에 놓으십시오.

다시 두 단어 사이의 공간에 초점을 맞춥니다. 숨을 크게 들이쉬고 내쉴 때 "아하!"라고 말합니다.

한 번 더 합니다. "아하!"

이제 세 번째 단어를 왼쪽으로 이동하고 네 번째 단어를 오른쪽에 놓으십시오.

다시 두 단어 사이의 공간에 초점을 맞춥니다. 심호흡을 하고 말하세요. 숨을 내쉴 때 "아하!"라고 말합니다.

다시 합니다. "아하!"

이제 네 번째 단어를 왼쪽으로 이동하고 다섯 번째 단어를 오른쪽에 놓으십시오.

확언의 모든 단어가 완료될 때까지 이 과정을 반복합니다.

네 단어로 된 긍정적인 확언을 사용한 예는 다음과 같습니다. '마음챙김은 내가 집중하게끔 도와줍니다.'

마음의 눈으로 '마음챙김'이라는 단어를 그려 보십시오. 이제 그것을 볼 수 있으므로 상상 속 시야의 왼쪽으로 이동하십시오. 이제 마음의 눈으로 '나'라는 단어를 상상해 보십시오. 시야의 오른쪽으로 이동하십시오.

이제 여러분이 왼쪽에 '마음챙김', 오른쪽에 '나'라는 두 단어 사이에 매달려 있는 그네에 앉아 있다고 상상해 보십시오. 단어 사이의 공간에 초점을 맞춥니다. 그네는 제자리를 유지하는 데 도움이 됩니다. 호흡을 크게 들이쉬고 내쉴 때 "아하!"라고 말합니다. 다시 심호흡을 하고 숨을 내쉬면서 "아하!"라고 말합니다.

이제 '나'라는 단어를 그려 보고 왼쪽으로 옮겨서 '마음챙김'이라는 단어와 바꾸십시오. 이제 '집중'이라는 단어를 그림으로 그려서 오른쪽에 놓으십시오. 여러분이 왼쪽의 '나'와 오른쪽의 '집중' 사이에 있는 그네에 앉아 있다고 상상해 보십시오. 두 단어 사이의 공백에 초점을 맞춥니다.

숨을 크게 들이쉬고 내쉴 때 "아하!"라고 말합니다. 한 번 더 합니다. "아하!"

이제 '집중'이라는 단어를 왼쪽으로 이동하고 '도움'이라는 단어를 오른쪽에 배치합니다.

다시 두 단어 사이의 공간에 초점을 맞춥니다. 숨을 크게 들이쉬고 내쉴 때 "아하!"라고 말합니다. 다시 합니다. "아하!"

출처: Dyer(2002)의 허가를 받아 각색 및 사용.

채널 바꾸기

🔷 배경

　　대부분의 아동과 청소년은 생각을 의도적으로 선택할 수 있다는 것을 깨닫지 못합니다. 이 방법은 현재 생각의 내용이 우리가 보고 있는 채널이라는 개념을 사용합니다. 아동과 청소년은 대부분 TV 채널에 매우 익숙하기 때문에 이 개념을 쉽게 이해할 수 있습니다. 예를 들어, 우리는 걱정, 분노, 슬픔 또는 스트레스 채널을 볼 수 있습니다. 우리는 채널을 행복하고, 차분하고, 편안하고, 재미있는 채널로 변경할 수 있으며, 그렇게 함으로써 우리의 생각과 감정의 내용을 바꿀 수 있습니다. 이것은 우리가 생각하는 것이 우리의 감정과 행동에 영향을 미치고, 그 반대의 경우에도 마찬가지라는 인지행동 개념과 일치합니다. 우리는 더 기분이 좋아지는 생각을 선택할 수 있습니다.

🔷 기술 쌓기

　　이 마음챙김 기술을 위해 내담자의 생각은 행복, 슬픔, 걱정, 화남, 침착 또는 스트레스 채널 등 그들이 보고 있는 채널을 나타낸다는 것을 설명합니다. 내담자가 현재 보고 있는 생각과 채널을 식별하도록 도와주세요. 행복한, 평화로운, 편안한 채널에 무엇을 넣을지 생각해 보도록 합니다. 여러분이 내담자의 관심사와 취미에 대해 알고 있는 것을 바탕으로 그들이 적어도 네 가지의 긍정적인 아이디어를 내도록 도와주세요. 아동과 청소년은 댄스, 스케이트보드, 수영 또는 기타 스포츠와 같은 활동을 선택합니다. 내담자들의 기분이 좋아지는 것을 식별하도록 도와주세요. 〈유인물 14-4〉의 절차를 따르십시오. 생각이나 감정을 바꿀 필요가 있을 때마다 이 도구를 사용하도록 격려하세요.

　　7세의 내담자를 대상으로 불안을 해소하는 방법은 〈도구 22-4〉에 설명된 사례를 참조하세요.

🔷 성찰

　　내담자가 하루 중 언제 이번 도구를 사용했는지 물어보세요. 도움이 되었습니까? 그들은 그 순간에 부정적/불쾌한 생각을 식별할 수 있었습니까? 행복, 평화, 편안, 기분 좋은 채널에 무엇을 담았습니까? 내담자들이 그것을 사용할 때 생각, 기분과 관련하여 무엇을 알아차렸습니까? 내담자에게는 여러 가지 긍정적인 채널이 필요합니까, 아니면 하나면 충분합니까?

채널 바꾸기

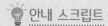안내 스크립트

여러분이 생각하고 싶은 것을 선택할 수 있다는 것을 알고 계셨습니까? 한 번에 한 가지 생각만 할 수 있으므로 그것이 좋은 생각인지 확인하십시오.

여러분이 생각하고 있는 것이 TV 채널을 보는 것과 같다고 상상해 보십시오.

지금 무슨 생각을 하고 있나요?

여러분의 생각은 평온한가요, 행복한가요, 슬픈가요, 걱정스러운가요, 화가 나나요, 고통스러운가요, 좋은가요, 나쁜가요? 이것은 지금 보고 있는 TV 채널입니다.

행복, 평화, 편안, 기분 좋은 채널에 무엇을 넣을지 생각해 보십시오. 단, 구체적이어야 합니다. 4개의 다른 채널에 올릴 수 있게 여러분을 기분 좋게 해 주는 4개의 다른 항목을 선택하십시오. 이 네 가지는 무엇인가요? 몇 가지 예로 고양이나 개 쓰다듬기, 수영, 춤, 스포츠, 스케이트보드 타기, 좋아하는 음악, 따뜻한 물로 목욕하기, 좋아하는 음식, 좋아하는 게임 등 기분이 좋아지는 것이면 뭐든지 가능합니다. 여러분이 채널에 사용할 수 있는 네 가지 항목은 무엇인가요?

생각이 나쁘거나 부정적이면 가상의 리모컨을 사용하여 행복, 평화, 편안, 기분 좋은 채널 중 하나로 '채널을 바꾸고' 그 채널을 보고 있다고 상상해 보십시오.

더 긍정적인 채널로 마음의 '채널 바꾸기'를 훈련하십시오.

이 채널을 보면 기분이 좋아지나요?

부정적이거나 불쾌한 생각이나 감정이 있을 때마다 이 과정을 사용하십시오.

도구 14-5   자동적으로 드는 부정적 생각 바꾸기

⬢ 배경

많은 어린이와 청소년은 이미 부정적인 생각을 자동적으로 꾸준히 만들어 내는 데 전문가입니다. 이는 특히 우울증, 불안, ADHD 및 트라우마에서 나타납니다. 이러한 부정적인 생각의 대부분은 생존을 위해서 라는 표면적인 이유로 어린 시절에 뇌에 심어진 잘못된 핵심신념에서 비롯됩니다.

종종 아동과 청소년은 자신의 세상에서 받은 부정적인 메시지를 내면화합니다. 6세 남아는 '하루 종일 아무도 나에게 소리를 지르지 않았기 때문에' 새로운 ADHD 약이 효과가 있다는 것을 알고 있다고 말했습니다. 이미 6세 때 그는 자신에 대해 나쁜 느낌을 느꼈고, 부정적인 자기대화를 경험했습니다. 인지행동치료는 이러한 자동적인 부정적 생각을 식별하고 바꾸기 위해 활용됩니다. Daniel Amen은 이러한 자동적으로 드는 부정적 생각을 'ANTs(Automatic Negative Thoughts)'라고 부르고, '개미의 종'으로 분류했습니다 (Amen, 1998). 이 도구는 Amen이 만든 비유를 사용하여 ANTs를 식별하고 기분이 좋아지는 현실적인 생각으로 대체함으로써 ANTs를 근절하거나 죽이는 방법을 제공합니다.

⬢ 기술 쌓기

자동화된 부정적인 사고방식을 가지고 있는 아동과 청소년에게 ANTs를 없애기 위해서는 먼저 개미를 식별한 다음에 더 긍정적이고 현실적인 생각들로 대체하여 제거하거나 죽여야 한다고 설명합니다. 연령이 낮은 아동에게는 "개미를 없애라." 또는 "개미를 죽이라."라는 단어를 사용합니다. 그들은 아마도 그것을 개미나 벌에게 살충제를 뿌리는 것과 연관시킬 것입니다. 내담자와 함께 〈유인물 14-5A〉를 검토하고 ANTs를 식별하도록 돕습니다. 그들의 생각을 개미의 종으로 분류하는 것을 도와주세요. 그런 다음에 기분이 좋아지는 긍정적인 생각으로 ANTs를 제거하도록 도와주세요. 〈유인물 14-5A〉의 예를 읽고 생각하는 종이 무엇인지 물어보세요. 그런 다음에 기분이 좋아지는 생각을 하여 ANTs를 죽이도록 지시하세요. 예시에 대한 지침으로 〈유인물 14-5A〉를 사용하세요. ANTs 그래픽을 〈유인물 14-5C〉에 게시하여 ANTs를 염두에 두고 제거할 것을 상기시키도록 권장하세요.

⬢ 성찰

내담자들에게 그들이 생각한 개미가 무엇인지 물어보세요. 그들이 부정적인 사고방식을 가지고 있는지를 발견하도록 도와주세요. 그들은 어떤 종류의 ANTs를 확인했습니까? 그들이 할 수 없다면 종을 식별하도록 도와주세요. 그들이 ANTs를 기분이 좋아지는 생각으로 대체하기 시작한 방법을 살펴보세요. 부정적인 생각을 기분이 좋아지는 긍정적인 생각으로 바꾸어 개미를 죽인 후에 느끼는 감정에 대해 무엇을 알아차렸습니까? ANTs 그림을 어디에 게시했습니까?

ANTs(자동적인 부정적 사고)의 종류

- 흑백 (모 아니면 도) 사고: 여러분은 모든 것이 완전히 좋거나 완전히 나쁘다고 생각합니다. 예를 들어, 무언가를 완벽하게 하지 않으면 실패한 것입니다.

- 항상/절대라는 생각: 여러분은 한 번의 부정적인 일을 반복적인 패턴의 일부분이라고 생각합니다. 예를 들어, 여러분은 항상 여러분의 숙제를 잊어버린다고 생각합니다.

- 마음 읽기: 여러분은 사람들이 여러분에 대해 어떻게 생각하는지 또는 여러분이 한 일에 대해 그 사람들에게 묻기도 전에 추측합니다(일반적으로 안 좋은 방향으로).

- 예언: 여러분은 일이 나쁘게 될 것이라고 확신합니다.

- 확대 및 최소화: 여러분은 사소한 문제의 중요성을 과장하면서 여러분의 성과를 무시합니다.

- '당연히 ~해야 한다'는 죄책감: 여러분은 일이 어떻게 되어야 하는지에 대해서만 초점을 맞추고 그러지 못한 경우 자신과 타인에 대한 심한 비판을 합니다.

- 개인화: 여러분은 모든 것을 개인적인 차원으로 해석합니다.

- 부정적인 것에 집중하기: 여러분은 모든 경험의 부정적인 측면만 봅니다.

- 감정적 추론: 여러분은 여러분의 부정적인 감정이 현실을 반영한다고 가정합니다. 여러분의 일에 대해 나쁘게 느낀다는 것을 "나는 잘하지 못하고 있고 아마도 이번 과정에서 실패할 거야."라는 의미로 봅니다.

- 비교 사고: 여러분은 다른 사람과 자신을 비현실적으로 비교를 하면서 열등감을 느낍니다.

- 라벨링: 여러분은 자신이나 다른 사람에게 부정적인 이름을 붙입니다.

- 비난: 여러분은 여러분 자신의 문제에 대해 다른 사람을 비난합니다. 항상 다른 사람의 잘못입니다.

ANTs의 종류	예시	ANTs 죽이기
항상/절대라는 생각	아무도 나를 좋아하지 않는다.	줄리는 오늘 나에게 말을 걸었다.
비난	내 숙제가 늦어진 건 다 네 탓이야.	숙제는 내 책임이므로 다음에는 제시간에 끝내도록 해야겠다.
개인화	그녀는 나에게 무례했다.	그녀는 너무 바빠서 나를 무시했을 수도 있다.
라벨링	나는 바보다.	이번 시험은 잘 못 봤지만 공부를 더 하면 할수록 좋은 점수를 받을거다.
죄책감과 싸우기	너무 화내면 안 된다.	내가 그렇게 화를 내는 데에는 그만한 이유가 있다.
마음 읽기	선생님은 나를 싫어한다.	선생님이 나를 잘 모를 수도 있다.
예언	아무도 나를 댄스 파티에 초대하지 않을 것이다.	존이 먼저 나에게 묻지 않는다면 누군가에게 스스로 물어볼 기회가 있다.
부정적인 것에 집중하기	나는 시험에서 2개를 틀렸다.	맞다. 하지만 98개를 맞았다.

출처: Amen(1998)에서 확장시킴.

ANTs를 없애라

ANTs를 복사하여 보이는 곳에 걸어 두고 자신의 ANT를 생각하십시오.

도구 14-6　과거, 현재, 미래 게임

◆ 배경

　　마음챙김의 주요 목표 중 하나는 현재 이 순간에 머무를 수 있는 능력을 기르는 것입니다. 이 도구는 아동과 청소년이 생각이 자신의 현재, 과거 또는 미래에 대한 것인지 식별하는 방법을 배우는 데 도움이 되는 게임을 제공합니다.

◆ 기술 쌓기

　　내담자들에게 지금 이 순간에 일어나고 있는 일(현재), 이미 일어난 일(과거) 또는 아직 일어나지 않은 일(미래)에 대해 생각할 수 있다고 설명합니다. 〈유인물 14-6〉의 시나리오를 사용하여 아동과 청소년이 과거, 현재 또는 미래에 대한 생각을 식별하는 방법을 배우도록 합니다. 다양한 연령 집단에 맞게 설명을 수정합니다. 문장을 읽고 그것이 과거에 관한 것인지, 현재에 관한 것인지, 미래에 관한 것인지를 물어보세요. 그런 다음에 해당 시나리오를 기반으로 현재 순간에 대한 생각을 찾을 수 있도록 합니다(첫 번째 시나리오의 예 참조). 유인물에 있는 시나리오로 훈련한 후에 내담자에게 과거에 대한 이야기, 미래에 대한 이야기, 현재에 대한 이야기를 하도록 요청합니다.

　　다음으로 내담자들에게 지금 생각하고 있는 것이 무엇인지 확인하고, 그것이 과거인지 현재인지 미래인지 확인하도록 요청합니다. 그것이 현재에 관한 것이 아니라면, 현재 순간과 관련된 적절한 생각을 찾도록 격려합니다. 생각이 현재와 관련이 있을 때와 현재에 관한 것이 아닐 때 느끼는 감정을 알아차릴 수 있도록 격려합니다.

◆ 성찰

　　내담자들이 이 게임이 어떤 느낌이었는지 성찰하도록 도우세요. 그들은 과거, 현재 또는 미래에 대한 생각의 차이를 배웠습니까(또는 이미 알고 있었습니까)? 그들이 정확하게 식별할 수 있었습니까? 그들은 생각이 현재 대 과거 또는 현재 대 미래일 때 느낌의 차이가 어떤지 알아차렸습니까?

과거, 현재, 미래 게임

💡 다음은 과거, 현재 또는 미래 중 어느 것에 대한 것입니까?

- 젠은 다음 주에 봐야 하는 수학 시험이 걱정됩니다. 예를 들어, 현재 순간에 머무는 생각은 "오늘 수학 공부를 하고 있으니 다음 주 시험을 잘 볼 것이다."가 될 수 있습니다.

- 샐리는 조이가 어제 자신과 부딪혀서 책을 바닥에 떨어뜨렸기 때문에 화가 났습니다.

- 소피는 자신의 앞에 놓인 꽃이 얼마나 아름다운지 생각하고 있습니다.

- 제이다는 보육원의 교사를 사랑합니다.

- 짐은 자신의 여동생이 작년과 같이 아플까 봐 걱정합니다.

- 조던은 자신의 어머니가 자신에게 읽어 주는 이야기를 즐기고 있습니다.

- 수잔은 제인이 자신에게 얼마나 무례했는지에 대한 생각을 멈출 수 없습니다.

- 빌은 캠프에서 만날 아이들이 자신을 좋아하지 않을 것이라고 확신합니다.

- 호세는 오늘 자신이 얼마나 행복한지 알아차렸습니다.

- 프레스턴은 숙제에 집중하고 있습니다.

- 스티븐은 공부를 하려고 하지만 계속해서 자신의 여자 친구를 생각합니다.

- 조던은 대학 진학을 걱정하고 있습니다.

도구 14-7   집중을 위한 명상

🔷 배경

　　많은 연구를 통해 마음챙김이 집중력을 향상시킨다는 사실이 밝혀진 바 있습니다. 자세한 내용은 〈유인물 3-21〉, 아동과 청소년을 위한 마음챙김 연구를 참조하세요(Semple et al., 2010; Napoli, 2005; van de Oord, 2012; Flook et al., 2010). 이 책에 있는 대부분의 도구는 집중력을 향상시키는 데 사용할 수 있습니다. 이 도구는 아동과 청소년이 마치 나무 옆에 있는 것처럼 그들의 상상력을 사용하여 주변 환경을 알아차리는 데 도움이 되는 기술을 설명합니다. 나무는 주변에 무엇이 있는지 알아차리도록 주의를 유도하는 안내 이미지입니다. 이러한 유형의 훈련을 반복적으로 수행하면 작업 시 집중을 유지하는 능력이 점차 향상됩니다. ADHD의 집중력 향상을 위한 더 많은 도구는 제23장을 참조하세요. 한 특수교육 교사는 수업 시간에 이러한 명상을 여러 번 사용하고 학생들이 특히 나무에 앉아 있는 명상을 좋아한다는 사실을 알게 되었습니다.

🔷 기술 쌓기

　　내담자들에게 나무에 앉아 있는 상상을 하도록 설명합니다. 연령이 높은 아동과 청소년의 경우 이러한 유형의 연습이 두뇌가 주의를 기울이고, 집중하고, 마음챙김하는 법을 배우는 데 도움이 된다고 설명합니다. 〈유인물 14-7〉 및 〈도구 23-1〉에 제공된 마음챙김 명상은 아동과 청소년을 위해 사용할 수 있습니다. 내담자에게 명상을 읽어 주고 연습을 하는 동안에 무엇이 떠올랐는지 생각해 보도록 요청하세요. 몇 주 동안에 여러 번 반복할 수 있다면 이 활동의 효과를 높일 수 있습니다. 무언가에 집중해야 할 때 주의가 흩뜨려졌음을 알아차리고 그들이 주의를 기울여야 할 부분에 집중할 수 있도록 이 활동을 기억하도록 권장합니다. 비슷한 명상은 www.PESI.com 및 www.TheBrainLday.com에서 제공하는 집중 명상 CD에서 구할 수 있습니다.

🔷 성찰

　　이 안내 이미지가 내담자들에게 어떤 영향을 주었는지 살펴보세요. 나무를 상상할 수 있었습니까? 상상 속에서 그것을 볼 수 있었습니까? 나무에 앉아 있는 것을 상상하는 것은 어떤 느낌이었습니까? 나무에 앉아 있는 동안에 무엇을 알아챘습니까? 무언가 방해가 되었나요? 나무에 머무는 것에 어떻게 집중했나요? 나무를 느끼거나 새의 소리를 들을 수 있었습니까? 나무에서 무엇을 보았습니까? 나무에 있는 척 집중할 수 있었습니까? 거의 실제처럼 느꼈습니까? 주의가 산만해질 때 주의를 기울이기 위해 "지금은 딴 생각 말고."라고 스스로에게 말한 적이 있었습니까?

나무에서

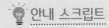

몇 분 동안 앉아 있을 수 있는 편안한 장소를 찾으세요. 눈을 감고 제 목소리를 들으세요. 멋진 상상력을 발휘하길 바랍니다.

여러분이 거대한 나무 주위에 서 있다고 상상합니다. 나무를 보는 것을 상상해 보세요. 보이나요? 어떻게 생겼나요? 나무에 잎이 있나요? 그것은 무슨 색깔인가요? 바람에 흔들리는 나뭇가지 소리에 귀를 기울이십시오. 나무 아래에서의 공기가 어떤지 주목해 보세요. 손을 뻗어 나무줄기를 만져 보세요. 줄기는 거친가요, 부드러운가요? 느껴지나요?

줄기에 발을 올릴 만한 곳을 찾아 천천히 나뭇가지 위로 올라갑니다. 나뭇가지에 안전하게 앉을 수 있는 장소를 찾을 때까지 계속 오르세요. 발을 나뭇가지에 걸치고 양손으로 잡으십시오.

이제 편안하고 안전하게 앉았으니 이 나무 위에서 무엇을 볼 수 있는지 살펴보세요. 무엇을 볼 수 있습니까? 하늘이 보이나요? 구름은 어떻습니까? 높은 곳에 있나요, 아니면 땅에서 약간 떨어져 있나요? 나뭇잎이 빽빽해서 나뭇잎만 보이나요? 아마 여러분은 다른 나무를 볼 수도 있을 것입니다. 위를 보면 어떻게 보입니까?

마음이 복잡해서 나무에 앉아 다른 생각을 하고 있다고 해도 괜찮습니다. "지금은 (딴 생각) 말고."라고 말하고 여러분이 나무에 앉아 있다고 상상하는 데 다시 주의를 기울이세요.

하늘로 뻗어 있는 나무에 안겨 있는 기분은 어떤가요? 나무껍질이 거칠게 느껴지나요? 나무가 여러분과 함께 움직이나요? 어떤 소리가 들리나요? 개가 짖나요? 자동차 경적이나 소방차 사이렌은 어떻습니까? 여러분이 다른 것에 대해 생각하고 있다는 것을 알아차리면 "지금은 말고."라고 스스로에게 말하고 나무에 머무는 것으로 다시 주의를 돌리세요.

새가 옆에 앉을 수도 있습니다. 둥지가 보이나요? 주위를 둘러보세요. 땅에 사람이나 동물이 있습니까? 얼마나 큽니까? 여러분은 길게 뻗은 길이나 아주 짧은 길을 볼 수 있나요?

손을 본 다음에 가능한 한 멀리 바라보세요. 이제 코를 보고 똑바로 아래를 보세요. 여기에서 땅이 보이나요?

잠시 동안 나무에 있다고 상상해 보세요. 마음이 방황한다면 "지금은 말고."라고 말하고 나무에 머무는 것으로 다시 주의를 기울이세요.

침묵. (내담자의 연령과 기술 수준에 따라 10초에서 5분까지 다양합니다)

이 나무에서 작업을 마치면 아래로 내려갑니다.

도구 14-8   생각 마음챙김 일지 쓰기

◆ 배경

마음챙김 훈련에서 중요한 한 가지는 생각을 알아차린 다음에 그 생각에 관여하지 않고 놓아 버리는 것입니다. 마음챙김의 또 다른 요소는 생각의 내용에 대한 알아차림을 높이고 부정적인 생각을 기분 좋아지는 긍정적인 생각으로 바꾸는 능력입니다. 제14장의 도구는 이 두 가지 개념에 대한 경험을 제공합니다. 이 도구는 아동과 청소년이 일지 쓰기를 통해 이 과정을 탐색하는 데 도움이 될 것입니다.

◆ 기술 쌓기

마음챙김 훈련은 생각을 알아차린 후에 관여하지 않고 무시하는 것으로 시작하여 결국 생각의 내용을 모니터링하고 ANTs를 기분이 더 좋아지는 생각으로 점진적으로 바꾸는 능력을 증가시킨다는 점을 내담자에게 설명합니다. 내담자에게 〈유인물 14-8〉의 일지 주제에 응답하하도록 요청합니다.

◆ 성찰

내담자와 함께 일지 내용을 검토합니다. 그들이 아무것도 쓰지 않았다면 회기에서 질문을 검토하고 응답에 대해 토론하세요. 마음챙김 훈련이 어떻게 도움이 되는지 내담자가 확인할 수 있도록 도와주세요.

생각 마음챙김 일지 쓰기

 연령이 높은 아동과 청소년을 위한 일지 주제

- 생각을 알아차리고 그냥 놔두는 것은 어떤가요?
- 마음챙김 훈련 중에 생각을 내려놓았을 때 느끼는 감정의 변화를 눈치챘습니까?
- 마음챙김 훈련을 하는 동안 진정된 경험이 있습니까?
- 특정 생각이 반복되는 경향이 있습니까?
- 마음챙김을 훈련하는 동안에 생각을 내려놓는 능력에 변화가 생겼습니까?
- ANTs가 있습니까?
- 여러분의 삶에서 이 패턴(ANTs)이 어디에서 시작되었다고 느끼고 있습니까?
- 어떤 종류의 ANTs를 확인했습니까?
- 기분이 좋아지는 생각을 찾는 데 성공했을 때의 예를 설명하십시오.
- '기분 좋은' 채널에 무엇을 넣었습니까?
- 과거의 생각, 현재의 생각, 미래의 생각의 예를 들어 주십시오.
- 생각 마음챙김 명상이 여러분에게 어떻게 도움이 되었습니까?

 연령이 낮은 아동을 위한 일지 주제

- 여러분의 모습과 생각을 그림으로 그려 봅니다.
- 뗏목이나 배가 여러분의 옆에 떠 있는 것을 바라보는 자신의 모습을 그려 보세요. 뗏목이나 배에는 어떤 생각들이 타고 있나요?
- 나무에 있는 여러분의 모습을 그려 봅니다.
- 행복한 채널을 보고 있는 여러분의 모습을 그려 봅니다.
- 과거, 현재, 미래에 있는 생각을 그려 봅니다.
- 행복한 채널의 모습을 그림으로 그려 봅니다.
- 산만한 생각에 대해 "지금은 아니야."라고 말하는 여러분의 모습을 그려 봅니다.

제15장

감정 마음챙김

도구 15-1　감정의 여러 과정 알아차리기

🔷 배경

생각을 마음챙김하는 것 외에도 마음챙김에는 느낌이나 감정을 알아차리는 것도 포함됩니다. 전형적으로 연령이 낮은 아동은 감정에 이름을 붙이는 것에 아직 능숙하지 않습니다. 연령이 높은 아동과 청소년은 확실히 이러한 것을 더 잘합니다. 임상가들은 감정 차트나 게임을 사용하여 아동이 자신의 감정을 확인하는 것을 도와줍니다(연령이 낮은 아동을 위해 〈도구 15-4〉를 참조하세요).

연령이 높은 아동과 청소년이 마음챙김을 할 수 있는 감정의 세 가지 기본 요소는 다음과 같습니다.

> • **감정 뒤에 있는 생각이나 이야기**
> • **신체적 감각들**: 감정이 자신의 몸에 어떻게 나타나는가? 모든 감정은 어떠한 신체적 요소를 가지고 있습니다. 이것은 종종 아동과 청소년이 자신에게 감정이 올라온다는 것을 알아차리는 첫 번째이자 가장 쉬운 방법입니다. 예를 들어, 화가 났을 때 몸이 뜨겁다거나 가슴이 터질 것 같다고 느낄 수 있습니다.
> • **마음속의 감정적 기분**: 이것은 연령이 낮은 아동이 식별하기 어려울 수 있지만, 연령이 높은 아동과 청소년에게는 보다 쉽습니다.

우리는 아동과 청소년에게 마음챙김에서 감정의 이 모든 측면에 주의를 기울이도록 가르칠 수 있습니다. 감정에 수반되는 생각이나 이야기들은 종종 내담자들을 끌어당겨서 그들의 마음챙김을 잃어버리게 하는 경향이 있습니다. 이러한 생각 또는 이야기는 일반적으로 현재가 아닌 과거나 미래를 담고 있어 현재에 마음챙김을 하고 있는 상태에서 벗어나게 합니다. 〈도구 14-6〉은 내담자가 자신의 생각이 과거, 현재, 미래 중 어디에서 온 것인지 식별할 수 있게 도와줍니다.

이 도구는 과거나 미래에 끌려가지 않은 채 감정의 현재 순간을 살피고, 판단하지 않은 채 감정을 식별하는 간단한 감정 마음챙김 과정을 제공합니다.

🔷 기술 쌓기

감정이 무엇인지 연령이 높은 아동이나 청소년과 토론을 해 보세요. 그들에게 두려움, 분노, 걱정, 행복, 흥분 등을 느꼈을 때의 예를 들어 달라고 요청해 보세요. 그리고 나서 〈유인물 15-1〉에 요약된 과정을 활용하여 연령이 높은 아동과 청소년이 그들의 감정을 식별하고, 그것들을 판단하거나 바꾸려고 하지 않은 채 관찰하며, 그것들이 몸에서 나타나는 곳을 알아차리고, 과거나 미래와 대비되는 현재에 있는 것들이 분명해지도록 합니다. 내담자가 현재 특별히 느끼는 것이 없다고 대답한다면 최근에 경험한 감정을 기억하면서 그 과정을 탐색해 보라고 요청하세요. 예를 들어, 선생님에게 화난 에피소드가 있거나 시험에 대해 걱정했다면 그때의 기분을 기억하고 유인물에 적혀 있는 과정들을 시도해 보도록 요청하세요. 또한 이야기를 들려 주거나 읽으며 〈유인물 15-1〉에 있는 과정을 따라가 보게 하는 것은 내담자가 이야기 속 등장 인물이 어떤 감정을 느끼는지 말할 수 있게 도와줄 것입니다.

🔷 성찰

내담자들에게 다음의 질문을 해 봅니다. 관찰자로서 자신의 감정에 집중하는 것이 어떠했나요? 감정을 식별하고 이름을 붙이는 곳은 어디인가요? 감정이 자신의 몸 어디에서 나타났나요? 감정의 현재 구성 요소뿐만 아니라 과거 또는 미래의 구성 요소를 식별한 곳은 어디인가요? 어떤 생각이 감정을 자극했을까요? 그 감정의 뒤에 있는 이야기는 무엇이었나요? 전에도 이런 감정을 느낀 적이 있나요?

감정의 여러 과정 자각하기

감정 알아차리기
- 감정 식별하기: 이름 붙이기
- 몸의 어디에 어떻게 나타나는지 알아차리기

감정을 다음과 같이 관찰하기
- 좋은 감정, 나쁜 감정, 좋지도 나쁘지도 않은 감정

감정 수용하기
- 판단하거나 바꾸려고 애쓰지 않기

현재 이 순간의 감정 탐색하기
- 감정의 과거나 미래 측면뿐만 아니라 현재 측면도 알아차리기

감정과 함께 현재에 머물기

감정에 동일시하지 않기
- 여러분의 감정은 여러분과 같지 않습니다.

그 느낌의 뒤에 있는 생각과 이야기는 무엇인가요?

무엇이 여러분을 이렇게 느끼게 했나요?

전에도 이런 감정을 느껴 본 적이 있나요?

도구 15-2 감정 마음챙김 명상

배경

마음챙김 훈련의 기본은 훈련 중에 올라오는 생각과 감정을 그냥 내버려 두는 것입니다. 연령이 높은 아동과 청소년을 위한 심화된 방법은 한 걸음 더 나아가 내담자의 감정이 올라올 때 그것으로 향하게 하고, 관찰하고, 살펴보고, 감정이 자신의 몸 어디에서 어떻게 나타나는지 알아차리게 도와주는 것입니다. 이러한 감정 마음챙김을 함양함으로써 우리는 일상생활과 관련하여 발생하는 강렬한 경험을 다룰 수 있는 회복력을 기를 수 있습니다. 우리를 옆길로 빠지게 하여 원치 않는 곳(엉뚱한 교실에 들어가는 것과 같은)으로 이끌려고 하는 감정에 사로잡히는 경향을 줄일 수 있습니다.

기술 쌓기

이 훈련의 목적은 감정이나 느낌이 일어날 때 그것으로 향하여 확인하고, 판단하지 않고 관찰하며, 그것이 신체 어디에서 어떻게 나타나는지 알아차리는 내담자의 능력을 향상시키는 것이라고 설명합니다. 감정에 대해 배울 때 아동과 청소년은 종종 분노나 두려움과 같은 강렬한 감정을 가질 때 자신의 몸이 어떻게 느끼는지를 확인하는 것이 더 쉽다는 것을 알게 됩니다. 눈을 감는 것이 편하다면 내담자에게 편안한 자세를 찾아 눈을 감으라고 요청한 후, 〈유인물 15-2〉 감정 마음챙김 명상 부분을 읽어 줍니다. 그러고 나서 내담자들에게 무슨 일이 일어났는지 살펴보게 합니다. 연령이 높은 아동과 청소년에게는 유인물을 그대로 사용합니다. 무슨 감정이었는지, 그것을 어떻게 알게 되었는지, 어떻게 느꼈는지 등 토론을 장려하기 위한 지침으로 사용합니다.

아동과 청소년에게는 다음의 사항을 주의하세요. 감정에는 옳고 그른 것이 없다는 것을 확실히 알려 주세요. 긍정적이든 부정적이든 누군가에게 특정한 감정을 가져야 한다는 암시를 피하세요. 그리고 자신에게 해를 끼치는 누군가에게 자비나 용서를 느껴야 한다는 암시도 피하세요.

성찰

이 훈련이 어땠는지 물어봅니다. 훈련 중에 올라온 감정을 알아차릴 수 있었나요? 식별하는 곳은 어디인가요? 그것은 무엇이었나요? 몸의 어디에서 알아차릴 수 있었나요? 위장의 통증, 근육의 긴장, 심박이나 체온의 변화와 같은 몇 가지 예를 들어 줍니다. 만약 주의가 산만해졌다면 어떻게 주의를 다시 감정으로 돌아올 수 있었나요? 무엇이 감정을 일으켰나요? 이전에도 그것을 경험한 적이 있나요? 그 감정에 얽힌 이야기는 무엇인가요? 과거였나요, 현재였나요, 미래였나요?

감정 마음챙김 명상

우리 모두는 하루 종일 감정이나 느낌을 지니고 있습니다. 이것들은 종종 살짝의 느낌으로 시작해서 점차 강해지다가 서서히 사라집니다. 이것은 바닷가의 파도와 매우 흡사합니다. 먼 바다에서 천천히 출발해 해안으로 들어오면서 커졌다가 서서히 물러납니다. 그리고 연속해서 주기적으로 새로운 파도가 밀려옵니다. 이 훈련은 여러분의 감정, 감정에 대한 판단, 그리고 파도처럼 왔다가 사라지는 감정을 조절하는 데 도움을 줄 것입니다.

잠시 호흡에 주의를 기울여 봅니다.

호흡을 알아차려 봅니다.

(멈춤)

지금 이 순간 마음속에서 느껴지는 것을 알아차려 봅니다.

기쁜가요, 슬픈가요, 걱정스러운가요, 고요한가요, 흥분되나요,

이완되어 있나요, 궁금한가요, 자랑스러운가요?

판단하지 말고 느끼고 있는 것을 그저 알아차려 봅니다.

경험하고 있는 감정이 무엇인가요?

느낌이나 감정에 이름표를 붙여 봅니다.

즐거움인가요, 불쾌함인가요?

기분이 좋은지 그렇지 않은지 알아차려 봅니다.

그 느낌이 그대로 머물러 있나요, 아니면 왔다 갔다 하나요?

점점 강해지고 있나요, 약해지고 있나요?

어떻게 변화하고 있나요?

감정에 부드럽게 주의를 유지해 봅니다.

전에도 이렇게 느껴 본 적이 있었나요?

과거에서 온 건가요, 아니면 현재에서 온 건가요?

그 감정의 현재 순간은 무엇인가요?

호흡은 어떻습니까?

자세와 느낌이 일치하나요?

그 감정은 어떻게 몸에 나타나나요?

몸이 불편한 곳이 있나요?

전에도 몸의 감각을 알아차린 적이 있었나요?

근육이 단단하고 긴장되어 있나요, 아니면 이완되어 있나요?

표정은 어떻습니까? 웃고 있나요, 찌푸렸나요, 편안한가요?

생각에 빠져 있는 것을 알아차렸다면 그것들을 받아들이고,

내버려 두고, 다시 감정으로 돌아옵니다.

판단하지 말고, 허용하고, 받아들입니다.

하나의 감정이 사라지고 다른 감정이 일어나면 이 과정을 반복합니다.

허용하고 받아들이고 감정에 이름표를 붙입니다..

여러분은 감정이 아니라는 것을 스스로에게 되뇌어 봅니다.

감정의 현재 순간을 찾아봅니다.

특정한 감정을 지키려는 경향이 있나요?

다른 감정은 거부하나요?

어떻게 하면 부정적인 감정을 긍정적인 감정으로 대체할 수 있을까요?

호흡으로 주의를 가져옵니다.

이 명상을 하는 동안에 무엇이 떠올랐는지 살펴보세요.

출처: JonathanKaplan, PhD에서 영감을 받음(Kaplan, 2008).

도구 15-3 '나는 …을 느껴요' 게임

● 배경

감정 마음챙김은 마음챙김의 중요한 요소이자 내적 알아차림 기술입니다. 연령이 낮은 아동은 전형적으로 자신의 감정을 식별하지 못할 수 있습니다. 그럼에도 이들 또한 감정 마음챙김 기술을 배우고 그 능력을 향상시켜 나갈 수 있습니다. 여러 훈련의 목표는 다양한 감정 게임을 활용해 자신이 느끼고 있는 것을 식별하도록 도와주는 데 있습니다. 이 도구는 게임 형식으로 바로 지금 자신이 느끼고 있는 것을 말해 보도록 요청합니다. 모든 연령대의 아동과 청소년에게 사용할 수 있는 여러 버전이 있습니다.

● 기술 쌓기

• 아동과 청소년에게 바로 지금 자신이 느끼고 있는 것을 알아차리는 것을 도와주기 위해 '나는 …을 느껴요(I feel…)'라는 게임을 할 것이라고 설명합니다. 자신이 어떻게 느끼고 있는지를 말하는 것으로 훈련은 시작됩니다. 서로(또는 집단인 경우에는 다른 내담자)를 보고 "안녕!"이라고 인사를 하고, 자신이 바로 지금 느끼고 있는 것을 말합니다. 예를 들면, 다음과 같습니다.

> "안녕, 나는 우리가 무엇을 하고 있는지 혼란스러워."
>
> "안녕, 방과 후에 친구가 초대해 줘서 기뻐."
>
> "안녕, 이런 짓을 하다니 바보 같아."
>
> "안녕, 나는 오늘 여기 와서 행복해."
>
> "안녕, 내가 잘못할까 봐 걱정이야."
>
> "안녕, 내 개가 방금 강아지를 낳아 신나."
>
> "안녕, 엄마가 여기로 오라고 해서 화가 나."
>
> "안녕, 이거 하는 게 민망해."
>
> "안녕, 내 기분이 어떤지 모르겠어."
>
> "모르겠어."도 괜찮지만, 즉시 자신이 어떻게 느끼는지 이해하는 데 도움이 되는 추가 질문들을 합니다.

• 내담자가 바로 지금 어떤 기분인지 알아차리는 것을 북돋워 주고, 만약 그들이 이전에 느꼈던 감정이나 미래에 대한 감정을 말한다면 감정의 현재 구성 요소인 지금 이 순간에 그들이 어떻게 느끼는지 식별할 수 있도록 도와줍니다.

• 또 다른 선택사항은 이야기를 소리 내어 읽고 나서 내담자들에게 이야기 속의 각 등장인물이 이야기 도중 각각의 지점에서 어떻게 느끼고 있는지를 말하도록 하는 것입니다. 또는 이야기를 듣고 어떤 기분이 드는지 내담자에게 물어봅니다.

- 감정에 이름표 붙이기의 또 다른 변형으로 내담자에게 언제 그렇게 느꼈던 것인지, 언제 그렇게 느낄 것 같은지 물어봅니다. 예를 들면, 다음과 같습니다.

> "언제 행복감을 느꼈나요(느낄 것 같나요)?"
>
> "언제 흥분하였나요(흥분할 것 같나요)?"
>
> "언제 두려웠나요(두려울 것 같나요)?"
>
> "언제 슬펐나요(슬플 것 같나요)?"

◆ 성찰

내담자에게 자신이 느낀 것을 알아차린 것이 어땠는지 물어봅니다. 느낀 것을 알아차릴 수 있었나요? 느낌에 이름을 붙일 수 있었나요? 불편함을 느꼈나요? 당황스러웠나요? 느낌의 바로 이 순간을 발견할 수 있었나요?

도구 15-4　감정에 이름 붙이기

◆ 배경

감정을 마음챙김하는 것은 정신건강에 좋을 뿐만 아니라 마음챙김의 필수 요소입니다. 아동, 청소년, 그리고 일부 어른도 자신이 경험하는 감정에 이름을 붙이는 데 어려움을 겪습니다. 이 도구는 다양한 감정을 표현하는 얼굴들이 들어 있는 '일반 감정 차트(common feelings chart)'를 사용하여 아동과 청소년이 다양한 감정을 인지하고 감정에 이름을 붙이는 능력이 향상되는 것을 도와줍니다.

◆ 기술 쌓기

내담자가 다양한 감정에 이름을 붙이는 것을 돕기 위해 〈유인물 15-4〉의 감정 차트를 활용해 보세요. 각각의 사진을 가리키며 감정이 어떤지 물어보세요. 차트를 덮고 다시 물어봅니다. 그러고 나서 내담자에게 자신이 그렇게 느낀 적이 언제인지, 누군가가 그렇게 느꼈다면 언제였는지 말해 달라고 요청하세요. 예를 들어, 만약 내담자가 그 감정을 '슬픔'이라고 이름을 붙인다면 슬펐던 적이 있는지, 만약 있다면 왜 그랬는지 물어보세요. 슬픈 적이 없다면, 누군가가 슬퍼할 때가 언제였는지, 자신에게 그 슬픔이 느껴진 당시를 말해 보도록 하세요.

내담자에게 슬프거나 행복한 표정을 지어 보거나 다른 감정들을 만들어 보라고 요청할 수도 있습니다. 여러분은 슬프고, 무섭고, 걱정스럽고, 바보 같은 표정을 짓고, 내담자들에게 그 느낌에 이름을 붙여 보라고 요청할 수도 있습니다. 거울을 주고 내담자들에게 거울을 보고 행복한 표정을 지어 보라고 하고, 그다음에는 슬픔, 그리고 걱정하는 표정을 지어 보라고 해 봅니다. 내담자에게 겁먹은 얼굴을 그려 보라고 하거나 여러 감정이 나타나는 얼굴을 그려 보라고 해 봅니다.

이러한 목적으로 사용할 수 있는 '감정 카드' 게임이 있습니다. 그중 하나인 'Go Fish'의 규칙을 사용하여 각각 다른 느낌이 있는 4장의 카드를 모아 보라고 합니다. 이러한 개념이 포함되어 있는 다른 놀이치료 게임도 있습니다.

◆ 성찰

내담자가 차트의 표정을 보고 감정을 정확하게 식별할 수 있었나요? 그들이 특정한 감정을 느꼈던 때를 말할 수 있었나요? 연령이 높은 아동과 청소년에게 감정에 대해 생각하는 것이 어땠는지 물어보세요. 차트에 감정 이름을 붙이는 게 어려웠나요, 아니면 쉬웠나요? 어려움을 겪는 내담자가 있었나요?

감정에 이름 붙이기

중립   차분한   분한   장난스러운

겁먹은   두려워하는   만족스러운   불쾌한

사려 깊은   기쁜   슬픈   화가 난

우스꽝스러운   자랑스러운   놀란   즐거운

도구 15-5 핵심 온정

● 배경

이 마음챙김 기술은 고마움, 감사, 사랑 또는 보살핌과 같은 '핵심 온정(core heart feelings)'을 마음챙김 상태에 있게 하는 것에 근거를 둡니다. 심장을 통해 호흡을 하고 있다고 상상하면 심박변이가 일관성 (Coherence)이라고 부르는 건강한 상태로 변화됩니다. 연구에 따르면, 심박변이도를 일관되게 하는 훈련을 할 때 우울증과 불안이 개선됩니다(Childre & Marti, 1999). 시판되는 컴퓨터 프로그램 중 하나인 HeartMath's EmWave™ 프로그램(HearthMath, 2013)을 통해 고마움, 감사, 사랑 또는 보살핌의 감정을 상상할 때 심박변이의 일관성이 향상되는 것을 확인할 수 있습니다. 이 도구는 심박변이도를 일관되게 만드는 것으로 입증된 기본 기술을 제공합니다. 아동과 청소년은 이 훈련을 꽤나 잘할 수 있습니다. EmWave™ 시스템을 활용하여 얼마나 잘하고 있는지를 보여 주는 것은 매우 재미는 있지만, 반드시 해야 하는 것은 아닙니다.

● 기술 쌓기

연령이 높은 아동과 청소년에게 최상의 건강을 위해 우리는 심장이 다소 다른 속도로 뛰기를 원한다고 설명해 주세요. 변이가 충분하지 않으면 좋지 않고, 변이가 너무 많은 것도 좋지 않습니다. 고마움, 감사, 사랑, 또는 보살핌의 감정을 기억하고 우리가 심장으로 호흡을 하고 있다고 상상하며 단순히 심장에 초점을 두는 것만으로도 심박변이를 매우 안정적인 방법으로 바꿀 수 있다고 설명합니다. 〈도구 3-16〉을 활용하여 심박수를 느낄 수 있는 맥박을 측정하는 방법을 가르칩니다. 고맙고 감사하다고 느꼈던 시간, 혹은 무엇인가 또는 누군가에게 감사했다고 느꼈던 시간에 대해 이야기를 나눕니다. 내담자가 고마움, 감사, 사랑, 보살핌을 느꼈던 때를 잘 기억하고 식별할 수 있도록 도와줍니다. 내담자에게 〈유인물 15-5〉를 읽어 주고, 그들에게서 어떠한 감정이 일어나는지를 살펴보게 합니다. 한 주 동안 이것을 훈련해 보라고 요청합니다.

> **주의** 이 도구는 설명 없이도 작업이 가능하기 때문에 내담자에게 설명을 생략하고 바로 훈련을 실시합니다. 그림을 참조하여 이 작업을 훈련해 보십시오.

● 성찰

내담자들에게 이 마음챙김 훈련이 어떠했는지 살펴보게 도와줍니다. 고마움, 감사, 사랑 또는 보살핌의 감정을 기억했나요? 심장에 초점을 맞추었을 때 무엇을 느꼈나요? 호흡이나 신체 감각에 어떤 변화가 있었나요? 그것을 알아차릴 수 있었나요? 훈련을 마치고 나서 다르게 느껴진 것이 있었나요?

핵심 온정

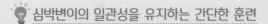 심박변이의 일관성을 유지하는 간단한 훈련

편안한 자세를 찾습니다.

눈을 감고 1~4까지 세면서 코로 숨을 깊게 들이쉬고,

1~8까지 세면서 풍선을 불 듯이 입으로 천천히 내쉬세요.

마음을 비우고 여러분의 주의를 심장 주위로 가져갑니다.

잠시 동안 심장을 통해 호흡이 천천히 들어오고 나가게 합니다

이제 여러분의 삶에서 누군가 또는 긍정적인 것에(멈춤) 감사했던 때를 기억해 봅니다.

어렵지 않게 사랑할 수 있는 누군가를 향한 배려나 사랑의 감정을 기억해 봅니다.

그 감정에 머물러 봅니다.

여러분 자신과 다른 사람에게 감사의 감정을 보냅니다.

다른 생각이 떠오르면 그저 내버려 두고, 여러분의 주의를 다시 심장 주위로 부드럽게 돌아오게 합니다.

출처: HeartMath Workshop에서 발췌(Childre & Marti, 1999).

감정 마음챙김 일지 쓰기

🔷 배경

감정 마음챙김 훈련은 감정이 일어날 때 알아차리는 능력을 향상시킵니다. 그것은 감정 자기조절 (emotional self-regulation)과 회복탄력성(resiliency)을 증강시킵니다. 내담자는 지금 이러한 기술을 훈련하고 있기 때문에, 일지 쓰기는 그들의 학습을 강화하는 데 도움이 됩니다.

🔷 기술 쌓기

일지 쓰기가 이 훈련의 효율성을 높이는 중요한 이유를 내담자의 나이에 맞게 설명합니다. 문서(그림) 또는 구두로 〈유인물 15-6〉의 일지 주제에 응답하도록 요청합니다.

🔷 성찰

내담자와 함께 일지 내용을 검토합니다. 마음챙김 기술을 훈련하고 경험들을 일지 쓰기를 하면서 무엇을 배웠는지 묻습니다.

감정 마음챙김 일지 쓰기

 연령이 높은 아동과 청소년을 위한 일지 주제

- 이 훈련을 하는 동안에 알아차린 느낌과 감정은 무엇인가요?

- 그 감정이 몸 어디에서 나타났는지 알아차릴 수 있었나요?

- 여러분은 감정을 판단하지 않고 관찰할 수 있었나요?

- 감정을 일으킨 요인들을 분별할 수 있었나요?

- 감정 뒤에 어떤 사연이 있나요?

- 감정의 현재 순간을 과거나 미래의 구성 요소와 구분하는 것은 어땠나요?

- 현재에 머무르기 위해 무엇을 했나요?

- 산만한 생각들을 어떻게 처리하였나요?

- 이름을 붙인 감정은 무엇인가요?

- 감정에 이름을 붙이는 데 어려움이 있었나요?

- 많이 알아차린 감정은 어떤 것인가요?

- 어떤 감정을 느끼고 싶은가요?

- 여러분이 기억하고 있는 고마움이나 감사는 무엇인가요?

- 심장으로 호흡을 하며 감사한 마음을 떠올렸을 때, 알아차린 마음속 감정은 무엇인가요?

- 핵심 온정 명상을 훈련한 후 기분이 어땠나요?

- 마음챙김 훈련은 여러분에게 어떻게 도움이 되나요?

 연령이 낮은 아동을 위한 일지 주제

- 감정을 그림으로 그려 보세요(슬픔, 화남, 기쁨, 멍청이 같은 등)

- 심장으로 호흡을 하는 그림을 그려 보세요.

- 바로 지금 기분이 어떤지 그림을 그려 보세요.

- 엄마, 아빠, 선생님의 감정이 어떤지 그림을 그려 보세요.

- 어떤 감정을 느끼고 싶은지 그림을 그려 보세요.

제16장

신체 마음챙김

🔷 배경

점진적 근육 이완은 깊은 이완 상태를 달성하기 위한 체계적인 기술이며, Edmund Jacobson에 의해 개발된 지 50년 이상이 지났습니다(Jacobson, 2012). Jacobson 박사는 근육이 몇 초 동안 힘을 주었다가 풀어지는 과정에서 이완되는 것을 발견했습니다. 신체의 다양한 근육군을 긴장시키고 풀어 주면서 깊은 이완 상태를 만들어 내며, Jacobson 박사는 점진적 근육 이완이 고혈압에서 궤양성 대장염에 이르기까지 다양한 질환을 완화할 수 있다는 것을 알아냈습니다.

뇌가 깨어 있는 동시에 몸이 이완될 수 있음을 유념합니다. 이것은 최상의 상태를 의미합니다. 점진적 이완을 훈련함으로써 아동과 청소년의 흥분 상태를 줄이고 뇌와 몸을 진정시켜 침착하게 하는 데 도움을 줄 것입니다. 또한 이완 명상이 끝날 때의 신체 느낌을 기억함으로써 두세 번의 심호흡만으로도 필요에 따라 몇 분 안에 신체의 긴장을 풀 수 있는 능력을 가질 수 있습니다.

🔷 기술 쌓기

아동과 청소년에게 점진적 근육 이완이 뇌와 몸을 진정시키고 깊은 이완 상태를 만드는 방법이라고 설명합니다. 긴장을 푸는 것이 무엇인지에 대한 토론을 장려합니다. 편안함을 느꼈던 때와 편안함을 느끼지 못했던 때에 대해 묘사하도록 요청합니다.

아동과 청소년에게 Jacobson 박사의 점진적 근육 이완은 우리 몸의 16개의 다른 근육군을 차례로 긴장시키고 이완시키는 것임을 설명합니다. 각 근육을 10초 정도 세게 긴장시킨 뒤 갑자기 긴장을 풀어 줍니다. 다음 근육으로 넘어가기 전에 15~20초 동안 긴장을 풀고 상태에서 긴장했을 때와는 다른 이완된 근육의 느낌을 알아차립니다. 근육을 긴장시키는 것이 무엇을 의미하는지 확실히 이해하도록 합니다. 치료자의 눈과 눈꺼풀을 긴장시키는 것을 보여 주고, 아동과 청소년도 시도하는 것을 지켜봅니다. 마치 보디빌더가 된 것처럼 팔을 구부려 근육을 조이는 훈련을 하도록 합니다.

16개의 근육을 긴장시키고 이완시키는 훈련을 안내할 것이라고 설명합니다(연령이 낮은 아동은 근육의 개수를 적게 합니다). 훈련을 하는 동안에 스스로에게 '편안하다' '놓아 준다' '모든 것을 내려놓는다' 등과 같은 이완을 돕는 문구를 말할 수 있다고 제안합니다. 계속해서 근육에 주의를 기울이도록 격려하고, 주의가 흐트러질 때면 스스로에게 "지금은 아니야(not now)."라고 말하고 다시 주의를 특정 근육으로 되돌려 놓을 수 있다고 설명합니다.

연령이 낮은 아동의 경우 설명을 단순화하거나 생략하고 〈유인물 16-1〉을 읽고 시연합니다. 아동과 청소년이 모든 동작을 할 수 있도록 재미있게 진행합니다. 〈유인물 16-1〉을 읽어 주면서 각 근육에 대해 시연합니다. 아동과 청소년의 발달 수준과 성숙도에 따라 모든 연령대에 이 유인물 중 하나를 활용할 수 있습니다.

이후에도 내담자들의 경험을 살펴보고, 집에서 스스로 훈련하도록 격려합니다.

　내담자들에게 점진적 근육 이완 명상을 하는 것이 어땠는지 되돌아 보라고 요청합니다. 긴장된 근육과 이완된 근육의 차이를 알아차릴 수 있었나요? 명상을 마치고 마음이 한결 편안한가요? 산만한 생각을 어떻게 다루었나요? 훈련하는 동안 특별한 감정을 경험했나요? 이 마음챙김 기술을 훈련하는 것은 어떻게 도움이 되었나요? 하루 중 언제 이것을 훈련할 수 있었나요?

아동을 위한 점진적 근육 이완

가장 편안한 자세를 찾으세요.

1. 먼저 세 번의 깊은 복식호흡을 합니다. (풍선이 부푸는 것처럼 배를 만들어 보세요.) 숨을 내쉴 때는 천천히 거품을 분다고 생각합니다. 숨을 내쉬면서 몸이 이완되고 늘어진다고 상상해 보세요.

2. 양손에 스펀지를 쥔다고 상상해 보세요. 스펀지를 물에 넣어 보고 스펀지에 물이 가득 차서 무거워진 것을 알아차립니다. 그다음 스펀지를 들어 올려 물을 꽉 짜 보세요. 스펀지의 모든 물을 짜 봅니다. 손에 어떤 느낌이 드나요? 이제 손에 힘을 풀면서 스펀지를 다시 물에 넣는다고 상상해 보세요. 이제 손에 어떤 느낌이 드나요? 다시 한 번 해 볼게요. 스펀지를 물로 가득 채우고 나서 꽉, 꽉, 꽉 짜 봅니다. 마지막 한 방울까지 모두 짜내 보세요. 손을 굉장히 꽉 쥐었을 때는 어떤 느낌인가요? 이제 손에서 스펀지를 놓고 떨어뜨려 보세요. 스펀지를 꽉 짜는 것과 떨어뜨린 후 중에서 어떤 것이 더 좋은 느낌인가요?

3. 보디빌더가 되었다고 생각해 보고 팔 근육을 강하게 만들어 보세요. 각각의 손에 작은 무게의 아령을 쥐고 있다고 상상해 보세요. 물병이나 작은 공을 사용한다고 상상해도 좋습니다. 이제 손을 위로하고 팔꿈치를 구부려서 팔을 어깨까지 올린 다음 근육을 만들어 보세요. 1~7까지 세는 동안 그 상태로 있습니다. (1—2—3—4—5—6—7) 이제 팔을 펴고 1~10까지 세는 동안 이완해 보아요. (1—2—3—4—5—6—7—8—9—10) 한 번 더 해 봅니다. 어깨까지 팔을 들고 근육을 만든 다음 1~7까지 셉니다. (1—2—3—4—5—6—7) 잘했어요. 이제 팔을 펴고 가볍게 합니다.

4. 큰 회색 코끼리가 되었다고 상상해 보고 여러분의 팔이 코끼리의 코가 되었습니다. 가능한 한 코를 (양 팔을) 멀리 앞으로 뻗어 보세요. 1~7까지 세는 동안 뻗어 보세요. (1—2—3—4—5—6—7) 이제 코를 구부려 보고 1~10까지 세는 동안 이완해 보세요. (1—2—3—4—5—6—7—8—9—10) 다시 앞으로 뻗어서 그대로 있습니다. (1—2—3—4—5—6—7) 이제 다시 구부리고 이완합니다.

5. 광대가 되었다고 생각해 보고 광대 얼굴을 만들어 보세요. 양 눈썹을 가능한 한 위로 올립니다. 1~7까지 세어 볼게요. (1—2—3—4—5—6—7) 이제 양 눈썹을 천천히 내려보고 1~10까지 세어 볼게요. (1—2—3—4—5—6—7—8—9—10)

6. 샤워를 하고 있다고 상상해 보세요. 그리고 물이 얼굴에 뿌려지고 있습니다. 눈을 빠르게 꽉 감고 물을 막아 보세요. 1~7까지 세어 볼게요. (1—2—3—4—5—6—7) 이제 눈을 편하게 뜨고 1~10까지 세어 볼게요. (1—2—3—4—5—6—7—8—9—10)

7. 아기 새가 되었다고 생각하고 엄마 새가 아기 새인 나에게 먹이를 준다고 상상해 보세요. 이제 1~7까지 세는 동안에 가능한 한 크게 입을 벌리고 음식을 받아먹습니다. (1—2—3—4—5—6—7) 좋아요. 이제 충분히 음식을 먹고 입을 닫은 후에 1~10까지 세어 볼게요. (1—2—3—4—5—6—7—8—9—10)

8. 천장에 예쁜 그림이 있다고 상상해 보거나 하늘에 화려한 색깔의 새가 있다고 상상해 보세요. 고개를 뒤로 가능한 한 젖히고 1~7까지 세어 볼게요. (1—2—3—4—5—6—7) 이제 고개를 숙이고 1~10까지 세어 볼게요. (1—2—3—4—5—6—7—8—9—10)

9. 장난감으로 가득 차 있는 바구니가 머리 위에 있고, 균형을 잡아야 된다고 생각해 보세요. 무겁지 않나요? 이제 바구니를 내려 보아요. 머리가 가벼워졌나요?

10. 거북이 되어 바위에서 햇빛을 쬐고 있다고 상상해 보세요. 바로 옆에서 갑자기 무언가 첨벙하는 소리가 들렸어요. 깜짝 놀라서 머리를 등딱지에 넣는다고 생각하고 어깨를 들어 올려 보세요. 1~7까지 세어 볼게요. (1—2—3—4—5—6—7) 이제 머리를 등딱지 밖으로 빼고 주변을 둘러보세요. 어깨를 내리고 1~10까지 세어 볼게요. (1—2—3—4—5—6—7—8—9—10)

11. 커다란 날개를 가진 아름다운 나비가 되었다고 상상해 보세요. 날개를 펄럭거려 보세요. 그리고 1~7까지 셀 동안 날개를 뒤로 쭉 펼쳐 보세요. (1—2—3—4—5—6—7) 이제 앞으로 쭉 펼치고 1~10까지 세어 볼게요. (1—2—3—4—5—6—7—8—9—10)

12. 수영을 하고 있다고 생각해 보세요. 숨을 크게 들이쉬고 물 쪽으로 들어간다고 상상하며 숨을 참아 보세요. 1~7까지 참아 볼게요. (1—2—3—4—5—6—7) 잘했어요. 이제 물 밖으로 나와 다시 호흡을 해 보세요. 1~10까지 세어 보세요. (1—2—3—4—5—6—7—8—9—10)

13. 누군가가 동물 인형을 배 위에 올려놓았다고 상상해 보세요. 인형은 배의 움직임에 따라 위로 올라가기도 내려가기도 해요. 1~7까지 세는 동안에 배의 근육을 최대한 안으로 당겨서 인형을 내려 보세요. (1—2—3—4—5—6—7) 이제 편하게 호흡을 하며 1~10까지 세어 볼게요. (1—2—3—4—5—6—7—8—9—10)

14. 여러분이 강아지가 되었는데 주인이 여러분에게 앉으라고 하는 것을 상상해 보세요. 주인이 강아지 머리 위에서 먹을 것을 가지고 있고, 여러분은 먹을 것을 잡기 위해 등과 고개를 뒤로 젖혀 보세요. 1~7까지 세어 볼게요. (1—2—3—4—5—6—7) 먹을 것을 잡았습니다. 이제 1~10까지 세는 동안에 이완을 하면서 맛있게 먹는다고 상상해 보세요. (1—2—3—4—5—6—7—8—9—10)

15. 귀여운 아기 고양이가 되었다고 상상해 보세요. 다리를 가능한 한 쭉 펴고 1~7까지 세어 볼게요. (1—2—3—4—5—6—7) 이제 편안하게 다리의 힘을 빼고 1~10까지 세어 봅니다. (1—2—3—4—5—6—7—8—9—10)

16. 물웅덩이에 서 있다고 상상해 보세요. 발뒤꿈치로 서고 발가락을 위로 당겨서 물에서 최대한 떨어져 보세요. 1~7까지 세어 볼게요. (1—2—3—4—5—6—7) 잘했어요. 이제 편하게 발을 내려놓고 1~10까지 세어 볼게요. (1—2—3—4—5—6—7—8—9—10)

17. 해변의 모래 위에서 맨발로 서 있다고 상상해 보세요. 발가락을 모래 안에 넣고 구부려서 모래를 잡아 보세요. 1~7까지 세어 볼게요. (1—2—3—4—5—6—7) 이제 모래를 놓고 1~10까지 세어 볼게요. (1—2—3—4—5—6—7—8—9—10)

18. 이제 여러분의 몸 전체에 편안함의 파도가 머리부터 시작해서 점차 모든 근육으로 퍼져나가 발끝까지 지나간다고 상상해 봅니다.

청소년을 위한 점진적 근육 이완

가장 편안한 자세를 찾으세요.

1. 먼저 세 번의 깊은 복식호흡을 할 거예요. (풍선이 부푸는 것처럼 배를 만들어 보세요.) 숨을 내쉴 때는 천천히 거품을 분다고 생각합니다. 숨을 내쉬면서 몸의 긴장이 빠져 나간다고 상상해 보세요.

2. 주먹을 꽉 쥐어 봅니다. 7~10초간 주먹을 움켜쥐고, 15~20초간 힘을 빼 보세요. 다른 모든 근육도 같은 시간 동안에 적용해 볼 거예요.

3. 여러분의 팔을 어깨 쪽으로 굽혀서 이두근에 힘을 주어 봅니다. 양 팔에 근육을 만들어 유지했다가… 이완합니다.

4. 팔꿈치를 쭉 펴서 삼두근에 힘을 주어 봅니다. 양 팔에 근육을 만들어 유지했다가… 이완합니다.

5. 여러분의 눈썹을 위로 올려서 이마 근육에 힘을 주어 봅니다. 유지했다가… 이완합니다. 이완할 때 이마 근육이 부드러워진다고 상상하면서 스스로에게 말해 봅니다. "편안하다."

6. 눈을 꽉 감고 눈 주위 근육에 힘을 주어 봅니다. 유지했다가… 이완합니다. 이완할 때 눈 주위로 깊은 편안함이 퍼진다고 상상해 보세요.

7. 입을 크게 벌리고 볼의 근육을 펼쳐서 턱 근육에 긴장을 줍니다. 유지했다가… 이완합니다. 입술은 떨어진 상태에서 턱을 편안히 합니다.

8. 마치 머리를 등에 붙이는 것처럼 고개를 뒤로 당겨서 목 뒤 근육을 긴장시킵니다. (천천히 부드럽게 하면서 다치지 않게 주의하세요.) 목의 근육에 집중하여 힘을 주어 보세요. 유지했다가… 이완합니다. 목 근육이 특히 긴장될 때는 2번 하는 것도 좋습니다.

9. 깊은 심호흡을 하며 머리의 무게를 느껴 보세요. 이완하는 것 외에 무언가 생각이 떠오를 수도 있습니다. 그래도 괜찮습니다. 그리고 "지금은 아니야."라고 스스로에게 말하며 다시 근육에 집중을 해 봅니다.

10. 어깨를 올려서 귀까지 닿는다고 생각하면서 어깨에 힘을 주어 봅니다. 유지했다가… 이완합니다.

11. 어깨를 뒤로 젖혀서 어깨 뒤쪽의 날개뼈 주위 근육에 힘을 주어 마치 서로 닿는다고 생각해 봅니다. 유지했다가… 이완합니다. 이 부위는 자주 긴장되는 편이므로 2번 하는 것도 좋습니다. 스스로에게 말해 봅니다. "풀어진다, 풀어진다(Letting go)."

12. 호흡을 깊게 들이쉬며 흉부 근육에 힘을 주어 봅니다. 10초간 유지했다가… 천천히 숨을 내쉬어 볼게요. 가슴에 남아 있던 긴장감이 모두 밖으로 빠져나간다고 상상해 봅니다.

13. 배를 안으로 집어넣으면서 힘을 주어 봅니다. 유지했다가… 이완합니다. 이완의 느낌이 배를 통해 퍼져 나간다고 상상해 봅니다.

14. 아래쪽 등을 아치형으로 세우면서 힘을 줍니다. 유지했다가… 이완합니다.

15. 엉덩이 주위 근육에 힘을 주어 봅니다. 유지했다가… 이완합니다. 엉덩이가 편안하게 퍼져있다고 상상해 봅니다.

16. 허벅지 근육을 무릎까지 힘을 주어 봅니다. 엉덩이에도 힘이 들어가기도 하는데, 허벅지와 엉덩이 근육은 가까이 있기 때문입니다. 유지했다가… 이완합니다. 허벅지 근육이 펴지면서 이완되는 것을 느껴 봅니다.

17. 발가락을 위로 들면서 종아리 근육에 힘을 주어 보세요. 유지했다가 이완합니다. (쥐가 나지 않게 조심합니다.)

18. 발가락을 아래로 구부리면서 발에 힘을 주어 보세요. 유지했다가… 이완합니다.

19. 이제 여러분의 몸 전체에 편안함의 파도가 머리부터 시작해서 모든 근육으로 퍼져나가 발끝까지 지나간다고 상상해 봅니다.

도구 16-2 이완 반응

◆ 배경

'이완 반응'이라는 용어는 하버드 의과대학의 Herbert Benson(2000) 박사가 만들었습니다. 이 명상은 스트레스 반응을 효과적으로 감소시키는 이완 반응을 불러옵니다. 비록 많은 마음챙김 도구들이 이완 반응을 촉진할 수 있지만, 이번 명상은 특별히 이완 반응의 목적을 위해 설계되었습니다.

◆ 기술 쌓기

아동과 청소년에게 이 명상이 이완 반응을 불러일으키며, 이 용어는 하버드 의과대학의 유명한 심장 전문의인 Herbert Benson 박사가 만든 것이라고 설명합니다. 이완 반응은 몸과 마음을 완전히 안정시키는 방법으로, 스트레스의 영향을 낮춥니다. 내담자들에게 이완과 스트레스가 어떤 것인지 토론하도록 유도하고, 언제 이완을 느꼈는지 그리고 스트레스를 받았는지 물어봅니다.

내담자들에게 편안한 자세를 찾도록 요청한 다음 〈유인물 16-2〉의 명상을 활용합니다. 내담자들의 나이, 성숙도, 명상 경험에 따라 명상 끝의 멈춤 시간을 30초에서 몇 분 사이로 조절합니다. 연령이 낮은 아동의 경우, 종아리, 정강이와 같이 신체에 사용되는 단어들을 알고 있는지 확인합니다. 아동이 '들숨(inhale)' '날숨(exhale)' '긴장(tension)'의 의미를 이해하는지 확인합니다. 숨을 들이쉬고(breath in) 내쉬고(breath out)와 같은 말로 대체할 수 있습니다. '알아차림(awareness)'이라는 단어가 어떤 의미인지 토론합니다.

◆ 성찰

내담자들이 이 명상을 하는 동안에 경험한 것을 성찰하도록 돕습니다. 이완의 느낌을 알아차렸나요? 느낌이 어떠했나요? 새로운 느낌인가요, 아니면 이전에 경험했던 느낌인가요? 졸리거나 잠이 들었나요? 몸에 특별한 감각은 없었나요? 몸이 무감각해졌거나, 떠있다고 느끼거나, 자각하기 어려웠나요? 주의를 계속 유지할 수 있었나요, 아니면 산만해졌나요? 더 오래 할 수 있었나요, 아니면 너무 길었나요? 매일 이렇게 몇 분씩 이완을 한다면 어떨까요? 이완을 시도할 때 두려움이나 걱정을 느낀 적이 있나요?

이완 반응

이완 반응은 일단 배우면 스트레스와 긴장을 낮추는 데 도움이 되는 간단한 훈련입니다. 이 기술을 배우고 훈련함으로써 정신적·정서적·육체적 건강을 상당히 향상시킬 수 있습니다. 이완 반응이라는 용어는 하버드 의과대학의 유명한 심장전문의 Herbert Benson(2000)에 의해 만들어졌습니다.

이완 반응을 효과적으로 유도하기 위해 아동과 청소년에게 다음의 명상을 읽어 줍니다. 아동과 청소년의 나이, 성숙도, 명상 경험에 따라 명상 끝의 멈춤 시간을 30초에서 몇 분 사이로 조절합니다.

💡 안내 스크립트

편안한 자세를 찾으세요. 의자에 앉아 바닥에 발을 대고, 손을 허벅지에 얹고, 손바닥을 위로 향합니다. 또는 등을 바닥에 대고 누운 상태에서 팔과 다리를 꼬지 않고 손바닥이 위를 향합니다.

이제 숨을 크게 들이마시며 1~4까지 세어 봅니다. 그리고 입으로 풍선을 불듯이 숨을 내쉬면서 1~8까지 세어 봅니다. 다시 해 보겠습니다. 숨을 들이쉴 때 이완과 평화가 들어옵니다. 숨을 내쉬면서 마음이 편안해지고 스트레스와 걱정이 빠져나갑니다. 한 번 더 해 보겠습니다. 숨을 들이마시면서 치유의 에너지가 들어오고, 숨을 내쉬면서 몸이 편안해집니다.

이제 발에 주의를 집중하세요. 발가락, 발바닥, 발뒤꿈치, 그리고 발등에 무엇이 느껴지는지 보세요. 떠나야 할 것은 무엇이든 놓아 주고, 발가락 끝을 통해 바닥으로 흘러가게 합니다.

이제 발목에 집중해 봅니다. 불편한 부분이 있는지 확인하고, 발을 통해 발가락 끝을 지나 바닥으로 흘러가게 합니다.

이제 종아리와 정강이에 주의를 기울이세요. 어떤 것이 느껴지는지 알아차리고, 보내야 할 것은 보내 줍니다. 발목과 발을 지나서 발가락 끝을 통해 바닥으로 흘러가게 합니다.

이제 무릎에 집중해 봅니다. 무엇이 느껴지는지 알아차리고, 무릎에서 종아리와 정강이, 발, 그리고 발가락 끝을 통해 바닥으로 치유의 에너지가 흘러가게 합니다.

이제 허벅지, 앞, 뒤, 옆, 그리고 안쪽까지 주의를 기울여 봅니다. 보내야 할 것은 무엇이든 놓아 주면서 무릎을 지나 종아리와 정강이, 발, 그리고 발가락 끝을 통해 바닥으로 흘러내리게 하세요.

엉덩이에 집중해 봅니다. 몸을 앞뒤로 조금씩 움직이면서 긴장을 풀어 줍니다. 긴장이 허벅지로 흘러내리도록 하고, 무릎을 통해 종아리와 정강이, 발, 그리고 발가락 끝을 지나 바닥으로 흘려보냅니다.

이제 다리와 발 전체에 집중합니다. 숨을 천천히 깊게 들이마시고 다리와 발을 치유의 에너지로 가득 채워 봅니다. 숨을 천천히 내쉬면서 가야 할 것은 호흡으로 부드럽게 흘러나가게 하세요.

이제 허리에 주의를 가지고 옵니다. 여기에는 많은 것이 쌓일 수 있지만 어떤 것도 필요하지 않습니다. 그것들을 흘려보냅니다. 엉덩이와 허벅지를 지나고, 무릎과 종아리와 정강이, 발, 발가락 끝을 통해 바닥으로 흘려보냅니다.

이제 배에 집중을 해 보고 어떤 느낌인지 보세요. 긴장감이나 불편함이 풀어지고, 허벅지, 무릎, 종아리와 정강이, 발, 발가락 끝을 통해 바닥으로 흘러내리도록 하세요.

이제 배 윗부분에 주의를 기울이세요. 마음의 눈으로 큰 밧줄을 그려 봅니다. 밧줄은 꼬였고, 감겨 있고, 단단히 매듭지어 있습니다. 밧줄을 바라보는 동안에 밧줄의 매듭이 풀어지고, 감긴 것이 풀어지고, 꼬임이 풀어져서 느슨하게 매달려 있습니다. 이렇게 배 윗부분의 긴장이 풀어지고, 흘러 내려갑니다. 배, 허벅지, 무릎, 종아리, 정강이, 발, 발끝을 통해 바닥으로 흘러내린다고 상상해 봅니다.

이제 가슴에 집중을 합니다. 숨을 깊게 들이마시며 치유의 공기로 폐로 가득 채웁니다. 숨을 내쉬면서 놓아야 할 것은 무엇이든 놓아 줍니다. 다시 한 번 해 보세요. 평화와 편안함을 들이마시고, 숨을 내쉬면서 마음과 몸을 이완시킵니다.

이제 심장에 집중해 봅니다. 호흡이 심장을 통해 들어온다고 상상해 보고, 감사와 사랑의 마음을 떠올려 봅니다.

여기에 잠시 머물러 봅니다.

이제 등으로 주의를 가져가서 등 가운데, 등 위쪽에 집중해 보세요. 많은 긴장이 여기에 머물러 있지만, 필요한 것들이 아닙니다. 등 아래쪽, 엉덩이, 허벅지, 무릎, 종아리, 정강이, 발, 발끝을 통해 바닥으로 흘러내리게 합니다.

이제 어깨와 목, 목구멍에 집중하세요. 머리를 앞뒤로 부드럽게 움직여 긴장을 풀어주세요. 긴장이 등, 등 아래, 엉덩이, 허벅지, 무릎, 종아리, 정강이, 발, 발끝을 통해 바닥으로 흘러내리게 합니다.

이제 양손의 손가락, 엄지, 손바닥, 그리고 손등에 집중하세요. 손에 느껴지는 것을 알아차리고 놓아야 할 것은 무엇이든 놓아 줍니다. 손가락 끝을 통해 바닥으로 흘러내리게 합니다.

어깨로부터 팔에 집중을 해 보고, 팔 윗부분, 팔꿈치, 팔뚝, 그리고 손목에 주의를 기울이세요. 긴장이 있다면 흘러가게 합니다. 팔, 손목, 손, 손가락 끝을 통해 바닥으로 흘러내리게 합니다.

여러분의 얼굴과 턱에 주의를 기울이세요. 입 꼬리가 올라가게 미소를 짓고 몇 초간 기다린 후에 놓아 주세요.

이제 이마를 찡그린 후 눈을 꼭 감습니다. 꼭꼭 눈을 감았다가, 이제 긴장을 풉니다.

턱의 힘을 빼고 입을 조금 벌려서 턱을 벌리고 느슨하게 늘어뜨리세요. 혀를 아랫니 뒤에 가볍게 대세요. 머리의 두피에도 주의를 가져가 봅니다. 이마도 느껴 보고, 귀도 느껴 보고, 목 뒤의 윗부분도 느껴 봅니다. 얼굴, 턱, 두피에 있던 긴장감이 가슴, 배, 다리, 발, 발가락 끝을 통해 바닥으로 흐르게 합니다.

이제 여러분의 마음으로 몸 안을 둘러보고 불편하거나 답답한 부분이 있는지 살펴보세요. 코로 깊게 숨을 들이마시고 치유의 에너지로 몸을 채운 후, 다시 입으로 천천히 내쉬면서 흘러나가도록 하세요. 다시 해 봅니다. 빛과 치유의 에너지를 들이마시고 보내야 할 것은 무엇이든 내쉽니다.

이제 여러분의 온몸이 이완되었고, 몸의 모든 부분이 설계된 대로 작동하고 있음을 알아차립니다. 피와 에너지가 자유롭게 흘러 여러분의 몸 구석구석에 치유, 산소, 그리고 영양분을 보내고 있습니다. 이 완전한 이완을 느껴 보세요.

이 따뜻하고 안전한 느낌을 몇 분간 즐겨 봅니다.

멈춤 시간(아동의 나이, 성숙 수준 및 경험에 맞게 멈춤의 시간을 조절합니다.)

여러분의 의식을 천천히 방으로 가져오세요. 준비가 되었을 때 눈을 뜨세요.

이 이완된 느낌도 방으로 가지고 다시 방에 주의를 기울이세요. 필요할 때마다 이 평온하고 이완된 느낌을 기억하세요.

신체 탐색

🔷 배경

신체 탐색(body scan) 명상은 아동과 청소년 및 성인에 대한 마음챙김 효과 연구에 포함됩니다(Biegel et al., 2009). 신체 탐색은 Kabat-Zinn의 마음챙김 기반 스트레스 감소 프로그램(mindfulness based stress reduction; Stahl & Goldstein, 2010)과 같은 대부분의 공식 명상 훈련의 구성 요소입니다. 몸의 각 부분에 집중해서 어떤 감각이든 그것을 알아차리고, 받아들이며, 친절과 연민의 마음을 신체의 각 영역에 보냅니다. 규칙적인 훈련을 통해, 아동과 청소년이 깊은 이완의 상태로 들어가는 것을 도우며, 몸을 있는 그대로 받아들이고, 불편함과 통증의 신체감각과 감정을 효과적으로 다루고, 집중력과 마음챙김의 힘을 증가시킵니다.

🔷 기술 쌓기

신체 탐색은 한 번에 한 영역씩 몸의 각 부분에 주의를 기울이는 과정이라고 아동과 청소년에게 설명합니다. 신체 탐색은 많은 마음챙김 명상의 훈련에서 자주 쓰입니다. 깊은 이완 상태로 들어갈 수 있도록 돕고, 자신의 몸을 있는 그대로 받아들이며, 불편함과 통증을 다루고, 집중력과 마음 챙김을 증진시키도록 만들어졌습니다. 내담자들이 등을 대고 누워 있거나 의자에 편안히 앉아 있는 상태로 〈유인물 16-3〉을 읽습니다. 각 회기 사이에 신체 탐색을 훈련하도록 격려합니다. 만약 내담자들이 불편하거나 감정적으로 된다면 계속하고 싶은지, 그만하고 싶은지 물어봅니다. 내담자들에게 일어날 일들에 대한 진행을 준비합니다. 연령이 낮은 아동에게는 훈련 시간을 짧게 시작하고 점차 늘려 갑니다. 연령이 낮은 아동의 경우, 신체 탐색을 하기 전에 '알아차림(notice)'이라는 단어가 무엇을 의미하는지 토론합니다.

🔷 성찰

내담자들이 신체 탐색 명상을 훈련하는 동안과 훈련 후의 느낌에 대해 성찰할 수 있도록 돕습니다. 내담자들은 몸에 대해 무엇을 알아차렸나요? 집중할 수 있었나요? 잠들었나요? 더 편안해졌나요, 아니면 더 불안해졌나요? 단순히 관찰하고 받아들인다는 것은 어떠했나요? 통증을 느꼈나요? 통증이 나아졌거나 더 심해졌나요? 몸의 특정 부위에 집중할 때 어떤 생각이나 감정이 생겼나요? 만약 그렇다면 그것들을 처리하여 과거의 경험과 연결되도록 돕습니다. 트라우마를 경험한 아동과 청소년이 신체의 특정 부위에 집중할 때 깊이 묻힌 감정이나 생각을 기억하는 것은 드문 일이 아닙니다. 만약 내담자들이 멈출 필요가 있다면 그들에게 일어난 일을 다룹니다. 과거의 기억을 이 순간의 안전함과 통합할 수 있도록 도와줍니다.

신체 탐색

시작하겠습니다. 1~4까지 세는 동안에 코로 천천히 숨을 들이마십니다. (1-2-3-4) 그리고 마치 큰 풍선을 부는 것처럼 입으로 천천히 내쉬면서 1~8까지 세어 봅니다. (1-2-3-4-5-6-7-8) 이제 평소처럼 호흡을 합니다.

왼발에 주의를 기울이세요. 발가락, 발뒤꿈치, 발바닥, 발등을 포함해서 왼발에 집중하세요. 어떤 느낌인지 알아차려 보세요.

그리고 왼쪽 발목으로 올라오세요. 왼쪽 발목이 어떤 느낌인지 알아차려 보세요. 아픈 곳이 있는지, 차가운지, 따뜻한지, 가벼운지, 무거운지 알아차려 보세요.

그다음 왼쪽 다리에서 시작하여 무릎, 허벅지, 다리 위쪽의 엉덩이까지 집중하세요. 왼쪽 다리가 긴장되었는지, 이완되었는지, 따뜻한지, 차가운지, 가벼운지, 무거운지 알아차려 보세요.

이제 오른발에 주의를 기울이세요. 발가락, 발뒤꿈치, 발바닥, 발등을 포함해서 오른발에 집중하세요. 어떤 느낌인지 알아차려 보세요.

그리고 오른쪽 발목까지 올라오세요. 오른쪽 발목이 어떤 느낌인지 알아차려 보세요. 아픈 곳이 있는지, 차가운지, 따뜻한지, 가벼운지, 무거운지 알아차려 보세요.

그런 다음 오른쪽 다리에서 시작하여 무릎, 허벅지, 다리 위쪽의 엉덩이까지 집중하세요. 오른쪽 다리가 긴장되었는지, 이완되었는지, 따뜻한지, 차가운지, 가벼운지, 무거운지 알아차려 보세요.

이제 양쪽 다리의 발가락부터 엉덩이까지 집중하세요. 가만히 호흡을 하면서 다리에 다정하고 사랑스런 마음을 보내 봅니다.

이제 배 쪽으로 주의를 옮기세요. 무엇이 느껴지는지 알아차려 보세요. 여러분의 배가 어떤 느낌인지 느껴 보세요. 있는 그대로 있게 합니다. 여러분의 배에 사랑과 친절을 보냅니다.

이제 허리 아래부터 어깨까지 등에 주의를 기울여 보세요. 등의 느낌을 알아차려 보세요. 잠시 앉아서 등을 알아차려 봅니다.

이제 손가락, 엄지손가락, 손목, 팔, 어깨에 집중하세요. 팔이 어떻게 느껴지는지 알아차려 보세요.

이제 목과 목구멍에 집중하세요. 삼켜 보기도 하고, 목과 목구멍이 어떻게 느껴지는지 알아차려 보세요.

이제 여러분의 얼굴에 집중하세요. 턱, 입, 뺨, 눈, 눈썹, 이마, 그리고 귀에도 집중해 봅니다.

이제 머리에 집중을 해 봅니다. 머리카락과 두피, 그리고 머리 안의 뇌를 포함한 머리를 느껴 봅니다.

이제 크게 복식호흡을 하고 온몸을 공기 쿠션으로 채워 보세요. 큰 풍선을 불듯이 공기를 부드럽게 내쉬면서 놓아야 할 것은 무엇이든 놓아 줍니다.

이제 눈을 뜨고 주의를 방으로 돌아오게 합니다.

도구 16-4 ｜ 내 몸 듣기

🔘 배경

　자기알아차림의 중요한 측면은 몸을 인식하는 것입니다. 우리 몸의 상태를 감지하는 이러한 능력은 뇌섬엽(insula)에서 발생하며(〈도구 3-15〉 참조), 우리의 몸, 심박수, 내장, 그리고 통증이나 불편함을 알아차리는 것을 포함합니다. 이 도구는 아동과 청소년이 자신의 몸에 주의를 기울이고 몸이 그 순간에 필요로 하는 것을 알아차리는 마음챙김 훈련을 제공합니다.

🔘 기술 쌓기

　내담자들에게 자신의 몸에 주의를 기울이는 것이 중요한 마음챙김 기술임을 설명합니다. 몸에 주의를 기울이면 화장실에 가야 한다는 것, 몸이 아프다는 것, 너무 추워서 코트를 입어야 한다는 것을 아는 것처럼 몸 상태를 인식하는 데 도움이 됩니다. 또한 감정이 몸에서 어떻게 나타나는지 알아차리는 것을 도울 수 있습니다.

　〈유인물 16-4〉를 사용하여 내담자들이 자신의 몸 상태에 주의를 기울이게 합니다. 자신의 몸 상태를 알아차리고 바꾸는 과정을 즐겁게 놀이로 진행합니다. 연령이 높은 아동과 청소년은 〈유인물 3-15〉를 활용하여 신체 상태를 감지하는 데 관여하는 뇌섬엽의 위치와 기능을 확인합니다.

🔘 성찰

　내담자들이 자신의 몸에 주의를 기울이는 것이 어땠는지 성찰할 수 있도록 돕습니다. 자신의 몸에 주의를 기울일 수 있었나요? 몸이 어떻게 느끼는지에 대해 무엇을 알아차렸나요? 몸에 주의를 기울이는 경험은 좋았습니까? 만약 산만해졌다면 어떻게 다시 몸에 주의를 돌렸나요? 내담자들은 이미 자신의 몸에 신경을 쓰고 있었나요? 화장실에 가야 한다는 걸 너무 늦게까지 알아차리지 못한 적이 있나요? 이미 배가 부르지만 식사를 한 적이 있나요? 몸에 통증이 있거나, 피곤하거나, 아플 때 몸의 신호를 무시한 적이 있나요? 몸은 화가 났다는 것을 어떻게 알리나요?

내 몸 듣기

우리의 몸에 주의를 기울이고 알아차리는 훈련을 해 봅시다.

눈을 감고, 숨을 크게 들이마셨다가 부드럽게 내쉬세요.

이제 여러분의 몸이 어떻게 느끼는지 주의를 기울여 보세요.

따뜻한가요, 차가운가요, 아니면 딱 좋은가요?

심장이 뛰는 것을 느낄 수 있나요? 빠른가요, 느린가요?

몸의 어느 부분에서 심장이 뛰는 것을 느낄 수 있나요?

지금 아픈 곳이 있습니까?

배 안은 어떤 느낌인가요?

비어 있습니까, 배고픕니까, 배부릅니까, 조용한가요, 뒤집히는 것 같나요, 조이는 느낌인가요?

몸의 어느 부분에서 소리가 나는 곳이 있나요?

숨을 크게 들이마시고 가슴과 배의 느낌에 주의를 기울이세요.

공기를 채웠을 때 가슴과 배가 움직였나요?

움직일 때 편안한가요, 아니면 움직임에 어려움이 있나요? 숨소리가 들리나요?

코는 맑은 느낌인가요, 막혀 있나요?

침을 삼키고 목구멍이 어떤 느낌인지 알아차려 보세요.

입은 축축합니까, 건조합니까?

몸 어딘가 가려운 곳은 없나요?

몸은 에너지가 넘치나요? 움직이고 싶습니까?

몸이 피곤합니까? 쉬고 싶습니까?

몸이 얼마나 무겁게 느껴집니까?

몸은 따뜻합니까, 아니면 차갑습니까?

화장실에 가야 할 것 같은 느낌이 드나요?

미소를 지을 때와 눈살을 찌푸릴 때의 느낌이 어떤지 주의를 기울여 보세요.

서 있거나 앉아 있는 느낌에도 주의를 기울여 봅니다.

여러분의 몸이 여러분에게 할 말이 있는 것 같습니까?

 선택사항

일어나서 위아래로 점프를 잠시 동안 해 봅니다.

좋아요! 그럼 같은 훈련을 한 번 더 해 보고

무엇이 달라졌는지 살펴봅시다.

(처음으로 돌아가서 반복합니다.)

 변형

코트를 입고 몸이 따뜻해졌을 때 어떤 느낌이 드는지 주의를 기울여 봅니다.

이제 코트를 벗고 시원해졌을 때는 어떤 느낌인지 주의를 기울입니다.

간식을 먹거나 식사를 하기 전에 배의 느낌에 주의를 기울여 봅니다.

그리고 먹고 나서도 달라진 배의 느낌을 알아차립니다.

아침에 여러분의 몸에 주의를 기울여 보고,

취침 시간에도 주의를 기울이며 무엇이 다른지 알아봅니다.

춤을 추거나 달릴 때 다리가 어떻게 느껴지는지 주의를 기울여 봅니다.

도구 16-5 눈이 내리는 대로 느끼기

🔷 배경

마음챙김은 관여(engaging), 반응(reacting), 판단(judging)을 하지 않는 알아차림(awareness)을 수반합니다. 이 도구에서 아동과 청소년은 눈이 내릴 때 밖에 앉아 있는 것을 상상하며 참여합니다. 몸에 주의를 기울이되, 관찰하는 동안에 관여하거나 반응하지 않는 것을 훈련합니다.

🔷 기술 쌓기

〈유인물 16-5〉를 활용하여 아동과 청소년의 심상 훈련을 유도합니다. 대부분의 아동과 청소년은 눈에 대한 경험이 없어도 눈을 상상할 수 있지만, 그렇지 않다면 비나 반짝이로 눈을 대신할 수도 있습니다. 훈련을 하는 동안에 어떤 느낌이 들었는지 토론에 참여시킵니다. 만약 아동과 청소년이 실제로 눈을 맞고 앉아 있다면 무엇을 할 것인지 탐색해 보세요.

🔷 성찰

이 훈련이 내담자들에게 어떤 경험이었는지 성찰할 수 있도록 토론을 유도합니다. 내담자들은 눈을 시각화하고 상상할 수 있었나요? 얼굴과 머리에서 눈을 느낄 수 있었나요? 코에 있는 눈송이의 느낌을 상상할 수 있었나요? 눈에서 벗어나고 싶은 충동이 있었나요? 눈은 어떤 느낌이었습니까? 시간이 지나면서 눈속에 앉아 있는 상상이 어려워졌나요, 아니면 쉬워졌나요?

눈이 내리는 대로 느끼기

이 훈련은 신체에 주의를 기울이면서 관찰은 하되, 반응하지 않는 훈련입니다.

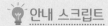 **안내 스크립트**

> 눈을 감고 겨울에 눈이 많이 오는 산에 앉아 있는 것을 떠올려 봅니다. 추운 겨울날, 조용히 앉아 있는데 눈이 내리기 시작한다고 상상해 보세요. 옷은 입었지만 모자를 쓰지 않았기 때문에 눈이 머리, 얼굴, 코, 볼, 턱에 닿을 때 느낌이 어떤지 알 수 있습니다. 눈은 옷에도 내리지만, 그것을 느끼지는 못합니다.
>
> 실제라면 여러분은 실내로 들어가거나 적어도 모자를 쓰겠지요. 하지만 오늘은 눈이 어떻게 느껴지는지 알아차리기 위해 가만히 앉아 있는 상상을 해 봅니다.
>
> 눈송이가 얼굴에 내리는 것에 주의를 기울여 보세요. 눈이 내리는 것이 느껴지나요? 가볍고 푹신푹신한가요, 아니면 얼음처럼 딱딱하고 얼어 있나요? 눈이 내릴 때 느낌이 어떤지 알아차려 보세요. 코에도 큰 눈송이가 내려앉습니다. 어떤 느낌인가요? 깃털처럼 가벼운가요? 눈송이가 있는지 알아차리기 어렵나요? 간지러운가요?
>
> 눈송이 중 일부는 녹고 있을까요? 피부의 느낌은 어떻게 달라졌나요? 차가운가요? 촉촉한가요? 부드럽나요? 얼굴이 눈으로 덮여 있나요? 얼굴이 얼어 버렸나요? 추워서 따끔거리나요? 바람이 머리와 얼굴로 눈을 날리고 있나요, 아니면 눈송이가 부드럽게 떨어지고 있나요?
>
> 조용히 앉아서 눈이 머리와 얼굴을 덮는 장면을 상상해 보고 몸에서 어떻게 느껴지는지 알아차려 보세요.
>
> 이제 눈을 털어 내고 눈을 떠 봅니다.
>
> 어떤 느낌이었는지 얘기해 봅시다.

도구 16-6 　몸 감각 게임

◆ 배경

자신의 몸을 인식하는 것은 마음챙김을 훈련하는 좋은 방법입니다. 이 도구는 아동과 청소년이 자신의 몸을 확인하고 어떻게 느껴지는지 다른 사람에게 말하도록 가르칩니다. 상대방과 눈을 마주치고, 몸에 주의를 기울이고, 몸에 대한 인식을 말로 표현하는 것을 격려합니다.

◆ 기술 쌓기

〈유인물 16-6〉을 활용하여 아동과 청소년이 자신의 몸에 주의를 기울이고 어떤 느낌인지 알 수 있도록 안내합니다. 자신의 몸이 어떤 느낌인지 말하는 사람과 눈을 마주치도록 요청하세요. 만약 할 말을 찾지 못한다면 다음과 같은 구체적인 질문으로 스스로 몸에 주의를 기울이도록 격려합니다. "배 안의 느낌은 어떻니? 얼굴의 느낌은 어떻니?"

집단에서 게임이 이루어질 경우, 다른 사람의 차례일 때에도 게임에 참여할 수 있도록 각자 말하는 것을 듣게 하세요. 만약 말이 들리지 않는다면 손을 들어 달라고 요청하세요. 이것은 주의 깊게 듣는 것을 훈련하게 하며, 지루해 하지 않게 도와줄 것입니다.

다양성을 위해 아동과 청소년이 자신의 감각을 이용해 방 안의 모든 것을 알아차리는 것까지 확장하여 훈련할 수 있습니다. 이 훈련은 자기인식을 높이며, 눈을 마주치고, 듣고, 들은 것을 따라 말하고, 몸이 어떻게 느끼는지 공유하는 것과 같은 사회 기술도 발전시킬 수 있습니다.

◆ 성찰

내담자들에게 이 훈련이 어땠는지 생각해 보도록 질문합니다. 자신의 몸을 느낄 수 있었나요? 몸이 어떻게 느끼는지 말할 수 있었나요? 자신의 몸에 관한 말을 찾는 데 어려움이 있었나요? 눈을 마주치거나 몸의 느낌을 공유할 때 남의 시선을 의식하거나 수줍어했나요?

몸 감각 게임

아동과 청소년에게 동그랗게 앉으라고 하세요.

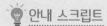 안내 스크립트

> 우리는 '몸 감각 게임'이라는 신체 마음챙김 게임을 할 거예요.
>
> 잠시 여러분의 몸이 어떻게 느끼는지 알아차려 봅니다. 옆에 있는 사람을 보고 몸의 한 부분이 어떤 느낌인지 말해 보세요. 그 사람은 여러분이 한 말을 따라서 다시 말해 줄 거예요.
>
> 몇 가지 예를 들어 볼게요. "내 손가락은 따뜻하다." "발이 피곤해요." "배가 고파요" "머리가 뜨거워요." "손이 축축해요." "목이 따끔거려요" "다리가 아픕니다." "어깨가 편안해요." "피부가 가려워요." "내 심장은 행복을 느낍니다." "다리가 편안해요."
>
> 나부터 시작할게요. 나는 한 사람을 보며 "바닥에 앉아 있었더니 무릎이 아파."라고 말합니다. 이제 그 사람은 나를 보고 "바닥에 앉아 있었더니 무릎이 아팠구나."라고 말합니다. 그러고 나서 그 사람은 다음 사람을 보면서 자신의 몸이 어떻게 느끼는지 말해 줍니다.

이와 같은 방식으로 시계 방향으로 한 바퀴 돕니다. 집단으로 게임이 이루어질 경우, 다른 사람의 차례일 때에도 게임에 참여할 수 있도록 각자 말하는 것을 듣게 하세요. 만약 말이 들리지 않는다면 손을 들어 달라고 요청하세요. 이것은 주의 깊게 듣는 것을 훈련하게 하며, 지루해 하지 않게 도와줄 것입니다.

이 훈련은 모든 감각을 포함하도록 확장할 수 있습니다. 이 경우, 아동과 청소년은 감각을 통해 방 안에서 알아차린 모든 것을 말할 수 있습니다.

> 주의 개별 활동인 경우에는 치료자와 아동이 교대로 왔다 갔다 하면 됩니다.

도구 16-7 │ 칩 균형 잡기 게임

◆ 배경

마음챙김을 훈련하는 좋은 방법 중 하나는 몸에 주의를 집중하는 것입니다. 이 도구는 아동과 청소년이 몸에 올려진 칩의 균형을 찾으며 칩을 떨어뜨리지 않고 얼마나 오랫동안 가만히 있을 수 있는지 알아봅니다. 신체에 대한 자기알아차림을 배우고, 과잉행동을 보이는 내담자들이 차분함을 훈련하는 데 도움이 됩니다.

◆ 기술 쌓기

〈유인물 16-7〉을 활용하여 내담자들에게 신체 마음챙김 게임을 가르쳐 주세요. 사용하는 칩의 수는 아동에 따라 다를 수 있습니다. 타이머를 사용하여 얼마나 오랫동안 균형을 잡을 수 있는지 알 수 있게 합니다. 재미있게 합니다. 치료자도 얼마나 오래할 수 있는지 보여 줍니다. 내담자들이 집에서 훈련하도록 격려하세요. 아동 스스로 너무 흥분한 상태라는 것을 알게 되면 자신에게 '칩 균형 잡기'라고 말하고, 칩의 균형을 잡을 때의 기분을 기억하도록 제안합니다.

이 훈련의 간단한 형태는 내담자의 손등에 칩을 얹고 떨어질 때까지 균형을 잡는 시간을 확인하는 것입니다.

> **사례**
>
> ADHD 진단을 받은 4세의 남자 아동은 극도로 활동적이었다. 한 세션(회기)에서 우리는 칩 균형 잡기 게임을 했는데, 아동은 이 게임을 너무 좋아해서 매번 치료에 올 때마다 "선생님, 그 칩 게임을 다시 해도 될까요?"라고 말했다. 게임을 하는 몇 주 동안 아동은 점점 스스로 몸을 진정시킬 수 있었고, 칩이 떨어지기까지 시간이 매주 늘어났다. 아동의 어머니는 아동이 집에서 과잉행동이 줄어든 것 같다고 말했다.

◆ 성찰

내담자들이 이 게임을 할 때 어떤 느낌이었는지 이해할 수 있게 돕습니다. 몸 위 칩의 균형을 잡을 때 어떤 느낌이 들었나요? 어려웠나요, 아니면 쉬웠나요? 재미있었나요? 칩이 느껴졌나요? 칩이 떨어질 것을 어떻게 알았나요? 몸을 얼마나 가만히 유지했다고 느꼈나요? 훈련하니까 좀 쉬워졌나요?

칩 균형 잡기 게임

체커(Checkers), 오델로(Othello) 또는 커넥트포(Connect Four)와 같은 게임의 칩을 사용합니다(문화에 따라 바둑알이나 장기알 등 칩을 대체할 수 있는 것을 활용할 수 있습니다). 칩을 꺼내서 손이 닿을 수 있는 곳에 두세요.

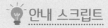 안내 스크립트

> 우리는 칩 균형 잡기 게임이라는 신체 마음챙김 놀이를 할 거예요. 바닥에 앉으세요. 몸을 흔들어 봅시다. 몸의 모든 부분을 잠시 동안 흔들어 보는 것을 선생님과 같이할 거예요. 발을 흔들고, 이번엔 다리, 팔, 손, 손가락, 머리, 입, 눈꺼풀을 흔들어 봅니다. (내담자들과 함께한다)
>
> 자, 이제 코로 깊게 숨을 들이마시고, 풍선을 부는 것처럼 숨을 내쉬세요.
>
> 이제 선생님이 칩을 줄 거예요. 칩을 가져다가 발목 바로 위에 놓고 균형을 잡으세요. 이제 그다음 칩을 다른 다리에 올려놓습니다. 이제 다음 칩은 무릎 위 다리에 붙이고, 그다음 칩은 다른 다리에 붙입니다.
>
> 바닥에 등을 대고 누워서 팔과 다리를 곧게 폅니다. 괜찮다면 나머지 칩을 올려줄 거예요. 손등에 칩을 하나씩 올리고 팔목과 팔꿈치 사이에도 칩을 하나씩 올립니다. 양쪽 어깨에도 칩을 올립니다. 이제 눈 위 이마 양쪽에 칩을 올릴게요. 그리고 마지막 칩을 턱에 올릴게요.
>
> 이제 칩을 움직이거나 떨어뜨리지 않고 얼마나 오랫동안 균형을 잡을 수 있는지 시간을 재겠습니다. 호흡에 집중하세요. 긴장을 풀고 바닥으로 푹 꺼진다고 상상해 봅니다. 움직여야 할 것 같으면 그 생각을 내려놓고 다시 호흡과 칩의 균형을 유지하는 느낌에 주의를 기울입니다.

칩의 균형을 얼마나 유지했는지 시간을 잽니다. 여러 번 시도하게 해 주세요. 아동 및 청소년과 재미있게 과정을 즐깁니다.
몇 주간 매주 몇 분씩 게임을 합니다. 나중에 더 많은 마음챙김 기술을 배우고 훈련한 후에 다시 게임을 합니다. 내담자들은 아마도 과잉행동이 줄어들고 몸의 움직임을 더 잘 통제하기 시작할 것입니다.

도구 16-8　건강의 기억

◆ 배경

　　Herbert Benson 박사는 '건강의 기억(remembered wellness)'이라는 용어를 만들었습니다(Benson, 1996). '건강의 기억'은 몸과 마음에서 전체(wholeness), 완전성(completeness), 본질적인 질서(innate order), 균형(balance), 조화(harmony), 흐름(flow)의 기억을 회복하는 것입니다. 건강의 기억은 우리가 건강하다고 느꼈던 때를 기억하고 어떤 기분이었는지 상상하는 것입니다. 연구에 따르면, 몸은 상상과 시각화에 실제 일어나는 일처럼 반응하기 때문에 상상된 웰빙과 실제 웰빙의 차이를 알지 못합니다. 건강의 기억은 스트레스, 불안, 고통을 줄이기 위해 좋은 감정, 행복감을 불러일으키는 과정입니다. 이 도구는 아동과 청소년이 기분이 좋았던 때를 기억해서 현재의 웰빙을 만들도록 합니다. 이것은 만성적인 정신 또는 신체의 질병, 통증 또는 부상으로 고생하는 아동과 청소년에게 효과적인 훈련이 됩니다.

◆ 기술 쌓기

　　아동과 청소년에게 우리가 정말 건강했던 때를 떠올림으로써 우리의 몸을 치유할 수 있다는 것을 설명합니다(Hauss, 2011). 우리의 뇌가 건강한 느낌을 상상하는 것과 실제 건강하다는 것의 차이를 알지 못하는 것에 대해 토론합니다. 청소년에게는 건강의 기억 개념을 더 자세히 설명할 수 있습니다. 상상력을 사용하여 이전의 웰빙을 현재에 재현하는 힘에 대해 논의합니다. 내담자들에게 〈유인물 16-8〉에 있는 건강의 기억 명상을 읽어 주고 결과에 대해 성찰할 수 있도록 돕습니다. 현재의 신체적 또는 정서적 건강을 개선하고 싶을 때 이 기술을 사용하고, 만성질환이 있을 때는 반복적으로 사용할 것을 권장합니다.

◆ 성찰

　　내담자들에게 이 명상을 하는 중과 마친 후에 어떻게 느꼈는지 생각해 보라고 합니다. 건강했던 때를 기억할 수 있었나요? 지금과 어떻게 다르게 느꼈나요? 명상을 마쳤을 때 건강하다는 느낌에서 무엇을 알아차릴 수 있었나요? 어떤 내담자들은 이 명상을 하는 동안에 자신이 얼마나 기분이 좋았는지 기억한 후, 현재의 육체적 또는 정서적 건강의 손상으로 인한 상실감에 대해 상당히 감정적으로 변하기도 합니다. 그래서 이러한 감정들을 내담자들과 함께 처리할 준비가 필요합니다.

건강의 기억 명상

심호흡을 깊게 하고, 내면에 주의를 집중합니다.

내면으로 들어가세요.

아무리 짧은 시간이라도 정말 기분이 좋았던 때를 마음속에서 선택합니다.

만약 같은 시간에 불쾌한 일을 동시에 겪었더라도, 정말 좋았던 느낌의 기억만 선택합니다.

까다롭게 선택합니다.

가장 좋은 기억만 선택합니다.

그때를 기억해 봅니다.

그때 기분이 어땠는지 기억해 봅니다.

여러분의 근육은 가장 좋은 상태입니다.

여러분의 몸은 아주 건강합니다.

여러분은 정말 기분이 좋습니다.

모든 것이 원래대로 잘 작동하고 있습니다.

여러분의 생각은 긍정적이고 행복합니다.

여러분은 깊은 수준의 건강(웰빙, well-being)을 경험합니다.

여러분의 기분은 만족스럽고, 차분하고, 행복하며, 평화롭습니다.

그 상태를 가장 잘 설명하는 단어를 떠올립니다.

이제 그 기억과 함께 호흡을 합니다.

기억이 커지고 더 강해지도록 놔둡니다.

기억합니다.

느껴 봅니다

허락합니다.

내면의 기쁨의 물결을 만듭니다.

미소 짓습니다.

기억이 몸과 마음으로 퍼져나가는 것을 즐겨 보세요.

여러분의 뇌가 그때와 현재의 차이를 모르고 있다는 것을 알아차려 보세요.

모든 세포, 모든 근육, 모든 신경, 뇌와 몸의 모든 조직이 기억하고 있습니다.

건강(wellness)을 기억할 때, 그것이 퍼지기 시작하는 것을 알아차려 보세요.

여러분의 몸은 치유하는 방법을 알고 있습니다.

우리 모두는 넘어지고, 긁히고, 베인 후 치유된 경험이 있습니다.

우리의 몸은 치유하는 방법을 확실히 알고 있지요.

여러분은 최고의 상태를 기억하고 있습니다.

여러분의 몸과 감정, 마음, 뇌, 영혼에서 기억하고 있습니다.

그때의 느낌을 지금 이 순간으로 가져온다고 상상해 보세요.

복사-붙여넣기처럼 그때로부터 지금으로.

지금 이 순간, 몸과 마음이 최고의 건강(wellness)을 느끼도록 하세요.

건강의 기억은 여러분의 뇌를 건강했을 때처럼 지금도 작동하도록 안내하고 있습니다.

이 놀라운 건강 상태를 나타내는 색깔을 상상해 봅니다.

어떤 색을 고르고 싶나요?

그 색깔은 기분을 고정시킵니다.

지금 그 색깔을 상상해 보세요.

치유 과정의 일부인 특별한 방식으로 숨을 쉬는(호흡하는) 것을 알아차리세요.

매일매일 여러분의 몸이 어떻게 치유하는지를 알려 주는 모든 방법을 알아차리기 시작하세요.

먹고, 호흡하고, 자고, 웃고, 소변 보고, 땀 흘리고, 놀고.

최고의 건강(wellness)을 나타내는 단어나 문장을 떠올립니다.

이 최고의 건강을 이루는 모든 변화를 받아들이세요.

현재의 상황에 감사할 장소를 찾아 봅니다.

몸이 건강을 기억한다는 것에 감사하세요.

준비가 되었을 때, 천천히 돌아오면서 서서히 완전히 나와보세요.

건강의 기억도 함께 챙겨서 나옵니다.

건강의 기억은 낮과 밤, 몇 주, 몇 개월, 그리고 미래까지 이어지는 과정을 시작했습니다.

여러분이 현재로 돌아왔을 때 건강의 기억이 지금도 작동하고 있다는 것을 알아 두세요.

도구 16-9 내 몸 알아차림 일지 쓰기

◈ **배경**

　이 도구는 자기알아차림과 육체적·정서적 이완을 촉진합니다. 일상에서 마주하는 스트레스에 대응하는 좋은 방법입니다. 또한 아동과 청소년이 명상을 하는 동안에 발견한 것을 검토하고 긍정적인 이점에 대한 인식을 높이도록 도울 것입니다.

◈ **기술 쌓기**

　내담자들에게 〈유인물 16-9〉의 일지 주제에 대해 쓰거나, 말하거나, 그림을 그리도록 요청합니다.

◈ **성찰**

　내담자들과 함께 일지 내용을 검토합니다. 명상하는 동안에 내담자들이 경험했을 수 있는 정서 반응을 다룹니다. 아이들이 스트레스와 걱정에 대처하기 위해 새롭게 발견한 이완 능력을 탐색하여 사용할 수 있도록 지원합니다. 자신의 신체에 주의를 기울이고 조율하는 훈련을 하도록 유도합니다.

내 몸 알아차림 일지 쓰기

 일지 주제

- 여러분의 몸을 알아차리는 방법에 대해 무엇이 달라졌나요?

- 불편함이나 통증을 관찰하고 받아들이는 능력이 달라졌습니까?

- 완전히 편안해지면 어떤 느낌이 드나요?

- 이완은 새로운 느낌인가요, 아니면 익숙한 느낌인가요?

- 근육을 의지에 따라 좀 더 이완시킬 수 있습니까?

- 몸에 주의를 기울일 때 특별한 감정이 떠오르나요?

- 여러분은 이전의 강렬한 감정이나 트라우마를 기억하나요?

- 그러한 감정들이 올라올 때 어떻게 대처했나요?

- 여러분의 몸에 대해 마음챙김하면서 안전함을 느낄 수 있었나요?

- 스트레스를 받기 시작했을 때, 이완 반응의 느낌을 기억할 수 있을까요?

- 가만히 앉아 있으면 어떤 일이 일어나나요?

- 하루 동안 어떤 스트레스를 받았나요?

- 스트레스를 어떻게 풀 수 있었나요?

그림 주제

- 근육을 이완시키는 여러분의 모습을 그려 보세요.

- 완전히 들떠있는 여러분의 모습을 그려 보세요.

- 조용히 앉아 있고 가만히 있는 여러분의 모습을 그려 보세요.

- 칩 균형 잡기 게임을 하는 여러분의 모습을 그려 보세요.

- 눈송이가 코에 떨어지는 모습을 그려 보세요.

- 여러분의 몸을 그려 보세요.

- 완전히 치유된 여러분의 모습을 그려 보세요.

제17장

관계 마음챙김

◆ 배경

아동과 청소년의 관계에 대한 마음챙김에 있어서 첫 단계는 다른 사람에게 인사를 하는 것입니다. 이는 각 회기를 시작할 때 할 수도 있고, 사회 기술, 자신감, 다른 사람에 대한 마음챙김을 가르치는 기술로서 사용할 수도 있습니다.

◆ 기술 쌓기

집단 활동 시 동그랗게 앉아서 오른쪽에 앉은 사람을 바라보며 "안녕, 내 이름은 ○○○야. 넌 이름이 뭐니?"라고 묻습니다. 그러면 상대방은 "안녕. 네 이름은 ○○○이구나. 내 이름은 ○○○야. 만나서 반가워."라고 말할 것입니다. 먼저 말을 건 사람이 "안녕, 네 이름은 ○○○이구나. 나도 만나서 반가워."라고 말해 줍니다. 그리고 나서 다음 사람과도 똑같이 말하면서 모든 사람이 말할 기회를 가지도록 합니다. 말하고 들을 때 서로 바라보면서 하도록 합니다. 모든 아동과 청소년이 잘 듣고, 혹시 말하는 사람의 소리가 들리지 않으면 손을 들도록 합니다. 한 명이 손을 들면 말하는 사람들이 크게 말하도록 합니다. 이렇게 모두 참여함으로써 듣기 마음챙김을 훈련하게 됩니다. 한 명과 하게 된다면 똑같은 과정을 아동 또는 청소년과 치료자가 하면 됩니다.

◆ 성찰

이 훈련이 내담자들에게 어땠는지 살펴보게 합니다. 마음챙김을 하는 것이 부끄럽거나 창피했나요? 아니면 편했나요? 눈맞춤을 했나요? 다른 사람에게 자신의 이름을 말하는 느낌이 어땠나요? 비록 잠시이지만 누군가 내게 집중하니까 느낌이 어땠나요? 몰랐던 사람의 이름을 알게 되었나요? 모두 들을 수 있을 정도로 크게 말했나요? 나중에 언제 이 마음챙김을 훈련하게 될까요?

◆ 배경

　　관계를 시작하고 유지하는 능력은 아주 어릴 때 시작되며 아동 및 청소년기에 아주 중요한 과제입니다. 이 도구는 아동과 청소년에게 이미 가지고 있거나 가지고 싶어 하는 관계가 무엇인지 이해하고, 관계에서의 마음챙김을 키울 수 있도록 도와줍니다.

◆ 기술 쌓기

　　연령이 높은 아동이나 청소년이라면 관계가 무엇이라고 생각하는지 물어보면서 관계에 대한 대화에 참여하도록 합니다. 관계란 쉽게 말하면 두 사람이 연결된 것이라고 설명하며 시작합니다. 부모 자식, 형제, 친구, 선생님 등 다양한 종류의 관계에 대해 대화합니다. 가족, 친구, 선생님, 마음챙김 선생님 등 자신과 관계가 있는 사람들의 명단을 만들어 보도록 합니다. 또 관계가 있기를 바라는 사람들 명단을 만들어 보도록 합니다. 그다음 무엇이 좋은 관계를 만드는지 묻습니다. 내담자들의 생각을 살펴보는 질문은 다음과 같습니다.

- 어떻게 하면 좋은 친구가 될까요?
- 관계가 어떻게 될 때 기분이 좋아질까요?
- 어떨 때 상대방에게 받아들여지는 느낌이 들까요?
- 어떨 때 이해를 받았다고 느껴질까요?
- 어떨 때 사람들이 나를 좋아한다는 느낌을 받나요?
- 어떻게 하면 다른 사람에게 친절해질 수 있을까요?
- 다른 사람과 공통점이 있으면 연결된다는 느낌을 받는 데 도움이 되나요?
- 누군가 내가 멍청하다고 하면 어떤 느낌인가요?
- 어떤 말이 관계를 좋아지거나 나빠지게 하나요?

　　3세의 유아도 이 훈련을 간단하게는 할 수 있습니다. 이해할 수 있는 단어만 사용하면 되며, 부모, 형제, 보호자와 관련지으면 됩니다. 다음과 같이 질문하면 됩니다.

- 엄마가 너를 보고 웃으면 좋니?
- 아빠가 널 꼭 안아 주면 기분이 어때?
- 엄마가 널 어떻게 돌봐 주니?

- 옷을 입혀 줘요.

- 내가 좋아하는 요리를 해 줘요.

- 책을 읽어 줘요.

- 날 안아 줘요.

• 네 오빠가 널 때리면 기분이 어떠니?

• 언니, 엄마, 아빠, 친구랑 노는 것이 재미있니?

• 친구가 네 장난감을 가져가 버리면 기분이 어떠니?

◆ 성찰

내담자가 자신의 삶 속에서 관계를 돌아보도록 합니다. 어떤 관계가 있나요? 어떤 관계를 가장 좋아하나요? 나를 괴롭히는, 내게 상처가 되는 관계가 있나요? 생각보다 관계가 많나요(대개 청소년들은 이렇습니다)?

도구 17-3 아동을 위한 관계 마음챙김

● 배경

마음챙김을 하기에 아주 좋은 기회는 바로 다른 사람과 관계할 때입니다. 아동은 태어나고 자라는 동안에 사람들이 자신을 어떻게 대하는지 보고, 다른 사람들을 관찰하면서 관계 기술을 배웁니다. 많은 아동은 자신이 원하는 것을 부모로부터 받지 못하기도 하고, 사람들과의 관계를 방해하는 ADHD 증상이나 자폐증의 사회성 문제를 경험하기도 합니다. 이러한 아동은 사회적 신호를 알아채고 관찰하려고 애쓰는데도 적절한 사회 기술을 발달시키지 못합니다. 이 도구는 아동이 다른 사람들과 주고받는 기초적인 기술들을 훈련하고 관계에 마음챙김하는 능력을 키우도록 도와줍니다.

● 기술 쌓기

아동의 나이에 따라 관계의 의미를 물으면서 대화를 이끕니다. 관계란 두 사람이 연결되는 방식이라고 설명합니다. 아동에게 누구와 관계가 있는지를 물어보고, 부모, 형제, 친구, 선생님, 치료사처럼 그들의 삶에 존재하는 사람들이 누가 있는지 말해 보도록 합니다. 이런 사람들과 어떤 유형의 관계를 가지고 있는지 말해 봅니다. 예를 들어, 엄마와 딸 관계일 수도 있고, 형제나 자매 관계일 수도 있고, 친구 관계, 어쩌면 재미있는, 힘든, 걱정스러운 관계일 수도 있습니다.

기본적인 사회 기술을 가르쳐 줍니다. 치료사나 집단이라면 다른 아동을 바라보면서, 상대방의 눈 색깔이나 머리카락 색깔, 안경, 윗도리 등 관찰한 것을 말해 보도록 합니다.

내담자가 여러분에게 말을 하는데, 선생님은 스마트폰을 보느라 또는 방을 둘러보느라 딴짓을 하는 역할극을 해 봅니다. 그러고는 내담자를 보면서 내담자가 말하는 내용을 집중해서 듣습니다. 여러분이 집중할 때와 딴 짓을 할 때 어떻게 느꼈는지 물어봅니다. 역할을 바꿔서 여러분이 말하는데 내담자가 산만한 척을 하게 하고, 또 다음에는 여러분의 말에 집중하게도 합니다.

다양한 표정을 지어 보고, 여러분이 행복해 보이는지, 슬퍼 보이는지, 화나 보이는지, 걱정스러워 보이는지 말해 보라고 합니다. 내담자에게 슬픈 척, 행복한 척, 화난 척, 걱정되는 척을 해 보라고 합니다. 〈도구 15-3〉이나 〈도구 15-4〉처럼 감정을 다루는 게임을 해 보세요.

〈도구 17-1〉을 활용해서 아동이 다른 사람을 보며 "안녕"이라고 말하는 훈련을 해 봅니다.

어떤 사람이 자신에게 관심이 있음을 표현하는 것을 어떻게 알 수 있는지 물어봅니다. 어떤 사람이 자신에 대해 묻거나, 자신에 관한 내용을 기억해서 말한다면 어떤 느낌일지 물어봅니다. 이런 상황과 어떤 사람이 자신에게 관심을 보이지 않고 외면하거나 오해한다고 느낄 때와 비교해 봅니다.

누군가와 함께 재미있는 행동을 했을 경우에 대해 이야기해 봅니다. 그런 경험이 그와 자신을 어떻게 연결해 주었는지 살펴봅니다.

아동들이 관계 마음챙김을 하도록 돕기 위해 〈도구 9-4〉를 활용할 수도 있습니다.

성찰

　관계에 대해 생각해 보고 이런 훈련을 해 보니 어땠는지 아동들이 살펴보게 합니다. 관계가 무엇인지 아동들이 알았나요? 아동들은 자신과 관계가 있는 사람들이 어떤 관계인지 이름을 붙일 수 있었나요? 눈을 마주치고 다른 사람과 함께 있을 수 있었나요? 여러분이 내담자에게 집중하지 못할 때와 집중할 때 그 내담자는 어떻게 느꼈나요?

도구 17-4 | 청소년을 위한 관계 마음챙김

◆ 배경

관계 마음챙김은 평생 동안 건강한 관계를 형성하는 데 필수적입니다. 청소년은 원가족으로부터 독립하려고 애쓰면서, 반대로 친구, 이성친구와는 관계를 맺기 위해 몰두하고, 선생님과의 관계에도 약간은 집중합니다. 불행히도 많은 청소년은 해야 할 많은 것과 소셜미디어 때문에 너무나 바쁘고 정신이 없어서 지금 말하고 있는 상대방에게 온전히 집중하지 못합니다. 이 도구는 청소년이 구체적인 관계에 대해 일단 멈추어 생각할 수 있게 돕고, 관계에 마음챙김하는 능력을 키우도록 도와줍니다.

◆ 기술 쌓기

모든 종류의 관계는 마음챙김을 통해 도움을 받을 수 있습니다. 이러한 관계로는 가족, 사랑하는 사람, 중요한 사람, 친구, 동료, 직장상사, 직원, 선생님, 심지어 애완동물과의 관계도 있습니다. 〈유인물 17-4〉를 활용해서 청소년이 과거, 현재, 미래에 자신이 선택한 관계를 살펴볼 수 있도록 돕고, 다른 사람과 대화하는 동안 현재에 머무는 기술을 제공하고, 긍정적인 관계 기술을 사용하도록 안내합니다. 이번 훈련의 각 단계마다 나오는 '그 사람' 자리에 현재 나와 관계가 있거나 미래에 관계가 있을 사람을 넣어 보라고 합니다. 어떤 청소년은 지금은 떠나간 사랑했던 사람을 떠올릴 것입니다. 이러한 선택을 청소년에게 맡겨도 좋지만 특정 청소년의 요구에 맞출 수도 있습니다. 예를 들어, 부모와 갈등 중인 청소년, 친구를 사귀는 데 어려움이 있는 청소년, 사회적 신호를 잘 놓치는 청소년, 실제로 다른 청소년들과는 친해지지 못하면서 SNS에만 몰입하는 청소년에게 이 훈련은 도움이 될 수 있습니다. 학대를 당했거나 트라우마를 경험한 적이 있는 청소년의 경우, 그들에게 상처를 준 사람을 무조건 사랑하라고 강요하지 않도록 주의합니다.

◆ 성찰

이 훈련을 하면서 어떤 생각이 떠올랐는지 살펴보도록 합니다. 과거, 현재, 미래 중 어떤 순간의 사람을 골랐나요? 이 과정을 훈련하고 질문에 답하면서 자신의 감정에 대해 무엇을 알아차렸나요? 어떤 청소년은 이 훈련을 하면서, 사랑하는데 죽은 사람, 사랑하는 친구나 너무나 좋은 부모가 없음으로 인한 상실감, 자신이 관계를 다뤘던 방식에 대한 후회감을 자극해서 슬픔을 경험할 것입니다. 이러한 감정을 잘 살펴보고 도와줍니다. 무엇이 정서를 유발했나요? 이 마음챙김 기술을 하면서 무엇을 배웠는지 살펴봅니다. 어떤 청소년이 특정 단계를 유독 어려워했나요? 청소년이 자신의 삶에서 특정한 사람에게 이 10가지 기술을 훈련해 보고 어떤 일이 일어나는지 살펴봅니다.

청소년을 위한 관계 마음챙김

💡 관계 마음챙김을 하는 10가지 방법

마음챙김은 모든 종류의 관계에 도움이 될 수 있습니다. 여러분과 어떤 관계를 가진(또는 상상 속의 미래의 관계) 사람이건 다음 단계에 따라 '그 사람'으로 대체해 봅니다. 청소년에게 있어 이는 부모일 수도, 친구일 수도, 이성 친구일 수도, 선생님일 수도, 형제일 수도, 코치님일 수도, 사장님일 수도, 직장 동료일 수도 있을 것입니다.

1. 그가 실제 사람이든, 상상 속의 사람이든 하던 것을 멈추고 현재 '그 사람'에게 완전히 집중합니다. 잘 듣고, 똑바로 쳐다보며 웃어 줍니다. 오직 그 사람에게만 집중합니다. 문자를 보내거나 SNS를 하는 것을 멈춥니다. 내가 그를 엄청나게 생각한다는 것을 알려 주세요. 판단은 피하세요. 그에게 여러분의 무조건적인 사랑과 수용을 보여 주세요. 그에 관해 좋아하는 모든 것을 떠올려 보세요.

2. '그 사람'에 대해 생각하면서 마음속에 어떤 생각과 느낌이 일어나는지 알아차리세요. 그 생각과 느낌을 인정하고, 수용하고, 흘려보내 주세요.

3. 지금 당장 '그 사람'은 내게 무엇을 필요로 하는지 물어보세요. 그에 대한 무조건적인 사랑과 수용을 어떻게 그에게 전달할지 스스로에게 물어보세요. 그의 요구만이 아니라 자신의 요구에도 귀를 기울이세요.

4. '그 사람'의 관점에서 세상을 보려고 해 보세요. 그는 어떤 스트레스를 가지고 있을까요? '그 사람'이 바로 나라면 어떤 느낌일까요?

5. 관계가 어떻게 되길 바라는지 적어 봅니다. 그런 기대가 현실적인가요? 이 기대는 '그 사람'에게 최선일까요, 아니면 자신을 위한 것일까요?

6. '그 사람'을 있는 그대로 받아들이는 법을 배웁니다. 그를 무조건적으로 사랑합니다. 어떤 상황에서도 그를 사랑한다는 것을 알려 주세요. 그의 힘들게 했던 행동들은 흘려보내고 그 밑에 잠재된 아름다움을 봅니다. 그는 이미 충분합니다.

7. '그 사람'이 현재 느끼고 있는 것을 이해합니다. 그가 어떻게 느끼는지 내가 이해하고 있다는 것을 알려 주세요.

8. '그 사람'에게 해야 할 일과 방법을 계속 말해 주는 덫에서 벗어나세요. 자신은 책임지지만 '그 사람'은 책임지지 마세요.

9. 자신을 '그 사람'에게 표현할 필요가 있을 때에는 친절하게 하세요. "나는 ~라고 생각해" "~느낌이야" "~하고 싶어" "~일 때가 좋아"처럼 '나' 전달법을 사용합니다. 긍정적이고, 명료하고, 친절하게 표현합니다.

10. 자비 또는 자애 마음챙김을 훈련합니다. 조용히 침묵을 유지합니다. 자신이 사랑하고 좋아하는 것들에 대해 생각하면서 '그 사람'에 대해 감사합니다. 긍정적인 면에 집중합니다.

제18장

일 마음챙김

도구 18-1　일상생활 중 마음챙김

배경

마음챙김에서 중요한 측면 중 하나는 일을 하는 동안에 그 일에 마음챙김을 하는 것입니다. 일상생활 중 마음챙김이 정식 앉기 마음챙김과 다른 점은 아동과 청소년이 매일 무슨 일이나 활동을 할 때 그것을 하는 도중에 마음챙김을 할 수 있도록 포함시키는 기술이라는 점입니다. 일상적인 활동을 하면서 마음챙김을 훈련하게 되면 집중력(따라서 기억력도)과 효율성 향상 및 스트레스 완화에 도움이 됩니다. 이 도구에서는 어떤 일을 하고 있든 마음챙김을 한다는 개념을 소개합니다.

기술 쌓기

일 마음챙김이란 쉽게 말하면, 지금 무언가를 하고 있을 때 그 일에 집중하는 것을 의미한다고 내담자들에게 설명해 줍니다. 자신의 마음이 헤매고 있다는 것을 알아차리는 순간(이게 정상입니다), 곧바로 자신이 집중하던 일로 되돌립니다. 하루 중 무슨 일을 하고 있든 어떻게 하면 이 기술을 훈련할 수 있을지 말해 봅니다. 할 일이 무엇인지, 그리고 실제로 어떤 일들을 하는지 물어봅니다. 예를 들어, 이 닦기, 먹기, 손 씻기, 목욕하기, 산책하기, 숙제하기, 집안일하기, 설거지하기, 잠잘 준비하기 등이 있습니다.

내담자에게 눈을 감고 이를 닦고 있다고 상상해 보도록 합니다. 〈유인물 18-1〉을 읽어 줍니다. 그러고 나서 매일 일상적으로 하는 일들 중 몇 가지를 골라서 일을 하면서 마음챙김을 훈련하는 이 기법을 사용해 보도록 격려합니다. 〈도구 23-1〉도 이 기술의 또 다른 예입니다.

또 내담자들에게 종이와 펜을 나누어 주고 가족이나 애완동물, 장난감을 그려 보라고 하는 방법이 있습니다. 내담자가 그리는 데 집중하지 않고 있다는 것을 알아차릴 때마다 내담자에게 그림을 그리는 종이에 점을 찍을 거라고 말해 주세요. 내담자들이 마음챙김을 훈련할 때 즐겁게 해 주세요. 마음이 헤매기 전에 얼마나 오랫동안 일에 집중을 유지할 수 있는지 보세요. 마음챙김을 훈련하면서 점점 점을 덜 받다가, 나중에는 점을 하나도 받지 않고 그림을 완성할 수 있을지 지켜보세요. 마음이 헤매는 것은 정상이고, 점 몇 개를 받더라도 괜찮다고 위로해 주세요. 자기판단을 하지 않도록 도와주세요.

성찰

이를 닦거나 그림을 그리는 등 일을 하면서 작은 부분 하나하나까지 엄청 집중해 보니 어땠는지 내담자들이 살펴보게 도와주세요. 내담자들의 마음이 헤매었나요? 하루에도 6만 번이나 생각이 들면서 마음이 헤매는 것은 너무나도 정상이라고 말해 주세요. 마음이 헤매서 자신의 집중을 다시 일로 되돌리는 것을 내담자들이 알아챌 수 있었나요? 이번 주에는 어떤 일을 하면서 마음챙김을 했는지 물어보세요. 자신의 집중력에 대해 내담자들이 알게 된 것이 있었나요? 마음챙김을 하면서 해야 할 일을 더 잘했나요? 자신이 한 일을 기억하는 것이 더 쉬웠나요? 현재에 집중하기 위해 훈련하는 마음챙김을 통해 바쁘고 정신없는 마음속 수다를 꺼 버리니까 마음이 더욱 차분해졌나요? 스트레스 수준, 걱정, 일에 머무르는 능력에서 어떤 변화가 있었나요?

일상생활 중 마음챙김

지금 무슨 일을 하고 있든 일 마음챙김을 훈련함으로써 여러분은 이 순간에 보다 온전히 집중하고 순간을 자각할 수 있습니다. 쉽게 말해서 지금 내가 하고 있는 일에 집중합니다. 자신의 집중이 헤매고 다른 것에 집중하고 있다는 것을 알아차리자마자 즉시 주의를 하던 일로 돌립니다. 일을 마칠 때까지 이 과정을 반복합니다. 예를 들어 보겠습니다. 어떤 일을 하고 있든 이 과정을 사용합니다.

 이를 닦으며 마음챙김 하기

- 눈을 감고 이를 닦으러 갈 거라고 상상합니다.

- 세면대 앞에 서 있는 모습을 상상합니다.

- 거울에 비친 자신의 모습을 보면서 천천히 배로 숨을 들이마시고 내쉽니다.

- 칫솔을 잡습니다.

- 칫솔을 손에 잡은 채로 손에서 어떻게 느껴지는지 집중합니다. 딱딱한가요, 질척한가요, 따뜻한가요, 차가운가요, 끈적거리나요, 부드러운가요, 거친가요?

- 칫솔을 수도꼭지에 놓고 물을 트세요.

- 그러면서 손가락에 닿은 수도꼭지가 어떻게 느껴지는지 알아차립니다. 차가운가요, 뜨거운가요, 미끄러운가요, 부드러운가요, 끈적대나요? 반짝이나요, 물방울이 묻어 있나요?

- 물이 흐르기 시작하면 잠시 물을 바라봅니다. 무엇처럼 보이나요? 물줄기는 일정한가요? 거품이 있나요? 방울방울 나오나요, 아니면 쏟아지나요? 빠르게 흘러 내려가나요, 아니면 세면대를 채우기 시작하나요?

- 물이 칫솔 위로 흘러가면서 손에 닿을 때 어떻게 느껴지는지 알아차립니다. 손이 젖었나요? 물이 흐르면서 어떤 소리가 들리나요?

- 치약을 잡습니다. 얼마나 무거운지 느껴 봅니다. 손에서 어떻게 느껴지는지 집중해 봅니다. 따뜻한가요, 차가운가요, 부드러운가요, 거친가요, 끈적이나요, 딱딱한가요, 뻣뻣한가요, 유연한가요?

- 치약 뚜껑을 열고 치약 냄새를 맡습니다. 어떤 냄새가 나는 것을 알아차렸나요? 신선한 냄새인가요? 민트향인가요, 아니면 다른 향인가요?

- 칫솔에 치약을 짜는 동안 치약을 만진 손이 어떻게 느껴지는지 알아차립니다. 칫솔 위의 치약에 집중합니다. 무슨 색인가요? 냄새가 나나요?

- 입에 칫솔을 넣고 이를 닦으면서 입에서 어떻게 느껴지는지 알아차립니다. 치약의 얼얼한 느낌이 있나요? 입안이 거품으로 가득 차나요? 칫솔모가 이에서 어떻게 느껴지나요? 몸이나 혀에서는 어떻게 느껴지나요?

- 물로 입을 헹구면서 입에서 어떤 느낌이 드는지 알아차립니다. 혀를 여기저기에 대 봅니다. 깨끗한지, 부드러운지, 거친지, 뾰족한지, 울퉁불퉁한지, 매끄러운지 느껴 봅니다.

- 칫솔을 물로 씻어내면서 칫솔을 잘 관찰합니다.

- 칫솔과 치약을 정리하면서 손에 드는 느낌을 알아차립니다.

- 거울로 자신을 봅니다.

- 눈을 뜬 채 천천히 호흡을 하면서 크게 미소 지어 봅니다.

도구 18-2 일 마음챙김－숙제

◆ 배경

일이나 활동을 하면서 마음챙김을 훈련하는 것은 가장 쉽고 기본적인 마음챙김 중 하나입니다. 일에 대해 마음챙김을 한다는 것은 쉽게 말해 그 일의 모든 측면에 즉시 집중하기로 결심하고, 마음이 헤매면 알아차리고, 바로 다시 하던 일에 집중하는 것을 말합니다. 지금 하는 일의 작고 섬세한 부분 하나하나를 알아차리는 것을 말하며, 시각, 청각, 촉각, 후각, 가능하다면 미각까지 가능한 모든 감각을 동원합니다. 이 도구는 학령기 아동과 청소년에게 유용합니다. 특히 ADHD 증상을 겪고 있는 아동과 청소년의 집중력을 높이는 데 도움이 됩니다.

◆ 기술 쌓기

일 마음챙김의 개념에 대해 아동과 청소년과 검토합니다. 학령기 아동에게 〈유인물 18-2〉를 읽어 주면서 눈을 감고 잘 들어 보라고 합니다. 그러면서 주중에 숙제처럼 할 일을 하는 동안 이 기술을 사용해 보고, 그 경험이 어땠는지 다음 시간에 말해 달라고 합니다. www.pesi.com이나 www.TheBrainLady.com에서 집중을 위한 명상 CD를 통해 이 훈련을 녹음한 내용을 들을 수 있습니다.

◆ 성찰

일을 하는 도중에 마음챙김을 하는 것이 어떻게 느껴지는지 살펴보도록 도와줍니다. 마음챙김을 하면서 숙제를 해 보니 어떤 일이 생겼는지 물어봅니다. 자신의 집중, 감정, 에너지에 대해서 무엇을 알아차렸나요? 마음이 헤맬 때 집중으로 돌리기 위해 어떻게 했나요? 좀 더 효과적이라고 느꼈나요? 바쁜 마음이 차분해졌나요?

일 마음챙김 – 숙제

눈을 감고 깊이 호흡을 들이쉬고 천천히 내쉽니다. 이제 제 목소리를 잘 들어 보세요.

숙제를 하고 있다고 생각해 봅니다. 숙제를 빨리 해치우려 합니다. 가방이 있는 곳에 다가가는 상상을 해 봅니다. 가방을 열고 숙제가 있는 과목의 책과 공책을 꺼냅니다.

수업 시간에 숙제를 적어 놓은 알림장을 꺼냅니다. 조용하고 집중하기 쉬워서 항상 숙제를 하는 장소에 앉습니다.

밖에서 놀 생각이 들거나 친구를 부르고 싶은 생각이 들 때 "지금은 아니야."라고 말하고 숙제를 할 준비를 합니다. 수학인가? 과학인가? 철자가 뭐였지? 교과서의 한 장을 읽어야 하나? 해야 할 일을 하고 있다고 상상합니다.

지금 하고 있는 것이 아닌 다른 것을 생각할 때마다 "지금은 아니야."라고 말하고, 지금 숙제를 하고 있다는 것을 떠올립니다.

일어나서 움직이고 싶거나, 연필을 만지작거리는 자신을 발견했다면 "지금은 아니야."라고 말하며 현재 하고 있는 숙제를 떠올립니다.

전화가 울리면 "지금은 아니야."라고 말하며 음성메시지로 넘어가게 놔둡니다.

문자메시지가 오는 소리를 들었다면 "지금은 아니야. 나중에 보자."라고 말합니다.

형제자매가 뭐라고 말한다면 "지금은 아니야. 나 숙제하고 있어"라고 말하고 숙제에 집중합니다.

마음이 헤맬 때마다 알아차리고 "지금은 아니야."라고 말하고 다시 돌아옵니다.

얼마나 많은 숙제를 끝내고 있는지 놀랍지 않나요? 이제는 "지금은 아니야."라고 말하고 하던 일로 돌아오는 걸 정말 잘하고 있습니다.

여러분은 자신의 생각을 조절하고 있습니다. 무엇을 생각하든 여러분의 결정입니다.

숙제를 할 때 지금은 숙제에 대해 생각할 때이며, 다른 것은 아니라고 머리에 말해 줍니다.

숙제가 끝날 때까지 다른 생각에 "지금은 아니야."라고 말합니다.

좋습니다.

자, 이제 숙제가 끝났다고 상상해 봅니다. 눈을 뜨고 주의를 방으로 돌립니다.

> **주의** 부정문을 사용하는 것을 피하기 위해 "지금은 아니야." 대신에 "이따가."로 바꿀 수도 있지만, 아동과 청소년은 "지금은 아니야."를 정말 좋아하는 것 같습니다.

도구 18-3 일 마음챙김을 더 잘하기 위한 일지 쓰기

◆ 배경

　대부분의 아동과 청소년에게 일을 하면서 마음챙김을 하라는 것은 신선한 개념일 것입니다. 이들에게 이 도구에 있는 일지 주제를 활용해서 일 마음챙김 기술을 해 보면서 경험한 것들에 관해 글로 써 보도록 합니다.

◆ 기술 쌓기

　내담자들에게 〈유인물 18-3〉에 있는 일지 주제에 글이나 말로 답해 보도록 요청합니다. 이 훈련의 목적을 설명해 줌으로써 일 마음챙김 훈련을 하게 된 경험을 살펴보도록 돕고, 이러한 경험이 그들의 삶의 일부가 되고 자신의 기술을 발전시키도록 돕습니다.

◆ 성찰

　내담자들과 함께 일지 내용을 검토합니다. 일 마음챙김에 대한 그들의 경험을 검토해 봅니다. 훈련을 하는 동안이나 훈련에 대해 일지 쓰기를 하는 동안에 그들에게 어떤 일이 일어났는지 탐색합니다.

일 마음챙김을 더 잘하기 위한 일지 쓰기

 일지 주제

- 숙제를 하는 동안에 일 마음챙김을 훈련했나요? 만약 그렇다면 어떻게 됐나요? 숙제를 보다 빨리 끝낼 수 있었나요? 마음이 헤맸나요? 무엇이 산만하게 만들었나요?

- 일 마음챙김을 훈련하는 동안에 다른 어떤 일을 끝마쳤나요?

- 계속 집중할 수 있었나요?

- 무엇이 집중을 방해했나요?

- 어떻게 다시 일에 집중하게 되었나요?

- 이 기술을 훈련하면서 마음속에서 무엇을 알아차렸나요?

- 일을 마치는 데 시간이 더 걸렸나요? 덜 걸렸나요?

- 일을 하는 동안에 실수를 했나요?

- 평소보다 스트레스를 더 받았나요? 덜 받았나요?

- 이 일에 대해 새로운 걸 알아차렸나요?

- 이 훈련이 혼란스러운 머리를 진정시키는 데 도움이 됐나요?

- 어떤 물건을 어디엔가 두거나, 누군가에게 뭐라 말하거나, 음식을 계산대에 두는 등의 행동을 한 후에 자신이 한 행동을 까먹은 적이 있나요?

- 마음챙김을 하면서 보다 기억을 잘하게 되었다는 것을 알아차렸나요?

- 마음챙김을 할수록 어떤 일을 더 잘하게 되나요?

- 수술을 받고 있다면 나를 수술하는 의사가 마음챙김하고 있는지 알고 싶나요?

💡 그림 주제

- 일을 하면서 마음챙김을 하는 여러분의 모습을 그려 봅니다.

- 일을 하면서 마음챙김을 하지 못하는 여러분의 모습을 그려 봅니다.

제19장

자애 마음챙김

도구 19-1 자신과 타인을 위한 자애

● 배경

부정적인 혼잣말은 아주 어릴 때부터 시작됩니다. 불행하게도 유아들도 종종 자신에 대한 부정적인 메시지를 많이 받습니다. ADHD와 관련되어 과잉행동을 보이는 한 6세 소년은 '하루 종일 아무도 나에게 소리를 지르지 않았기 때문에' 새로운 약이 효과가 있다는 것을 알게 되었다고 말합니다. 15세 소년은 그 누구도 학교나 연극 리허설 때 더 이상 자신에게 소리치거나 화를 내지 않아 뉴로피드백 훈련이 도움이 된다는 것을 알았다고 합니다.

부정적인 메시지는 부모, 선생님, 또래, 그리고 종종 미디어로부터 올 수 있습니다. 이것은 경쟁적인 성향과 자기판단의 패턴을 설정합니다. 많은 사람이 인생을 여행하면서 트라우마와 깊은 상처를 경험합니다. 연구에 따르면, 자애(loving kindness) 훈련은 자신과 타인에 대한 수용과 연민을 함양해 줍니다 (Hutcherson, Seppala, & Gross, 2008; Kabat-Zinn, 1990; Dalai Lama, 2001). 자애 훈련은 보통 마음챙김 훈련에 포함되어 있습니다.

● 기술 쌓기

아동과 청소년에게 자애를 훈련하는 것이 기분을 좋게 하고 자신의 삶과 자신과 다른 사람들을 받아들이며 보살피는 데 도움을 준다고 설명합니다. Kaiser-Greenland는 그녀의 책『마음챙김하는 아이(The mindful child)』(2010)에서 연령이 낮은 아동에게는 '자애' 대신에 '친절한 소원(friendly wishes)'이라는 용어를 사용할 것을 제안했습니다. 연령이 낮은 아동에게 자기 자신과 주변의 사람들, 즉 부모, 형제, 친구, 선생님에게 친절한 소원을 보내고, 그러고 나서 전 세계에 있는 모든 사람에게 친절한 소원을 보내는 것이라고 설명해 줍니다. 자애 훈련은 항상 자신을 사랑으로 받아들이고 자신에게 친절한 소원을 보내는 것을 개발하는 것부터 시작한다는 것을 가르쳐 줍니다. 그러면 체계적으로 타인을 향한 자애가 개발될 준비가 된 것입니다.

〈유인물 19-1〉에 자애 마음챙김 훈련의 기본 구성이 있습니다. 자애 개발을 위한 다섯 가지 유형의 대상이 있다는 것을 설명합니다.

- 자기 자신
- 좋은 친구나 가족
- 중립적인 사람(neutral person)-알기는 하지만 친하지 않은
- 좋아하지 않거나 사이가 좋지 않은 사람
- 앞의 네 가지 사람 모두에 동일하게, 그리고 점차적으로 온 우주로 확장합니다.

내담자에게 각 유형마다 자신의 삶에서 누군가를 선택하도록 안내합니다. 그런 다음 유인물에 묘사된 대로 그들의 모습을 마음속에 떠올리고 자애나 친절한 소원을 차례로 보내 보라고 요청합니다. 또한 다른 사람들에게 소원하는 것을 구체적으로 적어 보라고 요청할 수도 있습니다. 아동은 매우 창의적이어서 자신의 삶에서 가장 필요에 맞는 누군가를 아주 잘 떠올립니다. 예를 들어 다음과 같습니다. 내가 안전하기를, 엄마의 기분이 더 좋아지기를, 나의 가장 친한 친구가 행복하기를, 나에게 소리를 지르는 선생님이 잘 지내시기를, 그리고 온 우주가 안전하기를….

아동과 청소년에게 자신에게 상처를 줄지도 모를 누군가에게 자애나 친절한 소원을 보내는 것을 요청하지 않도록 주의합니다.

◆ 성찰

내담자에게 이 훈련 과정이 어떠했는지 살펴볼 것을 요청합니다. 다음과 같은 질문을 합니다. 여러분의 삶에서 자애를 보낼 사람을 선택할 수 있었나요? 자신에게 자애를 보내는 데 어려움은 없었나요? 별로 좋아하지 않는 친구와 사람에게 자애를 보냈을 때 뭔가 다른 느낌이 있나요? 훈련 전에, 훈련 중에, 훈련 후에 알아차린 느낌은 무엇인가요?

자애 또는 '친절한 소원' 명상

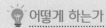 어떻게 하는가

훈련을 할 때는 언제나 자신에게 자애나 친절한 소원을 보내는 것부터 시작합니다. 그러면 여러분은 다른 사람에게 자애를 보낼 준비가 된 것입니다.

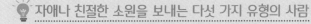 자애나 친절한 소원을 보내는 다섯 가지 유형의 사람

- 자기 자신
- 좋은 친구
- 중립적인 사람
- 힘든 사람
- 앞의 네 가지 사람 모두에 동일하게 그리고 점차적으로 온 우주로 확장합니다.

마음속에 자신과 앞의 여러 사람을 떠올려 본 후 차례대로 다음과 같은 자애나 친절한 소원 보내기

내가 잘 지내기를

내가 행복하기를

내가 안전하기를

내가 좋아하는 친구가 잘 지내기를

내가 좋아하는 친구가 행복하기를

내가 좋아하는 친구가 안전하기를

내가 떠올린 중립적인 누군가가 잘 지내기를

내가 떠올린 중립적인 누군가가 행복하기를

내가 떠올린 중립적인 누군가가 안전하기를

나와 힘든 관계에 있는 그 사람이 잘 지내기를

나와 힘든 관계에 있는 그 사람이 행복하기를

나와 힘든 관계에 있는 그 사람이 안전하기를

나를 포함한 모든 사람이 잘 지내기를

나를 포함한 모든 사람이 행복하기를

나를 포함한 모든 사람이 안전하기를

온 우주가 잘 지내기를

온 우주가 행복하기를

온 우주가 안전하기를

또는

내가 안전하기를

내가 행복해지기를(평화로워지기를, 즐거워지기를)

내가 건강해지기를(기분이 좋아지기를)

나의 삶이 편안해지기를

앞의 여러 사람에게도 똑같이 반복한다.

337

도구 19-2 | 친절한 행동

배경

친절한 행동은 아동과 청소년이 다른 사람들에게 사랑과 친절의 상태를 마음챙김하면서 훈련하게 도와주는 뛰어난 방법입니다. 아동과 청소년이 혼자서 또는 집단으로 선택하고, 계획하고, 수행할 수 있는 행동들을 제시합니다. 이 도구는 내담자가 이 훈련을 마치고도 다른 사람들에게 친절한 행동을 할 수 있도록 도와줍니다.

기술 쌓기

다른 사람들에게 친절과 사랑의 상태를 마음챙김해 보는 가장 좋은 훈련은 마음챙김 행동(mindful action)을 하는 것임을 내담자에게 설명합니다. 누군가 또는 무엇인가에 친절하거나, 사랑하거나, 도움이 될 것이라고 생각하는 것의 목록을 집단으로 또는 개별로 작성해 보도록 요청하세요. 아이디어를 적어 보세요. 여러분의 지역사회에 몇 가지 아이디어를 실천할 준비를 해 보세요. 예를 들어, 어머니를 위해 쓰레기봉투를 가져다가 쓰레기 보관함에 버리는 것, 학교 밖에 꽃을 심는 것, 병과 캔을 모아 쉼터에 기부하는 것, 선생님께 감사 카드를 쓰는 것, 운동장이나 사무실 밖에서 쓰레기를 줍는 것, 미소를 지으며 노인에게 "안녕하세요."라고 인사하는 것 등이 있을 수 있습니다. 목록 중에서 잘 해낼 수 있는 행동들을 선택할 수 있도록 도와줍니다. 집단이라면 세 가지 활동을 선택하고 어떤 활동을 할지 투표해 보도록 요청합니다.

이 훈련을 하는 또 다른 방법은 내담자들에게 이전에 누군가를 위해 했거나 할 수 있는 친절한 행동을 말해 보라고 요청하는 것입니다.

성찰

내담자가 친절한 행동을 계획하고 실천해 나가는 과정을 도와줍니다. 그들은 계획할 때 어떤 것을 느꼈나요? 실제로 친절한 행동을 하고 나서 어떤 기분이 들었나요? 최근에 어떤 친절을 베풀었나요? 자신에게 좋은 일을 해 준 누군가가 있었나요? 그때 기분이 어땠나요?

제20장

의도 마음챙김

도구 20-1 진정한 의도 탐색하기

🔵 배경

의도(intention)를 설정하는 것은 마음챙김 훈련을 포함해 모든 활동이나 수련의 첫 번째 단계입니다. 의도 설정에서 아동과 청소년이 주의를 기울이려는 의도를 결정하는 것을 배우는 것이 중요합니다. 그렇게 하는 것은 그들이 특정한 목표나 과제에 집중할 수 있게 합니다. 마음챙김을 훈련할 때마다 의도를 설정해야 합니다. 예를 들어, 〈도구 6-4〉에서는 먼저 호흡에 주의를 기울일 의도를 설정해야 합니다. 〈도구 18-1〉~〈도구 18-3〉에서는 숙제하는 것처럼 당면 과제에 주의를 기울이겠다는 의도를 설정했습니다. 이 도구는 아동과 청소년이 자신의 의도를 정의하고 왜 특정한 의도를 설정하는지, 그리고 그것을 달성함으로써 무엇을 얻기를 원하는지 명확히 하기 위한 구조화된 방법을 제공합니다.

🔵 기술 쌓기

의도가 무엇인지 말하는 것부터 시작하세요. 간단히 말해서 의도는 여러분이 하려고 하는 무언가입니다. 의도가 무엇인지 설명하기 위해 현재 순간의 예를 몇 가지 들어 보세요. 예를 들면, "여러분에게 말을 하기 위해 여러분의 눈을 바라보고자 한다." "의도를 세우는 것이 무슨 의미인지 설명하고자 한다." "연필을 집어 들려고 한다." "이 방 안에서 나는 소리에 주의를 기울이려고 한다." 등입니다.

오늘 하루 중 남은 시간 동안에 각자 해 볼 수 있는 몇 가지 의도를 말해 보라고 합니다. 이 시간이 끝나면 집에 갈 의도가 있나요? 저녁을 먹을 의도가 있나요? 언제 숙제를 할 의도를 가지고 있나요? 오늘 밤 누구와 대화할 의도가 있나요? 몇 시에 잠자리에 들 의도가 있나요? 이것은 5세의 유아도 할 수 있습니다.

연령이 높은 아동과 청소년에게는 훈련의 의도가 무엇인지 이해하기 위해 구조화된 방법을 제시할 것임을 설명합니다. 의도가 무엇인지 알아내기 위해서 내담자에게 〈유인물 20-1〉의 마음챙김을 활용하여 빈곳을 채워 문장을 완성해 보도록 요청합니다. 이 과정은 내담자가 보다 마음챙김 상태가 되기 위해 자신의 의도를 명확히 하는 데 도움을 줄 것이라고 설명합니다. 그것은 내담자가 자신의 삶에서 마음챙김을 증가시키고 싶어 하는 이유와 어떻게 삶을 개선시키기를 바라는지 탐색하는 것을 도와줄 것입니다. 그리고 나서 마음챙김이라는 단어를 숙제처럼 해야 하는 것이 아닌 그저 함께 있는 것으로 대체해 보도록 요청합니다. 문장을 완성하는 것은 의도가 무엇인지, 그리고 왜 그것이 자신에게 중요한지를 명확히 하는 데 도움이 될 것입니다.

어떠한 의도나 목표에도 이 훈련 과정을 사용할 수 있다는 것을 되뇌어 줍니다.

🔵 성찰

내담자가 이 과정이 어떠했는지 살펴보는 것을 도와줍니다. 다음의 질문을 해 봅니다. 질문에 답변하는 것이 어떠했나요? 어떤 생각이나 감정이 떠올랐나요? 여러분이 마음챙김이나 과제와 같은 무언가를 하려는 의도를 세웠는지 아는 데 이 훈련이 도움이 되었나요? 답변하기 어려운 질문이 있었나요? 만약 여러분이 옆길로 샌다면 다시 원래 길로 되돌아가기 위한 의도를 세우는 것을 어떻게 스스로에게 상기시킬 수 있을까요? 이 과정을 명확하게 하기 위해 어떤 다른 의도를 사용할 수 있나요? 의도를 세우는 것이 과제를 계속하는 데 도움이 되나요?

진정한 의도 탐색하기

이 문장 완성 훈련은 여러분의 진정한 의도에 귀를 기울여 이를 알아내는 데 도움을 줄 것입니다. 다음의 예시는 마음챙김의 뒤에 있는 의도를 탐구하기 위해 고안되었습니다. 단순하게 '마음챙김'이라는 단어를 여러분이 탐색하려는 어떤 '의도'라는 단어로 바꾸면 됩니다.

- (마음챙김)에 대해 배우고 싶다. 왜냐하면….
- (마음챙김)이 …을 얻을 수 있기를 바란다.
- (마음챙김)은 …
- 내가 좀 더 (마음챙김) 상태에 있다면, 나는 … 할 것이다.
- 내가 (마음챙김)을 훈련하고자 하는 진짜 이유는….
- 결국 (마음챙김)은 나에게 …할 수 있게 해 줄 것이다.
- (마음챙김) 훈련을 할 때, 나는 … 기분을 느낀다.

문장을 완성할 때는 가능한 한 솔직한 상태가 되도록 합니다.
이제 여러분의 삶에 있는 '무언가'를 '마음챙김'으로 바꾸어 보세요. 여기에 예시가 있습니다.

- (학업을) 배우고 싶은 이유는….
- (숙제를) 하면서 …을 얻을 수 있기를 바란다.
- (숙제는) ….
- (숙제를) 하면 나는 … 할 것이다.
- 내가 (숙제)를 하고 싶은 진짜 이유는….
- 결국 (숙제)를 하면 내가 …할 수 있게 해 줄 것이다.
- (숙제)를 끝냈을 때 나의 기분은 …

이 진행 과정을 삶의 어느 부분에나 적용함으로써 여러분의 진정한 의도를 발견할 수 있습니다. 그런 다음 의도를 설정하고, 진행 상황을 모니터링하며, 반복해서 자신의 의도를 마음챙김하여 필요에 따라 자신의 생각과 행동을 조정하면서 이 과정을 계속 진행합니다.

출처: Alidina(2011).

도구 20-2 명상

● 배경

　시각화(visualization)와 상상 기법(imagining)은 아동과 청소년이 자신의 성취 능력을 향상시키고 싶어 하는 모든 것을 '훈련'할 수 있는 가장 좋은 방법입니다. 이 도구는 의도를 설정하고 그 의도에 집중해서 유지하는 훈련 방법을 제시합니다. 이것은 마음챙김을 자신의 하루에 어떻게 통합할 수 있는지 이해하는 것을 돕기 위해 '마음챙김 아침(mindful morning)'이 어떤 모습일지 시각화하는 데에도 도움을 줍니다.

● 기술 쌓기

　연령이 높은 아동과 청소년이 보다 마음챙김 상태가 되어 가는 중요한 단계는 그렇게 하려는 의도를 세우고 그 의도에 끝까지 따르는 훈련이라고 설명합니다. 즉, 어떤 일을 하려는 계획을 세우고, 그것을 그냥 하는 것입니다. 〈유인물 20-2〉에 있는 '마음챙김 명상 상태에 있으려는 의도'의 목적은 내담자가 아침을 맞이할 준비를 하면서 마음챙김하려는 의도를 세우고, 그 의도를 끝까지 실천하고 있다고 상상해 보도록 도와주는 것이라고 설명합니다. 이 유인물은 어떻게 의도를 세우고 그 의도에 맞게 실행하는지와 자신의 일상에 어떻게 명상이 통합되는지를 보여 줍니다. 내담자에게 〈유인물 20-2〉를 읽어 줍니다. 내담자들이 의도를 세우고 보다 마음챙김 상태가 되어 하루 동안 그렇게 하는 훈련을 해 보도록 격려해 줍니다.

　연령이 낮은 아동에게는 〈유인물 20-2〉을 읽어 주는 동안에 아침을 준비하고 있는 것을 상상해 보라고 하세요. 그러고 나서 그들에게 아침마다 흔히 하는 것이 무엇인지, 명상을 듣는 것이 그것에 어떤 영향을 주었는지 물어보세요.

　아동과 청소년에게 하루 동안에 그들이 하는 일이 무엇이든 주의를 기울이는 훈련을 해 보도록 장려합니다. 내일 아침 준비를 할 때 주의를 기울이겠다는 의도로 시작해 보라고 제안해 보세요.

● 성찰

　아동과 청소년에게 아침 준비를 하고 있다고 상상하는 것이 어땠는지 탐색해 봅니다. 자신의 아침 일상이 실제로 어떤지 탐색해 봅니다. 아침 준비를 하는 데 방해가 되는 것이 무엇인지 물어봅니다. 제시간에 준비하는 데 어려움을 겪나요? 자신의 하루를 바꿀 준비를 하는 데 주의를 기울이려는 의도를 세우는 게 어떤가요? 내일 마음챙김 아침을 훈련해 보도록 격려합니다. 다음번에 만나서 어땠는지 물어보세요.

마음챙김 명상 상태에 있으려는 의도

💡 아침 준비

눈을 감고 코로 호흡을 천천히 들이마시면서 1~4까지 셉니다. (1—2—3—4) 자, 이제 입으로 풍선을 크게 부는 것처럼 천천히 호흡을 내쉬면서 1~8까지 셉니다. (1—2—3—4—5—6—7—8) 그저 긴장을 풀고 평상시처럼 호흡을 합니다.

여러분의 하루를 준비하면서 오늘 아침에 보다 더 마음챙김 상태로 있겠다는 의도를 세웠다고 상상해 봅니다.

방금 침대에서 일어났다고 상상해 보세요. 맨발에 닿는 바닥의 느낌을 알아차려 봅니다. 침실은 더운가요, 차가운가요, 아니면 온도가 딱 알맞은가요? 침대를 정돈하기 위해 몸을 숙이고, 이불을 위로 당겨 봅니다. 이불과 시트는 어떤 느낌이 드나요? 따뜻한가요, 차가운가요, 부드러운가요, 거친가요? 이제 여러분이 정리한 침대가 어떤지 바라봅니다.

아침을 준비하는 자신의 모습을 마음속에 그려 봅니다. 여러분이 일상적으로 하는 것에 일일이 주의를 둡니다. 양치질을 할 때 칫솔을 손에 쥐는 느낌은 어떤가요? 치약은 어떤 냄새와 맛이 나나요? 이를 닦을 때 어떤 느낌이 드나요? 입 안을 헹굴 때 물의 느낌이 어떤가요?

샤워를 한다면, 물이 피부에 닿을 때 어떤 느낌이 드는지 주의를 가져옵니다. 샤워기에서 물이 뿜어져 나올 때 어떤 모습인가요? 비누나 샴푸에서 좋은 냄새가 나나요? 물기를 닦을 때 수건이 부드러운가요?

오늘 하루 마음챙김 상태에 있으려는 자신의 의도를 다시 한번 기억해 봅니다.

옷을 입을 때, 오늘 무엇을 할 것인지 생각해 봅니다. 옷이 따뜻한가요, 아니면 시원한가요? 어떤 옷이 여러분이 오늘 할 일에 딱 맞습니까? 옷을 입을 때 어떤 느낌이 드는지 주의를 둡니다. 발을 신발 안으로 밀어 넣을 때 어떤 느낌이 드나요?

마음이 방황하여 하고 있는 일 이외의 것을 생각하려고 할 때마다, 주의를 기울이겠다는 자신의 의도를 기억합니다. 생각들이 떠오르면 그것을 알아차리고 "지금은 아니야."라고 말하며, 그것들이 사라지도록 내버려 둡니다. 다시 자신이 하고 있는 것에 주의를 가져옵니다.

아침을 먹을 때는 음식의 색깔과 씹고 삼킬 때의 냄새와 맛에 주의를 둡니다. 행동을 할 때마다 그 행동에 주의를 두고 있다고 상상해 봅니다.

만약 여러분이 서두르거나 스트레스를 받거나 걱정이 올라오면 그저 멈추고 깊은 숨을 들이쉽니다. 호흡을 알아차려 봅니다. 자신을 진정시키고 다음 행동에 어떻게 주의를 둘지 마음챙김으로 선택을 합니다. 자신의 의도를 기억해 봅니다.

여러분이 엄마나 아빠와 이야기하고 있다고 상상해 봅니다. 그들의 눈을 보고 그들의 목소리와 말을 듣습니다. 그들이 여러분에게 하는 말을 주의 깊게 듣습니다. 여러분의 마음이 방황하는 것을 알아차리면 다시 엄마나 아빠에게 부드럽게 주의를 둡니다.

여러분은 씻고, 옷을 입고, 음식을 먹었으니 하루를 보낼 준비가 되었습니다. 이제 눈을 뜨고 자신의 주의를 다시 이곳으로 가져옵니다.

제21장

직관 마음챙김
(연령이 높은 아동과 청소년)

도구 21-1 동조하기

🔵 배경

　　마음챙김의 중요한 측면은 자신의 직관(intuition)과 내면의 지혜에 동조(tuning-in)되는 능력입니다. 직관은 종종 나중에서야 정확했다는 것을 알게 된 무언가에 대한 '육감(gut feeling)'으로 나타납니다. 아동과 청소년은 특히 자신의 직관에 잘 연결될 수 있고, 종종 자신도 모르게 그렇게 됩니다. 연령이 높은 아동과 청소년을 위한 이 '직관 마음챙김' 도구는 직관을 설명하고, 동조 능력을 강화하며, 그것을 보다 정확하게 해석하고 신뢰하도록 해 줍니다.

🔵 기술 쌓기

　　유인물을 활용하여 내담자와 직관의 정의에 대해 토론해 보고 그들이 직관을 어떻게 생각하는지 탐구해 보세요. 여러분의 삶이나 여러분이 들은 이야기로 예를 들어 주세요. 〈유인물 21-1A〉에 설명된 대로 직관력을 개발하는 과정을 내담자와 함께 검토해 봅니다. 내담자가 자신이 생각하는 정의를 적어 보도록 장려합니다. 직관이 자신에게 어떻게 나타나는지 탐구해 보세요. 언제 직관에 동조되었는지, 되지 않았는지, 신뢰했는지, 직관을 따랐는지, 그리고 각각의 경우에 어떤 일이 일어났는지 물어봅니다. 〈유인물 21-1B〉를 활용하면 직관이 어떻게 작동하는지 탐색하는 데 도움이 됩니다. 내담자에게 직관에 동조되었을 때가 언제였는지, 정확하고 유용한 정보를 얻은 때가 언제였는지 글을 적어 보도록 요청합니다.

🔵 성찰

　　내담자가 직관이 무엇인지, 직관이 어떻게 자신에게 나타나는지 탐색하는 것을 도와줍니다. 직관이 자신의 삶에서 어떤 역할을 하는지 논의해 보세요. 직관에 어떻게 동조하는지 탐색해 보세요. 직관이 어떻게 자신에게 정보를 주는지 논의해 봅니다. 예를 들어, 신체적 감각을 통해서, 꿈을 통해서, 또는 그냥 알게 되는 것을 통해서 직관을 신뢰하는 것이 얼마나 도움이 되었는지 탐색해 보세요. 직관이 자신을 안전하게 지켜 준 적이 있었나요? 직관이 잘못되게 한 적이 있나요? 내담자가 직관을 보다 일상적으로 활용할 수 있는 방법을 검토합니다.

직관에 동조하기

💡 직관의 다양한 정의

- 이미 알고 있는 지식이나 이해하고 있는 것이 아닌 무언가를 아는 것

- 무언가에 대한 빠르고 정확한 통찰을 가질 수 있는 능력

- 오감이나 기억을 통하지 않고 외부 세계에 있는 무언가를 아는 것(Bernstein, 2005)

- 여기에 자신이 생각하는 정의를 적습니다.

_____

_____

_____

_____

💡 직관이 우리를 안내하는 다양한 방식

- 방금 만난 누군가, 막 하려고 하는 어떤 일, 또는 내리려고 하는 결정에 대한 '느낌'으로 안내

- 논리적으로 알 수 있는 방법이 아닌 '정보'로 안내(그냥 느끼거나 알 수 있음)

- 위험에 대한 경고로 안내

- 여러분에게 직관은 어떤 도움이 되었나요?

_____

_____

_____

_____

💡 직관의 나타남

- 몸 안의 신체적 느낌

- 육감

- 아는 것

- 예감

- 꿈

- 부드러운 느낌

- 불쑥 떠오른 이미지, 기억 또는 생각

- 여러분의 직관은 어떻게 나타나나요?

_____

_____

_____

_____

_____

💡 직관의 일어남

- 즉시, 순식간에

- 반복과 반복, 결국 그것을 '얻을' 때까지

직관 101

직관을 개발하기 위해서 여러분은 먼저 그것에 집중하고 어떻게 나타나는지 살펴보기로 결심해야 합니다. 직관이 작동하는 방법과 직관이 여러분에게 말을 거는 '언어'를 이해하는 것을 배워야 합니다. 직관은 느낌, 감정, 아는 것, 예감의 형태로 나타날 수 있습니다. 다른 사람에게서 들은 말로도 나타날 수 있습니다. 그것은 여러분과 소통하기 위해 기호를 사용할 수도 있습니다. 꿈을 통해 다가올 수도 있습니다.

직관이 어떻게 작동하는지 생각해 보세요. 공상, 시각화, 상상력을 사용해 보세요. 조용한 곳에서 마음을 가다듬고 마음속으로 들어갑니다. 여러분에게 도움이 필요한 어떠한 질문이나 결정에 대한 답변을 요청해 봅니다. 인내심을 가집니다. 여러분의 직관에 도움이 될 만한 무언가에 대한 정보를 제공하고 잠재의식 속에서 끓어오르게 합니다. 직관적인 답변의 징후를 찾습니다. 답변이 필요한 이유와 하루 동안 무엇이 나타나는지 일지를 매일 기록합니다. 답을 얻었을 때 반드시 감사를 표합니다. 그리고 여러분의 꿈이 어떻게 여러분을 인도하고 있는지 이해할 수 있도록 꿈 일지도 적어 봅니다.

직관과 좀 더 접촉하기 위해 명상을 합니다. 명상을 함으로써 여러분은 많은 생각으로 복잡한 마음을 진정시키고 직관이 보다 쉽게 흐르도록 해 줍니다. 명상은 여러분과 여러분의 이성적인 마음이 방해가 되지 않도록 도와줍니다. 대답이나 안내를 요청하고 나서 가만히 조용하게 무엇이 나타나는지 듣습니다.

직관을 살펴봅니다. 여러분의 직관이 어떻게 하면 가장 잘 작동하는지 배워 봅니다. 어떤 '예감'이 가장 정확했는지 주의를 기울여 봅니다. 직관이 여러분에게 가장 적합한 분야를 찾아내고 경험으로 가장 정확하다는 것을 알게 되었다면 그것을 신뢰합니다. 예를 들어, 사람에 대해서는 여러분이 항상 옳을지 모르지만, 가게에서 어느 줄을 서야 하는지는 그렇지 않습니다.

직관을 즐겨 봅니다. 즐거운 시간을 보내세요. 직관은 여러분이 그것에 귀를 기울이든 기울이지 않든 항상 작동하고 있습니다. 이미 그것을 얼마나 사용했는지 알면 깜짝 놀랄 것입니다.

◐ 배경

    연령이 높은 아동과 청소년이 그들의 직관에 동조하는 효과적인 방법은 그들이 내면의 지혜나 직관에 연결되도록 돕는 명상을 훈련하는 것입니다. 이 도구는 내담자가 편안히 쉬며 마음의 지혜와 소통할 수 있도록 돕는 안내 명상의 예를 제공합니다.

◐ 기술 쌓기

    직관(정의, 중요한 이유, 도움이 되는 방법, 표시되는 방법)에 대해 내담자와 논의합니다. 〈도구 21-1〉을 참조하세요. 직관 명상은 내담자들의 의사소통 채널을 열고 그들 자신의 직관에 동조하는 것을 돕기 위해 고안되었다고 설명하세요. 전화, TV, 컴퓨터와 같은 예를 사용하여 통신 채널을 탐색합니다. 내담자에게 〈유인물 21-2〉의 명상 문구를 읽어 줍니다. 침묵의 시간은 내담자의 나이와 기술 수준에 따라 다양하게 적용합니다.

◐ 성찰

    명상을 하는 동안에 내담자에게 어떤 일이 일어났는지 논의합니다. 이완을 할 수 있었나요? 화이트보드에 질문이 있었나요? 답을 얻었나요? 화이트보드에서 의사소통을 그림으로 했나요, 말로 했나요? 집중을 유지하기 위해 무엇을 했나요? 생각, 감정, 심상, 신체 감각, 냄새, 소리, 색깔 또는 기억이 떠올랐나요? 내부로부터 메시지를 받은 것 같았나요? 이 메시지를 전에 들어본 적이 있었나요?

직관 마음챙김 명상

다리를 꼬지 않고 발을 바닥에 평평하게 둡니다. 허리를 편안하게 똑바로 세워 앉고 의자 등받이에 부드럽게 기대며, 팔을 펴서 허벅지에 가볍게 올려놓고 손바닥을 위로 향하게 한 채 편안한 자세를 찾아봅니다. 또는 팔과 다리를 꼬지 않고 반듯이 눕습니다.

코로 숨을 깊게 들이마시면서 1~4까지 셉니다. 입으로 숨을 내쉬면서 1~8까지을 셉니다. 마음을 이완시킵니다. 한 번 더 심호흡을 하고 치유의 에너지를 들이마시고 또 내쉬면서 몸의 긴장을 풀어 봅니다. 이제 숨이 편안하게 저절로 쉬어지게 허용합니다.

잠시 몸이 이완된 상태를 유지합니다. 발끝에 주의를 두는 것부터 시작해서 다리, 배, 등, 가슴, 목, 어깨, 팔, 그리고 손으로 주의를 옮겨 갑니다. 이제 여러분의 주의를 얼굴과 머리에 둡니다. 숨을 깊게 들이마시면서 따뜻하고 이완된 공기층으로 온몸을 가득 채웁니다. 이제 숨을 내쉬면서 내보낼 필요가 있는 모든 것이 나가게 내버려 둡니다.

이제 하얀빛이 위에서 머리 꼭대기로 내려와서 머리와 몸을 치유의 에너지로 채우고, 목과 목구멍, 척추를 따라 내려간다고 상상해 봅니다. 아래로 흘러내릴 때 보이기만 한다면 앞에서, 뒤에서, 그리고 곁에서 빛이 납니다. 다리를 흘러내려 발바닥을 통해 바로 땅속으로 흘러 들어갑니다. 그것이 몸에 가득 차게 되면 따뜻해지고, 깨끗해지고, 개방되고, 치유가 됩니다. 그것은 여러분과 지구와 우주를 동시에 연결합니다.

여러분의 몸은 평화롭고 이완된 기분을 즐기면서 길을 따라 걷고 있다고 상상해 봅니다. 여러분을 위해 열려 있는 정원의 문에 다다랐습니다. 정원에 들어서면 열려 있는 문을 닫고 정원의 아름다움과 평화로움 속에 앉을 수 있는 편안한 장소를 찾습니다. 눈을 감고 천천히 심호흡을 하며, 마음속으로 들어갑니다.

직관에 연결하여 듣고자 하는 의도를 세웁니다. 마음속에 있는 이 고요하고 조용한 곳에서부터 무엇이 일어나는지 알아차려 봅니다. 여러분 앞에 놓여 있는 깨끗한 화이트보드를 상상합니다. 듣고자 하는 질문이 있다면 화이트보드에 그것을 쓰고 대답을 기다립니다. 질문이 없으면 조용히 앉아 있습니다. 어떤 경우이든 일어나는 생각, 감정, 심상, 신체 감각, 냄새, 소리, 색깔 또는 기억에 주의를 둡니다. 마음속의 앎과 접촉을 허용합니다.

동조합니다. 화이트보드에 여러분을 위해 무엇이 쓰여 있는지 알아차려 봅니다. 원한다면 안내나 도움을 요청해 봅니다. 마음속의 지혜나 직관과 연결되는 것을 도와주는 표시를 요청해 봅니다. 그런 다음 이완하고 기다립니다. 만약 마음이 떠돈다면 단지 직관과 연결하겠다는 의도로 다시 돌아옵니다.

참을성 있게 기다리면서 보고 듣습니다. 무엇이 나타나는지 주의를 둡니다. 그리고 여러분이 바로 지금 알 필요가 있는 그것을 얻고 있다고 확신을 합니다.

2분간 침묵(내담자의 필요에 맞추어 이 침묵 시간을 적절히 조절합니다.)

이제 여러분은 직관과 연결되어 중요한 메시지와 안내를 받았으니 직관에 마음챙김을 하는 것이 점점 더 나아지고 있다는 사실에 감사를 표합니다. 정원에서 천천히 일어서서 조용히 문 쪽으로 걸어갑니다. 문을 열고 걸어 나간 후 문을 열어 둔 채 그냥 놔둡니다. 정원에서 찾은 평온과 지혜를 가지고 길을 따라 걸어 이 방으로 다시 돌아옵니다. 준비가 되면 눈을 떠도 됩니다.

도구 21-3   직관 마음챙김 일지 쓰기

◆ 배경

　직관에 다가갈 수 있는 능력은 타고난 기술인 것으로 보입니다. 그런데 종종 무시됩니다. 직관이 어떻게 나타나는지와 직관을 보다 효과적으로 동조하는 방법에 대한 일지 쓰기는 연령이 높은 아동과 청소년이 직관적인 메시지를 점점 더 알아차리고 그것들을 신뢰하는 방법을 배우는 데 도움이 될 것입니다.

◆ 기술 쌓기

　내담자에게 〈유인물 21-3〉의 일지 주제에 응답하도록 요청합니다.

◆ 성찰

　내담자의 답변과 일지 쓰기를 하는 동안에 나타난 것들을 검토합니다. 직관이 자신의 삶에서 어떤 역할을 하는지 탐색해 봅니다. 직관이 자신과 어떻게 소통하는지 살펴봅니다. 직관 마음챙김 도구가 자신의 동조 능력을 어떻게 향상시켰는지 논의합니다.

유인물 21-3

직관 마음챙김 일지 쓰기

일지 주제

- 여러분의 삶에 직관이 어떻게 나타났나요?

- 여러분의 직관이 옳았던 때가 있었는지 예를 들어 보세요.

- 여러분의 직관이 틀린 적이 있었나요?

- 여러분은 직관을 따른 적이 있었나요?

- 직감을 따랐을 때, 무슨 일이 있었나요?

- 여러분은 언제 직감을 무시했나요?

- 직관적 느낌을 무시했을 때 무슨 일이 일어났나요?

- 여러분이 직관에 귀를 기울이는 데 무엇이 도움을 주었나요?

- 여러분은 직관과 어떻게 소통하나요?

- 여러분은 직관을 믿나요?

- 어떻게 하면 더 믿을 수 있을까요?

- 직관이 여러분에게 가장 도움이 되는 것은 무엇인가요?

- 여러분의 직관은 꿈을 통해 소통하나요?

- 꿈 일지를 써 본 적이 있나요? 만약 그렇다면 그것이 여러분에게 어떻게 도움이 되었나요?

- 여러분은 직관을 이용하여 무엇을 도울 수 있을까요? 학교, 친구, 결정, 건강?

그림 주제

- 여러분의 직관을 사용하여 그림을 그려 봅니다.

- 직관을 무시하고 있는 여러분의 모습을 그려 봅니다.

CONTENTS

제**4**부

특정 정신건강 문제에
마음챙김을 사용하기 위한 도구

제22장

기분장애

도구 22-1 이 순간에 우울로부터 자유로워지기

● 배경

마음챙김 훈련은 지금 이 순간 판단하지 않고 어떤 특정한 사물에 주의를 기울이는 것입니다(Kabat-Zinn, 2003). 아동과 청소년이 우울한 감정이 있을 때, 그들의 생각은 만성적으로 부정적인 경향을 나타내고, 부정적인 필터를 통하여 모든 것을 바라봅니다. 이 도구는 부정적인 생각에 대한 알아차림을 강화하고, 현재 이 순간에 기분을 나아지게 하는 어떤 대상으로 주의를 전환하는 기술을 제공합니다. 이 방법은 우울뿐만 아니라 불안에도 도움이 됩니다.

● 기술 쌓기

내담자가 우울한 상태라면 주의 깊게 내담자 자신의 생각의 내용이 만성적으로 부정적인 상태인지 확인하도록 합니다. 내담자가 자신의 생각이 긍정적인지 또는 부정적인지 평가하도록 도와주세요. 부정적인 생각이 어떻게 부정적인 기분으로 이어지는지 설명하고, 이러한 과정이 내담자에게도 해당되는지 물어봅니다. 마음챙김 기술이 의기소침하고, 슬프고, 우울하다고 느낄 때 부정적인 생각 패턴을 변화시켜서 감정을 좀 더 중립적이고 긍정적인 느낌으로 바뀌도록 언제든지 활용할 수 있는 방법을 알려 줄 것이라고 설명합니다. 이 과정을 반복하면, 우리의 뇌는 서서히 자동적으로 더 긍정적인 생각을 하도록 재편성됩니다. 〈유인물 22-1〉을 활용하여 '이 순간에 우울로부터 자유로워지기' 명상을 하도록 안내합니다.

● 성찰

내담자가 명상을 하는 동안 무엇을 알아차렸는지 성찰해 보도록 지도합니다. 생각을 알아차렸나요? 그 생각이 부정적이었나요? 그렇다면 그 생각들을 부풀려서 터뜨릴 수 있었나요? 부정적인 생각들이 다시 떠올랐나요? 좀 더 즐거운 것들을 생각할 수 있었나요? 주변에 있는 어떤 것에 집중하였을 때 어떤 느낌이 들었나요? 자신의 감정에서 무엇을 알아차렸나요? 명상을 하였을 때 그 기분이 어떻게 변하였나요? 우울하고, 슬프고, 가라앉는 기분이 들 때면 언제든지 이 과정을 활용하도록 격려합니다.

이 순간에 우울로부터 자유로워지기

편안한 자세를 취하세요. 코로 깊게 숨을 들이마시면서 1-2-3-4를 세어봅니다. 그리고 마치 풍선을 불듯이 입으로 천천히 숨을 내쉬면서 1-2-3-4-5-6-7-8을 세어 봅니다.

이제 정상적으로 호흡을 하면서 호흡을 변화시키려고 하지 말고 편안하게 숨을 들이쉬고 내쉽니다. 자연스럽게 호흡을 하세요.

여러분의 생각으로 주의를 기울여 봅니다. 그냥 생각에 주목하세요. 생각이 떠오르면 그것을 알아차려 보세요. 그리고 그 생각을 그냥 놓아둡니다. 잠시 동안 생각을 알아차리고 내보내는 과정을 반복합니다.

특별히 부정적이거나 나쁜 생각이 드는 것을 알아차렸다면 그 생각에 주의를 기울일 때 어떤 기분이 드는지 알아차려 보세요. 천천히 숨을 들이마시면서 마치 풍선처럼 부정적인 생각이 터져서 사라질 때까지 생각을 부풀리고 있다고 상상해 봅니다. 생각과 함께 기분도 사라지도록 놓아두세요.

깊게 숨을 들이마시고 내쉬면서 생각의 흐름에 주의를 기울이면서 마치 시냇물에 흐르는 나뭇잎처럼 생각이 흘러가도록 놓아둡니다.

부정적인 생각을 없애 버려도 다시 계속 되돌아와서 부정적인 생각이 멈추지 않는다면 아름다운 꽃, 예쁜 얼굴, 행복한 시간, 좋은 친구, 또는 맛있는 음식의 기억과 같이 기분이 좋아지게 하는 것을 떠올려 보세요.

깊게 호흡을 하고 주위를 둘러보세요. 주변 환경에서 좋은 느낌을 주는 것들을 알아차려 보세요. 창에 비치는 햇빛, 예쁜 색으로 칠해진 벽, 함께 여행을 하는 사람들과 같이 있는 것, 벽에 걸린 멋진 그림, 예쁜 색의 가구, 좋은 향기, 편안한 의자, 지저귀는 새소리 등을 알아차릴 수 있을 거에요.

내면의 상상력 또는 주변 환경에 주의를 기울여 긍정적인 것을 발견해 보세요.

이제 깊게 호흡을 하고, 여러분의 마음에서 또는 주변 환경에 있는 긍정적인 것에 주의를 기울였을 때 어떤 느낌이 들었는지 알아차려 보세요.

이 명상을 시작한 이후에 가라앉은 기분이 어떻게 달라졌나요?

이 과정을 몇 분간 계속합니다. 부정적인 생각이 들 때 그 생각을 부풀려서 터뜨리고, 그래도 부정적인 생각이 다시 떠오른다면 여러분의 기억, 상상력, 주변 환경에서 기분을 좋게 하는 것들에 주의를 기울여 보세요.

부정적인 생각을 알아차릴 때마다 이 과정을 따라할 수 있습니다.

침묵하기(침묵하는 시간은 내담자의 필요에 따라 조정함. 짧게 10초부터 시작하여 5~10분까지 늘리도록 훈련함)

◆ **배경**

우울증은 만성적이고 부정적인 자동적 사고가 특징적이며, Daniel Amen은 이를 부정적인 자동적 사고 (Automatic Negative Thoughts: ANTs)로 명명하였습니다(Amen, 1998). 아동과 청소년의 우울증은 부정적인 사고 외에도 빈번한 짜증(irritability)과 때로는 반항적 행동으로 나타납니다. 이 도구는 〈도구 14-4〉와 〈도구 14-5〉를 참조하여 아동과 청소년이 기분이 더 좋아지는 생각을 발견함으로써 자신들의 ANTs를 알아차리고 없애는 방법을 알려 줍니다.

◆ **기술 쌓기**

우울증의 전형적인 특징은 만성적이고 부정적인 자동적 사고임을 설명합니다. 우울증이 생기면 마음은 틀에 갇혀 대체적으로 현실과 다르게 부정적이고 낙담하게 만드는 연속적인 생각의 흐름이 생겨납니다. 마치 우울증은 기분 나쁜 것들만 통과시키게 하는 필터를 모든 대상에 올려놓는 것과 같습니다. 부정적인 생각이 어떤 것들인지 논의하고 자신의 부정적인 생각을 발견하도록 도와줍니다.

〈도구 14-5〉를 활용하여 내담자가 자신의 ANTs를 인식하고 기분이 좋아지는 생각을 발견하도록 돕습니다. 부정적인 사고를 알아차리고 빠르게 기분을 전환하기 위하여 정기적으로 이 도구를 사용하는 습관을 가지도록 격려합니다.

기분이 좋아지는 대상에 집중하는 탁월한 방법인 〈도구 14-4〉를 활용합니다.

사례

9세 소년은 ADHD와 수반되는 우울증을 앓고 있습니다. 소년은 자주 "나는 멍청해." "나는 제대로 하는 게 아무 것도 없어." "내 자신이 미워."와 같이 자신을 부정적으로 말하였습니다. 소년은 자주 화를 내고 반항적이었습니다. 소년과 면담을 통하여 소년이 자신에게 왜 그렇게 부정적으로 말하는지 이해하도록 도와주고 부정적인 말 대신에 그가 신뢰할 만한 현실적인 말로 바꾸도록 지도함으로써 소년은 자신을 부정적으로 언급하는 횟수가 줄어들었고, 더 쉽게 우울한 상태에서 벗어날 수 있게 되었습니다. 소년은 "나는 멍청해."라는 말 대신에 "내가 수학을 빨리 이해할 수 있으면 좋겠지만, 지금 선생님이 내가 수학을 배우는 데 많은 도움을 주고 있어요. 나는 제대로 하는 게 아무것도 없어."를 "가끔 내가 바라는 만큼 잘하지 못하지만 지난 맞춤법 시험에서는 좋은 점수를 받았어요." "내 자신이 미워."를 "집중을 더 잘할 수 있다면 좋겠지만, 나는 모든 일에 열심히 하는 것을 좋아해요."와 같이 말을 바꾸는 것을 배웠습니다.

자신이 얼마나 자주 부정적인 말을 하는지 알아차리게 되면서 '부정적이고 화난' 채널에서 '기분이 좋아지는' 채널로 '채널 바꾸기'를 배울 수 있었습니다. 그는 스케이트보드 타는 것을 좋아하고 매우 잘 타기 때문에 '화난' 채널을 '스케이트보드' 채널로 바꾸었습니다. 그렇게 하였을 때 소년의 기분과 짜증이 눈에 띄게 개선되었습니다.

이 두 가지 전략을 사용하면서 소년은 우울증과 부정적인 패턴을 천천히 바꾸었습니다. 자신이 뇌를 재편성할 수 있다는 점을 좋아했습니다. 소년의 미소는 너무나 기뻐 보였습니다.

　　내담자가 부정적인 자동적 사고를 알아차리고 변화시키는 과정을 숙고할 수 있도록 도와줍니다. 내담자가 부정적인 자동적 사고를 인식할 수 있었나요? 그렇다면 어떤 종류의 자동적인 부정적 사고인가요? 기분이 나아지는 현실적인 생각을 찾아낼 수 있었나요? 얼마나 자주 이 기술을 사용하나요? 자신의 우울증에 어떤 변화들을 알아차렸나요? 그들의 부모가 짜증과 반항적인 행동의 변화를 알아차리게 되었나요? 부정적인 사고 패턴에 어떤 변화가 있는 것을 알아차렸나요? 부정적인 사고가 줄어들었나요? 훈련을 하는 것이 더 수월해지고 있나요?

도구 22-3   불안을 줄이고 없애기

🔵 배경

불안은 만성적인 걱정, 안절부절못함, 자극 예민성, 집중 곤란, 근육 긴장, 피로감 및 수면 장애를 특징으로 합니다. 만성적으로 불안이 있는 아동과 청소년은 두려움, 복통, 두통, 학교 결석, 사회적 위축을 나타내며, 때로는 짜증과 반항적 행동을 보입니다. 마음챙김은 이러한 모든 증상을 개선하는 뛰어난 방법입니다. 이 도구는 이 책의 다른 장에 제시되어 있는 방법들을 불안에 어떻게 적용할지 설명합니다.

🔵 기술 쌓기

아동과 청소년이 자신의 불안 증상들이 무엇인지, 그리고 일상생활에서 어떻게 나타나는지 기술하도록 도와줍니다. 불안 증상들은 일반적으로 과도하게 활성화된 각성 상태나, '너무 높게 설정된' 뇌 기능과 관련이 있다고 알려 줍니다. 마음챙김 기술은 불안으로 지나치게 각성되어 뇌 기능을 저하시키는 교감신경계를 일상적인 상태로 안정화시킵니다. 편도체가 불안에 관여하고(〈도구 3-13〉 참조) 있으며, 대부분의 불안은 연기가 나지 않는데도 화재 경보가 울리는 상황과 같다고 상기시켜 줍니다.

마음챙김 훈련이나 생각을 통하여 복잡한 뇌를 안정화시키고, 내면의 생각과 느낌에 집중하는 것이 때때로(항상 그런 것은 아니지만) 불안증이 있거나 자기이미지(self-image)가 낮은 내담자들에게 불안을 높일 수 있습니다. 자기알아차림 강화는 특히 청소년기에 흔하게 나타나는 증진된 자기의식(self-consciousness)을 더 증가 시킬 수 있습니다(Schonert-Reichl & Lawlor, 2010). 불안증이 있는 내담자에게 여러 가지 마음챙김 기술을 소개하고, 가르치고, 성찰하도록 할 때 이러한 점을 염두에 두어야 합니다.

작은 것부터 시작하여, 호흡법과 호흡에 대한 자각을 시작하도록 가르치고, 외부 초점에서부터 내면의 초점으로 천천히 이동합니다. 이러한 접근은 불안한 상태에 있는 내담자들을 덜 불안하게 할 것입니다. 내담자의 경험을 파악하고, 훈련을 편안하게 느끼도록 조정하면서 불안을 어떻게 다루는지 알도록 합니다.

불안이 있는 내담자에게 유용한 일부 또는 모든 도구를 사용합니다.

호흡에 대한 마음챙김	〈도구 6-1〉～〈도구 6-11〉
현재 지금 이 순간 알아차리기	〈도구 7-1〉～〈도구 7-6〉
신체 마음챙김	〈도구 16-1〉～〈도구 16-9〉
듣기 마음챙김	〈도구 8-1〉～〈도구 8-7〉
보기 마음챙김	〈도구 9-1〉～〈도구 9-5〉
먹기 마음챙김	〈도구 10-1〉～〈도구 10-3〉
후각 마음챙김	〈도구 11-1〉～〈도구 11-3〉
접촉 마음챙김	〈도구 12-1〉～〈도구 12-4〉

일 마음챙김	〈도구 18-1〉~〈도구 18-3〉
움직임 마음챙김	〈도구 13-1〉~〈도구 13-5〉
생각 마음챙김	〈도구 14-1〉~〈도구 14-8〉
감정 마음챙김	〈도구 15-1〉~〈도구 15-6〉

◆ 성찰

각 도구에 설명된 기술들을 훈련합니다. 내담자들이 자신의 경험을 성찰하도록 지도할 때, 특히 10대 초반의 청소년에게서 불안이 높아지는지 살펴봅니다. 만약 그렇다면 청소년과 함께 진행하면서 이 책에 제시된 도구들을 활용하여 불안을 어떻게 다루어야 하는지를 가르치고, 높아진 불안을 견디기 힘들어하면 좀 더 외부에 초점을 두는 기술들로 옮기고 마음챙김 시간을 줄입니다. 그런 다음 점차 시간을 늘려가면서 천천히 내면에 초점을 두는 기술들로 옮깁니다. 대부분의 내담자는 불안이 감소하고 자기조절 느낌이 증가하는 것을 알아차리게 될 것입니다.

도구 22-4 채널 바꾸기

🔵 배경

아동과 청소년은 불안을 경험할 때 압도당하는 느낌을 받을 수 있습니다. 불안은 자주 통제 불능의 느낌을 갖게 하고, 불안해지는 것에 대한 불안을 유발할 수 있습니다. 이 도구는 내담자가 불안을 통제할 수 있도록 돕기 위하여 〈도구 14-4〉를 적용하는 방법을 설명합니다.

🔵 기술 쌓기

불안이 있는 아동과 청소년은 자주 자신의 불안, 걱정, 생각이 그들의 뇌와 일상생활을 지배하는 것처럼 느낍니다. 그들이 '평온한(calm)' 채널에 포함시킬 수 있는 고요하고 즐거운 것들을 발견하도록 돕기 위하여 〈도구 14-4〉를 사용합니다. 안전하고 평온하며 위로해 주는 목록을 최대 5개 나열하도록 합니다. 이를 통하여 그들이 시청할 수 있는 다양한 고요한 채널을 선택할 수 있습니다. 내담자들에 관하여 알고 있는 내용에 근거하여 선택하도록 제안함으로써 도움을 줄 수도 있습니다. 그들이 불안 발작 상태가 아닐 때 이 활동을 합니다. 불안을 느끼고 있다고 알아차릴 때, 그들이 방금 정한 평온한 채널들 중 어느 것으로든지 변경할 수 있고 반복해서 좀 더 평온한 생각이 있는 채널로 바꾸어 나가면 뇌는 점차 덜 불안한 상태로 재설계될 것이라는 점을 설명합니다.

사례

> 7세 소녀는 매사에 불안이 너무 심하여 등교 대신 가정 학습을 고려하고 있었습니다. 소녀의 불안은 학습 능력을 저하시켰고 또래들은 그녀를 괴롭히며 놀리기 쉬운 대상으로 생각했습니다. 그녀와 처음 만났을 때 나는 불안이 무엇인지 알려 주었습니다. 그리고 그녀가 항상 불안 채널을 보고 있는 것처럼 보인다고 말했습니다. 그녀는 미소를 지으며, "네, 정말 그래요!"라고 대답했습니다. 나는 그녀에게 행복한 느낌을 주는 채널 시청을 선택하려고 한다면 그 채널에 어떤 것을 넣을 것인지 질문하였습니다. "저는 춤추는 것을 좋아해요. 제 행복 채널에 춤을 넣을 거예요." 나는 그녀에게 다음에 자신이 불안하다고 알아차릴 때, 자신의 불안한 채널에서 행복한 채널로 바꾸기 위하여 리모컨의 버튼을 눌러 불안한 채널 대신 그 채널을 시청하는 상상을 하라고 하였습니다.
>
> 다음주에 그녀의 불안이 극적으로 줄어들었습니다. 학교에서 이전보다 더 잘 지냈고, 그녀의 친구들 중 몇 명은 그녀에게 친절하게 대해 주었습니다. 2주 안에 그녀의 불안은 '사라졌습니다'. 소녀의 뇌는 자신의 불안한 느낌을 알아차렸을 때 채널을 바꾸는 훈련을 하는 것으로 빠르게 재설계되었습니다. 나는 이 기법이 심지어 연령이 낮은 아동에게도 얼마나 빠르고 강력하게 효과를 나타낼 수 있는지에 항상 놀라곤 합니다.

🔵 성찰

내담자에게 '채널을 바꾸기' 도구를 언제 사용하였는지 질문합니다. 그들의 '평온한' 채널에 어떤 것을 포함시켰나요? 채널을 바꿀 수 있었나요? 채널을 바꾸기 전과 후에 각각 어떤 느낌을 받았나요? 선택할 수 있는 하나 이상의 '고요한' 채널을 가지는 것이 도움이 되었나요?

도구 22-5 공황발작을 멈추고 예방하기

🔵 배경

공황발작은 갑작스럽고 강렬한 두려움이나 불쾌감과 함께 다음의 증상 중에서 네 가지 이상의 증상이 나타나는 상태를 말합니다. ① 심계항진, 가슴 두근거림, 심장박동 수의 증가, ② 발한, ③ 몸이 떨리거나 후들거림, ④ 호흡곤란, ⑤ 질식할 것 같은 느낌, ⑥ 흉통, ⑦ 메스꺼움, ⑧ 어지럽거나 쓰러질 것 같음, ⑨ 비현실감, 자신으로부터 분리된 느낌, ⑩ 스스로 통제할 수 없거나 미칠 것 같은 두려움, ⑪ 죽을 것 같은 공포, ⑫ 따끔거리는 느낌, ⑬ 춥거나 화끈거리는 느낌. 이러한 증상은 아동과 청소년에게 극도로 두려움을 줄 수 있습니다. 종종 심장발작과 혼동되기도 하지만, 공황발작은 내담자의 마음과 신체를 안정시키는 데 도움이 되는 마음챙김 호흡 기법에 잘 반응합니다. 호흡 기법은 통제감을 제공하고 종종 발작이 재발하는 것을 감소시킵니다. 이 도구는 공황발작을 멈추고 예방하기 위해 호흡 기법을 어떻게 사용할지 알려 줍니다.

🔵 기술 쌓기

아동과 청소년이 공황발작 상태에 있다면, 차분하고 안심시켜 주는 목소리로 자리에 앉기를 권합니다. 그들과 시선을 마주합니다. 그리고 지금 공황발작이 있다고 말합니다. 그런 다음 여러분이 넷을 세는 동안 그들에게 천천히 깊게 호흡을 들이마시라고 합니다. 그들과 함께 동작을 합니다. 그리고 여덟을 셀 때까지 부드럽게 더 천천히 호흡을 내쉬고 풍선을 불듯이 입술을 오므리도록 합니다. 그들과 같이하면서 여덟까지 셉니다. 이제 다시 천천히 심호흡을 하고, 여덟을 셀 때까지 호흡을 내쉬라고 합니다. 기분이 나아지기 시작하는지 물어봅니다. 심호흡을 네 번 하고 멈춥니다. 그들에게 어떤 느낌이 드는지 물어봅니다.

그의 방 벽이 어떤 색인지, 오늘 무엇을 했는지, 점심시간에 누구와 같이 앉았는지 등을 질문하면서 그들의 주의를 분산시킵니다. 아동 및 청소년과 온전히 함께합니다. 호흡으로 시간이 지나도 진정이 되지 않으면 따뜻한 물에 손을 담그고 있을 때 느낄 수 있는 좋고 따뜻한 기분을 상상해 보도록 합니다. 그들의 몸과 마음이 점차 이완되고 양손에 따뜻함이 전달되고 있다고 말합니다. 이렇게 되면 그들의 손이 무겁다고 느끼기 시작하는 것을 알아차리게 될 것이라고 설명합니다. 그들이 하고 있는 것을 확인하고, 어떤 상태인지 질문합니다. 일반적으로 이 시점이면 공황발작은 사라집니다. 그렇지 않다면 〈도구 7-1〉을 훈련하여 현재에 그라운딩하도록 돕습니다. 필요하면 호흡법을 다시 시작하여 반복합니다.

공황발작이 나타나지 않을 때 〈도구 6-1〉에서부터 〈도구 6-11〉에 기술되어 있는 호흡법을 가르칩니다. 호흡에 편안함을 느낄 때까지 훈련하도록 격려합니다. 그리고 생각을 현재 지금 이 순간에 있게 하고 불안한 생각으로부터 멀어지도록 돕는 주변 환경 마음챙김 〈도구 7-1〉에서 〈도구 7-6〉까지 기술을 알려 줍니다. 향후에 공황발작이 시작되는 것을 느낄 때, 발작을 없애거나 발작이 일어나는 시간과 강도를 최소한으로 줄이기 위하여 호흡과 주변 환경 마음챙김 기술을 사용할 수 있습니다. 내담자들은 공황발작을 예방하거나 가라앉힐 수 있다는 경험을 하면서 조만간 공황발작 횟수가 줄어들고, 동시에 공황발작이 멈출 수 있다는 것을 발견하게 될 것입니다.

때때로 아동과 청소년은 공황발작을 반복적으로 일어나게 하는 촉발 요인을 파악할 수 있습니다. 가장 최근에 발작이 일어나기 직전에 어떤 일들이 있었는지 탐색하도록 하고 촉발 요인을 찾는 데 도움을 줄 수 있는지 살펴봅니다. 외상 사건을 경험한 내담자는 사건을 상기시키는 어떤 것도 공황발작의 촉발 요인이 될 수 있습니다. 촉발 요인을 파악할 수 있다면 촉발 요인과 관련된 감정을 탐색하고 처리하도록 돕습니다. 종종 특정한 촉발 요인이나 내담자가 인지하는 어떤 것도 발견되지 않기도 합니다. 어느 경우에도 마음챙김 호흡과 주변 환경 마음챙김이 매우 유용할 것입니다.

◆ 성찰

공황발작이 사라진 후에 내담자가 어떻게 느꼈는지 질문합니다. 만약 있다면 무엇이 공황발작을 촉발했다고 생각하나요? 전에도 이렇게 나타났나요? 이전에는 어떻게 대응했나요? 호흡기법을 사용했을 때 이전과 무엇이 달랐나요? 공황발작이 없는 기간에 호흡 기법을 훈련하면 발작의 빈도와 강도를 감소시킨다는 것을 알게 되었나요?

도구 22-6 PTSD 증상 줄이기

🔵 배경

많은 아동과 청소년이 두려움을 주는 사건들을 경험하며 외상후스트레스장애(PTSD) 증상을 겪을 수 있습니다. 일부 연령이 낮은 아동은 다른 사람에게는 트라우마로 느껴지지 않을 사건이 트라우마로 경험할 수 있다는 점을 염두에 둡니다. PTSD 특징 중 하나는 과거에 발생한 트라우마 사건을 마치 현재에 일어나고 있는 것처럼 생각과 감정이 경험된다는 점입니다. 이 도구는 내담자가 자신 내면의 생각과 감정을 알아차리고 이것이 과거의 사건인지 현재의 사건인지 구분하고, 스스로 현재 시간으로 되돌아오도록 도와줍니다. 또한 그들 스스로 그라운딩하는 데 적용할 수 있는 기술을 제공합니다.

🔵 기술 쌓기

제6장의 호흡 마음챙김을 가르치는 것부터 시작합니다. 그리고 제7장 현재 지금 이 순간 알아차리기를 활용하여 내담자가 과거 경험 대신에 현재 순간에 초점을 두고 머무르도록 도와줍니다. 현재 순간에 관한 생각이 아닌 것은 떨쳐버리고 초점을 두려고 하는 현재 주변 환경이나 대상에 주의를 가져오도록 돕습니다. 이 기술들은 현재에 머무를 수 있도록 도와줄 것입니다. 그리고 제14장과 제15장에 있는 생각, 감정 마음챙김 기술을 소개합니다.

이 기술들을 활용하여 내담자들이 자신의 경험을 성찰하도록 지도할 때, 그 생각이나 감정이 과거에 기인하는지 또는 현재에 기인하는지를 구분하도록 도와주고(<도구 14-6> 참조), 현재의 것들에 집중하도록 격려합니다.

제8~16장에 있는 마음챙김 기술들은 플래시백과 외상 사건을 기억나게 하는 내부 또는 외부 단서로 인한 PTSD 생리 반응으로 괴로움을 겪는 아동과 청소년이 현재에 머물도록 도움을 줄 것입니다.

🔵 성찰

PTSD에서 나타나는 생각과 감정은 종종 무의식적인 마음에서 일어나므로, 이 도구를 활용하여 아동과 청소년이 자동적으로 영향을 받는 대신 자신에게 일어나는 것을 관찰하고 성찰하는 방법을 가르칩니다. 이 방법은 그들이 무의식적인 것을 좀 더 의식적인 것으로 만드는 데 도움을 줄 것입니다. 어떤 생각과 감정이 현재로부터 왔고, 어떤 생각과 감정이 과거에 기인하는지 한발 물러서서 알아차릴 수 있도록 도와줍니다. 그리고 이 순간에 있는 요소들에 주의를 기울이도록 도와줍니다.

배경

　PTSD 증상이 있는 아동과 청소년은 자주 현재에 기반을 두는 데 어려움을 겪습니다. 그들은 외상 사건으로부터 비롯된 내면 그리고 종종 잠재의식의 신호에 반응하게 됩니다. 이 도구는 일반적으로 안전한 장소인 현재 순간에 주의를 기울이게 하는 데 빠르고 쉽게 도움을 주는 매우 효과적인 기법을 제공합니다.

기술 쌓기

　아동과 청소년에게 그들의 주의와 생각을 현재 순간으로 가져오는 방법을 보여 줄 것이라고 설명합니다. 연령이 낮은 아동에게 현재 순간이 무엇인지 물어보고 과거, 현재 및 미래에 관한 몇 가지 예를 들면서 함께 이야기 합니다. 〈도구 14-6〉의 '과거, 현재, 미래 게임'을 활용합니다.

　그들의 발이 바닥에 닿는 지점에 주의를 기울이고 그 지점을 가리키도록 합니다. 바닥에 닿는 발의 부위를 접촉점(a point of contact)이라고 말해 줍니다. 여러분을 따라 '접촉'이라고 말하도록 합니다. 이제 의자와 접촉하고 있는 부위인 엉덩이에 주의를 기울이도록 합니다. 다시 '접촉'이라고 말하도록 합니다. 이제 다리, 무릎 또는 팔걸이에 올려놓은 그들의 손에 주의를 기울이도록 합니다. 다시 '접촉'이라고 반복합니다. 이제 의자 등받이에 닿아 있는 등에 주의를 기울이도록 합니다, "접촉"이라고 반복합니다.

　일어서서 그들의 발이 바닥에 닿는 지점에 주의를 기울이도록 합니다. "접촉"이라고 말하게 합니다. 천천히 걸으면서 한쪽 발이 바닥에 닿을 때마다 '접촉'이라고 말하도록 합니다.

　손가락으로 다른 쪽 손, 팔, 얼굴과 다리를 만지면서 만지는 것을 느낄 때마다 "접촉"이라고 말하게 합니다. 다른 방법은 작은 걱정 돌맹이를 손에 쥐고 손가락으로 그것을 만질 때마다 자신에게 스스로에게 "접촉"이라고 말해 주는 것입니다. 창의적이고 재미있게 진행합니다. 작은 인형이나 그 외의 물건을 다른 사람에게 건네주면서 물건이 손에 닿을 때 "접촉'"이라고 외치도록 할 수 있습니다. 바닥에 누워 바닥에 닿는 몸의 각 부위에 주의를 기울이면서, "접촉"이라고 말하도록 할 수 있습니다.

　내담자가 염려가 있거나, 예민해지거나, 화가 나거나, 두렵거나, 집중이 안 될 때 긴장을 풀고 주의를 현재로 되돌아오도록 돕기 위하여 이 방법을 훈련하도록 격려합니다.

성찰

　이 훈련이 어땠는지 내담자들이 성찰하도록 도와줍니다. '접촉'의 의미를 이해했나요? 그들이 접촉 부위로 주의를 기울일 수 있었는지요? 그렇게 하였을 때 어떻게 느껴졌나요? 그것이 좀 더 현재에 머무는 데 도움이 되었나요? 두렵고, 불안하고, 괴롭고, 집중이 안 될 때 이 방법을 사용할 수 있었나요?

도구 22-8 강박사고를 더 잘 알아차리기

🔷 배경

강박장애(Obsessive Compulsive Disorder: OCD)는 불안장애의 일종입니다. 강박장애를 겪고 있는 아동과 청소년은 해롭거나, 위험하거나, 틀릴 수 있는 어떤 것들과 나쁜 일이 생길 것 같은 생각에 사로잡히게 됩니다. 그들은 무서운 생각을 없애고, 두려운 것을 피하거나, 어떤 면에서 사물이 안전하고 깨끗하고 옳다고 확신하기 위하여—의식이나 강박이라고 말하는—특정한 것을 반복하려는 강한 충동을 느낍니다. 그들은 전형적으로 자신을 안전하게 지키기 위한 강박적인 생각들이 지속되는 것을 경험합니다.

Don Siegel(2010)은 강박사고를 바라보는 한 방법으로서 강박사고가 일반적으로 우리를 안전하게 지키려고 노력하는 상태라는 점을 인식하는 것으로 설명하였습니다. 그는 이 사고의 근원이 우리가 항상 안전하게 생존하고 있다는 것을 확실하게 해 준다는 점에서 '점검자(checker)'라고 이름을 붙였습니다. 그는 OCD에서 점검자가 위험으로부터 우리를 각성하게 하려고 얼마나 자주 과도하게 활동하는지 설명하였습니다. 이 도구는 아동과 청소년이 자신의 강박사고를 재구성하고, 작동하고 있는 '점검자'를 인식하기 시작하도록 도와줍니다.

🔷 기술 쌓기

강박사고가 무엇인지 이야기를 나눕니다. 때때로 생각들이 어떻게 가로막히고 같은 생각들이 계속 반복하여 일어나는지 설명합니다. 여러분이 특정 아동과 청소년을 관찰한 것을 기반으로 예시를 들어 설명할 수 있습니다. 내담자가 강박사고가 들 때마다, '점검자'가 그들을 돕고 안전하게 지키려고 한다는 것을—그 도움이 합리적이거나, 효과적이거나, 필요하지 않더라도—쉽게 알아차릴 수 있다고 말해 줍니다. 연기나 화재가 일어나지 않았는데도 계속 울리는 화재 경보기와 마찬가지로 때때로 '점검자'가 어떻게 지나치게 작동하는지 설명합니다. 호흡(<도구 6-1>부터 <도구 6-11까지>), 생각(<도구 14-1>부터 <도구 14-8>까지), 감정(<도구 15-1>에서 <도구 15-6>까지) 마음챙김을 활용하여 아동과 청소년이 강박사고에 몰두하거나 강박행동으로 반응하지 않으면서 자신의 강박사고를 파악하고 관찰하는 것을 점차 배워 나가도록 돕습니다.

점검자가 작동하고 있다는 것을 알아차리고, 언제 도움이 되고 언제 과도하게 작동하는지 이해하도록 돕습니다.

다음의 시나리오(그리고 여러분이 직접 작성한)를 활용하여 아동과 청소년에게 도움이 되는 '점검자'와 강박사고를 식별할 수 있도록 도와줍니다.

- ■ 도움이 되는 '점검자'

  길을 건널 때 먼저 양쪽의 방향을 살펴봐야 한다고 생각해요.

  등교 전에 가방 안에 과제물이 들어 있는지 확인해야 한다고 생각해요.

  세면대의 물을 반드시 잠그세요.

  여러분을 칠 듯이 달려오는 차를 피해 길에서 뛰쳐나가세요.

  점심식사를 할 충분한 돈이 있는지 확인하세요.

  화장실을 다녀와서 손을 씻는 것을 기억하세요.

- ■ 강박사고들: 도움이 되지 않는 '점검자'

  매일 밤마다 현관문이 닫혀 있는지 스물다섯 번을 부모님에게 물어봅니다.

  아무도 자신을 좋아하지 않는다고 끊임없이 걱정합니다.

  매일같이 세균에 감염이 될 것이라는 걱정을 합니다.

  잠자리에 들기 전에 내일 학교에 가져갈 준비물들이 모두 있는지 확인하기 위하여 다섯 번이나 가방에 들어 있는 물건을 모두 꺼냅니다(강박적인 사고는 강박적인 행동을 유발해요).

  매일같이 죽을 것이라는 걱정을 합니다.

  항상 특정한 판타지 캐릭터를 생각합니다(예: 아스퍼거).

  여동생이 안전하게 있는데도 그녀가 다칠 것이라는 걱정을 많이 합니다.

  개학하기 3주 전부터 개학날에 교실을 찾지 못할까 봐 걱정합니다.

  손을 너무 자주 씻어서 손이 붉어지고 갈라졌어요.

  모든 장난감, 책이나 물건을 특정한 순서로 놓아야 합니다.

● 성찰

   내담자들이 강박사고를 이해하고 파악할 수 있었나요? 마음챙김 훈련을 하면서 그들의 강박사고에 대하여 무엇을 알아차렸는지 질문합니다. 작동 중인 '점검자'를 파악할 수 있었는지 탐색합니다. '점검자'가 도움이 될 때와 '점검자'가 과잉 반응을 할 때를 어떻게 구분할 수 있는지 이야기를 나눕니다. 그들의 강박사고가 마음챙김 훈련을 통하여 어떻게 달라졌나요? 강박생각의 강도가 줄어들었나요?

도구 22-9 강박사고와 강박행동 줄이기

◆ 배경

신경성 강박장애를 겪고 있는 아동과 청소년의 강박사고는 강박행동으로 이어집니다. 손 씻기, 물건을 계속 확인하기, 숫자 세기, 특정한 방식으로 물건 정리하기, 청소하기 등과 같은 전형적인 의식과 반복 행동으로 나타납니다. Dan Siegel은 내면의 '점검자'와 대화를 하여 강박사고와 이에 따르는 강박행동을 감소시키는 과정을 설명하였고, 이 과정을 '알려 주어 감사해요'라고 재미있게 이름을 붙였습니다(Siegel, 2010). 이 과정은 안전을 지키려는 점검자의 노력에 의하여 발생하는 비합리적이고 쉽게 사라지지 않는 반복적인 사고를 파악하는 것을 포함합니다(〈도구 22-8〉 참조). 다음 단계에서 아동과 청소년이 자신의 '점검자'에게 안전하게 지키려는 노력에 감사하고, 도움에 감사하며, 그리고 지금은 많은 도움이 필요하지 않다고 대화하도록 안내합니다.

◆ 기술 쌓기

아동과 청소년에게 '점검자'는 그들을 안전하게 지키려는 노력을 하지만, 전형적으로 걱정이 지나친 상태라는 것을 설명합니다. 내담자는 자신의 점검자를 더 잘 알아차리게 되고(〈도구 22-8〉 참조), 그들을 안전하게 지키려는 '점검자'의 노력을 인정하고, 감사해 하고, 진정시키고, 그들이 안전하다는 것을 알게 하도록 '점검자'와 내면의 대화를 해 나가도록 도와줍니다.

예를 들어, 내담자가 오염에 대한 비합리적인 공포와 이에 따른 강박 증상이 있다고 가정해 봅시다(많은 강박 증상 중 하나에 해당됩니다). 강박 증상은 반복적인 손 씻기, 청소하기, 다른 사람들과 접촉 피하기 같은 강박행동을 유발합니다. 그들의 '점검자'는 "오, 장난감(문의 손잡이, 연필)을 잡으면 안 돼. 빨리 손을 씻는 것이 좋을 거야."라고 끊임없이 말할 것입니다. 내담자가 머릿속으로 "점검자 님, 알려 주어 고마워! 너의 보호와 사랑에 감사해, 네가 나를 안전하게 지켜 주려고 하는 것을 알고 있어. 나도 안전하고 싶어. 그렇지만 지금 나를 너무 지나치게 보호하고 있어. 그럴 필요는 없어. 내 몸은 오염으로부터 보호되도록 많은 장치가 마련되어 있어. 지금은 안전하고 꼭 손을 씻을 필요는 없어."라고 말하도록 격려합니다. 내담자가 '점검자'와 내면의 대화를 해 나가면서, 소위 '점검자'가 관리를 유지하도록 합니다.

내담자가 자신의 특정한 강박사고와 강박행동에 이 기법을 사용하도록 격려합니다.

◆ 성찰

내담자가 자신의 '점검자'가 과도하게 작동하고 있다는 것을 알아차렸을 때를 성찰하도록 돕습니다. 그들의 점검자와 어떻게 대화를 하였고, 강박사고를 어떻게 변화시켰는지 검토합니다. 이런 방식으로 자신의 강박증에 대처하였을 때 어떤 기분을 느꼈는지 살펴봅니다. 이 도구를 적용하여 강박행동이 감소되었나요?

제23장

주의력결핍
과잉행동장애(ADHD)

도구 23-1　집중력 키우기

● 배경

　　많은 연구에서 마음챙김은 집중력, 마음챙김 알아차림, 그리고 종합적으로 전체적인 실행 능력을 호전시킨다는 것을 발견했습니다. 아동과 청소년에 대한 마음챙김 연구를 좀 더 자세히 다룬 〈유인물 3-21〉에 의하면(Semple et al., 2010; Napoli, 2005; van de Oord et al., 2012; Flook et al., 2010), 이 책에 있는 모든 도구는 집중력을 증진시키는 데 사용할 수 있습니다. 이 도구는 아동과 청소년이 그들의 상상력을 사용하여 활동하는 것처럼 가장하면서 계속해서 당면한 작업에 주의를 되돌리도록 돕는 기술을 묘사합니다. 이 훈련을 반복하면 점차적으로 그(또는 다른) 과제를 하고 있을 때 초점을 맞춘 채 머무르는 능력이 증진됩니다.

● 기술 쌓기

　　〈유인물 14-7A〉와 〈유인물 20-2〉에 제공된 두 가지 마음챙김 훈련은 아동과 청소년의 발달 수준에 맞춰 사용할 수 있습니다. 내담자에게 그 명상 중 하나를 읽어 주고 훈련 동안에 떠오른 것들에 대해 성찰하도록 요청합니다. 몇 주 동안의 과정 중 이를 수차례 반복할 수 있다면 훈련의 효과가 증진될 것입니다. 언제 주의가 흐트러지는지 알아차리고 집중해야 할 필요가 있는 것에 주의를 다시 가져오도록 상기시키기 위해 아침에 숙제를 할 준비가 되어 있거나 하고 있을 때 이 훈련을 기억하도록 권합니다. 다시 생각나게 하는 체계를 만들도록 도와주세요. www.PESI.com이나 www.TheBrainLady.com에서 집중 명상을 위한 CD를 구할 수 있습니다.

　　무엇에 집중할 것인지 의도를 정하고 마음이 방황하는 것을 알아차리자마자 이것에 다시 주의를 기울이는 마음챙김의 기본 과정은 근육을 운동시키면 그 힘이 증가하듯이 점차적으로 초점을 맞춘 채 머무르는 능력을 강화시킵니다. 그럼으로써 이 책의 마음챙김 기술 대부분의 훈련은 시간에 걸쳐 집중력을 증진시킵니다.

　　〈도구 18-1〉에 묘사된 기술을 사용하세요. 과제에 머무르는 능력을 증진시키도록 돕는 매일의 활동 중에 하는 마음챙김입니다. 연령이 낮은 아동은 '점'을 그리는 게임을 좋아합니다.

● 성찰

　　집중을 위해 안내하는 심상 명상에 귀 기울이는 것이 무엇과 같은지 내담자들에게 물어봅니다. 〈도구 14-7〉, 〈도구 18-1〉, 그리고 〈도구 20-2〉에서 제공하는 지침을 활용합니다. 내담자에게 학교에서나, 숙제를 할 때 또는 대화를 할 때 얼마나 잘 집중하는지에 주파수를 맞추라고 요청합니다. 그들은 훈련해 온 마음챙김 기술에 조금이라도 호전이 있었는지 알아차렸나요?

도구 23-2 | 과다활동 줄이기

◆ 배경

　주의력결핍과잉행동장애(ADHD)의 과다활동, 충동성 또는 복합형 유형을 가진 사람들은 종종 가만히 앉아 있는 것이 힘듭니다. 아동은 의자에서 벗어나 뛰어다니고, 어딘가에 올라가고, 점프하고, 끊임없이 움직일지 모릅니다. 청소년은 안절부절 못하고 손발을 두들기고 발을 흔들거나 막연하게 불안감을 경험할지도 모릅니다. 이 도구는 내담자들이 그들의 몸과 몸의 계속되는 움직임에 대해 좀 더 알아차리도록 돕기 위해 같이 할 수 있는 두 가지의 재미있는 게임을 기술합니다. 훈련으로 이 알아차림은 늘어나고, 그들은 몸동작에 대한 조절력을 얻게 되고, 더 오랫동안 가만히 앉아 있을 수 있게 됩니다.

◆ 기술 쌓기

① 칩 균형 잡기 게임

　과다활동 아동과 청소년에게 그들이 얼마나 오래 완벽하게 가만히 머물 수 있는지를 보기 위해 이 게임을 같이하려고 한다고 설명합니다. 〈도구 16-7〉과 〈유인물 16-7〉에 제공된 지침을 따르세요. 얼마나 오랫동안 칩이 떨어지지 않게 지니고 있을 수 있는지 보도록 제안합니다. 훈련을 통해 좀 더 길게 균형을 잡을 수 있는지 관찰하세요.

② 얼게 하는 먼지 게임

　연령이 낮은 아동에게 여러분이 얼게 하는 먼지를 흩뿌리는 것처럼 가장하려고 한다고 말합니다. 얼게 하는 먼지는 그들을 동상처럼 만들어 숨을 쉬는 것 말고는 몸의 어떤 부분도 움직일 수 없게 한다고 설명합니다. 움직이거나 춤추도록 요청하고 나서 여러분이 얼음 먼지를 뿌렸을 때 그들이 얼마나 우스운 자세로 멈추게 되는지를 볼 수 있습니다. 얼마나 오래 가만히 머물 수 있는지 보기 위해 타이머를 사용하세요. 재미있게 하세요. 그들에게 자신이 어떤 종류의 동상인지 물어봅니다. 책을 보거나 음악을 듣게 하고 그들이 얼마나 오래 동상으로 있을 수 있는지 보세요. 4세의 유아도 이 게임을 좋아하고, 종종 20초 이상 가만히 앉아 있을 수 있습니다. 정기적으로 이 게임을 한 후 시간을 기록함으로써 점점 더 잘 가만히 앉아 있게 되는 것을 알게 합니다. 그들이 가만히 앉아 있는 것이 필요할 때 동상처럼 얼어붙는 것을 상기시켜 주세요.

③ 훈련

　여러 연구에 의하면, ADHD 아동과 청소년에게서 운동은 실행 능력의 호전은 물론이고 과다활동을 줄여 줍니다(Rommel et al., 2013). 내담자들에게 규칙적으로 에어로빅을 하도록 권고하세요. 그들의 교사들이 뒤처진 일을 처리하기 위해 그들을 쉬는 시간에 교실 안에 잡아두고 있지는 않은지 확인하세요.

가만히 머무는 그들의 능력에 관해 무엇을 관찰하였는지 내담자들에게 말해 주세요. 칩이 떨어지지 않도록 유지하는 것이 어떤 것처럼 느껴졌는지 물어보세요. 칩의 균형을 잡는 동안에 누워 있는 것이 힘들었나요? 가만히 누워 있을 수 있었나요? 그렇다면 어떻게 가만히 있을 수 있었나요? 동상처럼 얼어붙을 수 있었나요? 그렇게 가만히 있는 것이 무엇처럼 느껴졌나요? 그들이 훈련했던 것처럼 오랫동안 가만히 머물 수 있었나요? 언제 가만히 있는 것이 힘든지 알아차리고, 가만히 머무는 것이 어떻게 느껴졌는지 기억할 것을 요청하세요.

제24장

만성 통증, 의학적 질환과 수면장애

도구 24-1 통증 관리하기

🔹 배경

마음챙김 명상은 만성 통증에 도움이 된다고 알려져 왔습니다(Kabat-Zinn et al., 1986). 통증 주변의 근육을 팽팽하게 하거나 꽉 조이는 경향이 있는데, 이는 통증을 증가시킵니다. 또한 통증으로부터 도망가거나, 주의를 분산시키거나, 참을 수 없어질 때까지 무시합니다. 우리 안에서 "더 이상 참을 수 없어, 잠시 휴식 시간을 갖고 쉬자."라고 말할 때에만 관심을 주어 왔습니다. 마음챙김 기술은 아동과 청소년이 고통을 수용하고 몸을 이완시키며 통증으로부터 주의를 분산시키도록 도울 수 있습니다. 이 도구는 아동과 청소년이 통증 알아차림을 증가시키고 수용하도록, 그리고 가능하다면 몸의 긴장을 풀고 현재에 머무르며 통증에 동반되는 생각과 느낌을 다루도록 돕는 몇 가지 선택사항을 제공합니다.

🔹 기술 쌓기

마음챙김 통증 관리의 첫 걸음은 받아들이거나 내버려 두는 동안에 몸의 통증과 긴장을 알아차림을 증가시키는 것입니다. 이는 〈도구 6-4〉의 기본 이완 호흡법을 사용하고 나서 〈도구 16-3〉의 아동과 청소년을 위한 신체 탐색을 사용함으로써 할 수 있습니다. 신체 탐색은 몸의 각 부분을 점검하고, 거기에 무엇이 있는지 알아차리고, 인정하고, 가능하면 어떠한 긴장이나 불편이라도 풀어 주도록 내담자를 안내합니다. 〈도구 16-1〉은 근육의 긴장을 풀어 주고 이완시키는 데 활용할 수 있는데, 통증을 줄이는 데 도움이 됩니다. 아동과 청소년을 위한 〈도구 16-8〉은 내담자들이 통증이 없던 때를 기억하고 기분이 훨씬 나아진 것을 상상하도록 돕는 데 쓰일 수 있습니다. 상상하는 것은 강력한 도구라는 것을 기억하세요.

아동과 청소년이 규칙적으로 그들의 몸을 점검하도록, 그렇게 하는 것을 상기하도록 알람을 맞춰 놓을 수 있게 안내하세요. 그들에게 "내 몸은 어떻니?"라고 물어보도록, 그리고 저항이나 판단 없이 거기에 무엇이 있는지 알아차리도록 요청하세요. 관찰자처럼 통증에 주파수를 맞추고 통증 주변의 근육이 조여지는 것에 저항하도록 그들을 가르치세요. 규칙적 기반에서 짧은 휴식을 갖도록 그들을 격려해 주세요.

마음챙김 통증 관리의 두 번째 걸음은 두려움, 불안, 슬픔 같은 신체적 통증에 수반되는 불편한 감정을 다루도록 내담자를 돕는 것입니다. 관여하지 않으면서 감정을 관찰하고 알아차리도록 돕고 통증과 함께 일어날 감정의 밀물과 썰물을 판단하지 말고 허락하도록 돕기 위해 〈도구 15-1〉에서 〈도구 15-6〉에 이르는 감정 마음챙김을 사용해 보세요. 오고 가는 생각들에 관여하지 않으면서 허락하도록 돕고 기분이 나아지게 하는 생각들을 찾도록 하기 위해 〈도구 14-1〉에서 〈도구 14-8〉을 사용하세요.

아동과 청소년을 위한 통증관리의 세 번째 걸음은 통증과 함께 '있기'를 배운 후에 그 통증으로부터 주의를 돌리는 것입니다. 아동과 청소년이 현재에 머물고 그들의 주의를 통증으로부터 멀어지도록 돕기 위해 제7장의 현재 지금 이 순간 알아차림, 제8장의 듣기 마음챙김, 제9장의 보기 마음챙김, 제10장의 먹기 맛보기, 제11장의 후각 마음챙김, 제12장의 접촉 마음챙김, 그리고 〈도구 14-4〉, 제18장의 일 마음챙김을 사용해 보세요.

　　내담자들과 함께 그들이 전형적으로 통증을 다루는 방법을 탐색합니다. 무시하려고 하나요? 압도당해 모든 주의를 기울이나요? 통증이 그들의 기능을 방해하나요? 신체 탐색을 할 때 통증과 관련해서 무엇을 알아차렸는지 성찰하라고 요청하세요. 몸의 긴장과 통증 주변의 근육이 조이는 것을 발견했나요? 조금이라도 긴장을 완화시킬 수 있었나요? 통증에 주의를 기울이면 더 나빠질까 봐 두려워하나요? 점진적 근육 이완 훈련이 통증을 어떻게 변화시켰나요? 몸을 점검하고 짧은 휴식을 취할 때 좋아졌나요? 그렇다면 이것이 어떻게 통증을 변화시켰을까요? 통증 후의 그들의 이야기는 무엇인가요? 통증의 미래에 관한 그들의 기대는 무엇인가요? 그들의 통증에 동반하는 감정은 어떤 감정인가요? 통증에 대해 그들은 어떤 관계를 맺고 있나요? 현재 그 순간에 머무는 것이 그들의 경험을 어떻게 바꾸나요?

도구 24-2　통증 치유하기

🔷 배경

　상상은 매우 강력합니다. 여러 연구에서 뇌는 실제 무언가가 일어나는 것과 상상하는 것의 차이를 알지 못한다고 말합니다. 이 도구는 통증을 시각화하고, 그것이 깨끗해지고, 그것이 치유되도록 허락하는 상상의 힘을 사용합니다.

🔷 기술 쌓기

　만성 통증을 가진 아동과 청소년에게 이 훈련은 통증을 관리하고 통증 지각을 낮추는 방법을 제공할 것임을 설명합니다. 〈유인물 24-2〉를 읽어 보세요. 내담자의 '통증을 빨아들이는' 심상을 사용하도록 제안하고, 이 훈련을 매일 여러 번 훈련하도록 격려합니다.

🔷 성찰

　내담자들이 통증을 시각화할 수 있었나요? 유인물을 읽을 때 어떤 그림을 그렸나요? 그들에게 훨씬 더 잘 작용하는 다른 심상이 떠오르지는 않았나요? 이 훈련을 할 때 그들의 몸은 무엇을 느꼈나요? 통증의 어떠한 변화라도 보고했나요? 이 훈련을 할 때 통증을 좀 더 잘 관리할 수 있었나요? 통증과 관련해서 어떤 것이라도 그리워할 것이 있는지 확인했나요? 그렇다면 그것은 통증으로부터 얻는 2차 이득인가요?

통증 치유하기

눈을 감고 1~4까지 세면서 코로 깊이 호흡을 들이마시고, 1~8까지 세면서 목을 통해 천천히 내쉽니다.

그렇게 다시 한 번 하고 내쉴 때 몸과 마음을 이완합니다.

이제 잠시 여러분의 통증에 대해 생각합니다. 제가 말한 후에 반복합니다.

"이 통증을 가졌음에도 불구하고 나는 온전히 나를 받아들입니다."
"이 통증을 가졌음에도 불구하고 그것을 그대로 놔두려고 합니다."
"이 통증을 가졌음에도 불구하고 그것을 놓아 주려고 합니다."

이제 여러분이 통증을 볼 수 있는 것처럼 가장하기 위해 상상력을 사용합니다.

무엇처럼 보이나요? 색깔이 있나요? 뜨거운가요, 아니면 차가운가요? 밝은가요, 아니면 어두운가요?

이제 통증에게 차가운 아이스크림과 각얼음을 보냅니다. 통증 주위를 감싸고 진정시키는 것을 주시합니다. 아이스크림과 각얼음이 통증을 빨아들이게 하고 여러분으로부터 멀리 옮겨 놓습니다. 이것을 주시하면서 여러분의 손이 얼마나 따뜻해지고 있는지 알아차립니다. 여러분의 통증이 냉각되는 만큼 손이 따뜻해질 수 있게 합니다.

멈춤.

이제 점검하고 통증 수준이 내려갔는지 봅니다.

이제 아주 작고 작은 진공청소기가 나타나서 나머지 통증을 모두 빨아들이는 것을 상상합니다. 그저 통증이 가 버리도록 둡니다. 여러분에게 필요하지 않습니다. 다시 여러분의 손이 얼마나 따뜻해졌는지 알아차립니다.

멈춤.

통증 부위가 이제 밝은 빛으로 채워지고 있는 것을 상상합니다. 그 빛은 치유가 필요한 것은 무엇이든 그것에 치유를 보냅니다. 치유되면서 검은빛이 밝게 빛나는 부위는 어디든지 주시합니다. 그 빛이 남아 있는 통증이 무엇이라도 녹게 합니다.

멈춤.

필요할 때마다 통증으로부터의 휴가를 자신에게 허락합니다. 통증 없이 여러분이 갈 수 있는 멋진 곳을 상상합니다. 그곳에 가 있는 동안에 통증과 관련해서 어떤 것이라도 그리울 것이 있을까요?

멈춤.

이제 여러분이 하고 싶은 어떤 것이나 행복하게 느끼도록 만드는 것에 대해 생각합니다. 지금 그것을 하고 있다고 상상합니다.

> **주의** 이 시점에서 아동과 청소년을 위한 신체 탐색 〈도구 16-3〉을 계속하고, 이 유인물의 나머지를 생략할 수도 있습니다.

이제 아직도 따뜻해지고 있는 손가락과 손에 주의를 가져옵니다(이 부분을 위해 통증이 없는 어느 신체 부위이든 사용하라). 앞뒤로 움직여 보며 어떻게 느껴지는지 알아차리게 합니다.

이제 여러분의 발과 다리에 주의를 기울입니다. 빛이 다리를 거쳐 마루 위의 발로 흘러내리는 것을 상상합니다. 그것이 흘러가며 여러분을 치유하고, 깨끗하고 따뜻하게 합니다.

이제 여러분의 위, 가슴, 그리고 등에 주의를 기울입니다. 빛이 여러분의 가슴, 등, 위, 다리, 발끝을 거쳐 바닥으로 흘러내리는 것을 상상합니다.

이제 여러분의 어깨, 팔, 그리고 손에 주의를 기울입니다. 그 빛이 어깨, 팔, 그리고 손을 거쳐 흘러내리는 것을 주시합니다.

이제 그 빛이 치유와 함께 여러분의 머리를 채우는 것을 상상합니다. 어떤 어두운 곳도 밝히도록 허락합니다. 그 빛이 여러분의 머리와 뇌, 그리고 온몸에 치유와 위안을 가져오게 합니다.

코를 통해 깊숙이 호흡을 들이쉬고 천천히 입을 통해 내쉽니다.

눈을 뜨고 방으로 돌아옵니다.

도구 24-3 　건강 기억하기

🌑 배경

　　여러 연구에 의하면, 마음챙김 훈련이 많은 유형의 신체질환을 호전시킬 수 있습니다(<도구 3-22> 참조). Herbert Benson은 기억된 건강 개념을 가르쳤습니다(Benson & Friedman, 1996). 기억된 건강은 우리의 뇌가 실제로 기분이 좋은 때와 기분이 좋았던 시간을 기억하는 것 사이의 차이를 모른다는 개념을 기반으로 합니다. 따라서 기분이 좋았던 때를 기억함으로써 우리의 뇌가 그 시기에 존재했던 내적 조건들을 재창조하도록 도울 수 있습니다. 이 도구는 의학적 질환이나 통증을 다루는 분들을 위해 아동과 청소년을 위한 건강의 기억 <도구 16-8>을 참조합니다. 이것은 기분이 좋았던 때를 기억하고, 현재 순간에 기분이 좋다고 이미지화함으로써 치유력에 접근하도록 고안되었습니다.

🌑 기술 쌓기

　　내담자에게 기억된 건강 개념을 설명하세요. 그들이 기분이 좋았던 때를 기억함으로써 현재 그들의 뇌 안에 건강을 재창조하기 위한 여건을 구축한다고 말하세요. <도구 16-8> 건강의 기억을 보고 <유인물 16-8>의 건강의 기억 명상을 그들에게 읽어 주세요. 그 후에 그들에게 기분이 좋았던 시간을 찾을 수 있었는지 물어보세요. 규칙적 기반으로 이 명상을 반복하도록 격려하세요. 이 명상은 일부 사람들에게는 좋지 않은 건강으로 상실을 겪는 상황에서 예전에 얼마나 기분이 좋았었는지를 기억하기 때문에 슬픔과 상실의 느낌을 유발할 수 있음을 알아야 합니다.

🌑 성찰

　　내담자들에게 기분이 좋았던 때를 기억할 수 있는지 물어보세요. 그들의 기분이 좋았던 기억을 탐색하세요. 기분이 좋았던 때 그 기분이 어땠는지 그들은 기억할 수 있나요? 명상을 하면서 지금 어떻게 느끼는지에 대해 그들은 무엇을 알아차렸나요? 몸이나 감정에 어떠한 변화라도 그들은 알아차렸나요? 상실감이나 슬픔을 경험하였나요? 그렇다면 이 느낌들을 처리하고, 인정하며, 정상화하세요. 건강을 기억하는 훈련을 하는 것이 어떻게 그들을 보다 건강한 상태로 전환시키는지에 대한 현실감을 갖게 하세요.

도구 24-4 | 오늘 밤 잠들기

🔷 배경

1970년대에 하버드 의료 학교의 심신의학 교수 Herbert Benson이 『이완 반응』이란 책에서 기술함으로써 '이완 반응'이라는 용어를 만들어 냈습니다(Benson, 2000). 이완 반응은 우리의 호흡, 맥박, 혈압 대사가 감소하는 깊은 이완 상태를 이끌어 냅니다. 이 도구는 수면을 위한 명상을 제공합니다. 이 수면 명상은 유도된 상상과 함께하는 점진적 이완을 제공하는데, 각성 체계를 낮추어, 아동과 청소년이 잠에 들도록 돕는 이완 반응이 발동되도록 고안되었습니다.

🔷 기술 쌓기

이 수면 명상은 2세의 유아에게도 사용할 수 있습니다. 연령이 높은 아동이나 청소년에게는 그들의 나이, 발달 및 인지 수준을 고려하면서 이완 마음챙김 명상을 하는 것이 어떻게 투쟁, 도피 또는 얼어붙음 같은 스트레스 반응의 영향에 대항하는지와 함께 이완 반응의 기본 개념을 설명합니다. 〈유인물 24-4〉는 수면을 위한 명상의 내용을 담고 있습니다. 여러분과 여러분의 내담자, 그리고 그들의 부모는 그것을 큰 소리로 읽을 수 있고, 녹음해서 밤에 잠들려고 할 때 들을 수도 있습니다. 이 수면 명상을 들으면서 점차적으로 그들의 몸과 마음이 이완되는 것을 알아차릴 것이라고 설명하세요. 그들은 좀 더 뇌 속의 분주한 재잘거림을 꺼버리고 잠에 빠지는 데 도움이 되는 졸린 상태로 들어갈 수 있을 것입니다. 매일 밤 잠자는 시간에 잠자리에서 수면을 위한 명상을 듣도록 내담자들을 격려하세요. 그동안 어떤 명상을 들어 왔더라도 그것은 시간이 되면 저절로 꺼질 것이고, 수면을 방해하게 주의를 끌지는 않을 것이라고 확신시켜 주세요. 이와 비슷한 수면을 위한 명상 mp3를 www.TheBrainLady.com에서 얻을 수 있습니다.

1. 과다 활동을 보이는 4세의 ADHD 아동은 아버지 집에 있을 때는 잠들기가 어려웠습니다. 이 아동은 아버지 집에 있는 동안에 어머니를 잃을지도 모른다는 불안을 경험하였습니다. 아버지 집에 있는 동안에 이 수면 명상에 귀를 기울였고, 4일 안에 그를 계속 깨어 있게 했던 불안이나 과다 활동 없이 그대로 잠에 빠져들 수 있었습니다. 자신에 대해서 얼마나 자랑스러워했는지!

2. 자폐증을 가진 9세 소년이 밤에 극심한 불안을 느껴 종종 밤새도록 잠에 들 수 없었습니다. 하지만 이 수면 명상을 듣고 규칙적 기반으로 20분 안에 잠들 수 있었습니다. 그의 어머니는 캠핑카에 있을 때 종종 그것을 사용했고, 가족 모두 그것에 귀를 기울이는 동안에 즉시 잠에 빠져들었다고 말했습니다.

　　이 훈련을 부여(지정)한 후 내담자에게 수면을 위한 명상을 사용했는지 물어보세요. 그렇지 않다면 왜 그랬는지 알아보고, 부모에게 말한 후 잠자리 일과에 포함시키는 방법에 관해서 의논하세요. 그들이 사용해 왔다면 무엇을 경험했는지 탐색하세요. 이완하는 데 도움이 되었나요? 잠드는 데 도움이 되었나요? 그것을 사용했을 때 그들의 수면을 유지하는 능력에 대해 알아차린 것은 무엇이었나요? 몸의 긴장, 편안함, 불편함에 대해 무엇을 알아차렸나요? 수면을 위한 명상을 들으면서 어떤 감정이라도 경험했나요? 주의가 흐트러졌나요 그렇다면 무엇에 의해서인가요? 어떻게 다시 명상에 주의를 가져왔나요? 수면을 북돋우기 위해 필요한 침실의 변화는 무엇인가요? TV나 컴퓨터 등 주의를 분산시키는 것을 제거하는 것, 침대가 편안한지, 침실이 어둡고 조용한지를 확인하는 것, 그리고 매일 밤 같은 시각에 잠자리에 드는 것 등인가요?

수면을 위한 명상

몇 번 깊게 비우는 호흡을 하는 것으로 시작합니다. 1~4까지 세면서 코를 통해 호흡을 들이마시고, 1~8까지 세면서 입으로 호흡을 내쉽니다. 부드럽게 비눗방울을 부는 것처럼 불면서 입술을 오므립니다.

저와 함께 합니다. 코를 통해 호흡을 들이마시고 내쉬면서 마음을 이완시킵니다. 다시 해 봅니다. 이완된 채 호흡을 들이마시고 내쉬면서 몸을 이완시킵니다. 다시 한 번 합니다. 편안함 속에서 호흡을 들이마시고 내쉬면서 보내 버리고 싶은 것은 무엇이든지 흘려보냅니다.

이제 정상적으로 호흡을 합니다.

발가락에 주의를 가져옵니다. 느낌이 어떤지 알아차립니다. 어떤 조이는 느낌이나 불편함이라도 알아차리면 바로 발가락 끝을 통해 마루 위로 흘려보냅니다.

이제 발(발의 볼, 발의 아치, 발뒤꿈치, 발의 윗부분)에 주의를 가져옵니다. 그저 거기에 무엇이 있는지 주의를 기울이고, 보내 버리고 싶은 것은 무엇이든지 발가락 끝을 통해 마루 위로 흘려보냅니다.

이제 발뒤꿈치에 집중합니다. 그저 무엇이 느껴지는지 알아차립니다. 거기에 애정 어린 생각을 보냅니다. 거기에 쌓여 있는 어떤 불편함이나 긴장감이라도 발을 지나 발가락 끝을 통해 마루 위로 흘려보냅니다.

이제 종아리와 정강이에 주의를 가져옵니다. 다시 그저 거기에 무엇이 있는지 알아차립니다. 보낼 필요가 있는 것은 무엇이든지 발뒤꿈치, 발을 지나 발가락 끝을 통해 마루 위로 흘려보냅니다.

이제 무릎에 주의를 가져옵니다. 무엇이 느껴지는지 알아차립니다. 어울리지 않는 어떤 것도 놓아 줍니다. 그것들을 종아리와 정강이를 거쳐 밑으로 발뒤꿈치, 발을 지나 바로 발가락 끝을 통해 마루 위로 흘려 냅니다.

이제 허벅지에 주의를 기울입니다. 거기에 무엇이 있는지 알아차립니다. 보낼 필요가 있는 것은 무엇이든지 무릎을 거쳐 종아리와 정강이, 발뒤꿈치, 발을 지나 발가락 끝을 통해 마루 위로 흘려보냅니다.

이제 엉덩이에 집중합니다. 거기서 무엇을 알아차렸는지 주의를 기울입니다. 보낼 필요가 있는 것들은 놓아 주고, 그것들을 허벅지를 거쳐 무릎, 종아리와 정강이, 발 뒤꿈치, 발을 지나 발가락 끝을 통해 마루 위로 흘려보냅니다.

이제 아랫배 또는 복부에 주의를 가져옵니다. 거기에 무엇을 담고 있는지 알아차리기 위해 잠시 시간을 보냅니다.

어울리지 않는 것은 무엇이든지 허벅지를 거쳐 무릎, 종아리와 정강이, 발뒤꿈치, 발을 지나 발가락 끝을 통해 마루 위로 흘러가게 합니다.

이제 허리에 어떤 느낌이 있는지 알아차립니다. 많은 긴장감이 여기에 쌓여 있고, 여러분은 그 어떤 것도 필요로 하지 않습니다. 그것이 엉덩이와 허벅지를 거쳐 무릎, 종아리와 정강이, 발뒤꿈치, 발을 지나 발가락 끝을 통해 마루 위로 흘러가게 합니다.

이제 여러분의 위에 집중합니다. 꼬이고 감기고 단단히 묶인 밧줄을 보고 있다고 상상합니다. 하지만 여러분이 그 밧줄을 바라보자 꼬임과 감김과 묶음이 풀어집니다. 여러분의 위와 그 주변 부위에 똑같은 일이 일어나 이제 긴장이 풀리고 편안해지는 것을 눈으로 그려 봅니다.

여러분의 가슴과 심장 부위에 주의를 기울입니다. 코를 통해 깊은 호흡을 들이마시고 치유의 에너지로 여러분의 폐가 채워지도록 합니다. 호흡을 내쉬면서 보내야 할 필요가 있는 것은 모두 다 흘러가게 합니다.

이제 여러분의 등에 주의를 가져옵니다. 여기에 많은 짐이 실려 있는데, 그중 여러분이 필요한 것은 아무것도 없습니다. 그것들을 허리와 엉덩이를 거쳐 허벅지, 무릎, 종아리와 정강이, 발을 지나 발가락 끝을 통해 마루 위로 흘러가게 합니다.

이제 여러분의 목과 어깨에 집중합니다. 다시 많은 긴장감이 이곳에 저장되어 있지만 여러분은 그것을 필요로 하지 않습니다. 그것이 여러분의 등을 따라 허벅지, 무릎, 종아리와 정강이, 발, 그리고 발가락 끝을 통해 마루 위로 흘러가게 합니다.

이제 여러분의 손가락, 엄지, 손바닥 그리고 손 등을 포함해서 손에 주의를 기울입니다. 여기에 무엇을 담고 있는지 알아차리고, 무엇이든지 여러분이 필요로 하지 않는 것을 가게 둡니다. 손가락 끝을 통해 마루 위로 흘러가게 합니다.

이제 팔뚝, 팔꿈치, 어깨까지 이르는 팔 상부를 포함한 여러분의 팔에 주의를 기울입니다. 여러분이 필요로 하지 않는 것은 무엇이든지 팔을 거쳐 손목, 손, 그리고 손가락 끝을 통해 마루 위로 흘러가게 합니다.

이제 턱, 뺨, 눈, 그리고 이마를 포함해서 여러분의 얼굴에 집중합니다. 턱을 떨어뜨려서 완전히 축 늘어져 있게 합니다. 얼굴에 저장되어 있는 모든 긴장감을 목, 어깨, 팔, 손, 손가락 끝을 거쳐 마루 위로 흘러가게 합니다.

이제 여러분의 뇌에 주의를 가져옵니다. 생각이 일어나면 텅 비어 있는 칠판에 그것이 쓰여진다고 상상합니다. 그것들을 보자마자 지워 버려서 그 칠판이 다시 하얘진다고 상상합니다.

이제 여러분의 몸이 완전히 이완되어 졸기 시작합니다. 숲속의 길을 걷고 있다고 상상합니다. 천천히 깊은 호흡을 합니다. 이곳의 공기는 아주 좋고, 아주 깨끗하며, 신선합니다. 지구에 연결된 것을 느낍니다. 새들이 노래하는 것을 들을 수 있습니다. 태양이 잎들을 타고 내려오며, 빛나고, 아름다운 햇빛의 문양과 함께 숲의 바닥에 그림자를 창조합니다. 숲의 바닥은 풀로 우거져 있고 진한 초록빛입니다. 여러분은 아주 행복하며 살아 있음과 만족함을 느낍니다.

걸어가면서 점차 숲의 가장자리에 다다르고, 아름다운 초원으로 걸어 들어갑니다. 공기는 맑고, 해는 빛나고, 하늘은 푸르며, 온도는 적절합니다. 여러분 주위에 온통 아름다운 나비와 아름다운 꽃들로 가득합니다. 이 길은 여러 사람의 발길로 다듬어진 것을 알아차리고, 여러분은 그곳에 앉아서 신과 양말을 벗습니다. 맨발로 그 길을 따라 걸어가며 발바닥을 통해 부드럽고 따뜻한 지구를 느낍니다. 자연과 무한한 지성을 갖춘 지구와 연결됨을 느낍니다.

길은 모래투성이가 되고, 여러분은 아름다운 호수를 향해 걷고 있는 것을 깨닫습니다. 물과 젖은 모래의 신선한 냄새를 맡을 수 있습니다. 호수의 물은 아주 고요해서 마치 거울처럼 보입니다. 호수 가장자리에 투명하게 비치는 나무들을 볼 수 있습니다. 하늘은 파랗고, 공기는 신선하며 깨끗합니다. 해변의 가장자리에 활짝 피어난 꽃들과 해안 밖으로 자라고 있는 백합을 볼 수 있습니다. 주의 깊게 들어 보세요. 해안을 부드럽게 감싸는 물소리를 들을 수 있습니다. "음…" 여기는 평화롭고 안전하며 기분 좋게 느껴집니다. 그러고 싶다면 물가를 따라 걸으며 여러분의 발에 차갑고 맑은 물을 느끼세요.

해변을 향해 걸어가면서 백사장에 놓인 긴 의자를 봅니다. 그쪽으로 걸어가서 긴 의자에 눕습니다. 그곳에는 부드러운 쿠션들이 있고, 누울 때 아주 편안함을 느낍니다. 의자 밑에 있는 담요를 발견하고 손을 뻗어 가져와 덮습니다. 기분 좋게 누워 있습니다.

긴 의자에 누워 마음이 조금 더 느려지게 합니다. 여러분의 뇌에 진정하고 긴장을 풀라고 말하면서 놓아 주면 어떤 바쁜 생각도 사라집니다. 따뜻함과 아늑함을 느낍니다. 몇 번의 느리고 깊은 호흡을 하면서 몸 전체에 따뜻함과 무거움을 느끼기 시작합니다. 눈꺼풀이 너무 무거워져서 더 이상 뜨고 있을 수가 없습니다.

눈을 감습니다. 여러분의 하루를 흘려보내면서 자신의 목소리에 귀를 기울이며 흘러가다 잠이 여러분에게 오도록 합니다.

편안한 침대에 누워 있는 것을 깨닫습니다. 여러분은 안전합니다. 편안함과 느긋함을 느낍니다. 깊은 휴식의 잠에 빠집니다. 밤 동안 내내 푹 잡니다. 아침에 하루를 시작하기 위해 깨기 바라는 바로 그 시간에 깨어날 것이고, 완전히 원기를 회복하고 활력을 찾고 완전히 잠이 깬 것을 느낍니다. 적절한 양의 에너지를 가질 것이고 행복함을 느낍니다. 여러분의 하루를 손꼽아 기다릴 것입니다. 집중되어 힘들이지 않고 집중할 수 있음을 알아차릴 것입니다. 자신이 할 것이 무엇인지 알게 될 것이고, 할 필요가 있는 모든 것을 해 버릴 것입니다. 여러분은 제시간에 도착할 것입니다. 모든 사람과 잘 지내고, 친구들과 가족은 여러분을 보며 행복해 할 것입니다.

여러분은 하루종일 집중되어 있고, 고요하며, 느긋하고, 행복할 것입니다. 밤에 다시 잠을 푹 잘 것을 압니다.

이제 잠자는 것이 쉽습니다. 여러분의 뇌를 내버려 둡니다. 잠이 오는 것을 허락합니다. 이제 잠이 여기 있습니다.

잠, 잠, 잠.

안녕히 주무세요.

제25장

스트레스, 분노

도구 25-1 스트레스 반응 줄이기

● 배경

스트레스 반응이란 스트레스, 위험 또는 위협적으로 인식되는 상황에서 나타나는 생리 반응을 말합니다. 스트레스 반응은 흔히 도망(flight), 도전(fight) 또는 얼음 반응(freeze response)이라고 합니다. 이 반응에는 심박수, 혈압 및 코르티솔 같은 스트레스 호르몬 증가와 위험으로부터 살아남기 위하여 사람을 빠르고 강하게 만드는 것들이 포함될 수 있습니다. 이 반응은 우리 조상들이 야생동물과 맞닥뜨려 도망치거나 죽을 때까지 싸워야 할 때 생존하는 데 도움을 주었습니다. 오늘날 아동과 청소년은 자주 만성적으로 스트레스를 받으며 스트레스 반응들이 오랫동안 매우 높은 상태로 유지됩니다. 이로 인하여 다양한 스트레스 관련 질환이 나타나고 등교를 못하게 될 수 있습니다. 다양한 유형의 마음챙김 훈련들은 스트레스 반응을 효과적으로 감소시킵니다. 이 도구는 스트레스 반응을 줄이기 위해 마음챙김 방법을 어떻게 사용하는지 지침을 제공합니다.

● 기술 쌓기

스트레스 반응이란 무엇인지 그리고 우리의 생존에 어떻게 도움을 주는지 설명합니다. 스트레스 반응을 이와 반대인 이완 반응과 비교합니다. 이 책에 제시된 많은 마음챙김 훈련은 스트레스 반응을 줄이는 데 도움을 줄 것입니다. 부교감신경계를 활성화시켜서 생리 반응을 안정화시키는 기본 이완 호흡법(〈도구 5-1〉 참조)을 가르칩니다. 그다음에 신체 긴장을 줄이고 이완 유도에 도움을 주는 신체 마음챙김(〈도구 16-1〉에서 〈도구 16-9〉까지)을 사용합니다. 〈도구 3-16〉을 활용하여 스트레스 반응에 따른 맥박 느끼기를 돕기 위하여 아동과 청소년에게 맥박을 측정하는 방법을 알려 줍니다. 스트레스를 느낄 때는 언제든지 스트레스 반응을 가라앉히기 위하여 깊은 이완 호흡을 하도록 격려합니다. 정기적으로 다양한 마음챙김 훈련을 통하여 스트레스 반응을 줄이도록 합니다.

● 성찰

내담자에게 몸의 감각을 어떻게 알아차리는지 물어봅니다. 다양한 마음챙김 방법을 훈련하면서 자신의 마음과 몸에 어떤 변화를 알아차렸는지 성찰하도록 도와줍니다. 마음챙김 훈련이 스트레스를 어느 정도 받았는지 알아차리는 데 변화가 있었는지 알아봅니다. 그리고 마음챙김 훈련을 마치면서 받은 느낌을 기억하고, 스트레스를 받을 때 스트레스 반응이 줄어들 때의 느낌을 기억하면서 몇 번의 깊은 호흡을 하도록 격려합니다.

도구 25-2 분노 날려 보내기

◆ **배경**

일부 아동과 청소년은 강렬한 분노를 경험합니다. 이 도구는 분노에 의한 생리 반응을 줄이고, 분노 행동이 심하게 폭발하는 것을 막아야 할 때 사용할 수 있는 간단한 기술을 제공합니다.

◆ **기술 쌓기**

아동과 청소년에게 무엇이 그들을 화나게 하는지 물어봅니다. 촉발 요인을 파악합니다. 그들이 화가 나고 있다는 것을 어떻게 알게 되는지 탐색하도록 도와줍니다. 빈번하게 심장의 두근거림, 심장이 터져 버릴 것 같은 느낌, 얼굴이 뜨거워지는 등의 몸의 느낌을 경험할 것입니다. 신체 마음챙김 도구들이(〈도구 16-1〉~〈도구 16-9〉까지) 이러한 자각을 높이는 데 도움을 줄 수 있습니다. 분노 조절에 성공하기 위한 핵심은 그들이 화가 나고 있다는 것을 자각하고 분노 유발 요인이 무엇이든지 이에 반응하기 전에 멈출 수 있어야 한다는 점입니다. 〈도구 6-4〉를 활용하여 아동과 청소년에게 호흡으로 그들의 분노를 다스리는 방법을 알려 줍니다. 아동 및 청소년과 함께 호흡을 하면서, 그들이 천천히 호흡하고 있는지 날카롭고 빠르게 호흡을 하고 있어서 호흡을 통한 분노 다스리기 목표에 방해가 되고 있는지 확인하기 위하여 아동과 청소년의 호흡을 잘 관찰합니다. 호흡을 천천히 내쉴 때 "분노를 날려 보내고 있는 거야."라고 말해 줍니다. 다음에 그들이 분노를 느끼기 시작할 때, '분노 날려 보내기'를 기억하도록 격려합니다.

> **사례**
>
> 자폐증이 있는 10세의 소년은 때때로 물리적인 공격 분노 폭발을 심각하게 보였습니다. 소년은 〈도구 6-4〉의 기본 이완 호흡을 배운 후에 코로 호흡을 들이마시고 천천히 입으로 내쉬는 심호흡을 서너 번 함으로써 분노 폭발을 막는 것이 가능해졌습니다. 이 방법이 소년의 분노를 줄이고 자기 조절을 하는 데 도움을 주었을 것입니다.

◆ **성찰**

내담자들과 〈도구 6-4〉에서 설명하고 있는 훈련을 함께합니다. 그들이 기본 이완 호흡 방법을 습득할 수 있었나요? 그들이 '분노 날려 보내기' 기술을 사용하였나요? 그렇다면 그 방법이 효과가 있었나요? 그것을 사용하는 것을 기억하였나요? 그렇지 않았다면 다음에 기억하도록 하는 데 어떤 도움이 필요한가요?

도구 25-3 심하게 화내지 않기

● 배경

Dan Siegel은 손의 모형을 이용하여 뇌의 전 전두엽 피질, 편도체와 변연계의 위치를 설명하였습니다 (Siegel, 2010). 〈유인물 25-3〉을 참조하세요. 이 도구는 아동과 청소년이 '심하게 화내는' 것을 피하고 분노 조절에 실패하지 않도록 도움이 되는 명확한 방법을 알려 줍니다.

● 기술 쌓기

〈유인물 25-3〉에 제시된 그림과 여러분의 손을 이용하여 아동과 청소년에게 그들의 전 전두엽 피질, 편도체, 변연계의 위치를 시각화하는 방법을 보여 줍니다. 그들이 차분해진다는 것은 전 전두엽 피질이 변연계 내의 편도체를 조절한다는 것이며, 손가락들(전 전두엽 피질)이 엄지손가락(변연계와 편도체)를 둥글게 감고 있다고 설명합니다. 분노가 올라올 때는 전 전두엽 피질이 통제력을 잃고 손가락들이 똑바로 펴져서 '심하게 화가 나는' 상태가 됩니다. 아동과 청소년이 안내문에 제시된 그림과 같이 손 모양을 하였다가 손가락을 펴 올리면서 '심하게 화가 나는' 것을 훈련해 보도록 합니다. 이제 전 전두엽 피질이 통제력을 유지한다는 것은 편도체와 변연계를 안아 주는 것과 같다고 설명합니다. 전 전두엽 피질(손가락들)이 편도와 변연계(엄지손가락)를 어떻게 안아 주는지 보여 줍니다. 분노를 느끼기 시작할 때 분노를 조절하기 위하여 나머지 손가락들이 엄지손가락을 감싸 안아 주고 진정하도록 편도체가 '안아 주기'를 해 주고 있으며, 전 전두엽 피질이 이러한 활동을 지속하고 있다는 상상을 하도록 합니다. 이 훈련은 아동과 청소년이 신체 그라운딩 방법을 스스로 하도록 알려 줄 것입니다.

● 성찰

내담자가 이 훈련을 하면서 자신의 편도체를 '안아 주는' 상상을 할 때 어떠했는지 성찰하도록 도와줍니다. 분노를 느꼈을 때 이 방법을 해야 겠다고 기억했나요? 이 방법이 분노를 가라앉히는 데 도움이 되었나요?

심하게 화내지 않기

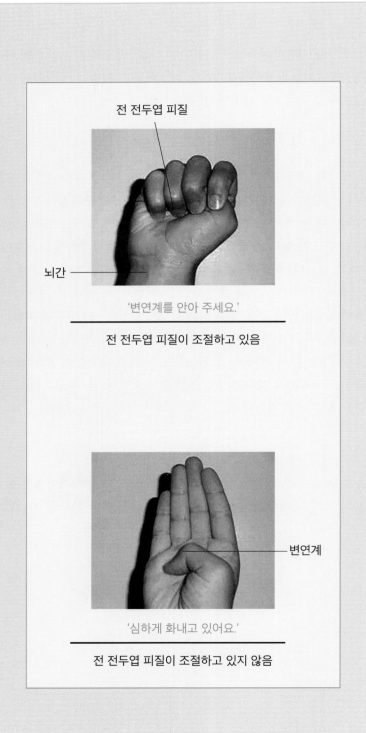

전 전두엽 피질

뇌간

'변연계를 안아 주세요.'

전 전두엽 피질이 조절하고 있음

변연계

'심하게 화내고 있어요.'

전 전두엽 피질이 조절하고 있지 않음

제26장

자폐장애

도구 26-1 공격성 감소시키기

배경

자폐장애를 겪고 있는 아동과 청소년 중 일부는 때리고, 발로 차고, 물어뜯는 신체 공격 행동이나 언어 공격 행동을 보입니다. 공격적인 자폐장애 청소년을 대상으로 한 연구에서는 내담자들이 '여러분의 발바닥'이라는 마음챙김 활동을 훈련한 후에 내담자들의 공격성이 현저하게 줄어들었습니다(Singh et al., 2011). 내담자들은 주의를 분노와 공격성의 대상으로부터 자기 신체의 중립 부위로 돌리는 훈련을 했습니다. 이러한 방법은 아동과 청소년의 공격 행동을 줄이기 위한 마음챙김 훈련이 됩니다.

기술 쌓기

아동과 청소년에게 이 훈련이 분노를 조절하고, 신체 또는 언어 공격 행동으로 변하는 것을 피할 수 있게 돕는다고 설명합니다. 〈유인물 26-1〉을 여러 번 읽어 주고 방법을 이해할 때까지 집에서 훈련하도록 요청합니다. 목표는 분노, 좌절 또는 압도되는 감정으로부터 내담자들의 주의를 신체의 중립 부위로 옮김으로써 공격적으로 변하는 것을 피하는 것입니다. 분노, 좌절감 또는 다른 강렬한 감정을 경험할 때 이 기술을 사용하라고 격려합니다.

성찰

이 훈련이 내담자들에게 어떠했는지 알 수 있도록 돕습니다. 화가 났던 때를 떠올릴 수 있나요? 관심을 발로 돌리는 데 어려움은 없었나요? 발에 집중을 유지할 수 있었나요? 이 활동이 감정을 진정시키는 데 도움이 되었나요? 이 활동을 언제 사용하였거나 사용할 수 있었습니까? 이 활동을 통해 공격성의 감소를 경험하고 있습니까?

발바닥 명상

1. 일어서 있다면 발바닥이 바닥에 평평하게 닿도록 하여 편안한 자세로 서십시오.

2. 앉아 있다면 발바닥을 바닥에 평평하게 하고 편안하게 앉으세요.

3. 아무것도 하지 않고 자연스럽게 호흡을 하세요.

4. 여러분을 매우 화나게 했던 것을 떠올려 봅니다. 화나는 감정에 머물러 봅니다.

5. 여러분은 화가 나고, 화난 생각들이 여러분의 마음속에 흐르고 있습니다. 막으려고 하지 말고 자연스럽게 흘러가게 놔두세요. 화나는 감정에 머물러 봅니다. 화나는 감정이 몸으로 나타날 수도 있습니다(예: 빠른 호흡).

6. 이제 모든 주의를 발바닥으로 완전히 옮겨 보세요.

7. 천천히 발가락을 움직이고, 신발이 발을 덮고 있는 것을 느껴 보고, 양말의 질감과 발의 곡선도 느껴 보고, 발뒤꿈치가 신발 뒤에 닿아 있는 것도 느껴 보세요. 신발을 신고 있지 않다면 발바닥으로 바닥이나 카펫을 느껴 보세요.

8. 자연스럽게 호흡을 하면서 마음이 안정될 때까지 발바닥에 집중하세요.

9. 언제 어디에서든 말이나 몸을 공격적으로 만드는 어떤 일이 일어날 때마다 이 마음챙김 훈련을 사용할 수 있을 때까지 연습하세요.

10. 일단 침착해지면, 여러분은 화나는 감정을 조절했기 때문에 웃으면서 사건이나 상황을 벗어날 수 있다는 것을 기억하세요. 그리고 필요한 경우에는 말이나 몸이 공격적으로 변하지 않으면서도 침착하고 명료한 마음으로 사건이나 상황에 반응할 수 있습니다.

도구 26-2 감각 과부하 대처하기

◆ 배경

감각 과부하는 자폐장애를 겪고 있는 많은 아동과 청소년에게 흔한 경험입니다. 감각 과부하에 대처하기 위해 과격한 행동, 소리 지르기, 앞뒤로 흔들기, 반복 행동 등을 하기도 합니다. 이 도구는 아동과 청소년이 감각 과부하를 느낄 때 뇌를 진정시킬 수 있는 방법을 제공합니다.

◆ 기술 쌓기

자폐장애를 겪고 있는 내담자 각각이 세상을 어떻게 경험하는지 가능한 한 많은 것을 알아봅니다. 많은 자폐장애 아동과 청소년은 감각 자극에 압도되어 대처할 수 없다고 느낍니다. 다른 사람과 이 문제를 소통할 수 없는 경우도 있습니다. 그래서 종종 소리를 내거나, 반복 행동, 과격한 행동, 소리 지르기 등으로 반응하게 됩니다. 이 책의 다양한 방법을 사용하여 스스로를 진정시키고, 특히 감각 혼돈을 여과하는 동안에 다른 것에 집중할 수 있는 능력을 증가시킵니다.

사용할 수 있는 방법으로는 〈도구 3-6〉 마음챙김 종소리 사용하기, 〈도구 6-4〉 기본 이완 호흡 방법, 〈도구 7-1〉 주변 환경에 대한 마음챙김(실내), 〈도구 7-4〉 물 한 컵 관찰 게임, 제16장의 신체 마음챙김, 제8장의 듣기 마음챙김, 제9장의 보기 마음챙김, 제10장의 먹기 마음챙김, 제11장의 후각 마음챙김, 제12장의 접촉 마음챙김, 제13장의 움직임 마음챙김 도구입니다.

이후 내담자가 감각 혼돈을 더 여과할 수 있고 자기조절력을 갖게 되면, 사회 기술 및 작업 수행을 돕기 위한 나머지 방법을 추가합니다.

◆ 성찰

사용된 각 방법에 관한 지침을 따릅니다.

CONTENTS

제5부

경과 추적을 위한 도구

제27장

경과 추적

도구 27-1 | 치료 목표 설정하기

배경

치료 목표를 정하는 것은 몇 가지 이유에서 중요합니다. 첫째, 치료 목표를 정함으로써 이 목표를 달성하는 방향으로 내담자들이 집중하도록 마음을 먹게 됩니다. 둘째, 내담자들에게 해야 할 일이 무엇인지 명확하게 해 주고 틀을 만들어 줍니다. 셋째, 최고의 치료 방법과 대부분의 의료보험회사에서는 치료 목표를 원합니다.

치료 목표를 정하는 데 있어서 아동과 청소년뿐 아니라 부모를 포함시키는 것이 중요합니다. 이 과정을 통해 어째서 부모가 자신을 치료에 데려왔는지 아동과 청소년이 이해할 수 있게 해 줍니다. 또한 치료 목표는 치료 회기를 진행해 가면서 얼마나 나아졌는지 검토 방법을 제공합니다. 몇몇 마음챙김 권위자들은 마음챙김 훈련에 특정 목표를 정하는 것에 반대하지만, 임상적인 상황이라면 마음챙김할 때 치료 목표를 정하는 것이 적절합니다. 이 도구는 마음챙김 훈련과 관련되어 치료 목표를 정하는 과정에 대해 논의합니다.

기술 쌓기

만약 훈련이 도움이 되었다면 어떻게 알 수 있는지 내담자들에게 물어봅니다. 이 질문은 직접적으로 치료 목표가 무엇인지 다루는 것입니다. 어떤 내담자들은 자신들이 어떤 도움을 필요로 하는지 정확히 알고 있는 반면, 다른 내담자들은 목표를 설정하는 데 도움이 필요합니다. 내담자들에게 이루고 싶은 목표나 나아지고 싶은 증상 목표 5~10개 정도를 물어봅니다. 가능하면 이 과정에 부모도 참여시킵니다. 〈유인물 27-1〉을 통해 마음챙김 훈련으로 나아졌다고 하는 항목들을 살펴봄으로써 치료 목표로서 참고할 수 있게 합니다.

성찰

내담자들과 부모가 치료 목표를 정하는 과정에 마음챙김할 수 있도록 돕습니다. 이들에게 이 과정이 어땠는지 살펴보도록 합니다. 이들이 나아지길 바라거나 이루고 싶었던 것을 명확하게 하는 데 도움이 되었나요? 목표를 주기적으로 갱신합니다.

치료 목표 예시

연구에 따르면, 다음과 같은 증상들이 마음챙김 훈련을 통해 나아졌다고 합니다. 〈도구 3-22〉를 살펴보세요.
아동과 청소년은 다음과 같은 목표를 위해 마음챙김 기술을 배우고 훈련할 것입니다.

- 집중력 높이기
- 감정 조절 잘하기
- 기분 좋아지기
- 불안 낮추기
- 감정 기복 안정시키기
- 잠 잘자기
- 행복감 올리기
- 관계 향상시키기
- 건강 증진하기
- 스트레스 관리 기술 향상시키기
- 과잉행동 줄이기
- 분노 줄이기
- 기억력 높이기

- 업무 완성 늘리기
- 감정 인식 및 탐색하기
- 반추 줄이기
- 자기 자각 늘리기
- 부정적인 감정 상태를 나아지게 하는 능력 키우기
- 폭식 줄이기
- 자존감 높이기
- 자신과 타인에 대한 연민 높이기
- 만성질환을 다루는 능력 높이기
- 만성 통증 관리하기
- 담배 끊기(청소년)
- 음주 줄이기(청소년)

도구 27-2　증상 추적하기

배경

　　내담자의 변화를 추적하는 것은 몇 가지 이유에서 도움이 됩니다. 첫째, 치료가 치료 목표에 계속적으로 초점을 맞추게 해 줍니다. 둘째, 치료사와 내담자가 치료가 진행되면서 나아진 점을 추적하고 증상과 목표를 관찰할 방법을 제공해 줍니다. 셋째, 치료 효과를 평가할 방법을 제공해 줍니다. 아동과 청소년은 대개 자신의 변화를 볼 수 있을 때 더욱 치료에 몰입하게 됩니다. 그리고 대개 자신의 점수가 올라가는 것을 보며 즐거워합니다. 이 도구는 증상을 추적하고 치료 목표를 모니터하는 기법 중 하나를 소개합니다.

기술 쌓기

　　〈도구 27-1〉을 활용해서 치료 목표를 정한 후에 부모와 연령이 높은 아동과 청소년에게 각 증상과 목표에 대해 0~10점 중 하나로 평가하게 합니다. 여기서 10점은 최악이고, 0점은 문제가 없는 것입니다. 발달 및 성숙 수준에 따라 6~7세 정도의 유아도 자신의 증상에 적절한 점수를 매길 수 있습니다. 자기인식을 잘하지 못하는 몇몇 아이는 부모가 증상에 대한 점수를 평가해 줄 필요가 있습니다. 때로는 연령이 높은 아동과 청소년에게 증상을 평가하도록 하고 부모도 다른 용지에 증상을 평가하도록 하는 것이 유용합니다.

　　〈유인물 27-2B〉의 왼쪽에 목표/증상이 적혀 있습니다. 맨 위에 날짜를 적고, 각 목표/증상의 점수를 채워 넣습니다. 맨 밑에 총점을 적습니다. 이 유인물은 단순히 엑셀 프로그램을 이용해서 만들었습니다. 목표는 치료가 진행되면서 각 증상 평가 점수 및 총점을 낮추는 것입니다. 치료가 진행되면서 내담자들에게 주기적으로 증상과 목표를 평가하도록 합니다. 내담자들에게 평가 점수가 어떻게 나아지고 있는지 보여 줍니다. 내담자들에게 증상 평가 양식이 일부 완성된 예로서 〈유인물 27-2A〉를 보여 줍니다.

　　어떤 아이나 부모는 증상을 점수로 적는 것을 어려워하기도 합니다. 이들은 자신이 알아차린 변화를 말로 표현하는 것이 쉽다고 합니다. 괜찮습니다. 가능하다면 이 정보를 이용해서 여러분이 직접 평가합니다. 아니면 점수로 평가하는 것을 건너뛰고 이들이 보고하는 변화를 그냥 기록할 수도 있습니다.

성찰

　　어떤 내담자의 부모는 이 방법이 쉽다고 하지만 소수에서는 어렵다고 합니다. 이 도구의 목적은 변화를 알아차리고 증상 호전을 기록하는 방법을 제공하는 것입니다. 내담자들이 증상을 평가하도록 격려합니다. 대개 시간이 지나면서 정확한 평가를 제공할 것입니다. 그들에게 나아지는 모습을 보여 줌으로써 희망과 계속 마음챙김 훈련을 해야겠다는 동기를 불어넣습니다.

증상/목표 평가 기록지

증상	날짜											
	2023/11/7	2023/11/14	2023/11/21	2024/2/13								
집중력	10	9.5	9	8								
우울	8	8	7.5	7								
불안	5	4	4	3								
수면	6	5	4	4								
자존감	8	7	6	5								
분노	9	8	7	3								
총점	46	41.5	37.5	30	0	0	0	0	0	0	0

증상/목표 평가 기록지

증상	날짜									
총점										

Alidina, S. (2011). *Mindfulness for dummies*. West Sussex, England: John Wiley & Sons, Ltd.

Amen, D., (1998). *Change your brain change your life*. New York: Random House.

Benson, H., & Friedman, R. (1996) Harnessing the power of the placebo effect and renaming it "remembered wellness." *Annual Review of Medicine, 47*, 193–199.

Benson, H. (2000). *The relaxation response*. (Updated). New York: William Morrow Paperbacks.

Bernstein, P. (2005). Intuitions: What science says (so far) about how and why intuition works. In *Endophysics, Time, Quantum and the Subjective*. Singapore: World Scientific Publishing.

Biegel, G., Brown, K., Shapiro, S., Schubert, C. (2009). Mindfulnessbased stress reduction for the treatment of adolescent psychiatric outpatients: A randomized clinical trial. *Journal of Consulting and Clinical Psychology, 77*, 5, 855-866.

Burke, C. (2009). Mindfulness-based approaches with children and adolescents: A preliminary review of current research in an emergent field. *Journal of Child and Family Studies*. Online DOI 10.1007/s10826–009–9282–x.

Childre, D., & Marti, H. (1999). *The heartmath solution*. New York: HarperCollins,1999. www.HeartMath.com.

Dyer, W. (2002). *Getting in the gap: Making conscious contact with God through meditation*. Carlsbad, CA: Hay House, 2002.

Fehmi, L. *Open Focus*. The Princeton Biofeedback Centre, LLC. Retrieved November 7, 2012, from www.openfocus.com/resources/complimentary–programs.

Fehmi, L. (2010). *Dissolving pain: Simple brain training exercises for overcoming pain*. Boston: Trumpeter Books.

Fehmi, L. (2007). *The open focus brain*. Boston: Trumpeter Books.

Flook, L., Smalley, S. L., Kitil, M. J., Galla, B. M., Kaiser-Greenland, S., Locke, J., et al. (2010). Effects of mindful awareness practices on executive functions in elementary school children. *Journal of Applied School Psychology, 26*, 1, 70–95.

Hauss, R. B. (2011). The placebo effect: The amazing power of the mind to heal the body. Hill Rag, June, 2011, pp. 102–103

Hawn Foundation, (2011). *The MINDUP Curriculum, Grades Pre–K-2*. New York: Scholastic Inc.

Hebb, D. *The organization of behavior*. (2009). Mahwah, NJ; Lawrence Erlbaum Associates, Inc.

Hölzel, B. K., Ott, U., Gard, T., Hempel, H., Weygandt, M., Morgen, K., et al. (2007). Investigation of mindfulness meditation practitioners with voxelbased morphometry. *Social Cognitive and Affective Neuroscience, 3*, 55-61.

Hölzel, B., Carmody, J., Evans, K., Hoge, E., Duse, J., Morgan, L., et al. (2010). Stress reduction correlates with structural changes in the amygdala. *Social Cognitive Affective Neuroscience, 5*, 11-17.

Hutcherson, C. A., Seppala, E. M., & Gross, J.J. I don't know you but I like you: Loving kindness meditation increases positivity toward others; Paper presented at the 6th annual conference Integrating Mindfulness-Based Interventions into Medicine; Worcester, MA: *Health Care & Society*; 2008.

Jacobson, Edmund. "The Progressive Muscle Relaxation of Dr. Edmund Jacobson." *HypnoGenesis*. Retrieved November 8, 2012, from http:///www.hypnos.co.uk/hypnomag/jacobson.htm.

Jha, A. P. (2005). *Garrison Institute report: Contemplation and education: Scientific research issues relevant to school-based contemplative programs: A supplement*. New York: Garrison Institute.

Kabat-Zinn, J., Lipworth, L., Burney, R., & Sellers, W. (1986). Fouryear follow-up of a meditation-based program for the self-regulation of chronic pain: Treatment outcomes and compliance. *Clinical Journal of Pain, 2, 3,* 159-173.

Kabat-Zinn J. (1990). *Full catastrophe living: Using the wisdom of your body and mind to face stress, pain, and illness.* New York: Delacorte Press.

Kabat-Zinn J. (2003) Mindfulness-based interventions in context: Past, present, and future. *Clinical Psychology: Science and Practice, 10,* 144-156.

Kaiser-Greenland, S. (2011). Mindfulness for Children: Q & A with Susan Kaiser Greenland. Retrieved from: http:// www.tricycle.com/blog/mindfulness-children-q-susan-kaiser-greenland

Kaiser-Greenland, S. (2006). Information from Inner Kids Organizational Website. www.innerkids.com

Kaiser-Greenland, S. (2010). *The mindful child.* New York, NY: Free Press.

Kaplan, J. (2008). Mindfulness of emotions. Retrieved October 9, 2010 from http://urbanmindfulness.org/ storage/UM%20Mindfulness%20of%20Emotions.pdf

Kaslow, N. J., & Racusin, G. R. (1994). Family therapy for depression in young people. In W. M. Reynolds & H. F. Johnston (Eds.), *Handbook of depression in children and adolescents: Issues in clinical child psychology* (pp. 345-363). New York: Plenum Press.

Kessler, R., Amminger, G. P., Aguilar-Gaxiola, S., Alonso, J., Lee, S., & Ustun, T. B. (2007). Age of onset of mental disorders: A review of recent literature. *Current Opinion in Psychiatry, 20,* 4, 359-364.

Linden. W. (1973). Practicing of meditation by school children and their levels of field dependence, test, anxiety, and reading achievement. *Journal of Consulting and Clinical Psychology, 41,* 1, 139-143.

Linehan, M. (1993). *Skills training manual for treating borderline personality disorder,* New York: The Guilford Press.

Miller, A. L., Wyman, S. E., Huppert, J. D., Glassman, S. L., & Rathaus, J.H. (2000). Analysis of behavioural skills utilized by suicidal adolescents receiving dialectical behaviour therapy. *Cognitive and Behavioural Practice, 7,* 183-187.

Napoli, M., Krech, P. R., & Holley, L., (2005). Mindfulness training for elementary school students: The Attention Academy. *Journal of Applied School Psychology, 21,* 99-125.

Ott, M. J. (2002). Mindfulness meditation in pediatric clinical practice. *Pediatric Nursing, 28,* 487-491.

Piaget, J. (1962). The stages of the intellectual development of the child. *Bulletin of the Menninger Clinic, 26,* 120-128.

Rommel, A., Halperin, J., Mill, J., Asherson, P., Kuntsi, J. (2013). Protection from genetic diathesis in attention-deficit/hyperactivity disorder: Possible complementary roles of exercise. *Journal of the American Academy of Child & Adolescent Psychiatry, 52,* 9, 900-910.

Saltzman, A. (2011). *Mindfulness: A guide for teachers.* Retrieved from: www.pbs.org/thebuddha/teachers-guide/ 9/6/13

Schonert-Reichl, K., & Lawlor, M., (2010). The Effects of a Mindfulness-Based Education Program on Pre-and Early Adolescents' Well-Being and Social and Emotional Competence. *Mindfulness, 1,* 137-151.

Semple, R.J., Lee, J., Rosa, D., & Miller, L. (2010). A randomized trial of mindfulness-based cognitive therapy for children: Promoting mindful attention to enhance social-emotional resiliency in children. *Journal of Child and Family Studies, 19,* 218-229.

Semple, R. J., Lee, J., & Miller, L. F. (2006). Mindfulness-based cognitive therapy for children. In R. A. Baer (Ed.), *Mindfulness-based treatment approaches: Clinicians guide to evidence base and applications* (pp. 143-166). Oxford, UK: Elsevier.

Semple, R., Lee, J. et al, (2010). A randomized trial of mindfulness based cognitive therapy for children: Promoting mindful attention to enhance social-emotional resiliency in children. *Journal of Child and Family Studies, 19,* 218-229.

Semple, R., Reid, E., Miller, L. (2005). Treating anxiety with mindfulness: An open trial of mindfulness training for anxious children. *Journal of Cognitive Psychotherapy:*

An International Quarterly, 19, 4, 379–391.

Siegel, D. (2010). Mindsight. *The new science of personal transformation.* New York: Bantam Books.

Singh, N., Lancioni, G., Manikam, R., Winton, A., Singh, A., Singh, J., et al. (2011). A mindfulness-based strategy for self-management of aggressive behavior in adolescents with autism. *Research in Autism Spectrum Disorders, 5,* 1153-1158.

Stahl, B, & Goldstein, E. (2010). *A mindfulness-based stress reduction workbook.* Oakland, CA: New Harbinger Publications, Inc.

The Dalai Lama. (2001). *An open heart: Practicing compassion in everyday life.* Boston: Little, Brown and Company.

Thich Nhat Hanh. (2008). *Mindful movements.* Berkeley, CA: Parallax Press.

Van de Oord, S., Bogels, S., & Peijnenburg, D. (2012). The effectiveness of mindfulness training for children with ADHD and mindful parenting for their parents. *Journal of Child and Family Studies, 21,* 1, 139-147.

Verduyn, C. (2000). Cognitive behaviour therapy in childhood depression. *Child Psychology and Psychiatry Review, 5,* 176-180.

Wagner, E. E., Rathus, J. H., & Miller, A. L. (2006). Mindfulness in dialectical behavior therapy (DBT) for adolescents. In R.A. Baer (Ed.), *Mindfulness-based treatment approaches: Clinicians guide to evidence base and applications* (pp. 143-166). Oxford, UK: Elsevier.

Wall, R. B. (2005). Tai chi and mindfulness-based stress reduction in a Boston public middle school. *Journal of Paediatric Health Care, 19,* 230-237.

Wikipedia. Drum. http://en.wikipedia.org/wiki/Drum retrieved 9/30/13

Zylowska, L., Ackerman, D., Yang, M., Futrell, J., Horton, N., Hale, T., et al (2008). Mindfulness meditation training in adults and adolescents with ADHD. A feasibility study. *Journal of Attention Disorders, 11,* 6, 737–746.

FURTHER READING

Boudette, R. (2011). Integrating mindfulness into the therapy hour. Eating disorders. *The Journal of Treatment & Prevention, 19,* 108–115.

Brown, K., & Ryan, R. (2003). The benefits of being present: Mindfulness and its role in psychological well-being of personality and social psychology. *Journal of Personality and Social Psychology, 84,* 4, 822-848.

Davidson, R. J., Kabat-Zinn, J., Schumacher, J., Rosenkrantz, M., Muller, D., & Santorelli, S.F. (2003). Alterations in brain and immune function produced by mindfulness meditation. *Psychosomatic Medicine, 65,* 564-570.

Hooker, K., & Fodor, I. (2008). Teaching mindfulness to children. *Gestalt Review, 12,* 1, 75–91.

Moustafa, B. M. (1999). Multisensory approaches and learning styles theory in the elementary school. *Journal of Consulting and Clinical Psychology, 41,* 139–143.

Newberg, A. B. et al, (2010). Cerebral blood flow differences between long-term meditators and non-meditators. *Consciousness and Cognition, 19,* 899–905.

Pert, C. (1997). *Molecules of emotion: The science behind mind.* New York: Touchstone Books.

Posner, M. I., & Petersen, S. E. (1990). The attention system of the human brain. *Annual Review of Neuroscience, 13,* 25-42.

Siegler, R. S. (1991). *Children's thinking* (2nd ed.). Upper Saddle River, NJ: Prentice-Hall.

Siegel, D. (2007). *The mindful brain: Reflection and attunement in the cultivation of well-being,* New York: W. W. Norton & Company, Inc. p. 291.

Thich Nhat Hanh. (2011). *Planting seeds, practicing mindfulness with children.* Berkeley, CA: Parallax Press.

Thompson, M., & Gauntlett-Gilbert, J. (2008). Mindfulness with children and adolescents: Effective clinical application, *Clinical Child Psychology and Psychiatry, 13,* 395.

Wallace, B. A., (2006). *The attention revolution: Unlocking the power of the focused mind.* Boston: Wisdom Publications.

저자 소개

Debra Burdick(LCSWR, BCN)

'The Brain Lady'로 알려진, 임상사회사업전문가Licensed Clinical Social Worker이면서 뉴로피드백neurofeedback 임상 전문가입니다. 그녀는 전국적인 활동을 하는 연설가이자 작가이며, 동시에 1990년부터 내담자들에게 외래 기반 정신치료와 마음챙김 기술을 시행해 오고 있습니다. 그녀는 1999년도에 자신의 임상 정신치료에 뉴로피드백을 접목시켰습니다. 그녀는 SelfGrowth.com 소속의 전문 작가입니다.

Debra는 ADHD, 우울증, 불안, 스트레스, 수면, 인지기능, 대인관계, 마음챙김 및 외상성 뇌손상 영역의 전문가입니다. 개인적인 진료 활동 외에도 아동 가이던스 클리닉Child Guidance Clinic, 가족 서비스Family Services, 아동과 가족 기관Child and Family Agency 및 코네티컷주 CT의 뉴런던에 있는 로렌스 메모리얼Lawrence and Memorial Hospital 병원에서 활동하고 있습니다. 그녀는 '아동기 ADHD: 뇌를 변화시키는 심화 비약물 치료' '우울, 불안 및 ADHD 치료 결과 증진을 위한 뇌 변화 마음챙김 전략' 'ADHD와 함께 성공하기 위한 총체적인 접근' 등에 관한 1일 워크숍에서 교육을 하고 있습니다. 비즈니스 리더와 경영자를 위한 마음챙김 훈련은 그녀의 또 다른 관심 분야입니다.

Debra는 만성 질환(지금은 감사하게 회복됨)을 극복하기 위해 자신을 위한 마음챙김 훈련을 개발하였습니다. 그것이 그녀 자신의 삶에 매우 도움이 되었다는 점을 발견하고 내담자들에게 그녀가 사용한 기술들을 가르치기 시작하였습니다. 그녀는 마음챙김 기술의 임상 자료들을 개발하기 시작하였고, 마음챙김을 이용하여 개인 진료와 집중 외래 프로그램으로 완성한 마음챙김 내담자 치료용 4단계 과정을 개발하였습니다. 그녀의 내담자들은 마음챙김 기술을 적용함으로써 치료 결과에 질적인 개선을 나타냈습니다.

Debra는 ADHD 아동과 성인들에게 도움을 주었던 폭넓은 경험을 가지고 있습니다. 지난 20여 년 동안 수백 명의 내담자들에게 카운슬링을 제공해 왔으며, 그 외에도 ADHD가 있는 딸을 양육하였고 ADHD 남성과 결혼하였으며, ADHD를 가진 사람들과 비즈니스 파트너이기도 했습니다. 그녀는 자신의 개인 회복 여정, 양육 경험, 내담자 및 ADHD와 뇌조절장애에 관한 전문 연구에서 얻은 지식들을 전인적인 접근으로 통합하였습니다.

저서와 CD는 다음과 같습니다.

- Mindfulness Skills Workbook for Clinicians and Clients: 111 Tools, Techniques, Activities and Worksheets
- IS IT REALLY ADHD? ONLY ADHD? How to Get an Accurate Diagnosis for You or Your Child
- ADHD and Sleep—Children and Adults; Sleep Better Tonight
- ADHD Treatment Options. How to Choose the Right Treatment for You or Your Child
- A Holistic Approach to Successful Children with Attention Deficit/Hyperactivity Disorder—A Home Study System for Parents
- Meditations for Concentration CD
- Mindfulness Toolkit CD
- Mindfulness Toolkit for Kids and Teens CD

역자 소개

◉ **곽영숙**(Kwack Young Sook)
서울대학교 의학 박사
전 제주대학교 의과대학 6대 학장 겸 의학전문대학원장
현 보건복지부 국립정신건강센터 센터장

〈주요 저서〉
명상과 의학(공저, 학지사, 2022)
임상에서 만나는 소아청소년(하나의학사, 2020)

◉ **권용실**(Kweon Yong Sil)
가톨릭대학교 의과대학 의학 박사
현 가톨릭대학교 의과대학 정신건강의학과 교수

〈주요 저서〉
소아정신의학(3판, 공저, 학지사, 2023)
청소년 발달과 정신의학(2판, 공저, 군자출판사, 2021)

◉ **김완두**(미산)(Misan W.D. Kim)
옥스퍼드대학교 철학 박사
전 하버드대학교, 세계종교연구소 선임연구원
현 KAIST 명상과학연구소 소장, 하트스마일명상연구회 회장

〈주요 저서 및 역서〉
미산 스님 초기경전 강의(불광출판사, 2016)
자비(공저, 운주사, 2015)
명상하는 뇌: 뇌를 재구성하는 과학적 마음 훈련(공역, 김영사, 2022)

◉ **김윤희**(Kim Youn Hee)
충북대학교 대학원 산림치유학 박사
현 KAIST 명상과학연구소 선임연구원

〈주요 역서〉
스무 살의 마음 연습(공역, 불광출판사, 2024)
세계보건기구가 권장하는 스트레스 관리 안내서: 스트레스 시대에 의미있는 일 실천하기(공역, 삶과 지식, 2022)

◉ **문덕수**(Moon Duk Soo)
경희대학교 의학 박사
전 서울특별시어린이병원 정신건강의학과 전문의
현 제주대학교 의과대학 정신건강의학과 교수

〈주요 저서〉
아이들이 사회를 만날 때(공저, 글항아리, 2021)
소아청소년을 위한 감염병 재난시 마음지침서(공저, 대한소아청소년정신의학회, 2020)

◉ **박용한**(Park Yong Han)
가톨릭의과대학교 대학원 석사
전 대한명상의학회 회장
현 박정신건강의학과의원 원장

〈주요 저서 및 역서〉
명상과 의학(공저, 학지사, 2022)
전문가를 위한 마음챙김 자기연민 가이드북(공역, 학지사, 2023)

● **박준성**(Park June Sung)

한양대학교 의학과 석사
현 두드림 정신건강의학과 원장

〈주요 저서〉
소아정신의학(3판, 공저, 학지사, 2023)
청소년 발달과 정신의학(2판, 공저, 군자출판사, 2021)

● **원승희**(Won Seung Hee)

경북대학교 의과대학 의학 박사
현 경북대학병원 정신건강의학과 교수
　　대한명상의학회 부회장, MSC trained teacher

〈주요 역서〉
전문가를 위한 마음챙김 자기연민 가이드북(공역, 학지사, 2023)
자비과학 핸드북(공역, 학지사, 2023)

● **이강욱**(Lee Kang Uk)

서울대학교 의학 박사
전 대한정서인지행동의학회 이사장, 강원도광역정신건강복지센터장
현 강원대학교 의학 전문대학원 교수, 대한명상의학회 회장

〈주요 저서 및 역서〉
명상과 의학(공저, 학지사, 2022)
마음챙김 명상 지도의 실제(공역, 삶과지식, 2022)
과정기반치료 어떻게 할 것인가?(공역, 삶과지식, 2022)

● **이화영**(Lee Hwa Young)

고려대학교 의학 박사
현 순천향대학교 정신건강의학과 교수
　　대한신경정신의학회 법제사회특별위원장
　　대한생물정신의학회 간행이사
　　한국자살예방협회 학술위원장
　　대한명상의학회 총무이사

〈주요 저서〉
명상과 의학(공저, 학지사, 2022)

● **정동선**(Chung Dong Sun)

순천향대학교 의과대학 정신과학 박사
현 W정신건강의학과 원장
　　아동권익보호학회 회장
　　아동법정정신의학연구회 회장

〈주요 저서 및 역서〉
명상과 의학(공저, 학지사, 2022)
놀이, 그 경이로운 세계, 마음이 자란다: 정신분석적 놀이치료(공역, 학지사, 2013)

아동과 청소년을 위한

마음챙김 워크북
-마음챙김 기술 지도를 위한 154가지 도구-

Mindfulness Skills for Kids & Teens:
A Workbook for Clinicians & Clients with 154 Tools, Techniques, Activities & Worksheets

2024년 9월 25일 1판 1쇄 인쇄
2024년 9월 30일 1판 1쇄 발행

지은이 • Debra Burdick
옮긴이 • 곽영숙·권용실·김완두·김윤희·문덕수·박용한·박준성·원승희·이강욱·이화영·정동선
펴낸이 • 김진환
펴낸곳 • (주) **학 지 사**

　　　　　04031 서울특별시 마포구 양화로 15길 20 마인드월드빌딩
대표전화 • 02)330-5114　　　팩스 • 02)324-2345
등록번호 • 제313-2006-000265호

홈페이지 • http://www.hakjisa.co.kr
페이스북 • https://www.facebook.com/hakjisabook

ISBN 978-89-997-3225-6 93180

정가 26,000원

┃ 출판미디어기업 **학 지 사**

간호보건의학출판 **학지사메디컬** www.hakjisamd.co.kr
심리검사연구소 **인싸이트** www.inpsyt.co.kr
학술논문서비스 **뉴논문** www.newnonmun.com
교육연수원 **카운피아** www.counpia.com
대학교재전자책플랫폼 **캠퍼스북** www.campusbook.co.kr